新标准学科教育系列教材

英语课堂教学技能训练

第 2 版

主编◎郑志恋　应建芬　　副主编◎李丰利

XUEKE

JIAOYU

XILIE

JIAOCAI

华东师范大学出版社
·上海·

图书在版编目（CIP）数据

英语课堂教学技能训练/郑志恋，应建芬主编. —2版. —上海：华东师范大学出版社，2024
ISBN 978-7-5760-4365-5

Ⅰ.①英… Ⅱ.①郑…②应… Ⅲ.①英语课-课堂教学-教学研究-中小学 Ⅳ.①G633.412

中国国家版本馆CIP数据核字（2024）第100495号

英语课堂教学技能训练（第2版）

主　　编　郑志恋　应建芬
策划编辑　师　文
项目编辑　张　婧　袁一薳
责任校对　曹一凡　时东明
装帧设计　俞　越　陆　弦

出版发行　华东师范大学出版社
社　　址　上海市中山北路3663号　邮编 200062
网　　址　www.ecnupress.com.cn
电　　话　021-60821666　行政传真 021-62572105
客服电话　021-62865537　门市（邮购）电话 021-62869887
地　　址　上海市中山北路3663号华东师范大学校内先锋路口
网　　店　http://hdsdcbs.tmall.com

印 刷 者　浙江临安曙光印务有限公司
开　　本　787毫米×1092毫米　1/16
印　　张　22.75
字　　数　780千字
版　　次　2024年7月第2版
印　　次　2025年6月第3次
书　　号　ISBN 978-7-5760-4365-5
定　　价　55.00元

出 版 人　王　焰

（如发现本版图书有印订质量问题，请寄回本社客服中心调换或电话021-62865537联系）

前言

教育大计,教师为本。教师被赋予传播知识、传播思想、传播真理之使命,肩负着塑造灵魂、塑造生命、塑造新人之重任。其中"传播真理""塑造灵魂"意指教师应"教人求真"、学生应"学做真人",此乃陶行知思想之精髓,当下教育之愿景。

党的二十大报告提出,要办好人民满意的教育,全面贯彻党的教育方针,落实立德树人根本任务,培养德智体美劳全面发展的社会主义建设者和接班人,加快建设高质量教育体系,发展素质教育,促进教育公平。只有切实提升教师队伍的专业素质与能力,方能培养出具有社会责任感、创新精神、实践能力,能担当民族复兴大任的时代新人。

树人必先立德。为落实立德树人根本任务,教师要以德立身,泽己及人。因此,教师要努力提升思想政治素质和职业道德水平,深刻理解社会主义核心价值观并将其融入教书育人全过程。然而,面对新形势、新要求、新任务,我国教师队伍建设还不能完全适应。一些教师的专业素质与能力难以适应新时代人才培养的需要,职业能力和专业化水平有待提高。

在此背景下,英语学科教师也面临新挑战。《普通高中英语课程标准(2017年版2020年修订)》和《义务教育英语课程标准(2022年版)》皆以发展学科核心素养、落实立德树人根本任务为核心理念,提出了主题语境、语篇类型、语言知识、文化知识、语言技能和学习策略等六要素构成的课程内容,以及指向学科核心素养发展的英语学习活动观。这些崭新的课程理念、课堂活动设计与实施要求对我国中小学英语教师的专业素质与能力提出了更高要求。

"教育有法、教育无定法"的论说能很好地引导中小学英语教师加深自己对教育方法的理解。在具体的情境中"教育有法",且方法的选择直接影响教书育人的效果。但方法只能因时、因地、因人而生效,方法本身没有好坏之分,即"教育无定法"。教师不能仅停留在教育方法的模仿上,而更应该结合具体的情境去理解选用某方法的原因,这份"理解"是教师在不同的情境中创造性地使用合适的方法的必然前提。

正因如此,本书的最大特色是尽可能多地提供教书育人的情境,结合实际情境来解释教书育人的方法的功能,在实例中让教师感悟使用具体方法的原因。本书大量使用课堂教学实例,第十五章至第十七章特意呈现根据某单元进行的典型课例的教学设计,同时,紧扣国家教师资格考试的大纲和评分标准,编制相应的模拟考题和实施案例并贯穿其中。这样的设计体现了趋于"双证融通"、学术与职业融合的改革目标，体现了"情境性和真实性"为一体的原则，为本书的第一大特色。

高校教师和中学教师一直致力于寻找可行的教学科研合作契机，希望既能发挥高校教师较好把握先进教学理念的优势，又能发挥中学一线教师较好把握课堂教学实践的优势。本书中的大量课例都是中学一线名师与高校教师通力合作的结晶。这样的安排体现了"研究性和实证性"为一体的原则，为本书的第二大特色。

本书由郑志恋负责整体设计；第一章、第二章和第三章由郑志恋（浙江师范大学）编写；第四章由方红梅（浙江师范大学）编写；第五章由张强（浙江平湖中学）编写；第六章由郑永贤（广州大学附属中学）编写；第七章、第八章、第十章与第十一章由李丰利（山东临沂第一中学）编写；第九章由钱剑英（浙江金华第一中学）、何小庆（浙江宁波效实中学）和应建芬（浙江师范大学）编写；第十二章由郑允贤、赖朝晖（浙江省杭州第二中学）编写；第十三章由梁美珍（浙江省台州市教育教学研究院）、陈双（原浙江路桥中学）和应建芬编写；第十四章由郑志恋与陈双编写；第十五章由叶咏梅（浙江省丽水中学）编写；第十六章由付美叶（浙江杭州十三中教育集团）编写；第十七章由程欢（永康外国语学校）编写。每章最后的实践活动、附录中的实践活动参考答案由应建芬编写；书中涉及的教师资格考试面试样题由应建芬、张亚萍与郑志恋共同设计。全书由郑志恋与应建芬完成统稿工作。

本书主要面向即将走向教学岗位的师范生和新任教师，也希望为对新课程标准下如何组织中学英语课堂教学感兴趣的一线教师提供一定参考。

因水平有限，在写作过程中错误难免，敬请大家批评指正，不胜感激！

郑志恋　应建芬

2024年2月

于浙江师范大学外国语学院

目录

第一编　英语课程教学准备技能　　　　　　　　　1

　第一章　英语教师专业发展与课程意识　　　　　3
　　　第一节　英语教师专业发展　　　　　　　　3
　　　第二节　英语教师课程意识及核心素养培育　11

　第二章　课堂教学设计与撰写技能　　　　　　　16
　　　第一节　课堂教学设计概述　　　　　　　　16
　　　第二节　课堂教学设计撰写　　　　　　　　23

　第三章　教材分析技能　　　　　　　　　　　　43
　　　第一节　教材结构分析　　　　　　　　　　43
　　　第二节　教学重难点分析　　　　　　　　　50

第二编　英语课程教学实施技能　　　　　　　　　57

　第四章　课堂导入与呈现技能　　　　　　　　　59
　　　第一节　课堂导入方法　　　　　　　　　　59
　　　第二节　课堂呈现方法　　　　　　　　　　64

　第五章　课堂提问与反馈技能　　　　　　　　　69
　　　第一节　课堂提问技能　　　　　　　　　　70
　　　第二节　课堂反馈技能　　　　　　　　　　80

　第六章　多媒体的运用技能　　　　　　　　　　90
　　　第一节　多媒体运用作用　　　　　　　　　90
　　　第二节　多媒体运用技能　　　　　　　　　93

　第七章　板书设计与简笔画运用技能　　　　　111
　　　第一节　板书设计技能　　　　　　　　　111
　　　第二节　简笔画运用技能　　　　　　　　119

　第八章　课堂教学组织与管理技能　　　　　　125
　　　第一节　课堂教学组织技能　　　　　　　125
　　　第二节　课堂管理技能　　　　　　　　　128

　第九章　课堂活动开展与评价技能　　　　　　135
　　　第一节　课堂活动开展　　　　　　　　　135
　　　第二节　课堂教学评价　　　　　　　　　139

第十章　教学语言与教态运用技能　　　　　　　166
　　第一节　教学语言运用技能　　　　　　166
　　第二节　教态运用技能　　　　　　　　177

第十一章　英语游戏与歌曲教学技能　　　　　　182
　　第一节　英语游戏教学技能　　　　　　182
　　第二节　英语歌曲教学技能　　　　　　189

第十二章　结课、作业设计和课外活动组织技能　　193
　　第一节　结课与作业设计技能　　　　　193
　　第二节　课外活动组织技能　　　　　　205

第三编　英语课程教学研究技能　　　　　　　　　213

第十三章　说课与评课技能　　　　　　　　　　215
　　第一节　说课方法与案例　　　　　　　215
　　第二节　评课方法与案例　　　　　　　229

第十四章　教学反思的内容及运用技能　　　　　239
　　第一节　教学反思的内容　　　　　　　239
　　第二节　教学反思的运用技能　　　　　241

第四编　典型课例设计与案例　　　　　　　　　　247

第十五章　高中英语典型课例设计方法与案例分析　249
　　第一节　听力与口语课（第一课时）　　249
　　第二节　阅读与思考课（第二、三课时）　255
　　第三节　语法探究课（第四、五课时）　264
　　第四节　听力与表达课（第六课时）　　272
　　第五节　阅读与写作课（第七、八课时）　276

第十六章　初中英语典型课例设计方法与案例分析（人教版）　　　　282
　　第一节　以说促听课　　　　　　　　　283
　　第二节　语法教学课　　　　　　　　　291
　　第三节　以听促说课　　　　　　　　　299
　　第四节　阅读教学课　　　　　　　　　306
　　第五节　综合技能课　　　　　　　　　315

第十七章　单元整合设计方法与案例分析（初中外研版）　**325**
　　　第一节　听说课　328
　　　第二节　阅读课　335
　　　第三节　项目课　344

参考文献　**353**

第一编

英语课程教学准备技能

第一章 英语教师专业发展与课程意识

外语教学研究在过去几十年里经历了从教学方法到二语习得的理论上的变革。当前,在课程范式转换的影响下,其研究已聚集到一个根本的问题,即教师的自身发展问题,因为不合格的教师会使得最好的教材和教法都徒劳无用。同时,基于我国英语教学仍以课堂教学为主的现状,教师的专业素养直接关系到教育的整体质量和成效,因此,英语教师的专业发展已成为改善英语教、学的关键。本章节围绕这个主题,就英语教师专业发展的概念、内涵构成和途径、合格新教师与发展起点以及英语教师课程意识和核心素养培育展开讨论。

第一节 英语教师专业发展

一、英语教师专业发展内涵

(一)英语教师专业发展的概念与分类

将教师视为一种专业,走过了一个历程。1965年5月7日,马萨诸塞州外国语咨询委员会在哈佛大学举行了"外语教师的准备"大会。次年,耶鲁大学的布鲁克斯(Brooks)教授在研究法律(律师)、医学(医生)和神学(牧师)三个学术专业化职业模式的基础上,试图确立语言教学的专业地位。他提出了专业化职业需要具备的六项条件:(1)对候选人有选择标准;(2)进入准备(培养)计划有各种必要条件;(3)有专业学习阶段的课程内容;(4)通过资格考试才允许实践;(5)有实习期;(6)参加者必须恪守一套道德标准。同年,联合国教科文组织在《关于教员地位的建议》中指出教师职业是一种"专业",因此语言教学也应属于专业技术行列。1991年,第25届国际英语外语教学协会正式提出外语教学的专业性(professionalism),其主要判断标准是专业成员所运用的方法和手段是否基于一定的理论知识与研究之上。

1993年颁布的《中华人民共和国教师法》明确了教师是专业人员的观点。1995年教师资格证书制度的确立极大地推进了我国教师职业专业化在实践中的落实,参与以教师的"专业化"和"教师教育"等为主题的探究人数不断增加。进入21世纪后,为了构建教师专业标准体系、建设高素质专业化教师队伍,教育部研制了中学、小学以及幼儿园教师专业标准,并于2012年正式颁布,此举极大地促进了我国基础教育阶段教师专业水平的提高。同样,英语学科的教师队伍专业化进程正在稳步推进和不断完善。2018年,国务院印发的《中共中央国务院关于全面深化新时代教师队伍建设改革的意见》提出"兴国必先强师"战略决策,并指出教师必须提升思想政治素质,必须承担传播知识、传播思想、传播真理的使命,肩负塑造灵魂、塑造生命、塑造人的时代重任。由南京晓庄学院组织研制的《教师教育蓝皮书：中国教师教育发展报告（2022）》成为中国第一本教师教育蓝皮书。该书于2022年问世，为推进我国教师教育高质量发展、加快教育现代化、办好人民满意的教育提供了智力支持和决策参考，也预示了我国教师专业发展已经迈进一个崭新的阶段。

纵观国内外教师教育的文献，通常与"教师专业发展"意义等同、交叉使用的词汇有教师发展（teacher development）、在职教育（in-service education）、专业发展（professional development）、专业成长（professional growth）、职业发展（career development）和教师学习（teacher learning）等。从有关英文词汇的使用上我们能看出，目前人们对教师专业发展呈现多样化的理解。

针对教师专业发展的研究可分成两类：教师职业与教师教育。前者侧重外在的、关涉制度和体系的、旨在推进教师成长与职业成熟的教育与培训发展研究，尤其是师范教育形态的"教师专业"的发展；后者立足教师内在专业素质结构及职业专门化规范，强调教师由非专业人员成为专业执教者的"专业发展"过程。本章讨论的教师专业发展是教师个体在历经职前师资培育阶段、任教阶段和在职进修的整个过程中持续地学习与研究，不断发展其专业内涵，逐渐达到专业圆熟的境界。该定义强调了发展要素的内生性与自觉性、发展过程的阶段性与动态性以及发展状态的非终结性等特征。

与外语教师专业发展关系紧密的"第二语言教师教育"一词的含义经历了不断变化的过程，反映出研究重心的不断变更。20世纪80年代前期，"第二语言教师教育"中"教育"的含义基本与"培训"相同，其研究重心是如何教会学员教授第二语言。到80年代后期，"教育"基本上被定义为培训或是传授对第二语言教学比较重要的知识和技能。到90年代，该词的结构组成变为"第二语言""教师教育"。"第二语言"成了教育的内容或学科知识，而"教师教育"则指教育过程，涵盖了教师培训与教师发展的整合过程。在教师教育的最新文献中，"反思"与"发展"两大术语备受关注。它们反映了语言教学与学习总体取向的本质，充分突出学习者与教师在课程实施过程中的主体作用。有学者把整个第二语言教师教育过程概括成"教师培训""教师教育"和"教师发展"三个主要阶段。

（二）英语教师专业发展的构成

要办好人民满意的教育必须依靠高素质的教师队伍。为此，教育部自2012年以来陆续颁布了一系列标准要求，旨在为各层次教师指明专业发展方向。下面重点介绍《中学教师专业标准（试行）》（以下简称《专业标准》）和《中学教育专业师范生教师职业能力标准（试行）》（以下简称《能力标准》）对教师专业发展提出的内涵要求。

《专业标准》提出师德为先、学生为本、能力为重、终身学习的基本理念。基于该理念，中学教师专业要求由专业理念与师德、专业知识与专业能力三个维度构成。专业理念与师德包括职业理解与认识、对学生的态度与行为、教育教学的态度与行为、个人修养与行为四个领域；专业知识包括教育知识、学科知识、学科教学知识与通识性知识；专业能力包括教学设计、教学实施、班级管理与教育活动、教育教学评价、沟通与合作，以及反思与发展。这些专业要求作为框架，适合中学阶段所有专业教师。只要针对专业知识维度的学科知识、学科教学知识进行学科个性化处理，即可成为各学科（包括英语）教师专业要求的构成框架（见表1-1）。

表1-1　中学英语教师专业要求的构成框架

维　度	领　域			
专业理念与师德	职业理解与认识	对学生的态度与行为	教育教学的态度与行为	个人修养与行为
专业知识	教育知识	英语学科知识	英语学科教学知识	通识性知识
专业能力	教学设计、教学实施	班级管理与教育活动	教育教学评价、沟通与合作	反思与发展

2021年教育部办公厅印发的《能力标准》是针对毕业后到中学承担教学任务的高师院校所有专业的师范生而制定的教育教学能力培养标准。职前教师的职业能力由师德践行能力、教学实践能力、综合育人能力和自主发展能力四维构成。该职业能力框架理念先进、内涵丰富、普适性强。因此，它可延伸为英语专业师范生教师职业能力的构成框架（见表1-2）。

表1-2　英语专业师范生教师职业能力的构成框架

第一维度	第二维度	领　域
师德践行能力	遵守师德规范	理想信念、立德树人、师德准则
	涵养教育情怀	职业认同、关爱学生、用心从教、自身修养
教学实践能力	掌握专业知识	教育基础、学科素养、信息素养、知识整合
	学会教学设计	熟悉课标、掌握技能、分析学情、设计教案
	实施课程教学	情境创设、教学组织、学习指导、教学评价
综合育人能力	开展班级指导	育德意识、班级管理、心理辅导、家校沟通
	实施课程育人	育人理念、育人实践
	组织活动育人	课外活动、主题教育
自主发展能力	注重专业成长	发展规划、反思改进、学会研究
	主动交流合作	沟通技能、共同学习

在《能力标准》提出的师范生培养共性要求基础上，教育部2022年颁布的《教育部办公厅关于进一步做好"优师计划"师范生培养工作的通知》提出"优师计划"师范生专业素质，即"传道授业解惑过硬本领"，必须通过夯实专业知识基础、提升教书育人能力和强化教育实践环节加以提升。其中，夯实专业知识基础被赋予新时代特色内涵：需要增设乡村振兴相关课程；强化学科（领域）基础知识教学，注重跨学科（领域）教学能力培养；设置乡土教育专题课程。此外，为了开启新时代高素质专业化创新型教师队伍建设新征程，2022年教育部等八部门印发《新时代基础教育强师计划》（以下简称《强师计划》），指明教师能力素质内涵为教师思想政治素质、师德修养、教育教学能力和信息技术应用能力。这些能力素质

以2012年印发的《专业标准》提出的三维度专业要求为基础，进一步凸显新时代教师需要重点提升的能力范畴。

随着国家层面教师专业发展标准的制定，英语教育领域学者们也结合学科特点开展了积极探索。吴一安（2005）认为英语教师的专业内涵由外语学科教学能力、外语教师职业观和职业道德、外语教学观、外语教师学习与发展观四个维度组成，为当今我国职前教师的培养与在职教师专业发展提供借鉴意义。该框架中的外语学科教学能力涵盖外语知识、语言运用能力与语言教学能力等方面内容，并首次把学科教学知识（pedagogical content knowledge，简称"PCK"）融入英语学科。仲伟合等（2016）在借鉴美国、澳大利亚及欧盟高校外语教师专业发展经验的基础上，依据高校英语类专业的本科教学质量国家标准建构的高校英语教师专业能力框架也由专业知识、专业技能和专业素质三维度构成。该框架的制定在理论上给教师专业发展指明了方向，推动我国英语类专业的内涵式发展。孙有中等（2018）在外语界首次提出四维度高校外语类专业教师能力框架，由职业道德、教学能力、研究能力和学科知识构成。该框架的建构体现了中国高校外语类专业的本土特色，强调了外语类专业教师的研究能力构成与发展路径以及学科知识结构的搭建。

（三）英语教学技能

中学英语课程的任务内容决定了中学英语教师的知识结构。《普通高中英语课程标准（2017年版2020年修订）》提出："普通高中英语课程的总目标是全面贯彻党的教育方针，培育和践行社会主义核心价值观，落实立德树人根本任务，在义务教育的基础上，进一步促进学生英语学科核心素养的发展，培养具有中国情怀、国际视野和跨文化沟通能力的社会主义建设者和接班人。"其具体目标是培养和发展学生在接受高中英语教育后应具备的语言能力、文化意识、思维品质、学习能力等学科核心素养。语言能力构成英语学科核心素养的基础要素，文化意识体现英语学科核心素养的价值取向，思维品质体现英语学科核心素养的心智特征，学习能力构成英语学科核心素养的发展条件。课程内容则由主题语境、语篇类型、语言知识、文化知识、语言技能和学习策略六要素构成。在教学方式上，课标倡导指向学科核心素养发展的英语学习活动观，强调在主题意义引领下，通过学习理解、应用实践、迁移创新等一系列体现综合性、关联性和实践性特点的英语学习活动，使学生基于已有的知识，依托不同类型的语篇，在分析问题和解决问题的过程中，促进自身语言知识学习、语言技能发展、文化内涵理解、多元思维发展、价值取向判断和学习策略运用。鉴于此，中学英语教师知识结构中专业知识和教学法知识的内涵需要拓展，专业知识包括语音、语法、词汇、语篇和语用等方面知识；教学法知识则包括英语学科教学理论和教学技能知识等。教学技能又可包括教学推理技能和课堂应变决策能力等。

教学技能分为课前、课堂和课后三大类。课前教学技能包括确定教学目标、了解学生、分析处理教材、选择教学媒体、选择教学方法、进行教学设计；课堂教学技能包括导入、讲解、提问、演示、板书、强化、应变和结束技能；课后教学技能包括复习、辅导、指导课外活动、教学测评，以及教学反思和研究技能。对于新手教师来说，首先要掌握以下技能：教学内容处理技术、教学方法和手段的有效运用，教学组织和管理的规范化，语言表达的专业准确性，教育机智与学生沟通能力、教学反思和研究能力。

教学技能的高低决定了教师专业水平的程度。在掌握教学技能的基础上，不断进行教学实践，使已经掌握的教学技能首先发展成为教学技巧，再经过创新发展成教学技艺，最终达到教学的最高境界——教学艺术。教学技巧、教学技艺和教学艺术是教学技能不同发展阶段表现出的不同形态。教学智慧是教师专业化程度的水平标尺，拥有"教学智慧"是新手教师成为成熟教师的标志，充满"教学智慧"是专家教师的外显特征。

二、英语教师专业发展基本路径

随着教育部针对不同层级、不同专业教师的专业标准的研制与颁布，教师专业发展问题受到前所未有的关注，被推到"兴国必先强师"的战略高度。教师专业发展被赋予崭新的内涵。目前，我国已经开启新时代高素质专业化创新型教师队伍建设的新征程。

（一）教师自主发展

自主发展是一种内源性专业发展，强调教师在专业发展上的自主性，是在学校情境中根据教师自我发展和学校发展的需求，由教师自主地确定发展目标、开发和利用学习资源、设计发展策略、评价学习结果的一种专业发展的方式。在核心素养视域下，教师的自主发展既是一个目标，也是一个过程，还是一种学习的特征。这一自主发展的过程主要体现在通过对课程与教学实践的持续的审视、批判与反思，获得新知，提高能力，提升专业素养。这种自主发展也是一个循环往复、螺旋上升的过程。

依据教育部最新颁布的《强师计划》相关规定，教师自主发展必须重点围绕如何提升自己的思想政治素质和师德修养。首先，教师必须"深刻领会'两个确立'的决定性意义，增强'四个意识'，坚定'四个自信'，做到'两个维护'，坚持'四个相统一'"。只有教师对党具有了真切的理解，才能引导学生培育践行社会主义核心价值观，做到"为党育人，为国育才"。其次，教师应努力提升师德修养。师德是教师在教育活动中体现的道德观念、情操、品质及行为准则。教师的理想形象是"学高为师，身正为范"，应以心育心、以德育德、以人格育人格。教师还应爱岗敬业，无私奉献，做到"心中有学生"。假如教师心心念念以学生的发展为重，那么师生之关系会变得和谐且温馨，思想之交流会变得深沉且顺畅。同样，一个"不敢误人子弟"之念想可以成为驱动教师学习的内部动机。面对学生犯的错，假如教师把学生视作成长中的晚辈，把犯错看成是成长之契机，那他就会采取"对事不对人"的态度，针对错误行为严格批评，认真分析错误原因，直至找到解决途径，并在事后鼓励学生反思错误、吸取教训、不断进步。

当下需要在国际舞台讲好中国故事，因此英语教师的自主发展也体现为加强对中华文化的认知、认同，且努力提高用英文传播中华文化的能力。鉴于此，教师可以提升自己"以文化人"的能力，以中国优秀传统文化引领学生探求真理、开发智慧，从而完成塑造时代新人的使命。

（二）教师行动研究

行动研究是教师为解决教学问题，提高教学质量，采取自省的计划、实施、观察和再思考这一螺旋循环方式进行的研究，具有实践性、参与性、解释性、试验性和批判性等特征。教师行动研究与斯滕豪斯（L. Stenhouse）"教师作为研究者"的理念一脉相承，是对教师专业职能的拓展，促进教师从传统的教书匠转变为研究者。该研究注重具体的实践情境，弥合了教育理论与实践之间的距离，尤其能提高教师的教育科研能力和反思性实践能力。

"自我研究"，可视作行动研究的变体，自1992年在教师教育领域出现后，发展成为促进教师专业成长的有效途径。荷兰教师教育学者米克·鲁能伯格（Mieke Lunenberg）2007年至2013年间曾担任国际知名SSCI期刊《教学与教师教育》(Teaching and Teacher Education)副主编,她认为自我研究作为一种新的研究方法,具体包括四个步骤:第一步是决定自己在哪些方面开展实践,这是研究的重点。研究问题应该包括"我"能做什么,"我"怎样才能做等。第二步是收集和分析数据。在这一步中,三角互证起着重要的作用。建议至少收集两组数据,例如教学视频和学生调查,或要求同事观察课程并使用评估数据。第三步是撰写一篇论文介绍研究结果。第四步是教师利用自我研究的结果改进自己的教学实践,并等待下一个新的自我研究项目的开始。教师通过参与自我研究的全过程,能有效建构教师的身份认同,明晰自己的研究倾向,享受安全团体的情感支持,经历从自我研究、文献阅读和相互反馈等多渠道学习的机会,以及将研究结果融入教学实践,提升学生向实践学习的能力。

(三)以校为本的教师专业发展

中小学校是教师工作和生活的主要场所,也是教师专业发展的基地。教师的专业发展可以在学校教育的具体情境中进行。我们需要确立以校为本的教师专业发展理念,根据教师和学校发展的需要有针对性地开展教师专业发展活动。

1. 校本培训

校本培训是紧密结合教学实际,组织教师主动参与,注重提高教师教学实践能力,实行教师个性化教育的活动,是一种内控的教师专业发展途径。校本培训可培养教师自我专业发展需要和意识,主要从对自身过去专业发展的总结、对现在专业发展状况的反思、对未来专业发展的规划等方面开展;按不同类型组织培训,如通过建设学习型教师组织、实施发展性教师评价等方式进行。

校本培训可开展各种形式的活动,下面重点介绍两种:

(1)开展课程和教学改革的实验。学校积极进行课程与教学改革是促进教师专业发展的有效途径。大规模的课程与教学改革最终必然要落实到学校,落实到课堂教学的层面。如果学校能积极进行改革的实验,那么学校就能以此为契机,更新教师知识结构,培养教师落实新课程理念的能力,从而促进教师专业发展。

例如,上海市虹口区教育学院实验中学开展了基于项目化学习的校本教师培训活动。针对课程标准提出的项目化学习活动,该校本培训第一阶段以教师集中学习为主,主要以教师工作坊的形式开展,重点解决教师对项目化学习基本理念、内涵、教学方法、教学环节的理解和接纳问题。第二阶段以教师分组学习、完成小组任务和一对一培训为主,重点解决教师在实践项目化学习教学活动中遇到的具体问题。实践证明该校开展的校本培训能有效地把培训工作与学校活动结合,遵循"自上而下"和"自下而上"相结合的教学管理理念。教师在设计项目化学习主题时,能运用指向辩证思维与批判反思的教学设计观,也能充分关注"以人为本""注重综合素养"的教育质量观。培训任务结束时,教师们合作探究、自主创新能力得到提升。

(2)进行校本课程开发。进行校本课程开发也是推动教师专业发展的重要途径。校本课程指教师在具体的学校情境中为了满足学生个性化的学习需要和学校特色化发展需要而开发的一种课程形态。在课程开发过程中,中小学校长和相关教师组成课程小组,共同完成课程开发的任务并承担相应的责任。为完成校本课程开发,教师必然需要学习相关的课程知识,培养课程开发的技能,增强对课程的责任感并提高团队意识。校本课程开发是教师不断实现自我价值的过程。

例如，随着教育部研制的《中小学综合实践活动课程指导纲要》于2017年颁布，江苏省徐州市要求在全市所有学校开设综合实践活动课程，但是，因为该课程需要体现学校特色，展示课程知识的综合性和跨学科特点，能胜任该课程教学的师资普遍不足。为此，相关部门启动了有关综合实践活动课程开发的校本培训工作，重点提高教师课程开发能力。

2. 教师专业发展学校

1986年，美国霍姆斯小组（Holmes group）在《明天的教师》中提出建立教师专业发展学校（professional development schools，简称PDS）的理念。它以中小学为基地，由大学教师与中小学教师组成合作小组，结成平等的合作"伙伴"关系。在这个学习共同体里，双方就共同感兴趣、有实际价值或直接涉及教育教学过程的问题进行研究，共同寻找解决问题的系统办法，共同对他们自己的行为和实践进行调整和完善，共同就取得的成果进行检查和评价，共同促进教师专业的发展。

受美国PDS办学理念的影响，21世纪初我国许多城市建立了教师发展学校（teacher development schools，简称TDS），大学与中小学加强合作，使职前教师、职中教师及课程改革的发展相互促进，实现一体化。教师发展学校的建设使教师们开始以研究的态度和方式对待教育教学的日常工作，主动追求专业发展。例如，2003年上海市思源中学与上海市教育科学研究院合作，成立了教师专业发展学校。该校结合学校的实际情况，采取教师专业发展工作小组、教研组、备课组、学习小组等促进教师专业发展的组织形式。其运作载体包括教师专业发展坊、教师专业发展周和教师专业发展日等；其运作策略包括教师论坛、学术沙龙、专题讲座、课题研究、观摩研讨、行动研究、师徒结对、考察调研、自学研修和网络交流。

三、合格新教师的发展起点

教育部师范教育司和教育部考试中心2012年发布的《中小学和幼儿园教师资格考试大纲（试行）》制定了中小学教师资格考试面试的测试目标和内容。职前教师可以此大纲为参照，作为新入职教师的最基本要求和发展的最基本起点，同时通过对众多问题的思考形成对教师职业更全面和深入的认知和认同。

（一）测试目标

面试主要考察申请教师资格人员应具备的新教师基本素养、职业发展潜质和教育教学实践能力，主要包括：

（1）良好的职业道德、心理素质和思维品质。

（2）仪表仪态得体，有一定的表达、交流、沟通能力。

（3）能够恰当地运用教学方法、手段，教学环节规范，较好地达到教学目标。

（二）测试内容与要求

1. 职业认知方面

首先，教师要热爱教育事业，有较强的从教愿望，对教师职业有正确的认知，能清楚了解教师工作的基本内容和职责。如在职业形象上，教师为什么一直被尊崇为"太阳底下最光辉的职业"，是"人类灵魂的工程师"，这种说法过时了吗？"师德一票否决制"这种制度合理吗？教师如何树立和维护"学高为师，身正为范"的高大上形象？对于"范跑跑"事件、"最美教师"这样不断出现的拷问教师良心的社会新闻，你的观点如何？又如在工作职责上，"教师是辛勤的园丁"，"春蚕到死丝方尽，蜡炬成灰泪始干"，而网络上调侃教师生存现状的文章,像《老师只是个传说》《我只是个老师》也在被疯传,你如何看待?英语老师的职责就是教学生学习英语吗?

其次,关爱学生,具备从事教师职业应有的责任心。中国自古有"一日为师,终身为父""良师益友""老师像妈妈"等说法,师生之间应相互尊敬、相互尊重、相互友爱,尤其是教师应具备对学生的无私爱心和奉献精神。"打是亲,骂是爱""合理的惩罚也是一种教育"还是"坚决不能体罚"?"差生天生就是差生,朽木不可雕""同一个老师教,为什么就他学不好"还是"没有不会学的学生,只有不会教的老师"?当然不能体罚,但碰到特别淘气的学生,你怎么办?当然没有天生的差生,学生各自有不同的能力和不同的发展阶段,你很努力地教,但碰到学生家长去和学校领导告状,说你教学水平差、说你不负责任,孩子学不好都是你这个当老师的错,你怎么办?家长当"甩手掌柜",认为教育都是学校和老师的事情,你怎么办?教师的责任心如何在这些日常教学的点点滴滴中体现?

2. 心理素质方面

教师要乐观开朗,积极上进,有自信心;具有一定的情绪调控能力,不偏激,不固执;能够冷静地处理问题,具有较强的应变能力。媒体时常报道社会大环境的脏乱差,人们对金钱和权利的膜拜,对环境和弱小生命的漠视,动辄动口动手动刀子来解决矛盾和纠纷,等等。网络信息时代,学生也被这样的信息包围。即使在学校里面,学生间打架、校外人员来学校打架、学生和任课教师上课时发生冲突、学生打老师、学生发生偷盗行为、学生体育课突发意外、学生家庭突发变故致使学生无所适从、学生家长来告状、学生早恋或者学生暗恋老师等等,诸如此类的消息已经都不算是新闻了。作为教师,是说"社会环境差,我也没办法"还是"通过自身的言行,守护象牙塔的纯洁"?教师必须有强大的心理来面对和处理各种问题。

3. 仪表仪态方面

教师应行为举止自然大方,有亲和力;衣饰得体,符合教师的职业特点。"禁止穿奇装异服""禁止穿袒胸露背服装""不能穿拖鞋背心进课堂""监考时禁止穿高跟鞋来回走动",这些都表明教师职业对于着装的规范。

4. 言语表达方面

要求教师教学语言规范,口齿清楚,语速适宜;表达准确、简洁、流畅,语言具有感染力;善于倾听,并能作出恰当的回应。英语教师扎实的基本功首先体现在准确的发音、优美的语调、富有韵律的语流节奏上。从教师资格证考试的角度来说,英语教师语音语调有问题是一个致命的缺憾。因为英语课上教师的语言示范是学生语言输入的主要渠道,是学生语言学习和理解的基石。尤其是基础教育阶段的英语学习,如果教师示范错误,学生长期学习错误的音调,后期将极难纠正,听说能力的培养和提升将障碍重重。语速过快或过慢会影响课堂教学的有效性。新入职教师由于不熟悉学生的认知水平和已有的语言能力,或者缺乏一定的课堂管理技能,要么容易语速过快,表达偏向复杂化,导致学生跟不上教学进度;要么怕学生跟不上,语速偏慢,表达过于简单,导致学生感觉课堂上没有学到多少东西,逐渐失去学习兴趣和积极性。同时,由于语言既是学习的对象,也是表达和交流的工具,因此英语教师要提升语言表达的表演性和交际性。

5. 思维品质方面

要求教师思维严密,条理清晰,逻辑性强;能正确地理解和分析问题,抓住要点,并及时做出反应;具有一定的创新意识,在解决问题的思路和方法上有独到之处。语言是思维的工具。教师在引导学生学习语言的同时,也在进行东西方不同思维方式的交流,以及学生独立思维和批判性思维能力的培养。这就要求英语教师自身具有优异的逻辑思维素养,能有效地指导学生在英语学习中开展推断、判断、演绎、评析、归纳、反思等。而正所谓"教学有法,但无定法",教学中如何能不断推陈出新?同时,英语教师一般都担任班主任工作,在班级管理和学生思想品德教育方面也要花费大量心血,如何创设健康向上的班风?如何培养学生的感恩意识、友爱意识、合作意识、诚信意识?如何避免用有色眼镜区别对待学习表现有差异的学生?

6. 教学设计方面

要求教师能够根据课程标准处理教学材料,确定教学目标,突出重点和难点;能够基于学生的知识基础和生活经验合理设计教学活动;活动设计有效,能引导学生通过自主参与、合作探究的方式达成学习目标。处理教材时,是"教教材"还是"用教材教"?如何对教学材料进行整合和再构?课堂的"课眼"在哪里?在数字化信息时代,如何利用网络资源对教学内容进行有益的补充?教学内容如何贴近学生的发展需要,贴近生活的实际?学生活动如何提高学生参与的广度?如何挖掘活动的深度?如何逐步实现"教是为了不教",注重学习策略和方法的指导,提升学生自主学习能力,完成"抱着走——看着走——自己走"的成长转变?

7. 教学实施方面

要求教师教学结构合理,条理清晰,能较好地控制教学节奏;知识讲授准确,能基本完成教学任务;能根据学生认知特点和学科教学规律,选择恰当的教学方法,有效激发学生的学习动机;能根据教学需要运用教具、学具和现代教育技术辅助教学;板书工整规范、布局合理。教学是一门艺术,课堂展示更是活的艺术形式。上课不是读教案、背讲稿、念PPT。课堂不是教师的一言堂和表演秀,教师演戏,学生看戏。英语教师不仅要有英语学科知识,还要兼备教育学、心理学和社会学知识,并有效运用这些知识调动学生学习兴趣和保持其注意力,要做到知识教授有体系,能力锻炼有层次。

8. 教学评价方面

要求教师能够采用恰当的评价方式对学生的学习活动作出反馈;能对自己的教学过程进行反思,作出比较客观的评价。教师如何处理学生的错误回答?如何运用多元的评价语言?应该利用哪些评价方法和手段进行全面、合理的评估?教师自身如何三省吾身?教师如何开展实践性反思?以评促改,以评促学,有效利用评价的反馈机制提升学生的学习热情和动力是有效教学的重要部分。

总之,教学设计和实施只有实现"扎实、充实、丰实、平实、真实",一堂课才能成为一堂高效的好课。教师只有对教书育人的职业形象和职业职责有了正确的理解,架构了自身的教师身份认同,才能够在教育的道路上走得更远更宽。

第二节　英语教师课程意识及核心素养培育

一、课程意识的内涵

长期以来,我们经常用教学大纲、教材、教学内容等话语来描述教学,而对课程标准、课程开发、课程等词语比较陌生。这种状况说明了我国教师课程意识的缺乏,而教师的课程意识能决定课程改革的成败,所以培养教师的课程意识成为本次课程改革的目标之一。

教育活动系统由教育目标系统、课程系统、教学系统和管理与评价系统构成。教师对课程系统的理解与把握乃至创造的程度,反映了教师的课程意识状况和课程建设能力水平。课程意识支配着教师在教育中的行为方式、存在方式乃至生活方式,决定着教学的价值取向和课程改革的成败,培养教师的课程意识是课程改革的核心。20世纪70年代以来,美国课程理论中出现了两种代表性的观点:一是"教师即课程",强调教师要有课程意识,教师进入课程,才能实施课程,才能使静态的课程设计转化成为动态的课程实施;二是"教师作为研究者",强调教师的课程意识建立在研究立场上,以研究的方式展开课程实施,表现为有效的课程行为。

教师课程意识主要包括课程目标和设计意识、课程参与和重构意识、课程研究和创新意识、课程实施和评价意识等。

(一)课程目标和设计意识

教师不仅要重视知识的传授,更要树立为了全体学生的发展、为了学生的全面发展、为了学生的个性发展的课程目标意识。课程设计意识要求教师完成规定内容的讲授,根据学科知识体系、学生身心发展规律、现代社会生活和科技发展的需要,主动地、合理地、创造性地设计课程和教学策略。

(二)课程参与和重构意识

教师作为教学主体始终参与课程教学过程。教学过程实际上是教师与课程、教师与学生、学生与课程展开双向对话的过程。传统教学往往把知识理解为孤立的点,而不是一个相互关联的体系。《义务教育英语课程标准(2022年版)》强调要设立跨学科主题学习活动。在此背景下,学科界限被打破,知识整合成为大趋势,课程整合、知识重组成为教师必须充分认识到的一个重要变化,对教师的知识综合能力提出了更高的要求。

(三)课程研究和创新意识

课程是一门艺术,艺术的本质是探究。随着基础教育课程改革的深入,教师不再是被动的课程执行者,而是主动的调试者、研究者和创造者。"教师作为研究者"的定位正逐步得以实现,教师不仅要考虑"教什么"和"怎样教"的问题,而且要考虑"为什么教"的问题。教师的课程创新意识是整个创新教育进程的关键,包括在教学内容、教学方式、学习方式、评价方式等方面的创新。对课程的研究和创新在某种意义上就是对教育核心问题的研究和创新。

(四)课程实施和评价意识

教师不仅是课程忠实的"消费者",更要成为主动、积极的"消费者"。课程实施过程提倡自主、合作、探究的学习方式;倡导学生质疑、调查、实践、参与;发挥信息技术优势,促进教学效率提高。课程评价包括教师对课程的评价与教师对自我和对学生的评价。改变课程评价过分强调选拔和甄别的意识,建构以人为本、促进人的全面发展和个性发展的评价模式,发挥评价的检查、诊断、导向、反馈、激励等多种功能意识。

以上所阐述的课程意识强调教师是课程的创生者,是课程由静态设计到动态实施并进入学生生活领域的主要要素和设计主体。教师本身就是活的课程,在教育教学过程中,教师不是教育权力部门和课程专家的附庸,而是时刻以自己的教育理念、教育知识、专业知识为基础，对预设的课程内容进行"再创造"——或替换、或充实、或增删、或拓展、或提炼。

二、课程意识的培养

英语教师课程意识可通过如下途径培养。

（一）树立正确的课程观

（1）改变"课程即教材"的观点。课程不再仅仅指由专家编制、教师执行、物化、静止、僵化的文本形态，而是由师生在教学过程中共同创制、鲜活、发展、活动的形态。

（2）树立"教师是课程改革的主力军"的观念。在教学过程中，依照特定的教育教学情境，根据学生的英语水平和身心特点，合理地进行课程改造。课程既是技术的，也是艺术的，是教师与学生共同建构的一个艺术作品。

（3）形成课程核心的认识观念。课程是实现教育目的与培养目标的基础；是教师从事教育活动的基本依据；是学生汲取知识的主要来源；是评估教学质量的主要指标和标准。合理的课程设置对学生的全面发展起决定作用。

（4）强化开放、民主的课程意识。课程的开发需要全社会关心教育事业的人共同来参与课程决策和课程编制。课程实施的过程应该是对话式的，而不是独白式的。课程是学生的课程，课程的设计要能够适应不同学生的发展需要，使不同层次的学生都能获得成功感。

（二）提高课程实践反思能力

反思能力是教师课程意识培养的基础，是教师以自己的教学实践活动为思考对象，对在教学实践活动中所做出的行为、决策和因此所产生的结果进行审视和分析的过程。教师只有不断地针对自己教学实践中表现出的行为进行评价、审视和研究，才能察觉到自己课程意识具体内涵的合理性，从而不断改善自己的课程行为。

（三）重建学校课程制度

重建学校课程制度是教师课程意识培养的制度保证。学校是教师实施教育活动的重要场所，制度是约束教师教育教学行为的桎梏。在当前课程改革背景下，教师课程意识的培养客观地要求学校进行课程制度的改革，改变过去习惯化的教学管理、教学常规、课程教材管理等制度，确立适应新课程改革的新规范，建立一种符合时代精神的课程文化。

新一轮课程改革强调课程是由教科书、教师与学生、教学情境、教学环境构成的一种生态系统，这就意味着教师在课程中角色的重大转型。具有课程意识的教师以自己对课程的独特理解为基础，从目标、课程、教学、评价等维度来整体规划教育活动和行为方式，从而成为课程的动态生成者。课程意识所支配的教学始终关注学生的发展。根据学生发展的特点来组织课程内容，按学生的兴趣、需要、经验背景来设计和实施教学活动。学生是课程的中心，促进学生的发展是目的，一切学科的目标、任务及要求都处于从属地位。

总之，教师课程意识的培养和觉醒已成为课程改革与专业发展的关键。研究发现：目前课程改革中的最大问题，不是教师践行课程的能力不强、领悟课程的精神不够，而是课程意识有待加强。因此，教师是否具有课程意识、是否形成新的课程观念，是课程改革对教师提出的重大挑战。在课程改革中，教师批判精神的形成与发展有赖于其课程意识的唤醒。生成的课程观念尊重了教师的专业自主权，尊重了学生的主体地位，尊重了师生的日常生活和学生的"生活世界"。

三、核心素养培育

自2012年以来，教育部已经研制并颁布不同层次教师专业能力要求标准。这些专业能力要求，尤其是2021年颁布的《能力标准》和2022年颁布的《强师计划》，都是指向发展学科核心素养、落实立德树人根本任务的。例如，《能力标准》提出的师德践行能力、教学实践能力、综合育人能力和自主发展能力，其实就是师范生教师核心素养构成元素。《普通高中英语课程标准（2017年版2020年修订）》和《义务教育英语课程标准（2022年版）》分别指出，英语学科核心素养主要包括语言能力、文化意识、思维品质和学习能力。下面结合四维核心素养框架提出一些具体的教师核心素养培育举措。

（一）加强师德践行能力，提升思想政治素质，发挥学科育人功能

坚持为党育人，为国育才，将培育社会主义核心价值观放在教育首位。教师应将德育目标细化为学生核心素养指标和学业质量指标，推动德育进教材、进课堂、进头脑，将德育与智育进行交融。教师应基于科学的德育课程体系和教材体系，把握教育规律和学生成长规律，对教育方式和教学方法进行创新，最终回归教育本真，润物无声式地将国家层面的价值导向、个人层面的价值规范深深植入学生的心灵，最终发挥英语教学立德铸魂的作用。

（二）提升教学实践能力，整合专业领域知识，发展学生思维品质

（1）融合英语教学领域知识。坚持主题引领下基于"六要素"整合的英语学习活动观。英语教学设计应注重对主题意义进行探究，通过学习理解、应用实践和迁移创新等一系列具有综合性、关联性和实践性特征的英语学习活动，最终促进学生语言能力、文化意识、思维品质和学习能力的综合发展。

（2）坚持从学生视角设计教学活动。设计教学活动时应考虑学生的知识水平，教师引导学生参与课堂活动，自主梳理、理解与掌握英语语言知识。只有这样，学生的英语学习才能实现从"向教师学习"向"自主学习"的转变，即知识的学习不再一味地由教师灌输，学生经过自主、合作、探究，找到适合自己的学习方式，提升学习能力，掌握科学和高效的学习策略，最终从"学会"向"会学"转变。

（三）提高综合育人能力，实施"以文化人"，提升学生文化意识

（1）秉持在英语教学中融入育人理念。《义务教育英语课程标准（2022年版）》提出以下主要教学建议：坚持育人为本；加强单元教学的整体性；深入开展语篇研读；秉持英语学习活动观组织和实施教学；引导学生乐学善学；推动"教—学—评"一体化设计与实施；提升信息技术使用效益。在这七项建议中，"坚持育人为本"被放在首位，教师在开展英语教学的过程中必须把实施课程育人放在首位，把"育人"融入教学的每个环节。

（2）坚持"以文化人"，开展正确价值观引领。中学英语教材融入大量中华优秀传统文化，教师必须认真研读教材文本，拓展对其中包含的中华文化相关内容的认知，在认知的基础上深入分析，结合当下百年未有之大变局的背景，形成对中华文化精髓的认同态度，并针对文化中蕴含的正确价值观与学生分享，加强学生用英语表达中华文化、在国际舞台讲好中国故事能力的培养，既提高了其跨文化交际能力，又增强了其文化自信。

（四）提高自主发展能力，借助信息技术，提高学生学习能力

认真学习国际权威提出的有关教师专业提升的路径，吸纳其精华，并结合本地实际进行重构。例如，理查德（J. Richards）等提出的语言教师专业发展活动得到了国际认可，这些有效活动包括工作坊、自我监控、教师互助组、撰写教学日志、同伴观察、教学档案袋、分析关键事件、案例分析、同伴互助、团队教学和行动研究。结合我国实际情况,英语教师可以建立互助式学习群体,展开讨论、分享观点,尤其要邀请同伴进课堂开展教学观摩,课后开展教学反思与研讨。当下,信息技术如何与英语教学有效结合也值得一线教师开展实验探索。总之,教师要发挥主体性,依赖学习同伴,借助信息技术,研究教学领域新概念,并融会贯通,将其运用到具体的教学实践中,发展学生学习能力。

实践活动

1. 请结合自己的感受,说一说教师专业发展的内涵是什么?
2. 教师行动研究该如何开展?请举例说明。
3. 你为什么选择当老师?你认为自己当老师的优势与不足有哪些?
4. 你同意"没有不合格的学生,只有不合格的老师"这种说法吗?
5. 教师的课程意识包括哪些维度?如何培养?
6. 你如何理解"教师即课程"?
7. 英语教师核心素养培育的主要途径有哪些?

第二章 课堂教学设计与撰写技能

教学设计(instructional design,简称ID),是面向教学系统,解决教学问题的一种特殊的设计活动。教学设计一般分成四个层次:教学系统设计、课程教学设计、课堂教学设计和教学媒体设计。教学系统设计是指对某专业或培训项目进行系统设计;课程教学设计围绕一门课程的实施而进行;课堂教学设计以某一堂课的处理为中心;教学媒体设计以一堂课中教学媒体的使用为设计对象。课堂教学设计是教学设计系统中的关键层面。教学系统设计属于"顶层设计",一线教师一般接触到后三个层次。本章围绕课堂教学设计的内涵、理念以及课堂教学设计撰写这两个方面,辅以教学设计的实例,阐释课堂教学设计的思路。

第一节 课堂教学设计概述

一、课堂教学设计内涵

课堂教学设计是依据系统论的观点和方法,运用现代教学心理学和教学设计的基本原理与技术,根据教学目标和教学对象的特点,有效地安排和组织各种教学资源(教师、教学内容、教学媒体、教学方法、教学环境等),使之序列化、最优化、行为化,为提高课堂教学效果而制订教学方案的过程。

传统意义上的课堂教学设计通常包含四个基本问题:现在在哪里——课堂教学的主体分析;要去哪里——课堂教学的目标设计;如何去那里——课堂教学内容、媒体、组织形式与方法等的设计;是否到那里——课堂教学的监控与评估。

但是,在核心素养视域下,课堂教学设计理念更新。教师可依据"教—学—评"一体化原则,采用追求理解的教学设计或者逆向教学设计等教学设计模式。此外,基于英语学习活动观的六层次教学活动设计方式也得到广泛运用,获得一致好评。

二、课堂教学设计的理念

学科核心素养是学科育人价值的集中体现,这一概念的提出引发教师对大到整个学段的课程目标、小到每节课的教学目标重新思考。为了发展学生英语学科核心素养,《普通高中英语课程标准(2017年版)》首次使用"大概念"一词,强调"以学科大概念为核心,使课程内容结构化,以主题为引领,使课程内容情境化"。学科大概念的提出对英语课程内容组织、教学活动设计以及学业评价的方式等都产生了重大影响。具体地说,指向核心素养培育的英语教学,在宏观层面上,必须以大概念为引领对知识结构进行统整,横向上采取单元整体设计或大单元设计,纵向上采取追求理解的逆向教学设计和"教—学—评"一体化设计原则,还必须高度重视体现综合性与跨学科特点的项目化学习;在微观层面上,针对某课时的英语阅读教学设计,必须践行英语学习活动观。

(一)学科大概念

学科大概念,也称大观念,英文为 big ideas。王蔷等认为"大观念"比"大概念"更符合中国国情,并把它界定为"学科育人最具价值的知识,统领课程内容的组织、教学活动的设计和学业评价的方式,体现单元整体教学的整体性和关联性"。具体地说,从学科本质看,大观念反映学科本质的核心知识、思想和价值。从课程内容看,大观念是联结教学内容的核心概念架构。从过程与方法看,大观念是统摄教与学过程的原则和方法。对教师而言,它是统领教学设计的核心理念。对学生而言,它是通过课程内容学习所达成的育人目标。它是学生完成学习后生成的新的认知结构、解决问题的思想和方法以及价值观念,是学生可以迁移到新的情境中用于解决问题的素养,是能够持续影响学生品格、品性和行为表现的观念。但是,大观念是一个相对的概念,既指宏观层面关于英语课程本质和内涵的大观念,也指相对微观层面关于语言知识内涵和教学的大观念。学生只有从多角度建构主题的相关知识,挖掘单元内不同语篇背后的深层意义,才能形成相对完整的对该主题的认知、价值判断和行为取向。

学科大观念具有五个基本特征:因处于课程、教学和评价的中心位置而具有中心性;因能为小概念的组织提供框架,并构成联结学科知识的纽带而具有网状性;因能从学科知识共性中提炼出来,并体现事物本质的规律而具有抽象性;因能促进学生对新旧知识建立联系,并强化对学科知识的深层次理解,且贯穿学生的一生而具有持久性;因以概念框架形式组织和理解信息,将有利于实现更大程度的迁移而具有迁移性。

大观念理论被运用于新版英语教材的编写之中。为了发展学科核心素养,外研版高中英语教材(2019年版)每个单元皆遵循"理解—发展—实践"的原则,围绕"ideas"开展学习进程设计,三个学习环节分别命名为"Understanding ideas""Developing ideas"和"Presenting ideas",它们相互关联,逐级递进,符合学生身心发展的基本规律。其中,"Understanding ideas"(即理解环节)包括背景知识、主题阅读、语言功能;"Developing ideas"(即发展环节)包括主题探究与内容拓展、读写活动、观点表达、自我反思;"Presenting ideas"(即实践环节)涉及综合性应用实践项目(见图2-1)。前两个环节从学生语言和认知的不同维度为实践环节奠定基础,而实践环节所展示的语言能力和思维品质又是检测前两个环节学习效果的标尺。

(二)单元整体教学与大单元教学

《普通高中英语课程标准(2017年版2020年修订)》指出,单元是承载主题意义的基本单位。教师要认真分析单元教学内容,梳理并概括与主题相关的语言知识、文化知识、语言技能和学习策略,确定教学重点,统筹安排教学,在教学活动中拓展主题意义,避免脱离主题意义或碎片化的呈现方式。

单元整体教学,又称基于大观念的单元整体教学。王蔷等把它界定为"教师基于课程标准,围绕单元主题,深入解读、分析、整合和重组教材等教学资源后,结合学习主体的需求,搭建起的一个由单元大主题统领、各语篇子主题相互关联、逻辑清晰的完整教学单元,使教学能够围绕一个完整的单元主题设定目标,引导学生通过对不同单一语篇小观念的学习和提炼并建立关联,生成基于该单元主题的大观念"。单元整体教学设计强调在教材原有单元

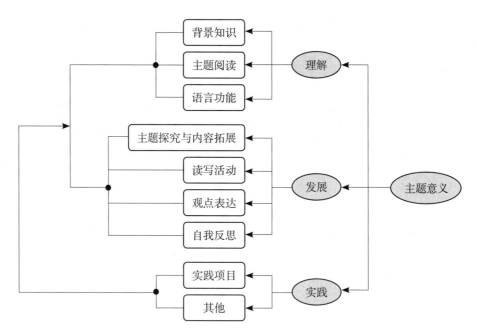

图2-1 高中英语单元主题意义(或大观念)探索过程的构成要素

基础上进行整合,设置整个单元的教学总目标,再将总目标分解为每个课时的具体目标。为达成目标任务,所有课时教学活动必须相互衔接,同向同行。开展单元整体教学设计时,设计的评价任务应包括过程评价和结果评价,充分体现评价的促学效果。

开展英语单元整体教学设计的途径包括:第一,从课程大观念出发,明确单元设计的指导思想,阐述单元教学的核心理念;第二,从课程内容视角,研读单元全部内容,提炼单元大、小观念,搭建单元整体框架图,确定单元教学目标;第三,围绕具体语篇,梳理结构化知识和语言重点,确定课时教学目标;第四,基于大观念对单元内课时目标进行整体规划,并基于规划设计各语篇的教学活动,引导学生从不同侧面探究主题意义,建构小观念并逐步形成单元大观念;第五,在活动设计中,应同步拟定课堂评价的方式和具体的评价要点,推进"教—学—评"一体化;第六,依据教学目标,在教学活动基础上设计课时作业,所有课时作业指向单元大作业,注重指向理解的表现性任务作业的设计。

除了以上以教材单元为单位对各单元教学内容进行整合之外,也可以根据大观念对教材单元进行整合,整合后的单元称为"大单元"。崔允漷认为大单元是指一个完整的学习单位,由素养目标、课时、情境、任务、知识点等组成,按某种需求和规范组织起来,形成一个有结构的整体。他解释为何要倡导"大"单元,因为"大"的用意有三:一是指向学科核心素养的大格局。通过进行大单元设计,教师能够像学科专家那样思考,有利于其理解学科育人本质。二是大单元设计有利于改变许多教师只关注知识、技能、习题、分数等,而忽视学生能力、品格与观念的培养的现状,使教师明白"大处着眼易见人"的道理。三是大单元设计与实施有利于教师正确理解时间与学习的关系,以学生学会(即目标达成)而非"下课"为结束学习的标志。

开展大单元教学的路径有五:一是确定学期大单元数量。参考依据包括本学期的相关课程材料,如教材的逻辑与内容结构、与教材内容对应的课程标准的相关要求、学生的认知准备与心理准备、可得到的课程资源,以及规定的课时等。二是厘清本学期的大单元逻辑以及单元命名。学科核心素养的相关要求可以作为参考依据,教师可以选择大任务或大项目为统率,也可以选择大观念或大问题为统率,为大单元命名。大单元逻辑可以是单项逻辑,也可以多项逻辑并用。三是把大单元知识或内容结构化。一般来说,一个大单元至少要对接一个学科核心素养,依据某个核心素养的培养要求,结合具体的教材,按某种大任务(或观念、项目、问题)的逻辑进行梳理。四是呈现出完整的设计方案。制定方案时,综合考虑单元设计的要素,包括名称、课时、目标、情境、任务、活动、资源、评价等。五是关注大作业的设计。大作业体现以"学生—学习—学会"为中心的教学理念,联结课程、教学、评价。

总之,单元整体教学与大单元教学理念相通,皆以大观念为引领,教学活动体现关联性、综合性和实践性,注重学生核心素养的培养。两者的区别在于前者一般情况下以教材中某一个单元为单位,对其知识结构依据单元主题进行整合;而后者依据大观念对整个学期的学习资源进行整合,教师可以把教材中某几个主题相似的单元整合成一个大单元。由此可见,大单元的整合力度更大一些。

(三)追求理解的教学设计与"教—学—评"一体化设计

在学科大概念引领下,教与学的目标内涵需要重构。1998年,格兰特·威金斯(Grant Wiggins)和杰伊·麦克泰格(Jay McTighe)提出追求理解的教学设计理念(Understanding by Design,简称UbD)。该理念是基于大概念而提出的,在威金斯和麦克泰格看来,大概念是一个概念、主题或问题,也是学生为了厘清自己的学习内容,并将学习迁移到新的课程和现实环境中,必须能够掌握的重要想法。理解观点是掌握概念之前提,对课程内容的理解不能仅仅通过口头获得验证,必须创造真实问题情境,通过迁移运用知识,才能检测出理解的广度和深度。威金斯和麦克泰格指出,在广度上,理解包含"解释、释义、应用、洞察、移情和自知"六个侧面;在深度上,理解的最高层次是指能够智慧而有效地应用知识和技能。

追求理解的教学设计强调,在教学目标设定之初,教师应从学生端出发,思考真正了解了知识的学生会有何表现,并将这个表现设定为期望的学习结果。这种"以终为始"的设计也被称为"逆向设计"(backward design),具体包括三个主要阶段:确定学习的预期结果(设计目标),确定合适的评估证据(设计评价),设计学习体验和教学(设计教学)(见表2–1)。逆向设计倡导先基于教学目标设计评价证据,再依据评价证据设计教学活动。该设计理念把评价置于核心位置,将以评促学落到实处,从真正意义上体现"教—学—评"一体化理念。

表2–1 追求理解的教学设计各阶段的重点与原则

阶 段	重 点	原 则
设计目标阶段	教师应清楚学生应该知道什么、理解什么,能够做什么,什么内容值得理解,以及期望学生持久理解什么	(1)使大概念的"含义"成为现实; (2)将学习的自主性"转移"到新的学习情境中
设计评价阶段	确定有效证据,即在第一阶段目标逻辑基础上,确定评估内容及评估手段	(1)评估理解力需要证明学生有能力深刻地解释他们学习的内容,如"展示他们的工作"等; (2)评估理解力还需要证明学生有能力在新的、多样化的和现实的情况下,运用学习内容的能力,必须"做"而不仅是回答问题

（续表）

阶　段	重　点	原　则
设计教学阶段	确定教哪些内容、指导学生做什么，以及如何用恰当的方式开展教学。确定合适的材料和资源以完成这些目标	(1) 学习活动旨在解决三个相互关联的目标：习得、意义创造和迁移； (2) 为理解而进行的教学要求给学生许多机会进行推理并自己概括； (3) 理解不能简单地由教师告诉，必须由学习者积极地"构建"

在我国基础教育领域，"教—学—评"一体化理念也得到了前所未有的关注。《义务教育英语课程标准（2022年版）》不仅提出要推动"教—学—评"一体化设计与实施，而且要树立"教—学—评"的整体育人观念。"教""学""评"三者被赋予崭新的定义："教"主要体现为基于核心素养目标和内容载体而设计的教学目标和教学活动，决定育人方向和基本方式，直接影响育人效果；"学"主要体现为基于教师指导的、学生作为主体参与的系列语言实践活动，决定育人效果；"评"主要发挥监控教与学过程和效果的作用，为促教、促学提供参考和依据。此外，"教""学""评"三者之间不再是各自独立的线性关系，而是相互依存、相互影响、相互促进，发挥协同育人功能。

由此可见，"教—学—评"一体化整合了教师教学、学生学习和效果评价，有利于深化教育评价改革。一体化的概念具有过程完整、手段多样、主体多元等鲜明特征。过程完整是指评价贯穿于教学的全过程，涉及课前准备、课中实施和课后反思等环节。手段多样是指不仅倡导丰富的教学和学习活动形式，更倡导多样化的评价手段。主体多元是指教师和学生既是教和学的主体，也成为评价的主体，需要积极参与评价活动。

"教—学—评"一体化既是理念，也是教学设计原则。具体原则包括三点：一是学教一致。一方面，教学目标准确定位学生应该学什么、怎么学、学到什么程度，与教师教什么、怎么教、教到什么程度应该保持一致。另一方面，评价方式、评价内容和评价标准的选择和制定，也要与教学目标相一致。二是教评一致。既指教什么就评价什么，又指教的质量如何，可以拿评价标准来衡量。三是学评一致。既指所学即所评，也指要用评价来指引学、为学把脉。四是评价与教、学的一致性，不仅体现在结果上，更要体现在过程中。总之，为了积极发挥评价在教学中的重要作用，教师应树立"教—学—评"一体化的意识，科学选择评价方式，合理使用评价工具，妥善运用评价语言，注重鼓励学生、激发学习积极性。

总之，评价已经成为教学的重要组成部分，"以评促学""以评促教"理念越来越深入人心。强调通过创设真实问题情境检测学生对知识的理解，如此追求理解的评价手段，既能检测出学习效率，又能提升学生的思维品质等关键能力。再则，倡导评价的引领与检测作用与育人进行整合，深入课堂教学全过程，有利于立德树人根本任务的落实。

（四）项目学习与跨学科整合

《义务教育课程方案（2022年版）》在课程实施部分提出："注重'做中学'，引导学生参与学科探究活动，经历发现问题、解决问题、建构知识、运用知识的过程，体会学科思想方法。"项目学习提供学生在跨学科真实探究任务中"做中学"的机会，巧妙整合语言、思维、文化等要素，拓宽综合视野，提升核心素养。

人教版高中英语教材（2019年版）中设计了"Project Learning"（项目学习）板块。由浙江省教育厅教研室编写的《浙江省普通高中学科教学指导意见：英语（2021年版）》指出："项目学习是系统的学科教学的重要组成部分。项目学习既是课程形态又是教学策略：从课程形态来看，它是以学科课程为基础跨学科的活动课程；以教学策略来看，它是指学生自主的、探究的、制作的活动并且以完成特定任务为目标。项目学习是在系统学科知识学习的基础上，学生综合运用多学科学习成就，进行自主学习的一种综合性、活动性的教育实践形态。项目学习又具有超越学科的特征，它帮助学生理解英语学科以外其他学科的价值与不同学科之间的联系，能够实现课堂教学难以实现的任务。"

项目学习的开展符合国家课程方案的要求。《义务教育课程方案（2022年版）》提出，各门课程原则上至少要用10%的课时设计跨学科主题学习。教师在设计类似的跨学科主题学习时，要坚持三个跨学科整合原则：一是跨学科主题学习是一个回答问题、解决问题、处理问题的进程，而且问题必须源自生活，具有真实性、复杂性和综合性。二是解决问题的思路必须体现明确的多个学科思想、方法、研究思维的整合。三是问题处理过程中出现新认知和创新。

（五）基于英语学习活动观的教学设计

《普通高中英语课程标准（2017年版）》明确指出，英语学习活动是英语学习的基本形式，教师要引导学生在主动体验和积极参与活动的过程中发展英语学科核心素养。英语学习活动观是指学生在主题意义引领下，通过学习理解、应用实践、迁移创新等一系列体现综合性、关联性和实践性等特点的英语学习活动，使学生基于已有的知识，依托不同类型的语篇，在分析问题和解决问题的过程中，促进自身语言知识学习、语言技能发展、文化内涵理解、多元思维发展、价值取向判断和学习策略运用。

《义务教育英语课程标准（2022年版）》指出，英语学习活动观指导下的英语阅读教学可分成三个阶段，分别为基于语篇建构知识、深入语篇转化能力，以及超越语篇形成素养（见图2-2）。第一阶段为学习理解层级，包括感知与注意、获取与梳理、概括与整合等基于语篇的学习活动，通过感知与注意活动创设主题语境，激活学生已有知识经验，铺垫必要的语言和文化背景知识，明确要解决的问题，使学生在已有知识经验和学习主题之间建立关联，发现认知差距，形成学习期待。在此基础上，教师以解决问题为目的，引导学生通过获取与梳理、概括与整合等活动，学习和运用语言知识、语言技能，从语篇中获得与主题相关

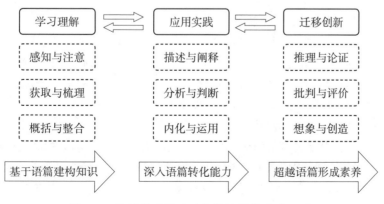

图2-2 英语学习活动观在阅读教学中的运用

的文化知识,建立信息间的关联,形成新的知识结构。第二阶段为应用实践层级,包括描述与阐释、分析与判断、内化与运用等深入语篇的学习活动。该阶段的学习包括引导学生基于所形成的结构化知识开展描述、阐释、分析、应用等多种有意义的语言实践活动,内化语言知识和文化知识,加深对文化意涵的理解,巩固结构化知识,促进知识向能力的转化。第三阶段为迁移创新层级,包括推理与论证、批判与评价、想象与创造等超越语篇的学习活动。其中,推理与论证学习活动主要围绕语篇背后的价值取向与作者或主人公的态度和行为等展开;批判与评价学习活动则包括赏析语篇文体的特征,把握语篇的结构,以及发现语言表达的手段和特点等,并在此基础上开展分析与思辨,评价作者或主人公的观点和行为;想象与创作学习活动包括加深对主题意义的理解,进而运用所学知识技能、方法策略和思想观念,多角度认识和理解世界,创造性解决新情境中的问题,理性表达情感、态度和观点,促进能力向素养转变。

针对如何将英语学习活动观运用到实际的课堂教学中,基础教育一线英语教师深感困惑。为此,梅德明和王蔷(2018)给广大教师提供了六步骤阅读课堂教学活动设计思路。

步骤一:围绕主题创设语境,激活已知。

设计原则:一是教师要基于课程标准规定的人与自我、人与社会、人与自然三大主题,确定本单元的主题语境,强化主题的引领性;二是围绕主题语境创设尽可能真实的语境,设计有意义的探究活动;三是以问题激活学生的已知,师生皆可提问,教师可以提问学生针对该单元主题想知道什么、想更多地了解哪方面的信息,而学生通过提问可以激活自己的已知与未知。

步骤二:精读语篇,获取新知。

设计原则:一是通过提问获取新知;二是依托语篇获取新知;语篇类型包括口语的、书面的、多模态的、文字形式的,或图片、图表、漫画、影片视频等非文字形式的;三是教师通过提问等方式带领学生精读语篇,指向文本信息梳理,纠正学生的认识偏差,巩固已知,认识新知,为下一步整合做准备。

步骤三:整合信息,形成知识新结构。

设计原则:一是基于信息梳理对语言进行整合,运用听、说、读、写技能对语篇知识进行提炼;二是技能的运用需要与策略的运用相结合;三是在进入概括、整合、重组环节时,要注意提高策略的使用效果,形成新的知识、新的知识结构或者新的概念,从而对语篇的主旨有一个新的认知。

步骤四:围绕新知识结构,开展语言实践活动。

设计原则:一是围绕主题和所形成的新知识结构,开展相应的语言实践活动,即对于语言和所获得的关联信息进行整合性的阐述、输出和表达;二是通过不同的活动形式内化语言,即学生能欣赏语言的精华部分,能欣赏语言的使用;三是汲取其中蕴含的文化精华,学生能将自己学到的知识与内容内化于心,再外化于行。

步骤五:分析语言结构,进行语言形式与主题意义的关联。

设计原则:一是基于语言的内化,分析语言的结构并进行语言形式和主题意义的关联;二是引导学生在具体情境中感受语言的使用,加深对于语言的理解,从而指引学生从表层的学习走向深层次学习;三是学生也可根据这种结构和形式,更进一步地理解作者的意图,评价作者的态度,以及语篇背后深层的内涵。

步骤六：迁移创新活动，解决真实问题。

设计原则：一是教师应鼓励学生将课堂中所学的知识和掌握的语言能力，迁移到与日常息息相关的情境中，以解决真实的问题；二是教师的任务是基于需要解决的问题，创设一个真实的情境。学生需要做的是运用所学的语言知识以及前面教学过程中整合的信息要素、知识结构及相关文化知识，来科学地、理性地表达自己的观点和见解；三是教师引导学生围绕主题语境对主题意义开展探究活动时，需要借助语言技能和学习策略的配合来促进学生思维发展，同时整合语言知识与文化知识，进行内化吸收，然后潜移默化地影响学生在日常生活中的价值取向，培养学生的多元化思维并引导其形成正确的价值判断。

以上针对英语学习活动观如何运用于阅读教学活动的设计思路，能精准地把英语学习活动观的精髓与阅读活动意图进行衔接，给一线教师设计具体教学活动提供参考。但是，因学生实际情况不同，教师需要在这些设计思路的基础上进行个性化创造。

第二节　课堂教学设计撰写

自2018年教育部明确提出"发展学科核心素养，落实立德树人根本任务"的课程理念以来，我国基础教育课程改革不断深化，广大教师的课程意识持续加强，坚持开展基于课堂教学的探索，涌现出一大批优秀教学研究成果。下面就课堂教学目标（单元教学目标与课时教学目标）的设置与表述，以及"教—学—评"一体化的设计与实施进行阐释，并结合课堂教学设计实例展开剖析。

一、课堂教学目标的设置与表述

教学目标是教学活动的出发点和归宿。教学目标的设定必须基于对教学材料（包括教材）的细致分析和对学习者特征（即学情）的深度剖析的基础之上。教学材料分析包括：第一，熟悉相应课程标准目标内容的要求；第二，理解相应教材中单元主题和重点内容；第三，参考相应教学指导书对该单元的指导意见。李亮和王蔷（2023）认为学情分析可涉及学生的学业水平、知识基础、生活经验、认知发展、学习习惯、情感特征、态度动机等方面。在此基础上，为了促进学生核心素养的培养，学情分析可以围绕学生的语言能力、思维能力、学习能力、创新能力、社交能力和情感能力等展开。

语言能力包括语言知识和语言技能，前者包括语音、词汇、语法、语篇和语用等，后者指听、说、读、看、写等。在英语学科中，思维能力主要指逻辑性、批判性和创造性，具体涵盖分析、综合、判断、推理、归纳、演绎等，指向培养学生独立思考和解决问题的能力，而此处的"创造性"特指学生能创造性地使用语言开展思想交流。学习能力是指学生的学习方法、学习策略和学习技能，使其能够有效地获取和整合知识。创新能力包括学生的创新思维和创新能力，使其能够在实践中发现问题、解决问题和创造新的价值。社交能力指学生的沟通、合作和领导能力，使其能够与他人有效地交流和合作。情感能力是指学生的情感认知、情感表达和情感管理能力，使其能够理解和控制自己的情绪，建立健康的人际关系。这些基于核心素养的学习者特征分析视角，在不同课型教学中可以有所侧重，但是，教师要逐步建立通过英语教学培养学生这些关键能力的意识。

先分析教学材料和学习者特征而后设置教学目标，能体现因材施教原则。英语学科教学目标撰写维度必须与课程标准提出的课程目标保持一致。因此，当2003年发布的《普通高中英语课程标准（实验）》提出语言技能、语言知识、情感态度、学习策略和文化意识五维课程目标时，这也构成了英语学科课堂教学目标设置框架。此外，部分教师也采用其他学科课程标准提出的由知识与能力、过程与方法、情感态度与价值观构成的三维目标体系。随着2017年版课程标准首次提出英语学科核心素养，英语学科教学目标设置则应采用由语言能力、文化意识、思维品质和学习能力构成的核心素养四维目标体系。

每一条课堂教学目标的表述，都需要遵守"ABCD"原则。ABCD为Audience（对象）、Behavior（行为）、Condition（条件）和Degree（标准）四个单词的首字母。

第一，教学对象是主语。教学对象或学生是完成行为的主体，因此在描述教学目标时，句子的主语是学生。类似的合适表达有"By the end of the class, students should be able to ..."，而不能写成"Teacher enables/makes/lets/promotes students to ..."。

第二，行为动词要具体。行为动词构成教学目标中最基本的要素，指学生通过学习所能够完成的特定且可观察的行为及其内容。行为动词的描述要求具体明确、可测评，比如"说出""辨别""解释""作图"等。切忌使用笼统的模糊表述，如："了解""理解""掌握"等。另外，行为动词之间要体现层次性和宽泛性。层次性是指行为动词包含从低到高不同层级，教学目标中应同时具有了解层、理解层和掌握层的行为动词。宽泛性是指教学目标应尽可能同时包含英语学科核心素养的四个维度的目标内容。

第三，行为需限制条件。对于学生经过学习活动而产生的相应行为及其结果，需提出相应的限制条件或范围等。限制方式包括课堂活动限制，如"Through classroom discussion, students will be able to ..."，辅助手段限制，如"By making a mind-map, students will be able to ..."，以及时间限制，如"Within 5 minutes, students will be able to ..."等。

第四，行为需设置标准。此处，"标准"是指行为完成质量的可接受的最低衡量依据。为了使教学目标具有可测量性，应该对学生行为的标准进行具体的描述。例如，"至少提出三个问题""75%的学生从三个视角回答了该问题"等。

单元教学目标由课时目标构成。单元教学目标设置需要以单元主题或子主题为引领，依据核心素养四维目标框架开展设置，表述上尽量体现ABCD原则。下面以王蔷等（2021）设计的单元教学目标（见表2-2）为例进行简单说明。设计文本选自北师大版高中英语教材（2019年版）必修三Unit 8 Green Living。

表2-2　Green Living单元教学目标

	单元教学目标	语篇及课时
对个人作用的认识	描述环境问题及解决措施，谈论自己能为绿色生活作出的努力	Topic Talk（1课时）
	梳理并描述Roots & Shoots机构的信息，阐释个人在环境保护中发挥作用的必要性，说服他人加入环保行动	Roots and Shoots（阅读；2课时）
众人的努力	介绍易解放及她创立的公益组织，评价易解放的行为	Greening the Desert（听说；2课时）

（续表）

单元教学目标		语篇及课时
众人的努力	谈论共享单车的发展历程与现状，提出促进共享单车良性发展的措施	"White Bikes" on the Road（阅读；2 课时）
	拓展阅读 Reading Club 1: Recycling	
	介绍太阳能并阐释人类利用其进行生活生产的方式，论述该清洁能源的环保价值	Solar Energy（看；1 课时）
对现状的关注	完成关于共享单车使用情况的调查报告	A Survey Report（写作；2 课时）
	拓展阅读 Reading Club 2: The Environment: A Local and Global Issue	
开启绿色生活	合作完成倡导绿色生活的广告，以人类命运共同体理念践行环保举措	单元 Project（1 课时）

该单元教学目标的设定步骤如下：一是明确指导思想，完成单元大、小观念的提炼；二是确定大观念融入教学的途径，思考如何确保把大观念融入单元整体教学目标中；三是遵守目标设定的准则，即以大观念和小观念的建构展开，遵循可操作性、可检测性原则，反映学生完成某一课时学习后所形成的素养；四是建构大观念引领下的目标内涵，应兼顾语言能力、文化意识、思维品质、学习能力的融合发展，体现学生学习后形成的新的认知、态度、价值判断和行为选择，即能够伴随学生未来成长的大观念；五是确保教学目标每个维度均具有关联性和建构性特征。

为了体现主题意义或大概念引领下的整体教学理念，单元教学目标时可以结合小观念、语篇和课时等呈现，从而提供一个比较完整的教学目标构架图。表2-2最左边一栏内容——"对个人作用的认识""众人的努力""对现状的关注""开启绿色生活"等，皆为教师结合该单元主题（属于人与自然主题语境中的环境保护）提炼出的小观念。这些小观念必须归属于该单元的大观念，即绿色生活是每个人的选择结果：树立环保观念，加入环保行动，关注环保现状。

单元目标需分解到课时目标中。课时目标除了依据核心素养四维度进行设计之外，也可以依据英语学习活动观的三层次进行设计。下面以曹翔羽（2022）设定的阅读教学课时目标与描述为例作简单剖析（见表2-3）。设计文本选自译林版高中英语教材（2019年版）必修二 Unit 2 Be Sporty, Be Healthy 的阅读语篇文本 "Finding a balance: my tai chi experience"。

表2-3　基于英语学习活动观的三维课时教学目标

目标维度	目标内容
学习理解类目标	获取、梳理作者在练习太极拳一年前后身体和精神两个方面的变化，借助可视化图形呈现语篇的结构化知识
应用实践类目标	运用所学语言，描述、阐释作者练习太极拳后身体和精神两个方面的变化及其原因

（续表）

目标维度	目标内容
迁移创新类目标	(1) 通过对太极拳招数及其名称背后的文化内涵的探究，引导学生思索人与自我、人与自然的关系； (2) 引导学生探究太极拳的起源，提升学生对于太极拳的文化认同，树立文化自信； (3) 引导学生思考对立统一、阴阳共生的哲学思想，并就此进行表述，提高学生的思维品质和语言表达能力； (4) 探究太极拳是否会受到青少年的热爱，增强学生对于以太极拳为代表的中国文化的认同

以上基于英语学习活动观的三维课时教学目标总体上围绕英语学习活动观的学习理解、应用实践和迁移创新三个维度展开。从内容看，该三维课时教学目标能以文本主题为引领，以作者在练习太极拳一年前后身体和精神两个方面的变化为重点，在获取相关知识的基础上，借助可视化图形进行信息梳理，然后引导学生运用所学语言，描述、阐释身体和精神两个方面的变化，并挖掘背后的原因。在迁移创新环节，通过探究太极拳的起源、太极拳招数及其名称背后的文化内涵，以及阴阳共生的哲学思想，增强学生对于太极拳以及以太极拳为代表的中国文化的认同，树立文化自信。此外，该环节目标包括四方面内容，说明所创设的迁移创新类活动颇丰，针对主题挖掘与探索的程度较深。总之，目标内容主线突出，层层递进，文化自信培养落实到位。

从目标表述角度分析，该单元教学目标设计者能巧妙地运用ABCD原则。第一，突出学生的主体地位。在学习理解和应用实践两个维度，行为动词的主体显然是学习者而非教师。在迁移创新维度，出现了三个"引导学生"，说明教师在该环节扮演"引导者"角色，而"提升学生""提高学生"和"增强学生"则分别使用一次，说明该部分描述过于笼统，教学目标难以检测。第二，行为动词具体。例如，第一和第二维度使用"获取、梳理"与"描述、阐释"等。第三，提供限制性条件。第一维度中提供辅助手段限制"借助可视化图形"，第二维度中提供语言信息限制"运用所学语言"，第三维度中提供学习活动限制"通过对太极拳招数及其名称背后的文化内涵的探究"。第三维度中的三个"引导"在某种意义上也可视作限制条件。第四，设置了行为标准。例如，第一维度中的"借助可视化图形呈现语篇的结构化知识"和第二维度中的"运用所学语言，描述、阐释作者练习太极拳后身体和精神两个方面的变化及其原因"。这些标准的设置给评价提供了一定参考。但是，第三维度中"文化自信"与"文化认同"概念较抽象，给检测带来困难。当然，假如课前教师已经编制了相关的测试量表用于检测，或者通过在新情境中让学生参与一些表现性任务进行检测，就可借鉴追求理解的逆向教学设计理论开展教学与评价。总体而言，该课例目标设计具有较强的借鉴意义。

二、"教—学—评"一体化的设计与实施

在核心素养视域下，为了在课堂教学主阵地有效落实核心素养培育，必须将评价融入教与学的全过程。"教—学—评"一体化既体现于教学的全过程中，也反映在育人的全过程中。在整体育人理念指导下，单元评价与课时评价都需要指向英语课程总目标，即发展

学生的英语学科核心素养，培养具有中国情怀、国际视野和跨文化沟通能力的社会主义建设者和接班人。依据《普通高中英语课程标准（2017年版 2020年修订）》赋予"评价"之内涵，教师首先应依据教学目标确定评价内容和评价标准，然后组织和引导学生完成以评价目标为导向的多种评价活动，以此监控学生的学习过程，检测教与学的效果，实现以评促学、以评促教。

基于以上评价内涵，李亮和王蔷（2023）提出"教—学—评"一体化的设计与实施思路，包括明确思想、研读文本、分析学情、一体化设计与实施，以及反思教学等五个主要环节（见图2-3）。

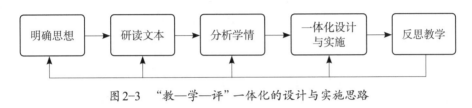

图2-3 "教—学—评"一体化的设计与实施思路

（1）明确思想。明确思想是指必须以发展英语学科核心素养作为出发点。

（2）研读文本。研读文本时，教师首先要分析文本的主要内容和主题意义或小观念（What）、文体结构和语言修辞（How），以及作者的写作意图（Why）。通过厘清文本的内在逻辑，勾勒出文本的语言、内容和主题相互融合的三维图景。其次，需要确定单元主题在学科中的重要程度，以及该单元主题与学生实际生活的关联程度，尽可能提升学生学习体验的程度、认知发展的维度、情感参与的深度和学习成效的高度等。

（3）分析学情。倡导"全方面、全过程"系统科学分析学情。"全方面"学情分析是指教师对学生整体情况进行评价和分析，包括学生的认知基础、语言水平、学习习惯和经验、兴趣动机和需求，以及态度和情绪状态等。针对学情分析，有学者认为核心素养背景下，教师应更多从学生的关键能力视角去分析。除总体情况外，教师还应关注学生学习本课内容已有的知识储备和潜在的学习困难等因素。"全过程"学情分析，则可将学情分析贯穿课前、课中和课后整个过程。课前学情分析可通过问卷、访谈、小测验等多种手段开展，可起到预评价（pre-assessment）的作用。课中学情分析可采用课堂提问、学生展示、表现性任务等方式收集并解读学生的学习证据，作出教学决策，调整和改进课堂教学活动，相当于即时评价（contingent assessment）。课后学情分析可通过作业、测验、面批以及与同事交流等方式获取相应信息，可视为事后评价（post-assessment），这也是教学反思的体现。

（4）一体化设计与实施。强调以"大观念"统领教学设计与实施。大观念是联结教学内容、统摄教与学过程的核心概念框架。以大观念为统领，教师在"教—学—评"一体化设计与实施时，应充分整合目标、内容、活动、实施与评价，并以直观方式整体呈现，以便取得更佳的实施效果。李亮和王蔷（2023）以高中英语阅读课为例展示了"教—学—评"一体化设计与实施过程。该课例阅读文本选自外研版高中英语教材（2019年版）必修三第六单元，单元主题为"Disaster and Hope"，阅读文本题目是"Hot! Hot! Hot!"。"教—学—评"一体化设计与实施过程以双向细目表的形式呈现，纵向为教学目标，横向依次为活动层次、活动内容、设计意图和评价方式（见表2-4）。如此的呈现形式，横纵交叉，直观体现教、学、评的具体内容，便于考察三者之间的一致性。

表2-4 "Hot! Hot! Hot!""教—学—评"一体化设计与实施

教学目标	活动层次	活动内容	设计意图	评价方式
获取梳理文中极端天气相关信息、作者的情感体验,以及作者应对天气灾害的措施	学习理解感知注意获取梳理	导入:教师展示图片,学生观察,师生讨论;第一遍读:学生获取文中事实性信息,用下划线标出	比较伦敦和北京的气温,激活极端天气图式;预测并验证作者乘坐伦敦地铁的感受	教师观察学生回答问题和学生阅读的情况
基于每段的事实信息,绘制作者感受的概念导图,并进行口头描述	应用实践概括整合描述阐释	第二遍读:学生获取事实信息,绘制概念导图,描述阐释,讨论分享,并班级展示	学生提取、概括、整合信息,理清文中内容脉络,使用并内化文中的语言	教师观察;学生绘制并展示概念导图;学生自评和互评
分析不同灾害的后果,论证作者提出的方案的可行性	应用实践分析判断推理论证	第三遍读:学生分析灾难的后果,论证作者提出解决方案的可行性	分析作者的写作意图,锻炼分析、论证等思维能力	教师提问,学生回答,教师反馈
联系生活实际,阐述如何应对天气变化可能带来的灾害	迁移创新创造想象批判评价	课后作业:学生上网查找资料,提炼内容并做PPT,下节课上展示	迁移创新,将文中所学用来解决现实生活中的问题	课后作业,课堂展示

(5) 反思教学,从"技术、实践、批判"维度开展反思。"教—学—评"一体化要求教师开展行动中(即课中)和行动后(即课后)的反思。教师反思依据水平程度可分成三个层次:一是针对教学现象,回答"是什么"和"怎么样"的问题,展开技术理性反思;二是针对问题成因,回答"为什么"的问题,展开实践行动反思;三是围绕价值,回答"这样做是否合理"的问题,展开批判性反思。这三个反思层次逐步提升,第三个层次的反思,即针对"价值"意义的反思,对当下在英语教学中落实立德树人根本任务意义重大。教师应针对教学实践,系统思考成功经验,厘清存在问题,寻找理论依据,进而总结得失并做出合理调整。教师通过从"技术、实践、批判"维度开展反思活动,不仅能提升日后教、学、评的成效,而且能促进自身专业素质的提高。

三、课堂教学设计实例剖析

课堂教学设计主要包括四个层面:设计原因分析(以什么理论作为设计的依据,设计将以什么方式呈现)、设计内容分析(教学内容、教学对象及教学目标的分析)、设计过程分析(教学步骤及课堂教学的流程图)和设计效果分析(课堂设计的评价或检测)(见图2-4)。教学设计层次的顺序可以有多种,但是该图所描述的顺序较普遍。

教学设计思路可以从宏观与微观两个层面进行分析。宏观分析从教育学、心理学、语言学等相关学科的理论视角来寻找设计理论支撑,说明设计的合理性(rationality);微观分析探讨本教学设计的教学内容、教学目标、教学过程和教学评价等方面的设计是否合理,与相关支撑理论精神是否相符。下面就两份职前教师习作(分别用S1和S2表示)中任意挑选的牛津译林版高中英语教材(2020年版)必修一 Unit 4 Reading部分 "Teen faints after skipping meals"第一课时的教学设计思路进行评析,说明教学设计思路的关注点。

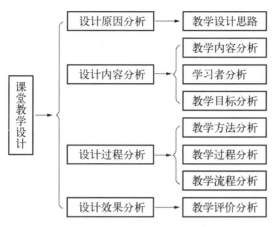

图2-4 课堂教学设计的内容和步骤

（一）设计原因分析

（S1）

2016年，中国学生发展核心素养发布。为了更好地落实学生核心素养的培养，《普通高中英语课程标准（2017年版2020年修订）》正式提出了英语学习活动观。英语学习活动观是指学生在主题意义的引领下，开展学习理解、应用实践、迁移创新等一系列体现综合性、关联性和实践性等特点的英语学习活动。通过英语学习活动观，既可以整合发展学生的语言知识和语言技能，也可以增强文化意识、提升思维品质、提高学习能力，最终指向核心素养的培养，实现学科育人。

英语学习活动观旨在引领教师在课堂中设计学习理解、应用实践、迁移创新等不断深入的一系列活动，使学生能够基于已有的知识，依托不同类型的语篇，在分析问题和解决问题的过程中，促进自身语言知识学习、语言技能发展、文化内涵理解、多元思维发展、价值取向判断和学习策略运用。

案例2-1

该案例中教学设计思路大体上分成理论依据和教学过程两部分。理论依据为《普通高中英语课程标准（2017年版2020年修订）》提出的英语学习活动观。教学过程主要分成三个层次：学习理解、应用实践以及迁移创新。该设计思路写法基本正确，语言表达比较简洁，也体现了一定的逻辑性。但是，第一段的宏观理论与第二段的微观思路之间的逻辑关系需要更加清晰，第二段的过程描述应尽量结合文本内容展开。其次，语言表述上需要更加突显"教学设计理念""教学过程思路""宏观"与"微观"等概念。最后，第二段教学过程体现的目的要与第一段的宏观理论指向相一致。

（S2）

在宏观层面，该课以"发展学科核心素养，落实立德树人根本任务"为设计理念。《普通高中英语课程标准（2017年版2020年修订）》提出英语学科核心

案例2-2

素养由语言能力、文化意识、思维品质和学习能力所构成,而英语学习活动观是落实立德树人根本任务的根本途径。学生在主题意义引领下,通过学习理解、应用实践、迁移创新等一系列体现综合性、关联性和实践性等特点的英语学习活动,提升自己的英语学科核心素养。在阅读教学中,学习理解类活动主要包括感知与注意、获取与梳理、概括与整合等基于语篇的学习活动;应用实践类活动主要包括描述与阐释、分析与判断、内化与运用等深入语篇的学习活动;迁移创新类活动主要包括推理与论证、批判与评价、想象与创造等超越语篇的学习活动。

在微观层面,基于英语学习活动观,通过学习理解、应用实践、迁移创新等一系列体现综合性、关联性和实践性等特点的英语学习活动组织教学。学生通过感知、梳理和整合新闻报道语篇文本结构和表达上的特点,分析、判断主人公Jennifer减餐减肥是否合理,用积极健康的态度评判内在美的价值,从而树立正确的审美观。

该案例设计首先从宏观上介绍了设计理念:发展学科核心素养,落实立德树人根本任务。其次,介绍了指向核心素养培育的英语学习活动观内涵,以及基于语篇开展的学习理解、应用实践和迁移创新三层次学习活动。最后,从微观层面介绍英语学习活动观在该语篇教学中的具体体现。

总体上说,该例子条理清晰、层次分明、逻辑严密。在介绍整个教学设计的核心理念之后,阐释实现核心理念的途径,即英语学习活动观。然后,结合语篇分析英语学习活动观的具体落实。

根据教学设计个性化原则,设计者在描述设计理念时,可以采用教育学中的相关理论。如"全人教育",其意思指学生不仅学习学科知识与技能,而且要提高思维品质、文化素养与学习能力等。总之,要促使其"德智体美劳"全面发展。

(二)设计内容分析

设计内容分析主要包括教学内容、学习者和教学目标分析。三者互为因果关系。教材编写者以课程目标为依据选择教学内容,确定教学重点。教师在明确教学重点后,根据学生的学情对教学内容进行适当调整。同时,通过分析教学内容和学习者特征,制定教学目标。

1. 教学内容分析

教学内容分析:也称教材分析或学习任务分析,分析主要教学内容和教学活动,确定教学重点和难点。

案例2-3

(S1)

本文是一篇新闻报道,讲述的是一位高中女生因为减肥节食,连着好几个月没有正常食用三餐而在校昏倒的新闻。这位女生的故事引发了对青少年减肥问题的思考。根据调查发现,许多青少年都采取了极端方式减肥,这可能会导致各种生理和心理上的问题，必须及时干预。建议采用更为健康的方式减肥，虽然过程会相对缓慢，但是对青少年的身心发展都是更为有益的选择。学生通过本篇新闻报道的学习，不仅能够掌握新闻报道的结构与内容，而且能领悟出该报道背后的意义和价值，联系生活实际，讨论出一些切实可行、健康的减肥建议，培养正确的健康观和审美观。

本案例首先介绍了本阅读文本的语篇体裁为新闻报道，以及阅读文本的主要内容；接着，针对文中主人公因减肥不当在校昏倒的事件，结合调查数据展开分析与探讨；结果发现：需要给青少年学生提健康减肥建议。通过分析文本主题，梳理出本课教学的重点。但是，该教学内容分析也存在以下不足，如：教学内容的出处未点明；主题语境和其在学科中的重要性未分析；对文本内容分析过于简单。

案例2-4

(S2)
　　本课例选自牛津译林版高中英语英语教材必修一Unit 4 Looking good, feeling good中的第一篇阅读文本"Teen faints after skipping meals"，其主题语境是"人与自我"，主题是"健康生活"，是课标里必学的重要内容。本文是一篇关于青少年Jennifer因节食减肥而晕倒的新闻报道，呈现出新闻体裁语篇典型的倒金字塔结构。文本由三部分构成，第一段（第一部分）为导语，是对本次新闻事件的高度概括。第二到四段（第二部分）为详细报道，详细地阐述了Jennifer因节食减肥而晕倒的前因后果，以及家人朋友的态度。第五到七段（第三部分）为背景信息，第五段说明了极端减肥在青少年中的普遍性，第六到七段表明了专家的态度和建议。
　　作者从同龄人Jennifer的事件入手，希望引起学生情感的共鸣和高度的重视；同时以此事件为契机，帮助学生反思畸形的审美观，从而树立正确的审美价值观，这是本节课的教学重点。

该案例撰写思路清晰，分析维度较合理。首先，点明阅读文本的来源，提供具体教材、单元以及阅读文本名称。接着，分析主题语境与主题，特别指明"健康生活"主题在课程标准中有明确要求，这也反映了学习该主题的重要性。然后，针对文章主要内容进行介绍，值得肯定的是先用一句话进行概述，并点明阅读文本的语篇结构特征；后把文本分成三部分，指出每部分涵盖几个自然段，逐一简述其主要内容。最后，在对文本内容与结构具有全方位了解的基础上，结合当下学生实际，提出该课的教学重点。

2. 学习者分析
　　该部分分析内容必须与该课教学内容发生联系，可以分析学生的学习习惯、学习心理、英语学习能力以及相关英语技能等方面的特点。学习者特征分析得越到位，越能体现出以学生为中心的教学理念，从而提高教学效果。

案例 2-5

（S1）
　　本节课的授课对象为高一学生，正处于身心快速成长的关键阶段，审美观初具雏形，减肥话题贴近他们的生活。该班学生对自己的外表有较清晰的看法和较高的要求，能与该新闻报道产生更强的共鸣和学习兴趣，为本节课打下了良好的学习氛围基础。学生的阅读能力处于中上水平，能够较好地理解语篇，但写作基础薄弱，因此在写作前，需要教师通过学习活动为学生搭建写作支架。

　　该例中的高一学生情况分析主要包括：(1) 处于对减肥话题感兴趣的年龄段；(2) 对外表美较关注，愿意参与该课减肥话题的讨论；(3) 阅读水平中上，写作基础差，需要提供支架。其实，第一点与第二点指向相同，无非表明学生学习热情高，而第三点也不是本节课的教学重点。因此，对学习者的情况分析要紧扣学习文本的主题：纠正学生过分关注外表美，树立"内在美才是真美"的审美观。

案例 2-6

（S2）
　　浙江省某普通高中的高一学生有较高的学习热情、较好的英语基础，对社会热点问题有一定的感知，但是大部分学生受到身边同学、媒体等影响，对事物的认知容易产生偏差，比如大多数学生会认为瘦就是美。
　　大部分学生对于新闻体裁语篇的结构相对陌生，推测作者写作意图的能力较弱，整合所学知识深入探究某一热点问题以及解决真实问题的能力都有待提高。因此，引导学生批判性地看待极端减肥，重构正确的审美观是教学难点。

　　该例子对学生的特征分析能很好地与本节课的教学设计结合起来。首先，说明学生源自浙江省一所普通高中，概述学生的总体特征：学习热情较高、英语基础较好、比较关注社会热点问题。接着，指出该年龄段学生容易受到身边同学、媒体的影响，认知容易产生偏差，比如，认为瘦就是美等。针对审美认知偏差的分析为该课主题意义的挖掘提供了依据。第二段重点分析学生新闻体裁结构知识不足，推测作者写作意图能力弱，综合所学知识探究热点问题以及解决真实问题的能力有待提高。这些针对学生知识结构与能力的分析，皆与本文教学内容联系紧密。最后，提出批判性地看待极端减肥、重构正确的审美观这个教学重点，因为学生的认知依然存在偏差，这也自然成为该课的难点。总之，通过分析学生的认知与情感特征以及学习习惯特征，教师能更好地做到有的放矢，解决学生的实际困惑，提高学生的综合素养。

3. 教学目标分析

　　教学目标是课程目标在具体教学情境中的体现，而课程目标又体现我国基础教育阶段的培养目标。英语学科的教学目标设计经历了由原先的"三维"或"五维"到当下的"四维"的演变过程。三维目标包括"知识与技能""过程与方法"和"情感、态度与价值观"。五维目标是英语学科特有的表述方式，具体指语言技能、语言知识、情感态度、学习策略和文化意识。当下四维目标特指核心素养的四个维度:语言能力、文化意识、思维品质和学习能力。

因此,英语课堂教学采用指向核心素养培育的英语学习活动观,需要从四个维度描述教学目标。学生是学习主体,目标表述时主语应为学生,需阐明通过何种具体手段,达到何种具体成效。

> **案例 2-7**
>
> (S1)
>
> (1) 通过阅读,按时间线的方式梳理新闻中主人公晕倒事件的前因后果,归纳文章后半部分专家关于节食减肥这一现象的看法。
>
> (2) 了解新闻报道的构成要素与特征,学习新闻写作中的"倒金字塔"结构,并学会在给定基本信息的情况下自己动手写英语新闻稿。
>
> (3) 树立良好的健康生活观念和正面积极的审美观,明白美丽不仅指外表的美丽,心灵的美丽同样重要。
>
> 目标(1)为学习理解类活动;目标(2)为应用实践类活动;目标(3)为迁移创新类活动。

该案例对教学目标的描述打破了依据语言能力、文化意识、思维品质和学习能力四个角度分开独立撰写的习惯,而是依据英语学习活动观中的学习层次进行组织。目标(1)中教学手段描述较清晰,"梳理""归纳"等词运用得当;目标(2)中"学会……自己动手写英语新闻稿"的设计与教学重点分析不一致,且"学会"一词过于宽泛;目标(3)的描述方式出现错误,缺少必要的教学手段或情境。

> **案例 2-8**
>
> (S2)
>
> (1) 根据文本标题和日期判断语篇体裁,总结新闻体裁语篇标题的特点:名词缩写和一般现在时代替一般过去时。
>
> (2) 获取新闻体裁语篇的倒金字塔结构,梳理每部分内容特点,并总结出阅读新闻体裁语篇的策略。
>
> (3) 分析不同人物对于节食减肥的态度,评价新闻报道中主人公的做法,从而质疑当今社会畸形的审美观,重塑正确的审美观。
>
> (4) 归纳出健康生活的有效可行建议,并能解决真实问题,即以主人公朋友的身份,创造一篇短文,表达对主人公的安慰及提供一些建议。

该例共有四个教学目标,却非对应核心素养的四个维度。每个目标包含2—4个动词,如目标(1)有"判断""总结";目标(2)有"获取""梳理""总结";目标(3)有"分析""评价""质疑""重塑";目标(4)有"归纳""解决""创造"。从英语学习活动观视角分析,目标(1)与目标(2)属于学习理解类活动,两者皆同时指向语言能力与学习能力的提高;目标(3)为实践运用类活动,指向思维品质与文化意识的培养;目标(4)属于迁移创新类活动,指向思维品质、文化意识与语言能力的培养与提高。

（三）设计过程分析

它包括教学方法分析、教学过程分析和教学流程分析。教学方法分析主要是指教师在该课中可以使用什么样的教学方法或教学策略，一般指比较具体的方法，如：课堂活动的组织方式，处理课文的方式以及教学媒体或教具的选择使用等。教学过程也称教学步骤，它是教学设计中最为关键的一环，因为这环节内容较多，相关因素较复杂，因此，该部分内容呈现可以以文本或表格形式进行。教学流程分析一般以教学流程图形式呈现，教学流程图本身没有固定格式，它是指用图标方式对教学过程进行呈现，每种图形有其特定的含义。通过流程图我们可以对整堂课的教学过程一目了然。

1. 教学方法分析

评判该部分的好坏，可以通过仔细阅读其内容是否与新课程标准理念相吻合来实现；更为重要的是，要分析这些教学方法是否在教学过程中真正落实到位。

案例 2-9

（S1）

本课主要采用PWP阅读教学模式，即通过free talk和根据标题predict课文主要内容，直接进入pre-reading环节。然后，进行while reading环节，该环节包括skimming、scanning以及detailed reading。最后，post reading环节包括同桌讨论与小组讨论等。其中，while reading环节结合"制作病例记录卡"和"填写减肥圆饼图"等活动完成。

同时，该课活动设计也遵循英语学习活动观的"学习理解""运用实践"和"迁移创新"三个层次，因而体现了综合性、关联性和实践性等特点。

该课例采用PWP阅读教学模式，包括pre-reading、while reading和post reading，即读前、读中和读后环节。值得注意的是，这三个环节不是与英语学习活动观的三层次一一对应的。在课堂教学过程中，情境创设法、讨论法、提问法或追问法、分析法、归纳法、总结法等具体教学方法使用普遍。

案例 2-10

（S2）

本课主要采用CBI（Content-based Instruction，基于内容的教学）或者TBI（Theme-based Instruction，基于主题的教学）模式，也可称为"Top-down Reading Model"（自上而下阅读教学模式）。在核心素养视域下，在这类课堂教学中，文本话题内容与主题成为课堂教学的主要关注点，同时，文本的语篇结构与语言特征也需要与之整合，体现阅读教学的综合视野。

课堂活动设计遵循英语学习活动观的理念。学习理解包括文章中心思想的概括、每段细节的理解以及文本语篇体裁特征的熟悉等。对全文细节的阅读融入"read and compare""read and complete"以及"read and think"等活动中。运用实践在该课中体现为"summarize and explore"活动：结合新闻报道的倒金字塔结构概括文章每个部分的要点，实现对体裁知识的内化，便于在写作中应用。迁移创新体现为在探讨作者写作意图、评价主人公做法的基础上,调查学生对"以瘦为美"的态度,通过小组讨论深入思考"美"之真意,即外表美源自内在气质与心灵之美。最后,以主人公朋友的身份发挥想象,创造一篇短文表达对主人公的安慰及提供一些建议。

该案例突破了阅读教学中最为常见的PWP模式,课堂活动主要根据"学习理解""实践运用"和"迁移创新"三个层次展开。教学方法依然遵循基于内容、基于主题或者"自上而下"的阅读教学模式。然而在强调核心素养培养的当下,这些模式被赋予更加丰富的内涵。针对文本各部分内容细节的学习理解环节,该职前教师设计了学生参与热情较高的"阅读与比较""阅读与完成""阅读与思考"等活动。迁移创新环节,非常重视学生思维能力的培养与正确审美观的引领。总之,该课活动设计体现了综合性、关联性与实践性的特点。

2. 教学过程分析

教学过程分析是课堂教学设计的核心,教学过程分析主要包括教学步骤设计、教学活动设计、教学时间安排以及设计原因分析等环节。

案例 2-11

(S2)

Step 1: Lead-in　2 mins

Activity 1: Free talk　2 mins

Show some pictures and introduce the topic through free talk.

T: Do you think senior high school students should pay much attention to their weight? Why or why not?

T: If you were a little overweight, how would you like to lose weight?

设计意图:以观察图片辅助,以提问的方式导入,激发学生的学习兴趣和主体参与意识。通过对如何控制体重的探讨,巧妙导入本课话题。

Step 2: Read for gist　5 mins

Activity 2: Skim and find　5 mins

Students skim the passage to find out the genre of the passage. Focus on the headline and find the key information it contains. Teacher introduces the inverted pyramid structure of news reports to improve students' understanding.

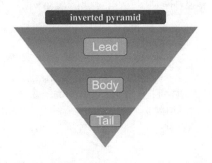

Q1: What's the genre of the text?
Q2: According to the title and the illustration, what will be covered in the news report?

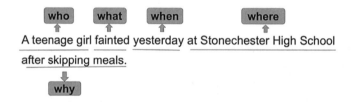

设计意图：本环节采用快读的阅读策略，引导学生从整体上了解文章体裁、新闻报道的框架和本节课的主要内容，获取文本信息并分析文本特点。

Step 3: Read for details 20 mins

Activity 3: Read and compare 5 mins

Students read the Lead part (Para.1) and find out the key information it contains. Then, they are asked to compare the Lead and the Headline, and find out the similarities and differences between them.

Q1: What information does the Lead include?

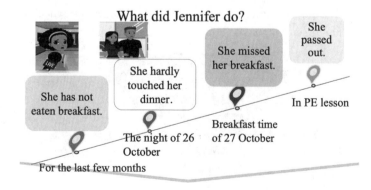

Q2: What are the similarities and differences between the Lead and the Headline?

设计意图：让学生了解新闻报道导语的构成，以及作用为概括新闻事件的主要内容，即"5W"。学生能够使用不同的阅读策略获取信息，通过比较、分析、思考，留意并观察新闻报道的语言特点。

Activity 4: Read and complete 5 mins

Read the Body part (Paras. 2–4) and complete the mind map.

设计意图：学生能够在思维导图的帮助下，梳理事件发生的时间线，对整个新闻事件有一个全面的了解，同时发展他们的整体思维能力。学生还能够了解新闻报道主体部分的语言特点。

Activity 5: Read and think   6 mins

Read the Tail (Paras. 5–7) part, and answer the following questions：

Q1: What extreme methods are often taken by teenagers to lose weight quickly? Why?

Q2: What would you do if you were overweight?

Q3: What good methods does the expert suggest?

设计意图：通过对结尾部分的阅读，学生将能够了解对体重问题应该采取的正确态度。此外，学生也能进一步了解新闻报道的结尾部分的语言特征。

Activity 6: Summarize and explore   4 mins

Read the passage again. Summarize the main idea of each part.

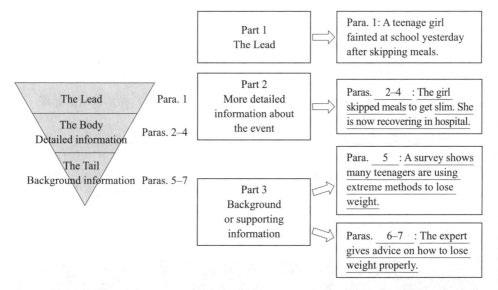

设计意图：通过分段概括大意，学生能更好地从整体上把握新闻报道的主旨。通过概括该篇新闻报道的结构，让学生描述新闻报道的共性特点，巩固新闻报道的倒金字塔结构。

Step 4: Deep thinking   12 mins

Activity 7: Discussion   7 mins

Discuss in pairs and answer the following questions:

Q1: What's the author's purpose of writing this passage?

Q2: What are your attitudes towards Jennifer's way of reaching her target weight?

Q3: What do you think of the sentence that we live in a society where being thin is often seen as being beautiful? Do you agree with the value?

设计意图：在探讨作者写作意图的基础上，让学生评价新闻报道中主人公的做法，调查学生对于"以瘦为美"这一种价值观的态度，帮助学生树立正确的审美观以及培养健康生活的意识。

Activity 8: Further discussion   5 mins

Discuss in groups and think about the question: How can we both look good and feel good?

设计意图：小组活动探讨健康生活方式以及"美"的本质，为写作积累素材。

Step 5: Homework   1 min

Writing task: Suppose you were Jennifer's best friend, you are planning to write a letter to her to show your concern and give advice. What would you say?

设计意图：基于个人实际以及文本信息，学生以主人公朋友的身份发挥想象，创造一篇短文表达对主人公的安慰及提供一些建议，完成由读到写的产出。

板书设计：

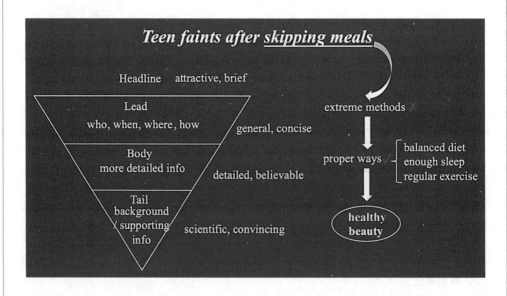

以上案例具有五个主要教学步骤,而教学活动包含了九个,为了更加清晰地分析以上教学过程,把主要信息以表格形式整理如下:

教学步骤	教学活动	时间安排(分钟)
1 导入	1)自由谈话	2
2 略读	2)文本信息提取	5
3 细读	3)比较分析(导语) 4)事件梳理(主体) 5)归纳反思(结尾) 6)概括总结(全文)	5 5 6 4
4 思考	7)讨论(同伴) 8)讨论(小组)	7 5
5 作业	9)布置作业	1

评价课堂教学过程设计的合理性,可以遵循以下几个原则:首先,整个课堂设计具有明确的目标;充分考虑学生的实际英语水平,所设计的活动符合学生的最近发展区,换言之,学生具有学习该内容的能力(learnability);一堂课设计的活动要多样化(variety),提供学生大量的学习资源,使学习充满兴趣;所设计的各项学习活动之间要有衔接性(linkage),环环相扣,难度逐渐递增;教学活动具有可选择性(alternative),在设计教学活动时,能设计一两项可供选择的活动,在课堂上能根据学生的接受能力进行调整。

从设计本身来看,该教学案例的设计思路比较清晰,主要以教学步骤和教学活动两条线路展开,书写形式比较规范,设计原因分析基本到位。教学活动设计首先能激活学生有关体重的图式塔(schemata),内容层层深入,能关注课文意思的理解与挖掘以及慰问信件的写作。该设计的导入环节直奔"减肥"主题,对标题与导入段进行比较,充分揭示新闻报道的写法特征;用思维导图方式梳理主人公因减肥不当而在学校昏厥、住院治疗的过程,方式有趣,体现较强的逻辑性。

该课活动设计重视学生思维能力的培养。除了上面提到的使用思维导图梳理昏厥事件之外,活动5针对结尾部分专家所提减肥建议,教师建议学生反思自己的想法,与专家的进行对比,加深学生对主题意义的理解。活动6概括总结全文内容,结合新闻报道结构图,呈现全文主要部分内容,有助学生归纳概括能力提升。活动7与活动8能使分析、判断、评价等思维能力得到进一步提升,促使学生审美观从"以瘦为美"转向"以健康为美"。

3. 教学流程分析

在教学设计中教学过程一般可以通过文本和图表两种方式呈现。因为一堂课的教学活动内容丰富,所含因素较多,所以为了方便了解一堂课的过程,我们建议使用教学流程图,把课堂主要教学步骤、活动用表示特定意思的图表来呈现,效果直观,使课堂教学步骤和活动一目了然,也有利于设计者快速发现自己的教学设计意图和合理性等问题。下面举例说明。

案例 2-12

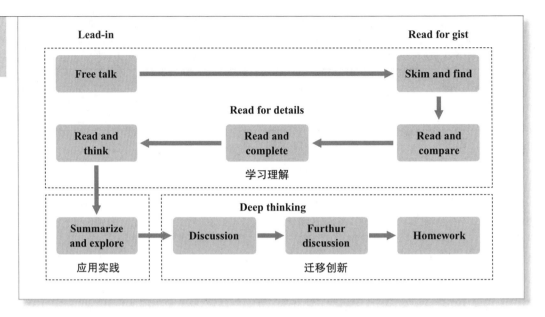

该例用图标形式把一堂自然流畅的课划分成九个主要环节。该教学流程图主要呈现所设计的课堂活动属于英语学习活动观的哪个层次。学习理解层次包括活动1至活动5，应用实践层次包括活动6，迁移创新通过活动7、活动8和活动9实现。

教学流程图能理性地把课堂教学各个环节呈现出来，有利于教师对自己课堂教学设计的反思。当教师把流程图画出后，会发现课堂活动是否丰富，学生参与度是否适当，课堂活动的认知层次是否层层递进。课堂活动用图标理性地加以呈现，有利于师范生和新教师解剖课堂，对看似无法分割的课堂活动进行深入分析，使得课堂设计更加精细和合理。但是，同时也必须明白，即使再周密的设计在真实课堂中实施的过程中，也一定要以学生真实状态为基准，进行灵活的调整和内容取舍，课堂设计是为生成性课堂服务的。

（四）设计效果分析

设计效果分析包括课内和课外两大块学习活动内容。课内活动是指教师针对一堂课的教学内容在设计了各种学习活动之后，会设计某项活动来检测学习效果。其实该检测活动本身也是课堂设计的一个重要环节，它是指教师在课堂上通过提问、聆听学生的回答以及观察学生的身体动作和脸部表情获得信息。课外活动可以指学生在课外所做的作业以及教师和学生在课后所做的教学反思。

在中学阶段，不同课型的课堂上，设计效果分析活动表现形式不完全相似，但是其宗旨都是用来检测学生对一堂课所学新知识的掌握程度，当然也能对新知识学习起到进一步拓展和巩固的作用。在阅读课型中，这个活动可以是全文概述、主题讨论与提升等活动和课后的作业，如在本节"教学过程分析"部分所举例子中表现为以下四个活动：

Activity 6: Summarize and explore　　4 mins
Read the passage again. Summarize the main idea of each part.

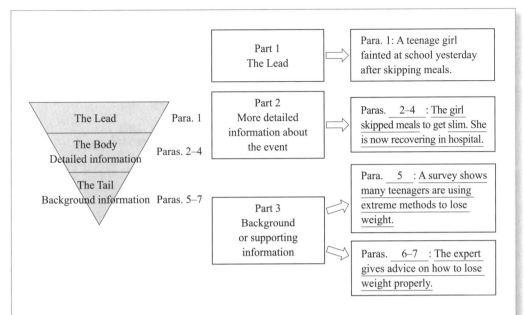

设计意图：通过分段概括大意，学生能更好地从整体上把握新闻报道的主旨。通过概括该篇新闻报道的结构，让学生描述新闻报道的共性特点，巩固新闻报道的倒金字塔结构。

Step 4: Deep thinking　12 mins

Activity 7: Discussion　7 mins

Discuss in pairs and answer the following questions:

Q1: What's the author's purpose of writing this passage?

Q2: What are your attitudes towards Jennifer's way of reaching her target weight?

Q3: What do you think of the sentence that we live in a society where being thin is often seen as being beautiful? Do you agree with the value?

设计意图：在探讨作者写作意图的基础上，让学生评价新闻报道中主人公的做法，调查学生对于"以瘦为美"这一种价值观的态度，帮助学生树立正确的审美观以及培养健康生活的意识。

Activity 8: Further discussion　5 mins

Discuss in groups and think about the question: How can we both look good and feel good?

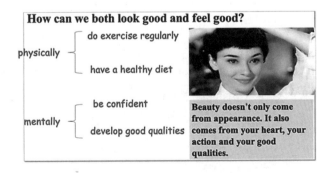

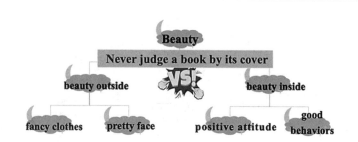

设计意图：小组活动探讨健康生活方式以及"美"的本质，为写作积累素材。

Step5: Homework　1 min

Writing task: Suppose you were Jennifer's best friend, you are planning to write a letter to her to show your concern and give advice. What would you say?

设计意图：基于个人实际以及文本信息，学生以主人公朋友的身份发挥想象，创造一篇短文表达对主人公的安慰及提供一些建议，完成由读到写的输出。

此外，假如某课以语言点和语法知识的学习为主，那么设计效果分析活动可以是围绕刚学的知识点出一些练习题，让学生当场独自或以小组为单位完成，形式可以是通过PPT呈现、临时发作业纸（worksheet），或采用学生练习册中的练习等。以上讨论的各项活动都是由教师课前设计、学生参与完成的任务。从某种意义上说，学生只能是接受教师的检测。假如某课围绕某个核心任务展开教学，那么任务结果（outcome）的呈现就是设计效果分析的依据。

随着评价标准的多元化，教师和学生都可以成为课堂教学的评价者。教师可以设计学习日志（learning log），让学生自己来反思通过本节课的学习学会了单词"＿＿＿＿＿＿"、句型"＿＿＿＿＿＿"，只有学生清楚自己掌握了什么、什么还不会，其学习主动性才能得到保障。

课后教师所写的教学反思，也能很好地分析自己课堂教学设计的效果。这种课后反思针对课堂所有活动，包括上面阅读课中的概述与主题提升等活动的设计和效果。

实践活动

1. 如何评价一份教学设计是否合理可行？
2. 你认为教学设计最难的部分在哪里？
3. 请你用教学流程图呈现一堂课的教学设计。

第三章　教材分析技能

《普通高中英语课程标准(2017年版2020年修订)》把英语教材定义为英语教学中使用的教科书及与之配套使用的练习册、活动册、故事书、自学手册、录音带、教学视频、挂图、卡片、教学实物、计算机软件等。为使学生多渠道多形式地亲身感受和直接体验语言，促进有效学习，新版英语课程标准要求教师要善于结合教学实际，创造性地使用教材，对教材的内容、编排顺序、教学方法等进行适当的调整。本书中的教材分析涉及纸质教材和与之配套使用的练习册、录音带。

本章第一节以人民教育出版社出版的高中英语教材为分析对象，展开教材系统的宏观分析和单元构成的微观剖析。宏观分析包括该出版社高中英语教材40多年发展背景、指导思想、配套材料等；微观分析包括学生用书和练习册中单元构成板块分析与设计意图的解读。第二节侧重讨论单元教学重点和难点的确定依据。在确定教学重点的基础上，提出在具体单元教学中落实教学重点的三种教学思路，通过实例解析解决教学难点的具体途径。

第一节　教材结构分析

教材是课程资源的核心部分，是课堂教学的主要内容，应具有时代性、基础性、选择性、发展性、拓展性、科学性和思想性。教材的结构主要指教材的编排体系和内容框架。因为英语学科的特殊性，自课程改革以来，中学英语教材版本剧增，教材编排体系和内容框架等方面都作了较大的调整。在基础课程改革之前，除部分外国语学校和中学采用引进教材或综合多种教材之外，普遍使用的中学英语教材主要是人教版。当然，这也包括1993年人民教育出版社和英国朗文集团联合编写的教材。《普通高中英语课程标准(2017年版2020年修订)》鼓励"一纲多本"，即只要教材编写的指导思想符合英语课程标准理念，教材可以地方化和多样化，以便于更充分地满足全国不同地区的特殊要求。

本节主要从宏观和微观两个角度来解读教材的结构：宏观结构指整套教材的体系、教材的背景、编写意图、教材特征和配套材料等；微观结构指学生用书和配套练习册中某个单元的结构。

一、教材的宏观结构分析

（一）教材体系分析

以人教版高中英语教材(2019年版)为例。该套书自2022年秋季全面启用，共十册，其中必修三册、选择性必修四册、选修三册。该套教材主要由学生用书(the Student's

Book)、练习册(the Workbook)、教师教学用书(the Teacher's Book)、口语录音带(the Speech Cassette)和视频(the Videos)组成。学生用书是该套教材的主体,必修和选择性必修每册学生用书配有练习册,置于学生用书的第五单元之后。选修只含学生用书。一册学生用书为一个模块,含五个教学单元,可供半学期使用。本套教材第一至第三模块为必修模块,其目标是达到课程标准的七级要求。

(二) 教材背景分析

回顾40多年高中英语教材的历史,大体可将其按时间段分为20世纪80年代、90年代、世纪之交和21世纪初四个阶段。自80年代以来,我国中学英语教材的编写水平日益提高。根据教材的页面评估(on-the-page evaluation)来看,80年代、90年代、世纪之交和21世纪初四个阶段的教科书在版面设计上大不相同,尤其是中英合编的高级中学教科书《英语》(SEFC,1996年)(以下简称"96中英版")开本比1984年版的高级中学课本《英语》(以下简称"84高中版")大了一倍,编排结构全然不同。普通高中课程标准实验教科书《英语》(NSEFC)(以下简称"07新高中版")比起全日制普通高级中学教科书《英语》(修订版,2003年)(以下简称"03修订版")变化也不小。

不同时期的教材受不同的学习理论尤其是语言学习理论的影响。例如,84高中版的编排思路主要受结构主义语言学的影响,以语法结构为核心来安排课文,认为句子是语言的基本结构,句型是语言教学的基础。语音和语法知识呈现于课文或对话之中。该教材在教学方法的挑选上受行为主义学习理论的影响,认为语言教学过程是一种新的习惯形成的过程,语言习惯形成的过程犹如动物的行为一样,是一种"刺激—反应"的过程。因此,该教材精心设计了系统的语音和语法练习,强调反复模仿、记忆、重复等实践练习。教授的方法主要采用演绎式而非归纳式,使得词汇、语法结构的学习远离使用语言的情境,使得语言教学只关注语言本身。当然,在当时中国比较封闭的形势下,英语输入的途径非常有限,在课堂上模仿和反复大量地操练,有利于学生养成正确运用英语的习惯。

96中英版教材受社会语言学影响,接受了交际语言教学思想,强调语言的使用。教材的编排突显语言的功能,但同时也兼顾语言的结构和话题,走功能、结构、话题相结合的路子。03修订版接受建构主义认知理论,强调以人为本的教育思想。该教材突出学生的学习过程,采取功能、结构、话题及"任务型"活动途径相结合的教学方法。教材中"学生发展"的理念除了体现在英语运用能力的提高外,还表现在以下几个方面:(1) 提高学生用英语获取信息、处理信息、分析问题和解决问题的能力;(2) 注重发展学生自主学习和合作学习的能力,鼓励学生通过积极尝试、自我探究、自我发现和主动实践形成良好的学习方法;(3) 通过外语学习,使学生进一步拓展国际视野,形成健全的人格,增强国家意识和国际意识。

人教版高中英语教材(2019版)仍受到建构主义学习观的影响,强调学生是学习的主体,学习是一个积极主动的意义建构过程以及和社会互动的过程。知识建构的过程包括了主动建构性、社会互动性和情境性等特征。主动建构性指学生是知识的自我建构者,教师为学生创设理想的课堂学习环境,利用英语学习来培养学生的多元思维能力,尤其是逻辑性思维、批判性思维和创新性思维能力。该教材围绕听、说、读、写等活动精心设计任务,给予学生充分思考的机会。学生经过推断、思辨等过程形成自己的观点,在原有的知识基础上建构起自己的知识体系。社会互动性指学习活动要求学习者互助合作。该教材每一单元后均设计了同伴合作、小组合作活动,学习者在教师引导下逐步树立主体意识,在学习活动中积极与他人一起实践、讨论、合作、探究，参与各项听、说、读、写活动，共同完成学习任务。情境性指学习活动依托具体、实际的情境。该教材围绕新语言知识设计了大量多感官参与的实践活动，让学生在丰富有趣的情境中感受学习英语的乐趣，从而培养综合运用英语语言的能力。

（三）编写意图

当前使用的中学英语教材的编写意图与课程标准的理念相吻合。《普通高中英语课程标准（2017年版2020年修订）》认为："普通高中英语课程的总目标是全面贯彻党的教育方针，培育和践行社会主义核心价值观，落实立德树人根本任务，在义务教育的基础上，进一步促进学生英语学科核心素养的发展，培育具有爱国情怀、国际视野和跨文化沟通能力的社会主义建设者和接班人。"在加强对学生综合语言运用能力培养的同时，注重提高学生用英语获取信息、处理信息、分析问题和解决问题的能力，以及用英语进行思维和表达的能力；高中英语课程还根据学生的个性特征和发展需求，为他们提供丰富的选择机会和充分的表现空间。通过高中英语课程的学习，使学生的语言运用能力进一步得到提高，国际视野更加宽广，爱国主义精神和民族使命感进一步增强，为他们未来发展和终身学习奠定良好的基础。

基于以上中学英语教学目标，中学英语教材的编写重点关注基础阶段的"发展素质教育""培养德智体美劳全面发展的社会主义建设者和接班人"的指导思想。在英语课程中具体体现在课堂教学目标内涵的延伸、教学过程的关注、教学方法的优化、学生主体意识的关注和培养等方面。

（四）教材特征分析

当前国内发行的中学英语教材根据课程标准编写，体现"以人为本、以学生为中心、以学生发展为目标"的课程标准核心理念，具有以下特征：

（1）话题特征。以主题为引领、以语篇为依托选择和组织课程内容，围绕人与自我、人与自然、人与社会三大主题范畴探究主题意义。话题内容的挑选具有人文性和思想性，有助于提高学生的思想素质和人文素养；话题内容具有跨学科性，有利于拓宽学生的文化知识视野；话题语言地道真实，内容生动鲜活，话题新颖有趣，有利于学生了解不同文化、坚定文化自信。

（2）内容特征。教材精选教学材料和资源，整合课程内容六要素——主题语境、语篇类型、语言知识、文化知识、语言技能和学习策略等要素，将一系列相互关联的、具有实践性和综合性的活动串联起来，将原本碎片化的知识有机结合起来。

（3）编排特征。内容和活动设计符合学生的身心发展和年龄特征，有利于激发学生对英语学习的兴趣、引起思想上的共鸣。在编排体系上知识和技能训练顺序遵循学生的认知规律，体现弹性，区分层次，满足不同层次学生的需求。

（4）教法特征。单元整体教学充分挖掘单元主题的育人价值，以话题意义的学习、语言能力的训练，带动话题语言形式的掌握；教学方法的选择多样化，以活动为主要教学途径，充分体现了英语学习活动观的理念，照顾了中国学生英语学习水平以及学习方式的差异性特征；增加了形成性评价，体现学生在评价中的主体地位。

（5）单元板块命名特征。教材单元中各板块名称以动词加ing的形式呈现，如Listening、Speaking、Writing、Reading等，反映了语言知识的学习要融入语言技能的学习之中，通过一个动态的过程获得。同时，新教材增加了Project和Video Time板块。

（五）配套材料分析

当前的中学英语教材一般为系列教材。除了核心的学生用书之外，配有练习册、教师教学用书、录音带、相关阅读资料、相关听力资料、教学挂图、教学光盘、视频等。相关出版社网站还提供大量的教材培训资料、课例培训资料以及教学科研资料等。

二、教材的微观结构

本部分以人教版高中英语教材（2019年版）为例，详细解读如何对一套教材的微观结构进行分析。

（一）学生用书结构

学生用书是该套教材的核心部分，每个单元围绕一个主要话题开展听、说、读、写活动，共分十个部分（见表3-1）。该设计旨在体现中学英语教学以阅读话题为中心，依据信息图式理论采用自上而下的阅读教学模式，带动说、听、写等技能运用，以及词汇、语法等语言知识和结构的学习的功能。每个板块都有相对独立的教学内容和教学目标，但各板块之间主题和语言相互联系、相互支撑，输入和输出相互结合，理解和表达相互结合。各部分设计意图明确，但没有注明课次，也未标注顺序，教师在教学中有自我调控的空间。每个板块的内容框架和设计目的如下：

1. 开篇页 (Opening Page)

开篇页在单元的第一页，目的是为整个单元的话题学习做预热活动。根据图式塔理论，人的信息储存是以一簇簇相似的信息聚集在一起、以一个个信息沟联结在一起的。要学习一个新话题，教师必须首先激活学生相关话题的图式。图式分为内容图式和形式图式。内容图式指相关话题的知识内容；形式图式指用来表示内容的词和句。开篇页的内容包括单元主题和背景：单元主题以文字形式呈现，背景以图片形式呈现，帮助学生从心理上做好学习课文的准备；目标：帮助学生明确本单元的学习目标（In this unit, you will ...），引导其主动参与单元内容的学习，从情感上做好学习课文的准备；讨论：引导学生联系生活实际，对单元内容进行思考和预测，从知识上做好学习课文的准备。通过开篇页的活动，激活话题的相关背景知识，熟悉相关词汇，使学生积极主动参与，以探究者的姿态投入单元学习。

2. 听说 (Listening and Speaking)

听说部分主要提供围绕单元中心话题的听说练习，以听力理解为主，以口语表达为辅，重点培养学生通过听力来获取信息和处理信息的能力。"听"的训练题型多样，包括匹配、填空、选择、简答等，都与单元主题密切联系。教材为学生提供具体的听力策略，如预测听力内容、注意关键词、听主旨大意等，供学生在听力活动中使用，培养学生学习的迁移能力。"说"的训练采用对话讨论、制定计划、新闻报道等形式，要求学生自主思考或与同伴、小组合作，操练相关词汇、词组和句型。听说结合，有利于培养学生的理解和表达能力。

3. 发音 (Pronunciation)

发音部分出现在听说活动之后，一般包括朗读音标、句子、语篇等。语言知识包括语音、词汇、语法、语篇和语用知识，是发展语言技能的重要基础。其中语音是语言学习的第一步，与语义密不可分，语言依靠语音实现其社会交际功能。学习发音有利于培养学生的地道语音，为听说活动打下坚实的基础。

4. 读思 (Reading and Thinking)

读思板块提供了各单元的主要阅读语篇,题材和体裁多种多样。从必修阶段模块一到模块三,语篇的篇幅逐渐递增,从300—400词增至500—600词。课文体现有关该单元主题的重要信息,呈现大部分词汇和主要的语法结构。这部分由阅读前、阅读中和阅读后三个阶段组成,帮助学生获取语篇信息、发展阅读策略、培养阅读技能、拓展文化视野、学习语言知识。

5. 策略 (Discovering Useful Structures)

策略部分是单元新语法结构的学习和运用板块。该板块放在听说和读思之后,采用"发现式"方法,启发学生在情境中发现语法规律,感悟语言结构,最后实际运用。根据课程标准所要求掌握的语言知识及有关规定,安排有多种形式的词汇与语法练习,以加深学生理解且培养初步运用这些语言技能的能力。

6. 听言 (Listening and Talking)

听言部分是单元第二次听力理解和口语表达训练,与单元其他部分密切相连,以口语表达为主,以听力理解为辅,听力材料来源于真实语境,要求学生就给出的情境用口语来表达自己的思想和观点。通过创设各种贴近学生实际的情境,扩大相关话题的跨文化交际输入,提供综合运用语言的空间,培养学生的思维和表达能力,提高实践能力和创新精神。

7. 读写 (Reading for Writing)

读写部分包括阅读理解和写作,采用以读促写、读写结合的模式,培养学生的写作能力。阅读理解是为检查学生对阅读课文的理解程度而设计的,主要体现为形式多样的练习和开放性的活动。练习主要包括两大类型:对课文的表层理解题和深层理解题。活动包括采访、角色扮演、讲述故事、发表评论等,引导学生发挥想象力,灵活运用语言表达思想。写作教学采用过程性写作模式,即先为学生提供阅读输入,积累一定的语言知识后进行学习迁移,以顺利完成写作任务。单元主题贯穿于写作中,包括应用文写作、概要写作和读后续写,与高考英语中的写作题型高度契合。

8. 自评 (Assessing Your Progress)

自评是单元的学习总结和反思板块,包括语言知识检测、单元内容评价和自我反思。第一部分设计两个练习检测学生对单元词汇、语法的掌握情况。第二部分采用问答形式,启发学生对自己在各个单元学习过程中的表现、收获、成绩作出评价,并找出困难及其解决方法,同时也可给教学提出意见与建议,以使学生学会自评和互评,最终找到适合自己的学习方式和策略。

9. 项目 (*Project)

各单元中项目为选做部分。项目具有较强的综合性、实践性、关联性和开放性,通常要求学生走出课堂、开展研究、收集资料,通过小组合作来完成活动。项目以语言运用为目的,以具体任务为导向,引导学生在真实语境中分析、解决问题,在完成任务的过程中发展综合运用语言的能力,全面发展核心素养。

10. 视频 (*Video Time)

视频为选做部分。视频材料源于当代社会生活,内容是单元主题的拓展与深化。此部分包括观看前、观看中和观看后等环节,视频长度大约在三至五分钟之间。每部分设计相应试题,有助于学生深入了解视频内容、感受不同文化,从而树立国际视野、涵养家国情怀,逐步形成跨文化沟通和交流的意识和能力。

学生用书除了这十个部分之外,还包括书的目录和附录两部分。目录比较有特色,包含内容较广泛,如单元题目和页码,单元话题、功能意念项目、语法结构、阅读课文的标题、写作技能等。这样的呈现可以让教师和学生对全书内容一目了然,有助于师生制定教和学的计划。书后的附录含有五部分内容:课文注释、语法、各单元生词和习惯用语、词汇表以及不规则动词表。课文注释部分除了提供课文中语言重难点的注释外,还提供了比较详尽的背景知识。此外,为了启发学生深入理解语言,发现语言内在规律,在注释基础上,还设置了一些思考题。词汇表中凡是注有三角号的单词和习惯用语都是超出课程标准要求范围的,可以不要求学生掌握。

表3-1 学生用书组成部分

学生用书组成部分	开篇页(Opening Page)
	听说(Listening and Speaking)
	发音(Pronunciation)
	读思(Reading and Thinking)
	策略(Discovering Useful Structures)
	听言(Listening and Talking)
	读写(Reading for Writing)
	自评(Assessing Your Progress)
	项目(*Project)
	视频(*Video Time)

(二)练习册结构

每册学生用书配有练习册,置于学生用书的第五单元之后,是这套教材的重要组成部分。练习册围绕单元中心话题,开展语言训练,包括机械的训练(mechanical training)、有意义的训练(meaningful practice)和交际性练习(communicative practice)。每个单元练习包括四个部分(见表3-2)。

1. 词汇运用 (Using Words and Expressions)

词汇运用部分以不同的练习帮助学生巩固重点词汇和短语,在句子、语篇等具体情境中运用词汇,培养语用能力;注重词块练习,强化词汇搭配的意识;复现曾经学习过的词汇,通过词义匹配、词性变化等题型复习旧知,加强新旧知识的联系。

2. 语法运用 (Using Structures)

语法运用部分以不同的活动复习和巩固重点语法知识,设计多样题型,如造句、改错、语篇填空等,强化语法基础知识,提升语言运用的准确性;重视情境,让学生在真实语境中体会和感悟语法结构的意义和功能,培养语言运用和迁移能力。

3. 阅读和写作 (Reading and Writing)

这一部分所设计的活动具有一定的挑战性。阅读语篇的主题与单元保持一致，在题材上与学生用书形成补充。阅读的文本为写作活动提供了主题语境、语言素材等的积累和铺垫，有助于读后写作的顺利展开。读的任务形式有分析信息、列出要点、讨论观点、填写表格、制作图表等。写作采用指导性写作、任务型写作模式，为学生提供具体写作任务，用任务驱动学生思考、分析、表达。写的任务比起学生用书中的读写练习要求更高，其常见的形式有撰写明信片、写信、看图写作、写故事等。

4. 视野拓展 (*Expanding Your World)

视野拓展部分是供有条件的学生选做的项目训练。这部分的材料进一步深化单元的主题意义，有助于拓展学生的文化视野，培养跨文化交际意识和能力。该板块难度较大，不提供阅读理解活动，引导学生自主阅读，主要供学有余力的学生选学，是学生用书的有机补充。

表3-2 练习册组成部分

练习册组成部分	词汇运用（Using Words and Expressions）
	语法运用（Using Structures）
	阅读和写作（Reading and Writing）
	视野拓展（*Expanding Your World）

总体上说，该练习册强调交际法教育思想，认为学习语言的最佳手段是使用语言，所以练习设计力求在具体情境中通过意义的协商和任务的完成来获得语言运用能力。语言是用来做事的，通过任务的完成可以锻炼学生的做事和处世能力，提高学生综合素质。

（三）教师教学用书结构

每册教师教学用书在总体上包括四部分内容：前言、教材介绍和教法建议、单元教学建议和附录。前言说明了编者在编写这套教材时主要考虑的七个方面；教材介绍和教法建议部分涵盖了教材编写的指导思想、教材的主要特点、体系结构、教学方法建议四个方面。

单元教学建议是教师教学用书的核心部分，由中文和英文两个版块构成：前者主要包括教学目标与要求，单元内容分析和教学建议，单元补充注释；后者主要包括英语教学指导和单元教学建议。在中文版块中，教学目标与要求部分按照核心素养四要素列出了各单元课程标准要求掌握的主题、词汇、语法及语篇等内容；单元内容分析和教学建议部分按照单元内部版块顺序，对每一版块进行内容分析、教学建议及补充教学提示；单元补充注释部分对各单元中的一些长难句做出具体分析。英文版块则主要提供拓展性的教学建议和教学活动设计，以及针对单元教学内容提供必要的文化注释。此外，教材中各部分练习答案也都在英文部分提供。

附录部分提供了单元教学设计案例、听力文本和视频文本、课文译文等内容。

（四）录音教学资料分析

口语录音带（The Speech Cassette）录有学生用书和练习册中的阅读课文和各单元的单词与习惯用语，为学生提供了朗读示范；听力训练录音带（The Listening Cassette）录有学生用书和练习册中的全部听力课文。两种录音带均由英语国家人士朗读录制而成。

第二节 教学重难点分析

《普通高中英语课程标准（2017年版2020年修订）》认为普通高中英语课程的具体目标是培养和发展学生在接受高中英语教育后应具备的语言能力、文化意识、思维品质、学习能力等学科核心素养。基于这一标准，教师在撰写教学设计的过程中，需要从核心素养四要素出发考虑教学重难点，落实教学目标。因此，本节首先以分析人教版高中英语教材（2019年版）的教学重点为例，介绍确定教学重点的方法，然后探讨突破教学难点的途径。

一、教学重点分析技能

确定教学重点首先要领悟《普通高中英语课程标准（2017年版2020年修订）》的精神，熟谙各级课程标准目标内容要求。其次，要认真钻研教师教学用书，参照单元的教学目的和要求及教学建议要点等。最后，要结合各省市根据自身特点所制定的教学指导目标要求。

（一）解读课程标准

《普通高中英语课程标准（2017年版2020年修订）》指出："英语课程内容是发展学生英语学科核心素养的基础，包含六个要素：主题语境、语篇类型、语言知识、文化知识、语言技能和学习策略。"其中，"主题语境包括人与自我、人与社会和人与自然，涵盖整个高中阶段所涉及的主题内容，不分课程类别进行描述；其他五项内容要素均按照必修、选择性必修和选修三类课程描述具体的内容要求"。同时，中学英语教学的评价采取标准参照评价模式。因此，教学活动必须围绕《普通高中英语课程标准（2017年版2020年修订）》展开，教学内容重难点的把握必须以《普通高中英语课程标准（2017年版2020年修订）》中内容要求的六大要素为根本依据，以《普通高中英语课程标准（2017年版2020年修订）》附录中提供的英语学科核心素养划分、词汇表、语法项目表和教学案例及课文原文为参考。

例如，在处理人教版高中英语教材（2019年版）第一模块第二单元"Travelling Around"时，对于"旅游宣传手册"这一文体形式是否作为教学重点的考量，教师即可对应到普通高中英语课程语篇类型内容要求表中的必修一栏。该栏中罗列了七种语篇类型，分别为：

（1）对话、访谈；
（2）记叙文，如：个人故事、人物介绍、短篇小说、童话、剧本等；
（3）说明文，如：地点、事物、产品介绍等；
（4）应用文，如：日记、私人信件、简历、宣传册、问卷等；
（5）新闻报道，如：简讯、专题报道等；
（6）新媒体语篇，如：一般网络信息、电子邮件、手机短信等；
（7）其他语篇类型，如：目录或指南、表格与图示、日程表、告示牌、地图和图例、菜单和烹饪食谱、规则、操作指令、天气预报、歌曲和诗歌等。

显然，"宣传册"作为第四项应用文类别中的子类别应该确立为教学重点。

（二）钻研教师教学用书

教师教学用书按照核心素养四要素为教师确定了每单元的教学重点，其中语言能力版块包括主题、语音、词汇、语法、语篇及表达。依旧以人教版高中英语教材（2019年版）第一模块第二单元"Travelling Around"为例（见表3-3）。

表3-3 教学目标和要求

核心素养	教学目标和要求
语言能力	主题：旅行
	语音：复习辅音字母c、g、x及辅音字母组合ck、ch、tch、ph、sh、th、wh、ng、qu、gu、igh、kn、mb、wr的发音规律，并利用这些规律准确辨音、有效记忆单词
	词汇：能正确使用下列单词和词块。 castle, apply, rent, pack, amazing, arrangement, extremely, source, narrow, flat, emperor, site, official, recognise, type, flight, accommodation, unique, path, destination, admire, architect, brochure, package, contact, civilisation, soldier, transport, hike, economic, credit, detail, request, view, sight, statue, BCE, comment; travel around, apply for, take control of, it is for this reason, hold together, other than, connect to, package tour, make up, travel business/economy class, credit card, check in, check out, can't wait to go, start right away
	语法：能够理解并正确运用现在进行时表示将来的计划
	语篇： 1. 阅读介绍性文本和旅游宣传册，辨别两者的文体特征及语言特点，有效获取信息； 2. 掌握电子邮件说明旅行计划的文体结构；掌握表达情感的常用语言结构； 3. 熟悉旅行日程的文体结构，能够快速获取信息
	表达： 1. 能够通过打电话预订、安排旅行中的吃、住、行等事宜； 2. 能够写一封陈述自己旅行计划的电子邮件
学习能力	1. 能够抓住关键词，理解听力文本的大意； 2. 能够通过快速浏览文本的标题、图片、图表等信息辨别文本类型，并采用相应的阅读策略； 3. 能够进一步学习合成词的特点及用法，有效巩固并记忆词汇
文化意识	1. 了解中国和秘鲁等国家的著名景点和文化特色，培养爱国情怀，拓展国际视野； 2. 能够避免旅行中的各种不恰当行为，树立文明游客意识
思维品质	能够对所获信息进行比较和分析，并作出合理判断；通过对旅游业利与弊的分析，引发对旅游业发展导致的问题思考与反思；能够对视频材料中提及的利弊进行权衡，寻求解决问题的途径；培养批判性思维能力和创新性思维能力

根据教师教学用书针对该单元教学目的和要求的呈现，该单元的教学重点以核心素养四要素为框架，巧妙地将课程内容六要素融入其中，不仅能够使学生学习到和"旅游"相关的英文表达，而且还培养了学生的学习能力，提高了学生在今后旅行途中的跨文化意识，并且引发了学生对旅游业相关问题的思考，塑造了其思维品质。

（三）参阅省级指导用书

教师教学用书仅提出比较折中的要求，实际操作中应考虑当地英语教学的现状。如浙江省针对课程标准要求组织编写了《浙江省普通高中学科教学指导意见·英语》（2021版）。该指导意见认为学科核心素养的本质是学科思维，因此要让英语课堂转变为思维课堂，让英语教学为发展思维而教。依旧以人教版高中英语教材（2019年版）第一模块第二单元"Travelling

Around"为例,说明该指导意见如何促进现行教科书与课标对接,对教师教学起到辅助作用。

首先,该指导意见对课标进行了分析,并简要概括了其基于核心素养提出的教学目标与要求(见表3-4)。

表3-4 核心素养教学目标要求

语言能力	掌握辅音字母和辅音字母组合的发音规律,提升拼读能力; 能理解并正确运用现在进行时表示将来的计划; 理解单元主题意义,学会运用本单元所学词汇和语法表达旅行计划、介绍旅行目的地等
学习能力	能通过抓住关键词理解听力文本的大意; 能通过快速浏览文本标题、图片等信息辨识文本类型
文化意识	了解中国和秘鲁等国家的著名景点和文化特色,培养爱国情怀,开阔国际视野; 懂得旅行中的文明习惯,树立文明旅行的意识
思维品质	学习介绍著名景点,培养逻辑思维能力; 比较分析旅游的利弊,发展批判性思维能力; 设计旅游宣传手册,培养创新思维能力

其次,在分析课标的基础上,该指导意见对单元内容结构进行了分析,并据此提出了针对学生的学习要求:

(1)通过复习辅音字母组合的发音规律,学生能更好地掌握发音规律,提高拼读能力。

(2)通过听、说、读、看、写等活动掌握本单元与旅游相关的词汇;能理解现在进行时表示将来的计划,并用该结构谈论未来的旅行计划;学会用英语就旅行相关事项进行预订。

(3)通过听力过程中聚焦关键词、阅读中学会辨认文本体裁,理解本单元有关旅游主题的介绍性、说明性等文体所传递的意义和意图,通过听、读活动理解"旅行"这一主题及其内涵。

(4)熟悉旅行计划的文本结构,分析说明旅行计划的语篇结构特征和语言特点,能写一封陈述自己旅行计划的电子邮件。

再次,该指导意见在教学建议部分不仅对本单元的课时分配给予了参考,还对每个板块的教学都提出了纲领性的建议,让教师教学有章可循。最后,对于作业和评价,该指导意见也提出了对应每个课时和整个单元的教学建议。

教师教学用书和《浙江省普通高中学科教学指导意见·英语》(2021版)所分析的单元要点,在总体要求上比较接近。两者都抓住核心素养这个关键,按照单元内部板块顺序对教学重点做出分析,但是,后者语言表达简洁且条理清晰,提出的要求层次更高。例如,前者用"通过对旅游业利与弊的分析,引发对旅游业发展导致的问题的思考与反思",而后者用"比较分析旅游的利弊,发展批判性思维能力"。此外,浙江省指导意见为教材中每单元的项目学习(Project)板块提供了相关实践案例,旨在将语言、文化和思维的学习融于一体,在此过程中培养学生的自主学习能力。

二、教学难点分析技能

教学难点与教学重点有区别。一般来说,教学重点是指教师希望学生在课堂上掌握的最重要的知识和技能,而教学难点则是指学生在学习过程中最困难的部分,有可能也是重点。具体到一个单元或一堂课的教学,教学的难点会是如何从只关注语言知识点的教学过渡到让学生首先学会运用语言,在运用过程中感受语言,体验学习过程,增加对英语学习的兴趣,在语言学习过程中通过学习策略的培训,培养自己的自主学习能力,拓展自己的跨文化视野,最终提高自己的综合素质。

具体到一个单元的教学,在微观上教学难点如何确定呢?下面仍以人教版高中英语教材(2019年版)第一模块第二单元"Travelling Around"为例,分析教学难点如下:

(1)介绍性文本和宣传册两种语篇类型的辨别较难,指导学生分析文体特征、归纳语言特点。例如,可以设计"头脑风暴",让学生情境代入,假设自己去秘鲁旅行会从哪些渠道了解当地信息,从而引出两类文本体裁;接着,引导学生从时态、词汇及句型等多个角度对比课本中提供的两篇材料,通过提取、总结关键信息,确认百科全书和旅行宣传册中文本的文体特征。

(2)利用秘鲁和中国不同的旅游景点和文化特点培养学生的文化意识较难,引导学生开阔国际视野,培养爱国情怀。如,在学生完成阅读、积累了一定有关秘鲁的文化知识之后,可以在读后环节设置小组讨论,探讨中国和秘鲁旅游景点的差异,形成文化理解;接着,可以通过思考"学完本篇文章后,你想去秘鲁旅行吗?",让学生畅所欲言,在过程中引导学生反观祖国的地大物博,西藏的布达拉宫、四川的九寨沟、北京的故宫等,不论是自然还是人文、历史还是现实,中国都有了不起的文化,从而树立学生的文化自信。

(3)创新性思维能力培养较难,设计个性化旅游宣传手册,通过小组合作、竞争的方式激发学生的创造能力。以制作旅行宣传册宣传家乡的旅游景点为目的,学生可以通过查找资料、讨论方案、动手制作、展示等多个环节参与到活动中;教师可以提前给出评比的标准,例如,语言表达创新(60%)、美观(20%)及创意(20%);后期,学生可以通过聆听其他小组的汇报激发更多的创意。

实践活动

1. 有人认为,教学设计时,教学重点和教学难点是一样的。你认同这种做法吗?你认为教学重点和难点有区别吗?

2. 当前不少阅读课中的教学重点和难点分析有所偏颇,如以阅读课的名义进行单纯的词汇和语法教学。你对这一做法持何种观点?

3. 如何理解"教教材"和"用教材教"?

4. 下面提供了人教版高中英语教材(2019年版)第一模块第一单元中三个板块的内容,请在小组内讨论每个板块的设计意图并填写下表。

板　　块	设　计　意　图
Assessing Your Progress	
Project: Design a travel brochure	
Video Time	

Assessing Your Progress

1 Circle the correct word(s) in each sentence.

1. Today's teenagers seem to prefer/like the Internet more than TV.
2. Martin did not enjoy pop music until he became a generation/teenager.
3. Which course did your teacher recommend to/with you?
4. Don't quit trying/to try if there is still hope.
5. I think he is addicted/attracted to smoking, He just can't seem to quit.
6. The library project has already fallen behind schedule/plan.
7. The research has focused on/for the relationship between a teenager's sleep and health.
8. The instructions on the box made him confusing/confused, and he did not know what to do.

2 Find the noun/adjective/adverb phrases in the passage and state their functions.

If you have learnt some maths at school, you can quite quickly work out that one eleventh is about 9 percent. But did you know that 9 percent is also the number of children who are not at school? That's right — one in 11 children is not studying and probably even cannot do the simple maths you just did so very easily. They drop out of school because their families are too poor and they have to work like adults. In 2013, millions of children and teenagers were out of school. Most live in poor countries, but there are also some boys and girls who cannot go to school in rich countries, If you are one of the lucky ones who can go to a senior high school, you should be grateful for the opportunity. So the next time you feel like you do not want to do boring, difficult homework or go to class, think about the children who don't have the chance to get a good education. Make the most of your education and make the world a better place.

Do you agree with the writer's opinion? Give your reasons.

♀ REFLECTING

◎ Which reading in this unit did you find the most interesting? Why?
◎ What new things did you learn about teenage life from this unit?
◎ What new vocabulary and structures did you learn in this unit? Did you use any of them in your language activities? How well could you use them?
◎ Do you think skimming was useful for you to understand the texts?
◎ What problems did you or your friends have with this unit? How did you solve the problems? What advice did you give each other?

* Project: Set up a student club

1 You are going to set up a student club. Work in groups and choose one of the clubs from below, or create a new club you think others would be interested in joining.

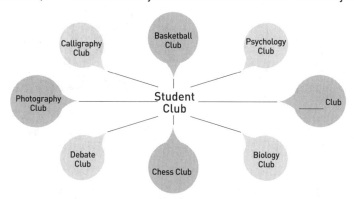

2 Decide on the following details of your club.

Club name	
Slogan	
Aim	(Why form the club? What does it hope to achieve?)
Activity	(What will members usually do at the meetings? Any special events or outings?)
Requirement	(What should members prepare and bring?)
Meeting time and place	

3 Design an eye-catching logo for your club and make a poster including the club's name, slogan, and logo.

4 Prepare an introduction to recruit new members during a school assembly. Include some details that are not mentioned on your poster.

EXAMPLE

Hello, everyone! We're very pleased to introduce our club to you. It is called ... Our slogan is ..., and our club aims to ...

* Video Time

Learning Across Generations

Mamorena Chaane is a teenage girl. She lives in the suburbs of Johannesburg, South Africa with her mother, Tandi.

BEFORE YOU WATCH

Look through the title, introduction, and photos. Then guess whether the statements are true (T) or false (F).

1 In South Africa, many teenagers graduate from university.　T　F
2 Mamorena's life is the same as Tandi's when she was young.　T　F
3 Tandi had a difficult childhood.　T　F
4 Tandi is now a successful businesswoman.　T　F

WHILE YOU WATCH

1 Check your answers in Before You Watch.
2 Circle the correct word(s) in each sentence.
    1 Mamorena is a student at an expensive/inexpensive private school.
    2 Tandi grew up in a poor/wealthy area of Johannesburg.
    3 Mamorena does not understand/understands about her mother's childhood.

> A shanty town is a poor area. People in a shanty town make their own houses, often from wood or materials that have been thrown away.

AFTER YOU WATCH

Work in pairs. Discuss the questions.

1 In what ways is your life similar to or different from your parents' life when they were young?
2 Tandi said, "I don't think you become a person if you don't know where you come from." Do you agree or disagree with this statement? Why or why not?

第二编

英语课程教学实施技能

第四章 课堂导入与呈现技能

新课导入与呈现是课堂教学的重要环节。"良好的开端是成功的一半",作为课堂教学的起始环节,如何把教学内容自然地呈现在学生面前?如何沟通师生、生生间的情感?如何创设和谐的课堂气氛?如何激发学生的求知欲?如何让学生在最短时间内进入课堂学习的最佳状态?本章结合案例分析思考课堂导入与呈现的方法。

第一节 课堂导入方法

课堂导入应遵循以生为本的原则,从学生的生活实际出发,关注学生的学习兴趣和经验,抓住学生思维的触点,创设真实的语境,提供运用语言的机会,使学生在轻松活泼而又引人入胜的课堂氛围中主动参与教学过程。常见的课堂导入方法有六种,即:头脑风暴法、影像法、游戏法、情境法、音乐法和开门见山法。值得一提的是,这六种最常见的导入方式在实际运用的过程中并不是孤立的,优秀的教师总能根据不同的教学内容和教学对象,巧妙综合运用它们中的几种。

一、头脑风暴法

头脑风暴法(brain storming),又称智力激励法或BS法,是一种激发创造性思维的方法。它鼓励所有学生在畅所欲言的氛围中,自由交换想法,而不进行讨论和评价。各种设想在相互碰撞中激起脑海里的创造性"风暴",逐渐形成正确的结论或解决问题的方法。

案例 4-1

选自第六届全国中学(高中)英语教学观摩暨研讨会案例集的教学视频(文本自行转述)。山东实验中学宋武栋老师执教课文"Clothing Culture"。

T: Boys and girls, look at me. **Do I look handsome today?** (Mr. Song is wearing a black suit.)

Ss: Yes!

T: I think I look more handsome than I was yesterday. **What makes the difference?**

Ss: Clothing!

T: Yes. **What do you know about clothing?** Tell me anything that comes to your mind.

> S1: Dress, trousers.
> S2: Shoes, shirts.
> S3: Skirt, gloves.
> S4: Sweater, jacket.
> S5: Blouses, jeans.
> T: Yes, jeans! Today we're going to talk about jeans. **You know jeans? How many of you are wearing jeans now? Do you love wearing jeans?** Tell me anything you know about jeans.
> ...

上述案例中，宋老师一进教室就以一身笔挺的西装引起学生的注意，之后以问题"What do you know about clothing? Tell me anything that comes to your mind."拉开了头脑风暴的序幕。学生开始自由地发表意见，宋老师同时在黑板上忠实地记录他们的意见而不加任何评论，逐渐引出该课的主题。随后，宋老师又以"How many of you are wearing jeans now? Do you love wearing jeans?"这两个与学生生活经历息息相关的问题，使学生产生用英语表达的欲望，进一步激发学生的兴趣。最后，宋老师又以"Tell me anything you know about jeans."组织学生开展第二轮头脑风暴。而此时头脑风暴的目的并不在于引出主题，而在于激活学生大脑中已有的关于"jeans"的图式，帮助学生在阅读的过程中运用旧知获取新知。

二、影像法

影像法指运用现代多媒体技术，通过电影和图片等多模态方式导入课文。其直观性、生动性往往能在瞬间吸引学生的注意力，学生闻其声、观其形、临其境，学习兴趣盎然，教学效果增强。

案例 4-2

> 选自第六届全国中学（高中）英语教学观摩暨研讨会案例集的教学视频（文本自行转述）。贵阳市第一中学丁茜老师执教课文"Disasters"。
> （教师先让学生观看一段人们争先恐后逃离洪灾现场的电影片段）
> T: Tell me what you saw in the movie.
> S1: A lot of water, and people are very panic.
> S2: A lot of taxies are trapped in the water.
> S3: Some policemen are trying to save the trapped people.
> T: What is happening exactly?
> S4: Some disaster is happening.
> T: Could you name the disaster?
> S4: Tsunami.
> T: Tell me more about Tsunami. Difficult? Look at some pictures and describe them to me. What do you see?（这时，教师通过PPT向学生展示了一组海啸

的照片）

S5: Huge waves are destroying villages. People lose their lives.

S6: People become homeless. They are frightened.

S7: People are crying. Houses are destroyed.

T: So tsunami is a severe disaster. And disasters can cause a lot of problems and pains to our life. So it's necessary for us to learn something about disasters.

...

上述案例中，因为地理位置的原因，海啸、地震、飓风等天灾离学生的实际生活有一定距离，他们对所讨论的主题"disasters"较陌生。因而，丁老师在开讲前放的一段视频堪称妙极，它让学生身临其境般体验了一回海啸逃生记。而丁老师接下来给学生展示的六张图片让学生进一步了解了海啸摧枯拉朽般的破坏力。通过影像展示天灾给人们带来的灾难和痛苦，其带给学生的震撼力是语言无法比拟的。

三、游戏法

游戏本身是一种趣味性的活动，符合中学生好玩、好动、好胜的心理特征。它能调动学生的学习热情，激发学习的积极性和主动性。游戏方法有很多种，为达到理想的教学效果，教师必须认真研究教材，根据教学内容和学生实际情况来选择、设计游戏。

案例 4-3

选自第六届全国中学（高中）英语教学观摩暨研讨会案例集的教学视频（文本自行转述）。云南大学附属中学毕劲梅老师执教课文"Your Mind"。

T: Hello, everybody. It's nice to see all of you here. I know you're all very intelligent students, but I'm wondering whether you have good memories. So now I'm going to challenge your memory. Please look at some pictures for ten seconds. After that, you try to remember what you see. You can't take notes. Just look at them, and try to remember.（先在 PPT 上呈现九种水果的图片，十秒后让图片消失）OK, they're gone. Are they still in your memory? Do you still remember what you saw just now? How many fruits did you see just now?

S1: Nine.

T: Yes. Which nine? At least do you remember some? Anybody can try? Try to tell us what you remember.

S2: I only remember apple, watermelon and banana.

T: What else?

S3: Sorry. I forget it.

T: OK, let's see what they are.（再次在 PPT 上显示图片）We also have strawberry, pineapple, pear, cherry, litchi and grape. So these are fruits. ...

T: What about music? Can you remember music well after you hear some music?

> OK, listen to some music.(通过PPT播放三段莫扎特音乐作品的片段)So can you remember the music?
>
> S6: Sorry, I can't.
>
> T: It doesn't matter. You know some people can remember music well. There is one person who could remember the music he heard for the first time. Who is this music genius? Read quickly and find it out.
>
> ...

上述案例中，毕老师紧扣文章主题，设计了挑战学生记忆力的游戏。该游戏生动有趣，寓教于乐。学生在紧张刺激的记忆挑战游戏中，复习和巩固旧知，接触新知；体会交际、合作、互动的师生关系，提高英语学习的兴趣和效率。此外，教师通过在游戏中考查学生对音乐的记忆力这一环节，导入新课。

四、情境法

《普通高中英语课程标准（2017年版2020年修订）》规定"教师要增强语用意识，在设计口、笔头交际活动时，努力创设接近真实世界的交际语境"，因为交际功能是语言的本质功能。而任何运用语言的交际活动都是在一定的情境中进行的。情境是语言发挥其交际功能的场合，是揭示语言表达意义的基本因素之一。这就要求教师要从语言表达的结构和功能出发，在呈现教材内容之前，创设与之相一致的情境，使学生在真实的或半真实的交际情境中更好地理解语言所传递的信息，深刻领悟其交际功能。因而，情境导入法的根本特点就是要让学生借助教师所创设的生动形象的情境来理解英语，在一定的语境中感知、理解具体情境中语言所传递的信息。

案例 4-4

> 选自第七届全国中学（初中）英语教学观摩暨研讨会案例集的教学视频（文本自行转述）。北京师范大学附属实验中学何秀杰老师执教课文"Problem"。
>
> T: Good afternoon, boys and girls. My first question is "Do you have a lot of homework?"
>
> Ss: Yes.
>
> T: Are you busy?
>
> Ss: Yes.
>
> T: Me too. I have been really busy recently. You see, my e-mail box is full.(在PPT上呈现何老师自己的邮箱)See here, I got a letter from Peter. He is one of my older students. He said he felt really terrible. He said, "I hate my parents." That means Peter and his parents have a ...(停顿等待学生回答)
>
> Ss: Problem.
>
> T: Yes, they have a problem.(将Peter和他父母的图像贴在黑板上，之间用单词"problem"连接)When you and your parents have a problem, how do you feel?

> ...
> T: Yes, you feel bored? But I think Peter and his parents must feel unhappy. Do you agree with me?（转身将"unhappy"写在黑板上）
> Ss: Yes.
> T: So they're unhappy. Can you guess what might be the problem with Peter and his parents? Do you want to know the problem? OK. Let's read the letter.
> ...

上述案例中，何老师创造性地将Peter这个课文中的人物转化为自己的学生，设计了学生通过邮件向她诉说烦恼的生活情境。教师的邮箱、教师的学生、学生和家长遇到的问题，这些情境都与学生的日常生活密切相关，使他们身临其境，很快进入交际角色。

五、音乐法

音乐是人类共同的语言，是人类情感的一种重要的表达方式。运用音乐辅助英语教学能营造轻松愉快的学习氛围，帮助学生放松心情、减轻压力，有助于他们积极思维，从而取得理想的教学效果。运用音乐导入课文，乐曲的选择至关重要，必须与文章主题密切相关，必须健康向上。

案例 4-5

> 选自第六届全国中学（高中）英语教学观摩暨研讨会案例集的教学视频（文本自行转述）。太原师范学院附属中学潘佐老师执教课文"Machu Picchu"。
> （潘老师在课前先播放了班得瑞（Bandari）《蓝色天际》专辑里的曲子"Machu Picchu"）
> T: Do you like the music?
> Ss: Yes!
> T: Any idea who wrote this beautiful music?
> (Silence)
> T: It is written by a very famous band. It is Bandari. Have you heard about it?
> Ss: Yes!
> T: Cool! You know it! But do you know this piece of music is written for a special place, a very mysterious place? Now let's pay a visit to this place.（背景音乐"Machu Picchu"再次响起，此时PPT上呈现一段描写Machu Picchu这座失落的城市的文字）
> T: Are you picturing the place in your mind? Where is it? The title of the passage might help you.
> S1: Machu Picchu.
> ...
> T: So now we are going to learn about the discovery of the lost city. Read fast to find out who discovered the city and when and where they discovered the city.
> ...

潘老师紧扣文章主题,在开课前播放了班得瑞的曲子"Machu Picchu"。当空灵的乐声响起,学生不禁随之陶醉,融入了乐声所营造的意境。而当乐曲配合文字描述再次响起时,学生宛如置身于Machu Picchu这座古老而神秘的石头城市,一切的一切(brilliant temples, royal houses, a big square and tens of houses)仿佛清晰可见。可以说,音乐这极富内涵的艺术语言像磁石般吸引了学生的注意力,使学生的想象力得以淋漓尽致地发挥。

六、开门见山法

开门见山法,顾名思义,即教师开讲时不拐弯抹角而直奔主题。读者也许认为这再简单不过了,然而,要使该法发挥功效却绝非易事。

案例4-6

在讲授高中课文"The Secrets of Success"时,某教师以如下方式导入:
T: Hello, boys and girls. Today's topic is the secrets of success. Do you want to be a successful person?(学生的回答一般是肯定的)Then you must want to know the secrets. Are you eager to know the secrets of success?(学生的回答一般也是肯定的)Me too! I also want to be a successful person and I also want to know the secrets of success. Actually, I just can't wait to know them. So now let's explore the secrets of success together to help us become successful.
...

该教师首先点明主题;接着跟学生沟通交流,以问题的形式引发学生对这一主题的兴趣;最后教师以略微夸张、充满激情的口吻引导学生跟随教师一道去设法开启成功的法门,创设美好的未来。

第二节 课堂呈现方法

呈现(presentation)是英语课堂教学中一个重要步骤,旨在为学生运用语言、实现交际创设情境。教师从新语言材料所包含的意念和功能出发,结合学生年龄、认知水平、英语基础以及其他知识水平等各方面因素,营造一个与之一致的语言环境,恰到好处地呈现新课内容,使之与学生认知过程相协调,以达到让学生正确地感知和理解新课内容并自觉主动参与课堂教学活动的目的。常见的课堂呈现方法有表演、游戏竞猜、任务和实验等。值得一提的是,呈现并没有固定的模式,对于不同的语言材料,应设法采用不同的呈现方式。

一、表演呈现法

表演呈现指教师充分合理地利用肢体语言(body language)呈现教学内容,为学生创造轻松愉快的学习环境。形式生动有趣的表演呈现法,不仅符合青少年活泼好动的心理特征,而且充分体现学生的主体作用,发挥教师的主导作用。

> 案例 4-7
>
> 选自第七届全国中学（初中）英语教学观摩暨研讨会案例集的教学视频（文本自行转述）。上海市世界外国语中学朱萍老师执教课文"The Fisherman and the Fish"。
>
> T: ... First, look at me. What animal is it?（教师做了鱼儿游水的动作）
> Ss: Fish.
> T: Yes. You can also use your body language to act it out. Let's have a try. OK, look at these words. Use your body language.（PPT上出现一系列单词和词组：eat、sleep、catch a fish、beg、offer、comfort、apologize、giant waves、thunder and lightning。教师带领学生一边做动作一边大声念这些单词。）
> T: Let's practice one more time. Act and read at the same time. Let's start and see who is smart. Go!（PPT上再次出现刚刚学生表演过的单词，但顺序有所不同）
> T: Do you have fun?
> Ss: Yes!
> T: Do you wish to act a little more?
> Ss: Yes.
> T: All right. Your wish will be granted. I'm going to grant your wish.（教师将词组 grant your wish 写在黑板上）"Grant your wish" means to make your dream come true. Let's read it together. Grant your wish.
> Ss: Grant your wish.
> ...

朱老师通过动作表演法呈现新课词汇。让学生通过肢体语言将单词表演出来的做法有点类似美国心理学家阿歇尔（Asher）所倡导的全身反应法（TPR）。朱老师先发口令，即说单词，并用动作把单词的意思表现出来。学生听教师发指令，并随教师一起尝试把指令转化为自己的肢体语言，边表演边学着把单词说出来。师生共同表演完一组生词后，朱老师以"看谁反应快"的激励形式让学生进行第二次表演，巩固学习效果。另外，朱老师也在表演后的自然交流中顺势引出了词组"grant your wish"，有助于学生对该词组的理解和掌握。

二、游戏竞猜呈现法

游戏竞猜呈现法指教师在教学设计中努力贯彻以学生为主体的教学新理念，从学生的思维特点和认知水平出发，安排适当的游戏活动和小组竞赛抢答活动，力求在活动中自然呈现新课内容。游戏竞猜呈现方式能活跃课堂气氛，调动学生参与课堂活动的积极性，使他们始终保持浓厚的学习兴趣，更能培养他们的团队合作精神和集体荣誉感。

> 案例 4-8
>
> 在讲授NSEFC Student's Book 2 Unit 2 The Olympic Games 一文时，某教师以小组竞猜的方式呈现如下：
>
> T: How much do you know about the Olympic Games? Here are questions for the

contest:
1. When and where did the ancient Olympics start?
2. When did the ancient Olympics end?
3. When and where did the modern Olympics start?
4. When did China first take part in the Olympics?
5. Who was the first Chinese athlete attending the Olympics?
6. Who got the first gold medal for China in the Olympics? And for what event?
7. In which Olympics did China rank the third in the world?
8. What are the three words that show the spirit of the Olympics?
9. What color is the Olympic flag and what does the color stand for?
10. What colors are the five Olympic rings and what do these rings stand for?
11. On which day did China successfully bid for the 29th Olympics?
12. What was the theme of the 2008 Beijing Olympics?
13. What did the theme mean in Chinese?
14. What mascots did China choose for the 29th Olympics?

在本轮竞猜后，教师又运用多媒体呈现各种运动项目的图片，开展第二轮竞猜：
a) Ball games: football, basketball, rugby, ice hockey, tennis, table tennis, badminton, baseball, golf ...
b) Track and field: sprint, hurdles, high jump, long jump ...

该教师让学生在课前查找有关奥运知识的资料，课堂上围绕这些内容开展竞赛。通过竞赛呈现奥运知识，学生加深了对这些知识的理解，为后续阅读做了文化知识层面的积淀。第二轮竞猜中教师通过相关图片自然呈现有关的英语词汇，让学生在游戏的氛围中习得词汇，扫除阅读时词汇上的障碍。

三、任务呈现法

任务呈现法指在教学设计中采用任务型教学途径，通过教学活动呈现教学内容，让学生在完成课堂任务的过程中，自然习得新课内容，充分体现"做中学"的新课程理念。

案例4-9

SEFC Book 2A Unit 5 The British Isles 一课的主要教学目标之一是让学生识记大不列颠群岛的组成部分及其重要城市，并熟悉有关大不列颠群岛的情况。某教师呈现方式如下：

任务1：看图答题。学生根据PPT上呈现的大不列颠群岛地图，回答以下问题，了解Britain、the British Isles以及the UK 的组成部分，并对三者进行辨析。

T: What is/are Britain/the British Isles/the UK made up of ?
T: What does/do Britain/the British Isles/the UK consist of ?
S1: Britain consists of England, Scotland and Wales.

> S2: The British Isles consist of England, Scotland, Wales, Northern Ireland and the Republic of Ireland.
>
> S3: The UK consists of England, Scotland, Wales and Northern Ireland.
>
> 任务2：小组拼图。教师将全班同学分成五人一组，每组发五张图片，要求小组合作，拼成不列颠群岛的轮廓图。
>
> 任务3：地图标识。在完成拼图的基础上，在地图上标识London、Edinburgh、Cardiff、Belfast、Dublin、the Thames River等。

在教学活动中，教师围绕特定的交际和语言项目，设计出具体的、可操作的任务，学生通过表达、沟通、交涉、解释、询问等各种语言活动形式来完成任务，以达到学习和掌握语言的目的。该教师通过看图答题、小组拼图和地图标识三个任务来组织教学，在任务的执行过程中引导学生以参与、体验、互动、交流、合作的学习方式，充分发挥学习者自身的认知能力，调动他们已有的目的语资源，在实践中感知、认识、应用目的语，在"做"中学，"用"中学，在课堂上通过完成任务来实现教学目标。

四、实验呈现法

实验也可作为课堂呈现的重要手段。它旨在引起学生的注意，培养学生的观察力和鉴赏力。学生在亲身体验的过程中习得和运用语言。

> **案例 4-10**
>
> 选自第七届全国中学（初中）英语教学观摩暨研讨会案例集的教学视频（文本自行转述）。黑龙江省哈尔滨市虹桥学校王一飞老师执教课文"It Smells Good"。
>
> （教师在课前先让学生欣赏英文歌曲"Rhythm of Rain"）
>
> T: Do you like the music?
>
> Ss: Yes.
>
> T: Me too. I like the music because it sounds wonderful. Do you think so?
>
> Ss: Yes.（教师将"sound"写在黑板上）
>
> T: Who knows the name of the song? If you know it, I'll give you a present.
>
> S1: "Rhythm of Rain".
>
> T: Yes. And here is the present.（教师从背后拿出一朵玫瑰花）A rose, boys and girls, do you like it?
>
> Ss: Yes.
>
> T: How does it look? Does it look beautiful?
>
> S2: Yes.（教师将"look"写在黑板上）
>
> T: Who wants to smell it? How does it smell?
>
> S3: I think it smells good.（教师将"smell"写在黑板上）
>
> T: Yes, it smells good. Who wants to touch it? How does it feel?
>
> S4: I feel soft.

> T: You feel soft? Let me try.
> S4: Oh, no, I think the flower feels soft.（教师将"feel"写在黑板上）
> T: OK, here is the flower. Congratulations!（教师将玫瑰送给了刚才答对歌曲名的学生）And now, here is something else.（教师拿出一袋怪味豆）Who wants to taste it with your tongue?（一学生被邀请上讲台品尝怪味豆）How does it taste?
> S5: Not so good.
> T: And you feel?
> S5: I feel terrible. It's bitter.
> T: So it tastes bitter.（教师将"taste"写在黑板上）
> ...

上述案例中，王老师以三种简便的实验用具（歌曲、玫瑰花和怪味豆），自然呈现了五个主题词汇。学生在实验过程中通过自己的嗅觉、视觉、味觉这样的体验，更加深刻地理解了词汇的内涵。

实践活动

1. 英语课堂中有哪些常用的课堂导入方法？如何判定导入是否合理有效？

2. 你如何理解"step""activity"和"task"三者的关系？

3. 就你所观摩的课堂而言，教师在教学活动设计和实施上存在哪些主要的问题？

4. 文本"Look Carefully and Learn"讲述的是一位化学老师令人难忘的第一堂化学课。请思考用实验法呈现该课重点词汇。

在开课时，他拿出三个瓶子，里面分别装着三种不同的液体。他先提醒学生要仔细观察，接着他从这三个瓶中分别倒了一些液体到第四个瓶子中，制成一个混合溶液。他伸出一根手指，在混合溶液中蘸了蘸，拿出手指，用舌头舔了一下，告诉学生味道好极了，并让学生也尝尝混合溶液的味道。可学生在尝试了混合溶液后都觉得味道可怕极了。这时，老师告诉他们他蘸溶液的是中指，而舌头舔的是食指。

5. 围绕NSEFC Student's Book 3 Unit 5 Canada—"The True North"的Reading: A Trip on "the True North"设计一份课堂导入。

第五章　课堂提问与反馈技能

2016年9月13日,《中国学生发展核心素养》总体框架正式发布,思维品质被认定为英语学科核心素养四要素之一。《普通高中英语课程标准(2017年版2020年修订)》指出:"思维品质指思维在逻辑性、批判性、创新性等方面所表现的能力和水平。思维品质体现英语学科核心素养的心智特征。思维品质的发展有助于提升学生分析和解决问题的能力,使他们能够从跨文化视角观察和认识世界,对事物作出正确的价值判断。"由此可知,思维品质的发展能有效促进学生文化意识的发展与正确三观的培育,而思维品质的培养离不开质疑和提问。问题是思维的源泉,更是思维的动力。

我国先贤倡导"以问促思"。例如,《论语》中的名言,"学而不思则罔,思而不学则殆"。又如,《中庸》中的"博学之,审问之,慎思之,明辨之,笃行之"明确指出了从"学"到"习"的过程中"问"与"思"的重要作用。此处,"审问"意为审慎地探问、深入地追问,为答疑解惑的过程;"慎思"指谨慎地思考、周密地思索,为遴选消化的过程。总之,这句古语倡导学问思辨、身体力行,也就是知行合一、学以致用。《中庸》提出的"学问思辨行"对当下的教与学仍具有借鉴价值。

在教学过程中,师生双方都需具备"问题意识"。问题意识是指人们在认识活动中,对实践中遇到的一些疑难、困惑的现实或理论问题进行深入思考、积极探究的心理活动。教师针对当下英语学科知识与技能的学习现状,进行不断思索而发现许多困惑,而后把困惑转化成具有教学情境的、需要提供解决方案的难题或项目。换言之,学习总是从问题开始,问题总是与学习伴行,所有问题的解决必定以对问题存在的认识为开始。提问是问题意识的表现形式,教师通过提问既能了解学生对所学内容的理解程度,也能促进学生开展有效学习。

"问题链"作为提问的一种特殊形式,能有效促进学生批判性思维能力的培养。王后雄认为问题链是指教师为了实现一定的教学目标,根据学生的已有知识或经验,针对学生学习过程中将要产生或可能产生的困惑,将教材知识转换成为层次鲜明、具有系统性的一连串的教学问题;是一组有中心、有序列、相对独立而又相互关联的问题。在此基础上,他提出问题链设计的四项原则:与学生实际的关联性,与文本主题的相关性,问题难度呈阶梯式的渐进性,以及趣味性与挑战性并重。

在当下英语学习活动观视域下,问题链设计还需与具体教学情境相结合,需借助可视化导图开展信息梳理、概述等活动,针对主题开展小组讨论、辩论等活动,以及与表现性评价任务相结合开展活动。另外,问题链设计始终要结合主题或小观念进行价值观引领,以设问方式带领学生针对某现实问题进行思考,将思想道德教育如盐巴融入水中般融入教学的各个环节,起到润物细无声之作用。

在英语教学中,教师的课堂提问既能发展学生语言技能,又能培养学生思维品质。强烈的问题意识不仅能体现学生个体思维的活跃和深刻,更能反映学生思维的独立性和创造性。因此,教师必须熟悉学生的实际情况,掌握设问的范围、内容、方式和深度,以及根据提问意图选择不同的问题类型;把课堂甚至单元的所有问题围绕大观念进行整合串联,设计出单元问题链,并把问题链与课堂各种其他活动相结合。

语言课堂上最典型的师生交际模式为 IRF 结构,即教师引发话步(initiating move)——提问,学生回答话步(responding move)——回答,教师继而再反馈话步(follow-up move)——对学生的回答作出反应。课堂交互是课堂教学的实际过程。教师的授课计划需要通过课堂中与学生的交互才能作用于学生,进而使学习真正得以发生。本章分课堂提问与课堂反馈两部分对课堂交互技能加以解读。第一节主要采用文字描述加案例分析的形式对课堂提问的功能与原则进行探析。第二节采用先案例呈现、再案例剖析、最后设置情境引导学习者实践的思路,阐述课堂反馈的功能与方法。

第一节 课堂提问技能

课堂提问作为教师话语的重要形式,对学习者的输入与交际能力产生积极或消极的影响。从教的角度看,提问是教师输出信息、传递信息和获得教学反馈信息的重要渠道。从学的角度看,提问能保持和提高学习者兴趣,发展创造性思维,连接与巩固新旧知识。另外,提问还具有锻炼表达能力、检查学习效果等多种作用,是"有效教学的核心"。教师能否科学地设计出灵巧、新颖、易于激发学生思考的问题,是教学能否成功的一个关键。明确提问的功能将有助于教师更有效地根据需要进行设问。

一、问题类型

在常规阅读教学中,教师通常会设计一系列的问题来处理文本,帮助学生理解文本信息,拓展文本内涵,发展深层思维。问题设计是学生在阅读过程中的思维工具,教师一定要关注学生的思维活动内容和层次,由浅入深,循序渐进。为了帮助教师快速把握并准确界定问题的思维活动层次,按照布鲁姆的认知目标分类法,我们将高中英语阅读教学中教师提的问题分为展示型问题、参阅型问题和评估型问题,提问者对三类问题答案的预知程度和作答者回答三类问题时对文本的依赖程度是不一样的,其思维活动层次大体可以跟布鲁姆的认知目标相匹配,是一个从低级向高级发展的过程,具体关系如表5-1所示。

表5-1 问题类型及其认知复杂性

问题类型	展示型	参阅型	评估型
提问者对答案的预知程度	强	中	弱
作答者对文本的依赖程度	强	中	弱
认知层次	识记　理解	应用　分析	综合　评价
思维活动	低级━━━━━━━━━━━━━━▶高级		

（一）展示型问题

展示型问题是为了促进学生对文本信息的识记和理解而设计的问题，教师预先知道学生作答的内容，学生作答时会在很大程度上依赖文本信息。在文本阅读的初始阶段，教师通常就文本中的字词句、细节信息或篇章结构进行提问，检查学生对文本内容的识记或理解程度。这类问题的答案一般是唯一的，学生凭借表层理解、短时记忆或是快速查找便能找出。

（二）参阅型问题

参阅型问题是在学生理解并获取文本事实信息之后，为了帮助学生进一步理解文本、拓展文本内涵，教师针对文本特征、写作特点、写作意图或文本中其他有价值的可以生发的关键点进行提问。这类问题一般在文本中没有现成的答案，教师也没有现成的答案，学生作答时需在一定程度上参阅文本内容，同时结合已有的认知和经历，对文本信息进行提取、加工和运用，并且能够从文本中找到足够的信息来佐证答案。

（三）评估型问题

在学生准确获知文本内容、深入理解文本内涵之后，教师通常需要设计问题引导学生对文本话题、内容、作者观点等进行进一步的深入思考。通过与自身原有认知和看法相比对，学生能够思辨地看待文本内容或作者观点，增加并丰富对文本话题的熟悉程度，形成并完善思考和解决问题的方法和态度，成为一个有判断力的读者。这类问题基本上从文本中找不到现成的答案，以文本为基点，学生通常需要从不同的角度和层面，结合逻辑和情感得出综合性的评价和结论，我们称之为评估型问题。这类问题一般可以为学生提供运用所学语言表达独立看法的机会，因此对发挥学生主体性、培养深层思维能力有重要的作用。

案例 5-1

在执教人教版 NSEFC Student's Book 1 Unit 3 Travel Journal 的 Reading: Journey down the Mekong 一课时，上课教师设计问题如下：

Q1: What preparations did Wang Kun and Wang Wei make for their journey down the Mekong?

Q2: Have they organized their trip down the Mekong properly? (Find the supporting details from the text)

Q3: What do you think of their trip down the Mekong?

这三个问题依次为展示型、参阅型和评估型问题，设问侧重各有不同，思维活动层次逐渐提升。

二、课堂提问的原则

为了避免课堂提问的盲目性、片面性和随意性，教师在组织现实情境性提问时，要注意问题的铺垫、过渡和意义建构。在英语课堂教学中，尤其要遵循以下提问原则。

（一）理解性原则

教师在设计问题时，要充分考虑问题本身语言的难易度，问题表述要符合学生的认知水平，不能因问题本身难以理解而增加问题的难度和复杂度。教师要尽量使用学生已学过且较熟悉的语言与表达，还可配合以板书、图画、简笔画、表情、手势等，来降低语言难度，以学生能听懂为标准。

教师在呈现问题时,要充分考虑表述的清晰度和逻辑性,为学生思考指出明确的焦点和方向。此外,教师对姿态、面部表情、声音频率及音调予以适当调整,表现出对学生的信任,鼓励学生畅所欲言。

(二)发展性原则

维果茨基提出的"最近发展区"(the zone of proximal development,简称"ZPD")的理论模型(见图5-1),将人的认知水平分成"已知区""最近发展区"与"未知区"三个层次。他认为,儿童有两种发展水平,一是现有水平,二是即将达到的发展水平。这两种水平之间的差异,就是"最近发展区"。

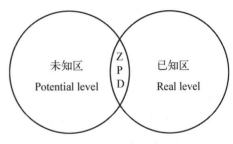

图 5-1　ZPD理论模型

教师应在问题设计和呈现可理解的基础上,善于寻找学生的"已知区"与"最近发展区"的结合点,即在知识"生长点"处设问,促进学生认知的发展。

(三)思索性原则

教师在提问时要有意识地注重问题的思维含量,精心设计,抓住关键,激活思维。所谓关键,是指教材的重点和难点,就是在知识的关键处、理解的疑难处、思维的转折处、规则的探求处设问。

结合詹森(E. Jensen)对课堂教学中教师问题的分类(见表5-2),我们将"分析性问题"与"运用性问题"看作思索性问题。为了培养与提高思维能力,教师要有意识地设计一些思索性问题,给学生创设尽可能多的思索机会。在问答时,教师既要留足等待时间,确保学生有时间思考;又要创设探寻空间,激发学生发散性思维,鼓励开放性、多元性的答案;还要敏锐地抓住追问的时机,引导学生进行更深层次的思考。

表5-2　詹森对课堂教学中教师问题的分类

问题(question)	记忆性问题 *v./n.* (recall)	identifying, completing, matching, listing, observing, reciting, describing, defining
	分析性问题 *adj.* (analytical)	comparing, sequencing, inferring, classifying, contrasting, analysing, organising
	运用性问题 *n.* (application)	applying, generalising, speculating, modifying, forecasting, distorting, deleting, inventing, theorising, judging, imagining, stating examples

(四)层次性原则

布鲁姆将认知教学目标从低到高依次分为知道(knowledge)、领会(comprehension)、运用(application)、分析(analysis)、综合(synthesis)和评价(evaluation)六个层次。认知目标分类的意义在于:在设计教学目标或进行课堂提问时,不能只停留在传授或掌握"知道"的水平上,应重视培养学生的能力。教师提问应基于学生的理解能力和现阶段的知识水平,使不同层次的学生在原有水平上都有所提高。

在设计问题时，应考虑问题的层次性。教师可通过设计一些具有一定挑战性的运用性问题，帮助英语学习能力较强的学生提高思辨能力；通过设计一些重组、排序等分析性问题，鼓励英语学习能力中等的学生经过独立思考和仔细观察，做出回答，同时锻炼他们的语言组织和表达能力；通过设计一些填空、辨析、列举等记忆性问题，鼓励英语学习能力较弱的学生积极参与课堂。

（五）生成性原则

课堂教学是一个动态的过程，有着许多难以预见的"变化"。教师既要对课堂中比较稳定的情况进行预设，又要关注可能发生变化的因素。因此，教师必须具有课堂教学的生成意识。

教师的提问，应具有延伸与拓展的生成空间。设问需要关注学生共同参考基础上的个体思维发展。教师可将一些问题分解成若干连续性的小问题，以减少问题的难度，从而较大限度地调动全体学生参与的积极性。同时，也要善于借助追问为那些知识水平较高、思维能力较强的学生提供思维发展的空间。教师始终在充当促进者（facilitator）和脚手架（scaffolding）的作用，不断诱发学生的话语输出，以促进其思维发展和语言能力进入"最近发展区"。

三、问题设计的常见不良倾向

问题的品质直接影响着阅读教学的效果，对学生较高级思维能力即评判性思维能力的训练和培养有着直接的影响。为了更加科学、客观地了解教师在阅读教学中的问题设计情况，我们以课堂观察为平台，通过记录、分析、比较、探究、反思等方法，以"基于思维活动层次的问题类型及其特性"为量规，对大量的课堂教学实例进行分析，将教师在设问过程中的常见不良倾向归纳为以下七个方面。

（一）设问缺乏统领整体的核心主线

阅读教学是教师帮助学生理解文本、拓展内涵、发展思维的一个连续进展的过程，问题设计一定要突显整节阅读课的核心主线。但是，在日常教学中，教师往往过于注重基于文本细节、语言点、内容结构等层面的设问，未能从整体上把握文本的"脉络"，并循着脉络发展设计问题。有些教师能够顾及段落主题，或关注到主体段落之间的适度联系，但对整个篇章的行文逻辑或发展脉络往往把握不准，或者缺失整体上的把握，设计的问题相对孤立，缺乏彼此之间的联系，没有能够统领整节阅读课的教学思路，核心主线模糊不清，导致学生对文本的理解缺乏整体性，难以达成阅读教学效果。

案例 5-2

在执教 NSEFC Student's Book 3 Unit 3 The Million Pound Bank Note 的 Reading: The Million Pound Bank Note 一文时，上课教师首先对马克·吐温作了简短的介绍，然后向学生展示了几部他的代表作品，其中也包括《百万英镑》。紧接着，让学生快速浏览文本，回答以下问题：

Q1: When did the story take place?
Q2: Where did it happen?
Q3: Who was the main character?

当学生得出文本中戏剧的主角是 Henry 时，教师让学生继续阅读，并设计问题如下：

> Q4: What questions did the two brothers ask?
> Q5: What happened to Henry?
> Q6: Did he have any plan?
> Q7: What did he want to do?
> Q8: What did the two brothers give him?
> Q9: Why did they give him money?
> Q10: Do you think he can survive with the money?

看似教师通过一系列的问题将文本的全部信息梳理了一遍，但是学生的记忆都是关于 Henry 的零碎信息内容，对于故事产生的背景、剧本中为什么出现这么戏剧性的一幕、为什么会有这样的对话等却没有清楚地揭示，学生也不清楚这些问题之间的联系。其实剧本的背景就是从两兄弟打赌开始的，他们想看看"身无分文的人只凭一张百万支票是否能够在伦敦存活一个月"，故文章的核心主线是"bet"。为了实施这个赌，两兄弟要找到一个符合条件的人，碰巧他们发现了正在闲逛的 Henry。通过剧本中两兄弟和 Henry 的对话，最终他们确定 Henry 正是合适的人选。在理解剧本细节之前，教师如果没有引导学生理解这段故事产生的背景，剧本中的大量细节内容将无法在学生头脑中产生内在的意义联系，如两兄弟为什么要问这么多问题、为什么要问这些问题等，信息点之间也找不到彼此的依附，剧本理解之后的拓展延伸必将如无源之水无法深入。

案例 5-3

> 在执教 NSEFC Student's Book 6 Unit 2 Poems 的 Reading: A Few Simple Forms of English Poems 一课时，多数教师能够清楚梳理五种诗歌形式和它们的特点，并对照文中例子进行赏读，设计问题如下：
> Q1: How many poems are mentioned in the passage?
> Q2: What are they?
> Q3: What forms of poems does each of them belong to?
> Q4: What are the characteristics of each form?

通过这四个问题，学生能够从文本的第二至第六段分别获知五种英语诗歌形式的名称和特点，但是学生并不清楚五个段落为何展开、段落之间有无关联等，五个段落内容还是以一种彼此孤立的呈现形式留存在学生的头脑中，学生不能形成完整的文本框架。这有悖作者的写作思路，文本作者首先在第一段陈述"人们是怀着各种各样的目的去写诗的（There are various reasons why people write poetry.）"，然后在第二至第六段分别列举了五种诗歌形式和它们的特点，展开具体说明。在梳理文本进行教学设计时，教师应该首先引导学生理解第一段"人们写诗通常围绕一定的主题（subject）来表达一定的情感（emotion）"这一写诗目的，然后通过阅读下面的段落，分别归纳提取每种诗歌形式的主题和表达的情感，将后面的五种诗歌形式按照主题和情感的线索进行有效串联，文本的行文逻辑和发展脉络也就一目了然了。

（二）设问未能围绕文本的主体信息

常规的阅读教学通常包括读前、读中和读后三个环节。在读中环节，教师应该整体把握，抓住文本的主体信息进行设问；在读后环节，教师通常会结合文本主体信息，围绕文本主题，设计参阅型和评估型问题来拓展文本内涵，发展学生的评判性思维。但是，课堂观察发现，教师在梳理文本信息的过程中设计的问题，往往在一些边缘信息上纠缠不清，将简单的信息复杂化，而对于重点的信息又轻描淡写，将复杂的信息简单化。在读后环节，教师设计问题让学生进行"表演"——"情境表演""角色扮演"等，或者进行"讨论"——"设计海报""完成项目"等，学生在进行这些活动时对文本的"回归"程度是很低的，或脱离文本主体内容，或偏离文本作者真实表达意图，或超出学生实际的语言水平，难以达到巩固文本内容、拓展文本内涵的教学效果。

> **案例 5-4**
>
> 在执教 NSEFC Student's Book 3 Unit 3 The Million Pound Bank Note 的 Reading: The Million Pound Bank Note 一文时，上课教师在要求学生找出剧本中的四个人物以后，设计了这样的问题：
>
> Q1: Who is the leading character in the play?
>
> 然后教师继续设计问题对 Henry 的基本信息进行梳理，之后又设计了这样一个问题：
>
> Q2: What did the two brothers think of Henry's situations? How about Henry's opinion?

事实上，对于第一个问题，光凭教材中的这一幕，学生很难确定谁是主角。纠结了好久，最后教师提醒说"Only one"，学生才恍然大悟，齐声回答说"Henry"。其实这个答案的获得不是学生思考的结果，而是教师的提醒将这个问题简单化了，这个问题的设置就显得毫无价值。对于第二个问题，两兄弟对 Henry 的状况非常"满意"，认为正是"合适人选"，但文本并无明显提及 Henry 对自己当时的"窘境"所持有的态度，因此这个问题的设计只能凭借学生对文本并无提及的信息进行合乎情理的猜测，学生是无法从文本中找到足够的信息来支撑观点的，这样脱离文本的问题设置不能促成学生对文本的深度理解，背离本来的问题设计意图。在剧本信息梳理完成后，教师通常设计问题让学生根据文本中对 Henry 言行举止的描写来归纳 Henry 的性格，但是有些教师在文本梳理都不很充分的前提下就让学生讨论 Henry 的性格，明显是将复杂的内容简单化了。

> **案例 5-5**
>
> 在执教 NSEFC Student's Book 3 Unit 1 Festivals around the world 的 Reading: Festivals and Celebrations 一课时，上课教师在文本信息处理后进入读后拓展环节时，设计了以下两个问题：
>
> Q1: Which festival do you think is the best? Why?
>
> Q2: Would you like to design a festival? (What kind of festival? When? Why? What activities? ...)

当时,学生花了近15分钟讨论交流,设计他们喜欢的节日。课堂气氛活跃,学生积极参与,各抒己见,有的设计"无作业日""郊游日""读书日",也有的设计"交友节""旅游节"等,而在陈述节日的基本内容时,包括时间、庆祝理由及设计意义等,学生就不知如何表达。其实,本篇文本的主题是"Festivals around the World",本节课的阅读目的是让学生了解世界各国不同节日的基本知识,并引导学生认识节日的分类及节日对人们生活的影响,从更深的层面理解不同节日的由来及其存在的意义。而教师在此环节的设问明显偏离了主题,第一个问题的设问指向是让学生表达他们对文本中提及的节日的好恶,其实每个节日都有它的由来及其存在的价值,没有好坏之分,而这样的设问角度所企及的主观表达会在一定程度上影响学生对客观事实的理性判断,导致对事实的曲解。第二个问题的设计角度已经超出了文本涉及的基本内容,延伸到对节日的内涵理解,学生只有理解了作为一般意义上的节日所产生和存在的价值和意义,才能达成较高质量的任务设计。因此,这样高要求的任务设计适合安排在学生已经获取了更多的对节日的理解和话题知识的积累的基础上,如果作为单元项目(project)进行设计,一定能够达到更好的输出效果。

(三)设问未能遵循学生的认知规律

阅读是一个渐进的理解过程,问题设计要有层次,问题难度要形成一定的序列,遵循前后知识之间的联系,符合学生的认知规律和事物发展的逻辑顺序。上一个问题是下一个问题的铺垫,下一个问题是上一个问题的延伸,学生看到问题时觉得不突兀、不跳跃,思维顺畅,自然连贯。但是,在实际教学中,我们经常看到这样一种现象:教师设计了大量的问题尽力引导学生走进文本,刚开始学生努力思考,尽力回答教师设计的问题,但是慢慢地发现自己越来越跟不上教师的思路,最后只能放弃。究其原因,主要在于教师设计问题时没有照顾到学生的思维认知,忽视了问题之间的联系,缺乏连贯性和序列性,思维逻辑杂乱无序。

案例 5-6

在处理 NSEFC Student's Book 3 Unit 3 The Million Pound Bank Note 的 Reading: The Million Pound Bank Note 一文中 narrator 部分的背景信息时,多数教师布置任务,让学生通过阅读找出时间(when)、地点(where)、人物(who)、事件(what)等信息,设计问题如下:

Q1: When did the story take place?
Q2: Where did it happen?
Q3: Who were the characters?
Q4: What did they do?

在紧接着的师生问答过程中,教师总是将故事中的主人公(two brothers and Henry)同时呈现出来,然后在梳理"事件"时陈述两兄弟打了一个赌(make a bet)。乍看起来,这样的信息梳理似乎没有问题,涵盖了文本中的大部分信息。但从思维逻辑方面考虑,这样的设计明显没有充分考虑学生的认知顺序,呈现的只是获取了文本字面意思的表象,却缺失将文本信息之间的关系进行有序编码的实质。其实,在梳理人物关系时,应该是先有两兄弟的出场,再到两兄弟的"打赌",赌注需要一个"合适的人"来实施,偶然之中他们发现了"游逛"中的 Henry,这样才有 Henry 的出场。设计问题时,教师如果能关注到上述发展序列,学生就能清楚理解事件发展的起因和错综的关系,后续的剧本阅读才能顺畅,理解才能到位。

（四）设问未能兼顾学习主体

学生是课堂的主体，一切教学设计都要围绕学习的主体——学生展开。不同级段的学生有不同的生理和心理特点、学习习惯、兴趣爱好等，因此，在设计问题时，教师要充分关注学生的个体差异和实际水平，关注问题的难度、深度、广度和梯度，注意提问的时机。有些问题设计过难或过于简单，学生难以或不愿回答，明显缺乏适切性，难收阅读教学之效。

> **案例 5-7**
>
> 在执教 NSEFC Student's Book 6 Unit 4 Global Warming 的 Reading: The Earth Is Becoming Warmer — But Does It Matter? 一课时，文本中有两个图表特别引人注目。为了借助图表来引导学生了解文本内容，上课教师设计了如下问题：
>
> Q1: Look through the passage and find out what attracts you first.
>
> 学生回答，文本中出现的两张图表是概览过程中最能吸引他们的。接着教师以如下问题进行追问：
>
> Q2: What can you see from the graph? What's the time period mentioned in the graph?
>
> Q3: How was the change? What caused it to happen?
>
> Q4: What can be formed in your mind according to the graph?

该文本中的图表如图 5-2 所示。以上问题要求学生用简短准确的语言对图表信息进行描述、分析和归纳，学生需要具备较强的信息处理和语言建构能力。在文本阅读之初就让学生回答这些问题，是较为困难的，授课当时大部分学生只是忙着低头看图，无法作出快速的反应。上课教师急不可耐，便自问自答地将答案呈现在幻灯片屏幕上。

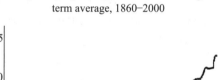

图 5-2　NSEFC Student's Book 6 Unit 4 Reading 部分图表

实际上，教师设计以上问题引导学生阅读图表理解文本，设计的问题具有层次性，从表层到内涵，从具体到抽象，理解、分析、总结图表信息，循序渐进。但在实际课堂实施中却未收其效，主要是因为教师忽略了学习主体——学生的实际情况。学生实际的理解和表达能力与问题设计所要求的语言输出之间尚有差距，而且教师也未能把握好提问的时机，教师并没有给予学生充分的时间对文本进行深入细致的阅读，也没有将认知要求较高的问题安排在学生充分感知并理解文本中出现较多的有关因果关系的语言表达方式之后，没有一定的语言和信息支架作铺垫，学生难以快速反应，不能进行有质量的输出。这组问题的设计有一定的难度，适合英语学习基础较好的学生。因此，在问题设计时，教师必须考虑到学生主体，结合他们的原有认知和知识储备设计合适的教学任务,关注问题设计的适切性,并把握适当的提问时机。

(五)设问曲解文本本意

文本是阅读内容的载体,是作者采用书面语言的表现形式来实现一定写作目的的产物,如状物抒情的文本和托物言志的文本,或揭示乱象、针砭时弊,或阐释观点、引发思考。教师在解读文本和设计问题的过程中一定要树立"作者意识",要准确解读文字,客观理解作者本意,领会作者的写作意图,不能凭自己的固有经验和主观臆断而曲解作者的本意,或者把文本并未提及的内容强加进去。教师要分清"作者"和"读者"的概念,在问题表述中清楚区分"we"和"the writer"的不同定位。在课堂实施的过程中,教师还要引导学生树立"忠实于文本"的意识,要细致品读文本,准确领会文字的内在含义,不断地回归文本,在文本中找到充分的证据,作出精确的概括和合乎逻辑的推断,成为能够基于充分事实依据的、有判断力的、公正的读者。但是在实际教学中,我们还是不难找到"曲解文本本意"的教学设计。

案例 5-8

> 在执教 NSEFC Student's Book 4 Unit 4 Body Language 的 Reading: Communication: No Problem? 一课时,教师针对文本的最后一段设计了以下两个问题:
> Q1: Can you tell me why there are no problems for people from different cultures to communicate with each other?
> Q2: How can we avoid the difficulties in communication?

教师设计的第一个问题是基于"来自不同文化的人不存在沟通交流障碍"的自我认定,但实际上这并非作者的本意。文本最后一段作者表达了自己对肢体语言的看法:"These actions are not good or bad, but are simply ways in which cultures have developed. I have seen, however, that cultural customs for body language are very general — not all members of a culture behave in the same way. In general, though, studying international customs can certainly help avoid difficulties in today's world of cultural crossroads.(这些行为都无所谓好与坏,只不过是文化发展的不同方式而已。然而我发现肢体语言的文化习俗是多元的——同一个民族文化中也并非所有成员的行为都一样。但总的来说,在当今文化交融的世界,学习不同国家的习俗肯定能帮助我们避免交往中的困难。)"从这段话中不难看出,作者并不认为来自不同文化的人不存在沟通交流障碍,在多元文化中出现交际困难是在所难免的,但人们可以通过学习不同国家的习俗来帮助避免交往中的困难。由此可知,教师设计的第一个问题是对作者观点的曲解,与文本所表达的意思不符。在第二个问题的设计中,教师混淆了"作者"与"读者"的概念,在表述上如果改为"What does the writer suggest we should do to avoid the difficulties in communication?"会更加准确科学,这样才能有效指导学生"忠实文本",培养"作者"意识,成为有判断力的读者。

(六)设问未能明确表达设计意图

评价问题有效性的标准之一就是问题的设计意图和表达指向,学生看到问题应该清楚地知道思考的角度、回答的方式和评价的标准。明确的问题指向可以促使学生在阅读过程中信息梳理更加细致、思维活动更加缜密、语言表达更加精准,回答问题或后续的结果展示更能得到同伴和教师的认可,增加成就感,还可以促使教师对学生的展示内容预估更加准确,作出的评价更加得体,调控更加灵活。但是,在听课的过程中,我们经常看到这样的问题设计: What do you know about the story? What have you learned from this part? 学生一般难以快速准确获知此类太过开放的问题的设计意图和表达指向,学生可以随便作答,但答案往往流于松散细碎,思维不够缜密;有些教师设计问题时对学生的语言输出没有明确的要求和评价标准,放任自主,待到学生回答或展示思维结果时,又不断追加"要求",连珠炮似地"层层发难",造成学生表达时思维受阻,徒增学习的挫败感。

> **案例 5-9**
>
> NSEFC Student's Book 4 Unit 5 Theme Parks 的 Reading: Theme Parks — Fun and More than Fun 是有关主题公园的介绍文章,第一自然段总体介绍了主题公园的种类和特色,第二、三、四自然段分别介绍了三个不同特色的主题公园。上课教师在梳理三个主题公园的具体信息时,设计问题如下:
> Q1: Where are the theme parks?
> Q2: What can we do in the parks?
> Q3: Why are the parks fun and more than fun?

对于前面两个问题,学生能够根据文本内容马上应答。当教师问到第三个问题时,学生有点茫然,不知如何应答,因为他们不清楚这个问题的设问指向,不知道该往哪个方向思考。教师设问的目的很明显是想让学生通过熟悉并理解各种主题公园中的一些活动来体会文章的标题"Theme Parks — Fun and More than Fun",让学生明白主题公园不仅仅是娱乐场所,还有很多有关历史文化知识所承载的教育意义。但是教师直接从"What can we do in the parks?"这一问题过渡到"Why are the parks fun and more than fun?"这一统领主题的问题,中间缺少足够的铺垫,学生不明白此问题的设问指向,显得茫然不知所措。如果教师把第三个问题改成"What activities are fun? And what else do the activities bring us?"或"How do these activities make you feel?",学生就能马上明白问题的设问指向,并能结合文本信息做出综合回答,更好地领会文本标题的含义。

(七) 设问未能考虑问题类型的合适比例

在常规的阅读教学中,教师会根据阅读教学环节的推进,以适当的数量比例设计展示型、参阅型和评估型问题,层层递进,展开教学。但在实际的教学过程中,我们发现,有些教师针对文本设计过多的展示型问题,只让学生获取事实信息,事无巨细,一网打尽,阅读思维停留在较低层次;有些教师设计问题时未能针对文本的主体内容和中心观点等进行设问,出现重心偏离现象;有些教师在对文本信息轻描淡写之后,马上就转入脱离文本主体内容的拓展延伸。没有适量的参阅型问题的铺垫,学生对文本内涵的理解出现断层,思维拓展和提升无法达成。因此,兼顾三类问题的合适比例对提高阅读教学效果至关重要。

> **案例 5-10**
>
> 在执教 NSEFC Student's Book 4 Unit 4 Body Language 的 Reading: Communication: No Problem? 一课时,教师首先设计了几个展示型问题对文本信息进行粗略的梳理,然后设计了一个参阅型问题,组织学生进行对话活动:

> Suppose your friend is a volunteer(志愿者)for the Olympic Games to meet visitors from different countries. He is excited but worried because he doesn't know how to greet foreigners. He has heard that you are collecting such information and comes to you for help. How should he greet people from different countries?
>
> 　　两组学生展示活动成果之后，教师没有接着设计更多的参阅型问题让学生进一步处理和内化文本信息、拓展文本内涵，而是马上进入对文本主题的探究和讨论，设计了以下五个评估型问题：
>
> Q1: What can we learn from the table?
> Q2: If people don't know the ways of greeting in other countries, what may happen to them?
> Q3: Understand the title: Communication: problems? vs. Communication: no problem?
> Q4: In what ways can we avoid such problems in communicating with others?
> Q5: Besides body language, what other ways do we use to communicate with others effectively?

　　这五个问题几乎占了该教师设计的课堂问题总数的一半，设问的指向性几乎已经脱离文本内容，只是涉及对"body language"这一话题的讨论，第五个问题的设计甚至已经超出了"body language"这一单元话题。在实际操作中，教师没有对学生如何作答提出形式和内容上的具体要求，课堂看似活跃，每个学生都能说几句，但从阅读课教学目标来衡量却是欠缺实效性。从问题的数量来看，文本梳理之后的参阅型问题设计偏少，导致文本信息的内化理解不够透彻，评估型问题设计过多，设计指向上没有促成学生在主体内容和文本主题上的回归，无法实现阅读基础上的内涵拓展和思维提升。

　　总之，在阅读教学过程中，教师在问题设计上存在诸多的不良趋向，导致问题的质量不高，直接影响到阅读教学的效果，无法达到帮助学生理解文本、关注内涵、发展思维的阅读教学目的。

第二节　课堂反馈技能

　　伴随经济全球化和信息技术的发展，人与他人、社会以及自我的关系变得日益复杂、多元并充满挑战。因此，指向发展学生解决新问题、创造新思想的能力的素养教育应运而生。素养可以分成"认知素养"与"非认知素养"。前者强调发展批判性思维和创造性思维，后者以自我概念和复杂交往能力为核心。联合国教科文组织提出的"四个学习支柱"中有三个指向"非认知素养"的发展，即学会做人、学会共处、学会做事。具体地说，发展学生的"非认知素养"就是要提高学生的团队协作能力和领导力、自我判断力与自主能力、他人理解力和处理人际关系的能力等个人素养与人际素养。

　　具体的培养途径如下：一是教师要建立建构主义学习观。知识无法从一个人的头脑中移植到另一个人的头脑中，必须在交往、互动的活动中自行建构。二是教师要建立交往机制，如把垂直控制的"班级授课制"转变为以复杂交往为特征的"共同体组织"。三是需要设计挑战性的探究任务,提供自主发现问题、解决问题的学习机会。四是教学中采用学习小组方式,让学生在"协作式问题解决"中体验交往的快乐与协作的意义。五是课堂中需要开展师生和生生互动式教学,教师反馈过程除了提供认知支架以外,应尽可能提供非认知学习机会。六是在课堂互动过程中建立和谐的、平等的师生关系,激励学生学习内动机。

教师反馈,即教师对学生言语表现做出的反应,是教师话语中极其重要的内容,可分为评价性(evaluative)和话语性(discoursal)两种。前者是指教师对学生的回答从语言形式上做出评价,后者则是教师对学生回答的内容给予的反馈。对学习者面子不构成威胁的反馈方法往往最容易被接受,为此,教师在反馈时应尽量采用间接反馈来取代直白的消极反馈,以保持学生良好的心理状态。本节将结合维果茨基的支架理论从认知与情感两方面对反馈的功能与方法进行解读。

一、认知功能

认知是指通过心理活动(如形成概念、知觉、判断或想象)获取知识与信息。在课堂教学过程中,反馈的认知功能可以较有效地帮助学生完成超出他们实际水平的认知任务,以引导学生达到更高的潜在认知水平。

(一)降低难度

教学中经常会因为任务难度变化而出现师生交互受阻的情况。为打破学生的沉寂与尴尬场面,教师需要使用合理的反馈来缓和与消除课堂的不流畅,同时保持学生思维的积极状态。

案例 5-11

选自第六届全国中学(高中)英语教学观摩暨研讨会案例集的教学视频(文本自行转述)。深圳中学曹霞老师执教课文"Satisfaction Guaranteed"。

...

T: Then let's try to find out the characters in this story. All right? So how many characters are mentioned in the story?

Ss: Four.

T: Four. All right. The first one, Larry Belmont. Who was he? OK, please.(示意某生回答)

S1: The woman Claire's husband.

T: More information?

S1: He worked for a company that makes robots.

T: Yes, exactly. Thank you. All right. And next one, Claire? Yes, you please.(示意某生回答)

S2: Claire is Larry's wife.

T: Yes, thank you. The housewife. And then, Tony? OK, please.(示意某生回答)

S3: Tony is the robot.

T: OK. Thank you. And then the last one, Gladys Claffern? OK, please.(示意某生回答)

> S4: She is one of the richest and most powerful women around the world.
> T: OK. What is the relation between her and Claire?
> S4:（思考片刻后）I'm sorry.
> T: OK, all right. So why does she appear in this story? Gladys Claffern, she is rich, right? OK, and how does Claire feel about her?
> Ss: (no response)
> T: Claire envies her, yes or no?
> Ss: Yes.
> T: Yes, so she is the woman that Claire envies. That's it.
> ...

该案例中，教师要求学生快速找出故事的主要人物并判断其身份。考虑到一下找出所有人物的难度较大，教师通过分解问题来调整任务难度，并采用了诱导的方式（如"More information?" "Why does she appear in this story?" "Gladys Claffern, she is rich, right?"等）引导学生接近正确的信息。值得一提的是，当教师试图通过问题"What is the relation between her and Claire?"来引导学生思考时，学生并没能很好地朝着教师所期望的方向思考。这时，教师再次将问题分解成几个导向性的小问题（如"How did Claire feel about her?" "Claire envies her, yes or no?"等），将原本学生无法解决的问题加以简化。

教师在课堂上为了使自己的话语（包括提问）更易被学生理解与接受，常常会对话语难度做出及时的调整，并采用诱导的方式引导学生接近正确的信息。这种修饰与调整具有重复、提供线索、改用选择问句、等待时间等特征。

（二）标注关键

课堂信息的呈现具有相对繁杂性，教师需要标注一些关键信息，通过重复等方式来引起学生的注意。对关键信息的强调能较好地引导学生的思维流向，从而益于教学目标的达成。

案例 5-12

> 选自第六届全国中学（高中）英语教学观摩暨研讨会案例集的教学视频（文本自行转述）。武汉市第一中学李津茜老师执教课文"Just How Great Are Computers?"。
> ...
> T: Now, what are the two main problems mentioned in the text? Anyone who got the idea?（环顾四周，示意一女生回答）Yes, please.
> S1: My answer is, the two problems are physical and psychological.
> T: Physical and ...?（转向黑板进行板书）
> S1: Psychological.
> T: And psychological.（继续板书）Thank you. Now, let's first come to the physical

> problems. Each group should design one or two questions on this part. And ask others to answer your questions. So, understand?
>
> Ss: (in silence)
>
> T: （见学生没有反应，教师重复指令）Now, each group should design one or two questions on the part of physical problems. And ask others to answer your questions. Now, discuss please.（学生开始分组讨论，教师走向各小组提供帮助）
>
> ...

上述案例中，教师首先要求学生从文中找出"电脑带给人们的两个方面的影响"，学生给出答案后，教师对其回答进行重复与板书，以引起其他学生对关键信息的有效注意。教师通过重复或变相重复对一些关键信息进行强调，起到了"标注关键特征"的作用。尤其是学生接下来的"问答环节"正是要基于"生理问题"（physical problem）与"心理问题"（psychological problem）两方面展开。因此，这一信息的"标注"有助于学生从宏观上对下一任务进行把握，进而为能够更好地理解课文内容提供结构框架。

（三）给予示范

教师通过完成某个步骤或利用学生的回答来展现理想的解决方式，起到示范正确答案的作用。需要注意的是，示范前教师往往会给予学生言语的肯定或借助非言语加以间接的否定。

案例 5-13

> 选自第六届全国中学（高中）英语教学观摩暨研讨会案例集的教学视频（文本自行转述）。长沙外国语学校汤继英老师执教课文"Lost Worlds"。
>
> ...
>
> （引入中心话题"考古发现"前对"archaeology"与"archaeologist"的意思进行了示范）
>
> T: Who does this kind of work? And how do people know about the history? How about you, girl?（微笑着将话筒递给该女生）
>
> S1: What do you mean by "who does this work"?
>
> T: I mean, to study the ancient culture.
>
> S1: Yes.
>
> T: Who? What kind of people?
>
> S1:（迟疑了片刻）Archaeologist.
>
> T: Archaeologist. Wonderful. Very good! Thank you. OK. Here I'd like to teach you these two words: archaeology and archaeologist. Come on, you see archaeology is a scientific study of the buried remains of ancient times, such as houses, pots, tools and weapons. So what does archaeologist mean? It refers to a ...? Refers to what?（走向一男生，并将话筒递给他）A thing or a person?

> S2: A person.
> T: A person. Good! Thank you. OK. Archaeologist is a person who works in archaeology. OK, thanks to them, we've learnt about the past, about where we were from and how we developed. So are you interested in archaeological discoveries?
> ...

上述案例中，教师对学生的"澄清"要求作出回应（to study the ancient culture）后，很自然地在学生回答的基础上引出"archaeology"与"archaeologist"这两个词。教师首先运用PPT向学生呈现了"archaeology"的定义，随后通过问题（What does archaeologist mean?）来引导学生思考"archaeologist"的意思。为了降低问题难度，教师使用了选择疑问句（A thing or a person?）。基于学生的回答，教师再次对"archaeologist"的定义进行了示范。

二、情感功能

情感是指对外界刺激肯定或否定的心理反应，如喜欢、恐惧、厌恶等。合理使用反馈的情感功能可以为学生提供情感上的支持，促使学生以更加积极自觉的态度投入到学习中。积极情感的培养也有利于学生开展自我管理和提高与他人交往能力。古人云："感人心者，莫先乎情。"

（一）激发兴趣

兴趣能有效地激起学生思维的参与，而巧妙的情境设置与富有感染力的话语总能让学生兴趣盎然。教师注重教学思路严谨的同时，更要注意激发学生对任务的兴趣。

案例 5-14

教授NSEFC Student's Book 6 Unit 3 A Healthy Life 的 Reading: Advice from Grandad 时，某教师引导如下：

> T: What do you think of smoking?
> S1: Smoking is bad for our health.
> T: Yes, so you must hate smoking, right?
> S1: That's right. I always try to talk my father out of smoking. But it doesn't work. Anyway, some of the teachers also love smoking.
> T: Oh, what a pity, but just as you've noticed, there are many smokers around us, including our parents and teachers. So would you like to help them get rid of smoking?
> Ss: Yes.
> T: All right, today we will deal with this problem together. Here my friend James is also addicted to cigarettes, and he finds it difficult to get rid of it. Just now, he received an e-mail from his grandad. Are you curious about the advice?
> Ss: Yes.
> T: OK. Let's check it.

教师询问学生对吸烟的看法,在学生作答后又进一步确认学生的观点,结果引出了学生更为丰富的话语。针对学生提出的"周围仍然有许多人包括一些父母与老师都在吸烟"的现状,教师对其给予肯定的同时,提出"Would you like to help them get rid of smoking?",以引起学生的注意。随后,教师通过设置情境"Here my friend James is also addicted to cigarettes, and he finds it difficult to get rid of it. Just now, he received an e-mail from his grandad. Are you curious about the advice?",有效激发学习者的兴趣。

(二)维持走向

交流的双方就好比是在打乒乓球,一来一回展开攻势。一旦一方出现"问题",交流便无法得以继续。而在课堂交互中,教师维持交流的同时还需要激发与引导交流的走向。适时有效的反馈能使学生保持学习的动力,继续追求目标。

案例 5–15

选自第六届全国中学(高中)英语教学观摩暨研讨会案例集的教学视频(文本自行转述)。长春外国语学校张振河老师执教讲授课文"Your Mind"。
...
T: The third aspect?(示意一女生回答)OK, please.
S1: ...
T: Wow. ... In other words, what is behind this sentence?
S1: (no response)
T: Almost right, but what is behind this sentence? Who can tell me?(运用肢体语言,示意知道的学生举手)
Ss: (raising their hands)
T: Who can tell me?(示意一男生起来回答)Now, you please.(同时,转向先前那名学生)OK, sit down please.
S2: ...
T: Good at memorizing ... memorizing what?(教师未听清学生回答,要求澄清)
S2: Different people are good at remembering different things.
T: Remembering. OK, I'm sorry. Remembering different things. OK, do you agree with him?
Ss: (部分学生点头表示同意)
T: Yes. That's it. Actually you are both right. OK. Let's check. You see, some people have a better memory than other people.(利用PPT呈现给学生)OK. You see, how does the writer support his idea and opinion? Now, read it once again. How?
Ss: (reading the passage)
T: Now, please.
S3: The writer gives us two examples.
T: Two examples? Good! Which two examples?
S3: ...
T: Than most computers? OK. Now, in this sentence, which word or number?

> S3: 1.4.
> T: 1.4? You mean it is very important…?
> S3: Yes.
> T: Information. Why?
> S3: ...
> T: Very good. You got the point. Sit down, please. Right? OK, what is the second example?
> ...

张老师通过让学生找出相关问题的第三个方面内容后,引导学生考虑"How does the writer support his idea?"。当学生给出作者列举的例子后,要求学生思考该例子所要说明的问题,并自然地引出下一问题实现过渡,进而为下一阶段的听力任务埋下伏笔。案例中,为了能使学生保持学习的动力,继续追求目标,张老师先后进行了积极的调整。

(三)关注情感

不同形式的反馈用语对学生造成的心理影响不同。较为直接的否定用语容易使学生产生消极的心理,挫伤学生的积极性。相反,积极的反馈能减轻学生在解决任务过程中产生的压力与沮丧,能激发更多的交流。因此,教师的鼓励和赞赏就像是滋润心灵的一缕清泉,不仅能驱动学生的内动机,也有助于建立良好的师生关系,是落实立德树人根本任务的重要组成部分。

案例 5-16

> 选自第六届全国中学(高中)英语教学观摩暨研讨会案例集的教学视频(文本自行转述)。新疆生产建设兵团石河子第一中学李敏老师执教课文"Timely Advice for Growing Pains"。
>
> ...
> Ss: (listening to the tape)
> T: Hey, boys and girls. Have you taken down the notes? Have you? Yes or No?
> Ss: Yes.
> T: Yes, now you please.(示意一男生回答)Now, can you tell us something?
> S: A boy, I think it should be a boy who is living in Ottawa.
> T: Ottawa.(教师通过重复纠正学生发音)
> S: Ottawa. And he has some problems with his grades, and it seems that he works very hard and, but he …(被教师打断)
> T: Oh, please.(此时学生抬头看着教师)Can I interrupt you?(学生默许)You can not just look at this reading material.
> S:(点头表示歉意)
> T: Now, you know, just listen …(运用肢体语言辅助信息传达)

> S: Oh, thank you. And, but he didn't do well in his exam. He has just got a grade 70 on average.
> T: Oh, yes.
> S: And he's really a poor one. So he is asking for help.
> T: Yes, thank you. Now sit down, please.
> ...

在学生听完录音后，教师运用亲切的语调向学生询问听的情况，利于缓解学生在听力过程中产生的紧张情绪。当学生在回答过程中碰到单词（Ottawa）发音困难时，教师通过重复示范的方式引导学生模仿正确的发音。随后，教师发现学生在回答问题时一直看着课文内容。这时，教师没有直接采用诸如"Don't look at your reading material."之类的祈使指令，而是先通过礼貌方式（Can I interrupt you?）将学生打断，再提出建议（You can not just look at this reading material.）。礼貌方式可以让学生感受到教师对他的尊重，从而易于接受教师的"建议"。

三、常用课堂反馈用语

课堂反馈中教师或者表示肯定和鼓励，或者表示否定，示意学生继续思考，或者表示不满意，督促学生认真考虑，这些都可以通过丰富的课堂用语予以呈现。

（一）肯定

Marvellous!	Nice work!	Magnificent!	Great stuff!
Fabulous!	I like that!	Sensational!	Cool!
Wonderful!	Right on!（AmE）	Terrific!	Way to go!（AmE）
Wow!	Awesome!（AmE）	Outstanding!	Good job!（AmE）
Nice going!			

更为明确的肯定：

That sounds good to me.　　　　　　　　I can't see anything wrong with that.
Perfect!　　　　　　　　　　　　　　　That's perfectly correct.
There's nothing wrong with your answer.　　You're absolutely right.
What you said was perfectly all right.　　　You didn't make a single mistake.
Couldn't be better.　　　　　　　　　　I couldn't have given a better answer myself.

（二）鼓励

1. **Come on!**

Try harder.　　　　　　　　　　　　　You can do this!
A bit more effort, please!　　　　　　　Come on with you!

2. **You can do better than this.**

Is that the best you can do?　　　　　　Better than that!
Can't you do any better than that?　　　I'm sure that's not the best you can do.

I think there's (some) room for improvement.　　I know you're capable of better work.

3. **Not quite right.**

Almost (right).　　That's almost it.

You're almost/nearly there.　　You were almost right that time.

Nearly.　　You've almost/just about got it.

You're so close.　　Good/Nice try.

4. **Have another try.**

Have another go/look.　　It doesn't hurt to try.

Do your best.　　Think about it again.

Are you sure?　　Are you happy with your answer?

(Do you want to) try (it) again.　　What should the answer be?

5. **There's no hurry.**

There's no need to rush/hurry.　　We have plenty of time.

Take your time.　　In your own time.

Take it easy.　　Take it a little more slowly.

Not so fast.

6. **That's better.**

That's (so) much better.　　That's a lot better.

That's (a bit) more like it.　　That's a real improvement.

I knew you could do it!

7. **Keep it up.**

Keep up the good work.

（三）否定或不满意

1. **No. That's wrong.**

Not really.　　Unfortunately not.

I'm afraid that's not quite right.　　You can't say that, I'm afraid.

You can't use that word here.　　Good try, but not quite right.

Not exactly.　　That wasn't the answer I was looking for.

2. **Could be.**

It depends.　　It might be, I suppose.

In a way, perhaps.　　Sort of, yes.

Well, er …

3. **You tried your best.**

Nice try anyway.　　Don't worry about it.

Don't worry about making mistakes.　　You learn through/from your mistakes.

提问与反馈是课堂互动的两个主要组成部分，其有效性将直接影响到课堂教学的有效性与教学目标的达成度。本章为了便于呈现，将两者进行了相对独立的解读。但不可否认的是，在很多情况下，提问与反馈是相辅相成的。因此，在具体课堂教学的预设、调控与生成过程中，我们需要将两者加以融合，利用其互补功能实现课堂的和谐互动。

在立德树人背景下,非认知学习理论强调教师在提问与反馈过程中,要特别关注学生的社会情感能力培养。情感迁移作用表明个体对某一对象的情感会转移到与该对象有关的对象上去。社会情感能力强的教师,更容易调整消极状态,获得更高的职业幸福感。共情是教师社会情感能力的重要体现,师生双方的情感共鸣标志着师生间关系亲密,有助于帮助学生建立积极的学习态度。教师社会情感能力的提升是实现育人育己的需要,其社会情感能力发展的意义主要体现在育人和自我成长两方面。

实践活动

1. 问题的类别主要有哪些?一般来说,课堂问题分布以怎样的比例为宜?

2. 课堂设问主要存在哪些问题?

3. 在教授高中课文"Your Mind"时,一位教师对学生进行了如下的激发与反馈。该教师的反馈有没有较好地控制学生的消极情绪?如有,是如何体现的?如没有,你觉得应当怎样改进?

T: What do you think these two persons have in common? Can you guess? Just make a guess. It doesn't matter. Anything will do.

S1: I think they do well in their own ...(向同组成员寻求帮助)

T: What do they have in common? They are similar.

S1: In their own field(s), and maybe they can't do well in another.

T: They are excellent in one field.

S1: Yes.

T: But very bad in other fields, right?

S1: Yes.

T: OK, sit down, please. That is your guess. Other similarities can you think of?(一女生举手回答)Oh, you there.(女生站起身来)We have a volunteer.

S2: I think they both have human brains, not animal brains.

T: (laughing) They have human brains, not animal brains. Right? Of course, that's apparent, right?

4. 教师对学生错误的反馈可以采用哪些方法?

第六章 多媒体的运用技能

多媒体技术广泛应用于英语教学中，能够极大地丰富英语教学内容，扩大英语教学空间，激活课堂学习气氛，实现教学内容呈现方式、学生学习方式、教师教学方式和师生互动方式等各领域的变革，成为推进课程改革、提高英语教学质量的催化剂。设计符合教学需要的CAI课件并能熟练使用是身处信息时代的教师的一项重要技能。本章将分两节对这一技能加以解读，第一节主要采用文字描述加案例分析的形式对多媒体使用的作用进行解析；第二节则是先呈现案例，然后结合理论对案例进行分析，最后设置情境，进行实践活动，引导学习者的思路，较为详尽地阐述多媒体使用的各种方法。

第一节 多媒体运用作用

多媒体（multimedia）是随着科技发展和传播媒体的广泛应用而产生的一个复合术语，指把文字（text）、图形（graph）、图像（image）、视频图像（video）、动画（animation）和声音（sound）等承载信息的媒体进行有机结合，通过人机交互方式实现同时采集、处理、编辑、储存和展示，完成一系列随机性交互式操作的信息技术。

一、多媒体英语教学的理论基础
（一）建构主义学习理论

建构主义（constructivism）也称结构主义，源自关于儿童认知发展的理论，最早由瑞士心理学家让·皮亚杰（Jean Piaget）提出。他认为，儿童在与周围环境相互作用的过程中逐步建构关于外部世界的知识，从而使认知结构得到发展。学习是一种"自我建构"，个体思维在主客体相互作用的过程中实现，从而获得个体经验与社会经验，使图式不断地协调、建构的过程。学习不是简单地将知识由外到内地转移和传递，而是学习者主动以自己的经验为基础建构自己的知识经验的过程，即通过新经验和原有知识经验相互作用，不断充实、丰富和改造自己的知识经验。作为认知学习理论的进一步发展，建构主义学习理论与以往的学习理论的根本区别在于：以往的教育理论往往着眼于"怎样教"，而建构主义学习理论则着眼于"怎样学"。行为主义注重设计，认知主义注重知识结构的建立，而建构主义则关心学习环境的设计。

基于建构主义学习理论的教学模式主要有三种，即抛锚式教学、支架式教学和随机进入教学（也称"通达式教学"）。

1. 抛锚式教学

抛锚式教学是以事例问题为基础的情境教学。它以真实事件或事实问题作为基础，确定真实事件或问题,被比喻为"抛锚"。教学重点放在一个具体的情境中,引导学生借助情境中的各种背景发现问题、解决问题,最后将技巧应用到实际活动中,以形成交际功能。

2. 支架式教学

支架式教学为学生建构对知识的理解提供一种概念框架,教师可根据自身需要制作多样化的教案,并随意调用、重新编组、反复呈现,从而加大师生互动训练的密度,达到精讲多练、提高教学效率的目的。

3. 随机进入教学

随机进入教学是以学生自主观察为基础的教学模式,它使学习者通过不同途径、不同方式学习同样的教学内容,从而获得对同一事物或同一问题多方面的认识与理解,进而提高学生的理解能力和灵活运用所学知识的能力(即知识迁移能力)。

以上教学模式都是在包含情境、协作、会话和意义建构四要素的学习环境基础上形成的,最后学生完成对所学知识的建构。

(二)图式理论

图式理论认为图式是认知的基础。对新输入的信息的解码、编码都依赖于人脑中已存在的信息图式、框架或网络。人们在理解、吸收、输入信息时,需要将输入信息与已知信息联系起来。输入信息必须与这些图式相匹配,才能完成信息处理的系列过程,即从信息的接受、解码、重组到储存,也可以说是图式的具体实现过程。运用图式理论,使学习者已储存的知识与课件中的新信息有机结合,能促进学习者语言新图式的衍生。

二、多媒体教学与传统教学整合的优势

多媒体教学有自身优势,如:能提供鲜活的学习内容,激发学生强烈的学习动机,保持其浓厚的学习兴趣,提高课堂教学有效性;能创设近乎真实的英语情境,营造良好的学习氛围,有效调节学生的学习情绪,同时为协作学习提供条件;能多角度地创设思维拓展时间与空间,发展学生的创新能力;能创设民主、和谐的教学氛围,减轻学生课堂上怕犯错的心理压力;能有利于学生建构英语学习的意义,在教师指导下进行主动思考和探索,在情境中自己确定问题,寻找解决问题的途径;促进教师教育观念的更新,树立正确的教育观、知识观、人才观。教师角色从"教"转变为"导",成为"指导者""设计者""合作者"和学生知识建构的"帮助者"。教师角色的转换促使教师积极探索英语教学与多媒体课件整合的方法,投入到更广阔的教学改革实践中。

但多媒体英语教学也容易存在多种问题,举例如下。

(一)多媒体教学在一定程度上削弱了师生间的情感交流

英语教学是一门艺术,强调师生、生生间的交流合作。教师通过自己的人格魅力和富有情趣的讲解来感染调动学生参与教学活动,这样的师生情感交流比较直接,互动性较强,易于引起学生感情上的呼应和共鸣。况且没有课件的限制,教师可以根据课堂的实际情况评价肯定或部分肯定学生的回答,学生的主动性较高,成就感较强。而如果采用多媒体教学,可能由于教师过分地依赖教学课件,教师的作用让位于机器,不能发挥其主导作用,只是忙碌于各种机器之间,成了计算机操作员,学生成了"电影"观众,教学也成了简单的机械化的课件浏览,课堂变成一潭静水。

(二)课件的质量不高且与课本内容脱节

教学课件的好坏直接影响教学效果。如教学课件质量不能满足教学目标的要求,反而

影响教学成效。如有的课件过分追求五彩缤纷的精美图案和强烈音响效果,学生注意力被图案和声音所吸引,忽视内容的学习;有的课件只是将原始课件照搬到计算机上,显得死板,教学只是换了一种灌输的方式,换汤不换药,生搬硬套;有的课件和课本不同步,甚至严重脱节,使学生无所适从。

(三) 多媒体英语教学信息量大、速度快,学生不能完全消化

用多媒体教学,教学速度比传统的教学速度快,瞬间呈现的信息量大。学生面对五彩缤纷的画面和扑面而来的信息,往往只能被动地接受而不产生思维活动。因为没有时间去理解消化所接受的大量信息,学生成了暂时的知识储存器,而不能真正掌握所学知识,更不会综合实践运用。

(四) 学生对英语"看得多,听得少;记得多,讲得少"

英语学习需要听、说、练。英语的学习离不开语境,多媒体英语教学虽然有一定的人机交换功能,但相对于师生间的交流,就显得不够灵活。况且教学速度较快,学生开口讲英语的机会比较少,师生间的问题反馈减少。学生学习英语的积极性、主动性由此大大降低,运用英语的能力会受到影响,掌握不了语言的精髓。

(五) 教师多媒体使用技能有待提高

多媒体教学的顺利实施还有赖于教师的技术。教师在设计和使用教学媒体时,应考虑多媒体教学存在的现实问题,并采取有效措施,扬长避短,如进行块状结构或框架结构设计而不用线性结构设计媒体,精简信息表述方式,给学生以更多的理解和消化的时间等。

因此,我们在倡导使用现代媒体技术的同时,并不摒弃传统教学手段。传统教学也有其独特的魅力。

案例 6-1

浙江南湖国际实验学校的单静老师在2007年浙江省初中英语教学观摩课教授课文"Lovely Animals"时,借用单词卡片、简笔画等方式来导入学习内容。

T: I'm happy to be here to learn English together with you. Let's sing a song together.（师生同唱歌曲）

T: What animals can you hear?（提问几位同学）

Ss: Duck, sheep, cow, ...

T: I can draw some animals. What are they?

Ss:（根据教师的简笔画,逐个辨别出;教师把对应的单词卡片贴在简笔画的下方）Ant, newt, insects.

T: I have some riddles for you to guess. This animal has long arms and long legs. It can climb the tree.

Ss: Monkey.

T: How do you spell it?

Ss: M-O-N-K-E-Y.（教师也把单词卡片贴在黑板上。）

T: This animal likes to eat meat. It can swim. It has a long tail. It lives in the water. ... It looks like a newt. What is it?

Ss: It's a crocodile.

> T: Yes. It is a crocodile. It has another name. We call it … ?
> Ss: Alligator.
> T: It likes to eat meat. It is brown. It runs fast.
> Ss: It's a bear.
> T: No. It can run fast. Does a bear run fast?
> Ss: It's a horse.
> T: But the horse likes to eat grass.
> Ss: It is a lion.
> T: Right.（指着单词卡片）Let's look at the red letters, A-N-I-M-A-L.
> Ss: It's animal.
> T: Yes. Today we are going to learn lovely animals.

传统英语教学还有诸多多媒体教学所不具备的优点。因此，教师应根据不同的教学内容、教学对象，合理选择不同的教学策略，把传统英语教学的积极性和多媒体英语教学的先进性有机整合，相互补充、取长补短，使多媒体教学不断向着更加完善的方向发展。

第二节 多媒体运用技能

教学中充分利用多媒体辅助作用应坚持以下几点原则：科学性原则，即课件设计避免错误，选用他人课件时要严格把关，不可把课件中出错的概念和原理教给学生，同时要仔细研究，根据自己的教学设计进行灵活调整；辅助性原则，即计算机多媒体教学只是辅助手段，不可替代人的作用，不能喧宾夺主；交互性原则，即实现人机交互，对信息进行数字化处理和交互处理，真正发挥多媒体的具体优势；现代与传统有机结合原则，即坚持现代教学手段与传统教学优势有机结合，不可因多媒体的采用而抛弃传统教学中积累的行之有效的经验；有效性原则，即多媒体辅助教学核心是为提升教学效率服务的，切忌贪大求全，华而不实，脱离教学目标。

一、多媒体在英语课堂导入中的应用

案例6-2

> 教学片段："Cultural Relics: warming up"（广州市第三中学伍春兰老师执教）
> 教师用PPT展示四幅图片。
> T: Look at four pictures and listen to three tourist guides which describe each of them. Match what you hear with the picture.
> Ss: OK.
> T: Get ready, please!（教师播放材料1……）
> Ss: Machu Piccu.

> T: Quite right! Next, attention, please!（教师播放材料2……）
> Ss: The Great Wall.
> T: You've done a good job. Now, listen.（教师播放材料3……）
> Ss: The Pyramids.
> T: You are clever. Can you say more about each picture? Where? What is special?
> Ss: ...
> T: What do you think of them?
> Ss: ...
> T: They represent the culture of their countries, so they are called?
> Ss: Cultural relics.

导入在课堂教学中起着重要的作用，导入恰当与否直接关系到教学效果的好坏。导入得当可以使学生在心理和知识上做好学习的准备，激发学生的学习兴趣和求知欲望。作为文化遗产学习内容的引入，伍老师没有用书本上的例子，而是自己准备了一些有关文化遗产的图片，并配以录音介绍。视听结合，拓宽信息传递通道，所花时间短，快速激活学生与文化遗产相关的背景知识，且能引起他们的兴趣及渴望了解更多的求知欲。这样，学生有了学习本节课内容的心理期待。这种媒体使用方式达到了导入的预期效果。多媒体辅助教学在导入环节中发挥了多媒体信息多样性、集成性和直观性的优势。

【做一做】
学习一篇题为"Just How Great Are Computers?"的文章，主要内容是由于计算机使用不当给人们带来一些健康问题和心理问题。你将怎样导入本课学习内容？

二、多媒体在英语听力教学中的应用

案例6-3

教学片段："Just How Great Are Computers?"（天津市南开中学孙立鑫老师执教）

T: Just now, we listened to three people telling about problems with computers. These are the problems that might happen. But I have one extreme case, which is a sad case. Now watch the short video and tell what problem the boy had.

孙老师选取了中央电视台教育频道一段关于一个13岁男孩因沉迷网络游戏而自杀的视频，隐去原材料的中文解说，她自编了以下英语配音材料，学生边看边听：This is the last image of the boy's life. After playing computer games for 36 hours constantly, he went to the top floor of the building he lived in and jumped from there. He took away his own life. The boy was named Zhang Xiaoyi. He was only 13 years old. He started playing computer games two years before he died. But he soon

> became overly addicted and stressed in the world of virtual reality. He even wrote an 18,000-word article about his experiences and feelings, playing the game, *World And Warcraft*. In it, he called himself the Watcher, which in Chinese means "守望者". His death caused great sorrow to his parents.
>
> T: I guess you know the game as well. Right? What is it? You play the game as well? I hear many students play it. Yeah, what is it? In Chinese!
>
> Ss: 魔兽.
>
> T: Exactly. OK. What's the problem with the boy? He died. Right? How did he die? Did somebody kill him? No. Yeah, how did he die?
>
> S1: I think he was very crazy about the computer games. He spent a lot of time on it. And he couldn't get out of it. So at last he had to die.
>
> T: He had to die. Right? In other words, we say he ... killed ... himself. So what's the problem with the boy? He killed himself. Will you kill yourself? No, of course not! He had a serious mental problem. We call this ...?
>
> Ss: Psychological problem.

语言学习需要一定的语言环境，运用多媒体是目前创设语言环境的良好手段。它能充分调动学生的视听和其他感觉器官，从而获得极佳的认知效果。认知心理学的研究表明，人类获得的信息中有94%是通过视觉和听觉获得的。可见，视觉器官是人类最重要的获知器官。图像化的信息本身为学生提供了一个同步进行的可控宽频带通道。听力对学习者来说是语言的输入环节，也是交际手段之一。该案例中，教师采用极端个案，在学生熟悉的情境中，精心设计媒体，使视听结合，使学生最大化地理解该话题并发人深省。

【做一做】

为"Asking and Directing the Way"听力教学设计媒体使用方案，视听结合。某方案如下：选取《走遍美国》中关于问路与指路的视频片段。学生带着问题，边看边听，听完后回答问题，再视听一遍，获取问路与指路所用句型，并通过班级讨论，列出其他常用句型。然后教师展示从网络上下载的迪士尼乐园三维视图，并对迪士尼乐园的景点做简要介绍，然后播放几位游客与门口工作人员的对话片段，引导学生判断目的地并划出行走路线。

思考：

1. 用历年中考或高考听力试题作为平时听力训练的材料，会存在哪些弊端？
2. 听力训练怎样安排循序渐进的过程？
3. 在以上案例中，多媒体听力辅助教学有哪些优势？

三、多媒体在英语对话教学中的应用

案例 6-4

卡通片配音/自主创设情境

教师放映一些动作性强的卡通片，通常把配音关掉，学生只能看到图片。每播放 3—5 分钟时，暂停，引导学生们彼此用英语进行交流，并描述卡通片中发生的故事。学生自行设计对话内容，分角色给卡通片中人物配音，反复演练，这样学生很快能把握一些日常用语的表达方法，并且能自主练习，从而实现英语教学情境化、语言学习交际化，达到自主学习和提高应用能力的教学目的。

再如，教授 NSEFC Student's Book 5 Unit 5 First aid 的对话时，某教师首先呈现一场事故的发生——一个女孩突然从自行车上摔了下来。学生先进行对话练习，再进行"角色扮演"练习。

英语教学中存在的一个重要难题是缺乏良好的语言环境。英语课堂上有许多异域的生活场景，学生没有生活体验，教师语言描绘缺乏形象性。这时，多媒体技术可"大显身手"，用多媒体将录像、录音、投影、幻灯等融合来提供各种所需场景。情境创设不仅可以丰富学生的学习内容，扩大他们的知识领域，而且能够活跃课堂气氛，营造一个良好的英语主体学习环境。情境是英语教学的一个"小天地"，如小女孩摔倒的事故，学生被眼前事故发生的情境所吸引，不免为女孩担心，产生了想帮助她的愿望。此时，他们有了真情实感，把握住了真实自然的语调、语感。教师创设好情境，使学生进入角色，唤起学生的情感体验，从而收到良好的教学效果。

【做一做】

以 NSEFC Student's Book 4 Unit 3 A Taste of English Humour 为例，在学生"品尝"英语国家各种幽默形式之后，教师设计让学生体验中国的幽默形式的活动。比如选取一段中国的"双簧"片段，供学生欣赏与模仿，并把它们变成英语版的双簧。

T: Do you know Chinese *shuanghuang*?

Ss: No. We don't know much.

T: That's all right. Here is a short program about *shuanghuang*. Let's enjoy it.（教师播放视频文件）

Ss: OK.

T: Do you like it? Let's make an English version for that. Work in pairs.

Ss: It's hard. But we will try.

T: Now here is a story. Make another *shuanghuang* by yourself.

…

Ss: We'd like to do it.

T: Let's act it out.

Ss: OK.

思考：

1. 多媒体辅助英语对话教学有哪些优势？
2. 多媒体辅助英语对话教学有哪些策略？
3. 中学英语对话教学可以独立进行，也可以听说结合、看说结合、读说结合，你认为哪种方式更有效？

四、多媒体在英语阅读教学中的应用

案例 6-5

教学片段：NSEFC Student's Book 3 Unit 5 Canada — "The True North"

在激活学生对加拿大的有关背景知识后，进入本课阅读环节，学生开始完成一个任务：Draw the travelling route of the two girls on the map of Canada.

T: Where are the two girls from?
Ss: China.
T: So their trip began in China. How did they travel to Canada?
Ss: By plane.
T: In which city did their plane land?
Ss: Vancouver.
T: Right. Find out the city on the map. Draw the route.（教师展示幻灯片，演示动画效果，然后点击Vancouver，链接到几个问题：1. Can you describe the location of Vancouver? 2. Why is the population of Vancouver growing so rapidly? 3. Why didn't they fly directly to Toronto?）

...

T: Yes. They took a train from Vancouver. Do you know the name of the train?
Ss: The True North.
T: What is their next stop?
Ss: Calgary.
T: Yes. Find Calgary, please. And draw the route. From Vancouver to Calgary, their train had to go over a mountain. What is it?
Ss: Oh, Rocky Mountains.
T: That's right.（点击Rocky Mountains，链接到问题及画面和视频：What did they see there? 点击Calgary，链接到问题：1. What is Calgary famous for? 2. Can you describe Stampede with the help of a short video?）

...

T: Now find their next stop.
Ss: It's Thunder Bay.
T: It took them quite a time to travel from Calgary to Thunder Bay, didn't it? Why?
Ss: They went through a wheat-growing province. It was a long way.
T: Do you understand why Canada is quite empty?（点击the wheat-growing province，链接到几个问题：1. How large are the farms? 2. What is the population of Canada? 3. Where do most of them live? 点击Thunder Bay，链接到画面和问

> 题：1. Describe the location of Thunder Bay. 2. How many great lakes are there in Canada?）
>
> ...
>
> T: That night when they left Thunder Bay, where did their train go?
> Ss: Toronto.
> T: Find it out on the map and draw the route. How far is it from the west coast to the east coast of Canada?
> Ss: 5,500 km.
> T: Did their trip end in Toronto? We don't know, but we will know in the next lesson. Now close your books, recall the route you drew just now and fill in the following form. First, work by yourself, and then check with your partner.
>
> ...
>
> T: Can you use a few sentences to sum up their trip?（引导学生说出或填写以下内容；之后可以让学生根据所画的路线来复述课文；还可以让学生讨论一个问题：If you have a chance to visit Canada, which city would you most like to go to? Why?）
>
> The two Chinese girls <u>flew</u> to Vancouver, from which they took a <u>train</u> called the True North from <u>west</u> to <u>east</u> across the continent, <u>through</u> forests, <u>over</u> mountains, <u>through</u> farmlands, passing cities and enjoying the great <u>scenery</u>.

提高学生的阅读理解能力是高中英语教学的主要目标之一。然而，阅读在高中生看来又烦又累。那么，如何提高学生的阅读能力呢？《普通高中英语课程标准（2017年版2020年修订）》倡导指向学生核心素养的英语学习活动观和自主学习、合作学习、探究学习等学习方式。教师应设计具有综合性、关联性和实践性特点的英语学习活动，使学生参与学习理解、应用实践、迁移创新等一系列融语言、文化、思维为一体的活动。学生有了具体的学习任务，就能主动地用所学语言去做事，在做事的过程中自然地使用所学语言，在使用所学语言做事的过程中发展语言能力。该案例强调做中学（learning by doing），把学生阅读理解中不可见的思维过程，通过完成任务的形式转化为可见的动手操练。通过多媒体的展示，书面语言变得形象且鲜活，语言表述变成了生动的画面，使得学生犹如身临其境，有了更多的情感体验。

【做一做】

以 NSEFC Student's Book 3 Unit 1 Festivals around the World 为例，其中有一篇阅读材料 "Festivals and Celebrations"，主要介绍 festivals of the dead、festivals to honour people、harvest festivals、spring festivals 等。某教师多媒体设计如下：

这节阅读课以模拟QQ聊天的形式引入，通过PPT超链接的方式把阅读材料与视、听、读、说、写的活动串联起来。

学生根据幻灯片1（见图6-1）的最后一个问题 "What does it (the Chingming Festival) celebrate and what do people do?" 开始读前的热身活动，学生可以从链接的幻灯片2（见图6-2）中获得一些提示。

然后，学生回到虚拟聊天现场，具体内容如幻灯片3（见图6-3）所示。

图 6-1　幻灯片 1

图 6-2　幻灯片 2

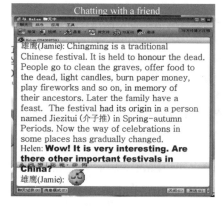
图 6-3　幻灯片 3

图 6-4　幻灯片 4

学生通过学习幻灯片 3 的内容扫清阅读材料的部分词汇障碍,同时小组讨论 other important festivals in China,激活相关背景知识,并链接到幻灯片 4(见图 6-4),这张幻灯片中有三个视频文件帮助学生了解中国的传统节日。

然后,学生又回到虚拟聊天现场,具体内容如幻灯片 5(见图 6-5)所示。

通过本张幻灯片☆的超链接,进入幻灯片 6(见图 6-6),开始文章的快速阅读,并进行正

图 6-5　幻灯片 5

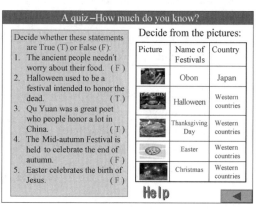
图 6-6　幻灯片 6

误判断和填写表格。

后面几张幻灯片也有相类似的链接，引导学生对文章进行细节理解和文脉梳理；读后活动安排讨论"Which festival is the most important or most fun?"和小组合作完成一个项目。

思考：

1. 阅读教学中，教师设计比较多的多媒体帮助学生直观理解文字材料，对学生的阅读能力培养是否利大于弊？

2. 怎么区别对待初中英语与高中英语的阅读多媒体辅助教学？

五、多媒体在英语写作教学中的应用

案例6-6

教学片段：Write according to your imagination.（包头市北重三中王敏老师执教课文"Pop Idol"）

T: Let's relax ourselves. Close your eyes and do as the speaker asks you to do.

学生按照教师指令闭上眼睛。这时空中传来非常低沉而令人放松的男中音，音质非常优美。学生们听到的内容如下：

Sit there with your eyes closed and relax. While you are listening to these words and music, imagine it is a beautiful sunny day, and you are standing somewhere on the beautiful beach. While you are standing there, you can hear the water and the sound of the sea on the beach. And you can feel the warm sun on your face, on your arms and on your legs, and the warm sand under your feet. Take your time and look around. What can you see? Then somewhere on the beach distantly, you can see a tree. Think about the tree. What does it look like? Now you can see that tree. You stop walking along the beach. You are getting close to the tree. You can see something under the tree. It's a box. It's a box under the tree. Think about the box. What does it look like? Now you can see your name on the box. And you open the box. There is something inside the box, something for you. A present! You can look at it, pick it up and hold it in your hands. What is it? Now it's time to close the box. Walk back to the place on the beach where you started from. You can take the present with you. What do you do with the present? Now it's time to open your eyes and come back to your classroom.

学生睁开眼睛，在投影仪上看到一张与所听内容相符的美丽画面。教师趁机给学生布置任务"Write according to your imagination."，并给学生几个提示的问题：

1. What did you see on the beach?
2. What did your tree look like?
3. What did your box look like?
4. What was your present?
5. What did you do with it?

英语写作是一门综合性很强的实践课。通过写作训练，能促进学生更准确地掌握语音、词汇、语法等知识，增加学习兴趣，建立学习信心，并培养丰富的想象力、逻辑思维能力和语言组织能力。该案例把多媒体引入英语写作教学，更会使学生顺利地学会和掌握英语写作的技巧和方法。

【做一做】

初中英语书面表达教学案例"Write about a lovely animal."，要求用到如下句型：

1. It is ...　　　　　　2. It has ...　　　　　　3. It can ...
4. It likes to eat ...　　5. It lives in ...　　　　6. It walks slowly.

学生完成书面表达任务是在看、听、说、读等活动之后水到渠成的过程，某教师以activities进行整理，呈现其环环相扣的学习活动过程。

Activity 1: 学生猜谜游戏，慢慢进入本节课的话题"animals"。

Activity 2: 学生谈论他们最喜欢的动物。

Activity 3: 学生先听后读某一学生所写的最喜欢的动物。

　　I like pandas very much. It is black and white. It is fat. It has a short tail. It likes to eat bamboo. It is very lovely. Do you like pandas?

Activity 4: 学生观看一段有关大熊猫生活片段的视频。（教师解释视频的内容：It walks slowly. It likes to eat bamboo. It is lovely. It can climb up a tree. It can climb down a tree.）

Activity 5: 学生在观看视频之后，逐个补充句子，扩写上面那段短文，教师通过网络上传以下短文至学校网站的学生习作版块。

　　I like pandas very much. It is black and white. It is fat. It has a short tail. It can climb the tree. It lives in the jungle. It is very funny. It walks slowly. It likes to eat bamboo. It is very lovely.

　　Do you like pandas?

Activity 6: 学生阅读短文，找出自己最喜欢的句子，然后给以下句子填空：

1. A panda has two black eyes, a black body and a short tail.
2. It lives in the zoo.
3. It likes to eat bamboo and sleep.
4. It can climb the tree and play with the ball.
5. It walks slowly.

Activity 7: 学生根据学校英语征文比赛的通知，在课堂上写一篇题为"My Favourite Animal"的短文，发到教师的电子邮箱。

思考：

1. 不少教师觉得，多媒体设计对英语书面表达教学来说必要性不大。你怎么看？

2. 目前，课堂教学多媒体设计的缺陷是交互性不高，尤其是针对书面表达的教学。你有什么好的解决办法？

六、多媒体在英语词汇教学中的应用

案例 6-7

怎么教"elephant"和"Do you play ...?"

教"elephant"这个单词时,如果只是让学生反复地读、拼,可能收效甚微。但是如果把这个单词用多媒体加以处理,问题就迎刃而解了。画面先呈现 elephant 的两只耳朵和一个长鼻子,象征"e""l""e",然后慢慢出现它的其他部位,并伴随着它的叫声,画面上跳出这个单词的写法和读音,因为画面生动、有趣,学生一下子就被吸引了,他们边看边听边学,很快就能记住这个单词。

再如教"Do you play ...?"一课时,某教师首先播放一段音乐:时而悠扬空灵,时而高亢悦耳的声音一下抓住了学生的注意力。学生纷纷猜测是哪几种乐器演奏的,从而引出当课的单词教学部分。接着播放一些动感画面:理查德的钢琴演奏,当红歌手的吉他演唱……使学生对于这些乐器十分向往,这时教师抓住机会问学生"Do you play the ...?"。学生回答"I play the ..."。只要学生能说出乐器的名称,教师就播放相应的音乐,仿佛是学生"演奏"出来的,此时句型"I play the ..."变得更真实。

"Elephant"这一动画过程将原本一个呆板的单词十分生动、形象地展现出来,不仅可以增强学生学习英语的兴趣,还可以提高他们的学习效率。学生当场演奏这样真实的情境、动感的画面,极大地激发了学生的学习兴趣。学生乐于接受,记忆深刻。英语初学阶段,孩子处于记忆的黄金时期,但由于他们的记忆以形象记忆为主,在记识抽象的、静态的文字内容时会有困难。多媒体将抽象、静态的文字以图像、声音、文字、动画等方式直观地展现出来,能够调动学生们的多种感官同时参与到学习中来,具有事半功倍的效果。

【做一做】
设计多媒体教学片段,教学"catch fire, be on fire, catch a cold, have a cold"。
思考:
有人认为,花那么大的力气去设计多媒体,教授一两个词汇,不如让学生多做几道练习题的效果好。你如何看待这种观点?

七、多媒体在英语语法教学中的应用

案例 6-8

虚拟语气"I wish I ..."

在讲虚拟语气的用法和"wish"一词的用法时,笔者曾设计一幅漫画,鼠标一点,屏幕上便出现了大雨交加的景象,人们都打着雨伞,唯独有一个人没有伞,很狼狈地抱缩着双臂,再点鼠标,这个人的上方便出现了一行字"I wish I had an umbrella!(我真希望有把雨伞啊!)"。于是"wish"一词在本课中的用法要点一目了然,即"心中希望怎样,事实上却并非如此"。紧接着屏幕上又多次出现类似句子,此时学生已经在没有大量语言讲述的情况之下基本上掌握了这一用法,接下来

> 屏幕上马上出现一句话:"I don't know many people here. I feel lonely.(我在这里认识的人不多,感觉很孤独)"。学生很自然地能用到"wish"一词说出句子"I wish I knew many people here.(我真希望在这里多认识些人)"。
>
> (选自谭雪莲2006年7月发表在《辽宁行政学院学报》上的《多媒体英语教学初探》)

多媒体的魅力突出体现在设计和制作教学课件上,直接运用文字和动画等将教学内容生动而形象地展示在学生面前,能帮助学生增强对语言的感受和理解。学生看到或回忆起画面时,相应的语言结构就呈现于脑海中。这样在很短的时间内,学生兴致盎然地参与到课堂中,寓教于乐,使枯燥的学习变得轻松愉快,把学生的认知过程、情感过程、意志表现有机地统一于教学过程之中,迅速达到预期的教学效果。

【做一做】

怎样设计多媒体辅助教授"It has been raining for 2 hours." 和 "It has rained for 2 hours." 这两项语法知识?

思考:

1. 语法教学要创设情境,发挥语法的交际功能。这与多媒体英语语法教学相矛盾吗?
2. 在语法学习课上采用多媒体辅助教学,你会如何减少其弊端?

八、信息技术与英语课程的整合

> **案例 6-9**
>
> **"英语阅读网络课程"的设计、实践与评估**
> ——东南大学英语专业阅读课程改革实践
>
> 东南大学外国语学院英语系大胆改革传统的英语阅读课程,代之以多媒体"英语阅读网络课程"。网络课程以建构主义理论为基础,以学生为中心,提倡自主性和探索式学习,鼓励学生在个性化环境中应用已有的图式去同化和顺应新信息,积极建构意义。这样的学习模式有助于学生主动学习,增强分析问题和解决问题的实际能力。该课程的设计、实践和评估充分肯定了课程的成效,但也揭示了一些值得思考和借鉴的问题。课程设计者提出了课程设计的六原则:网络化,助学型,个性化,大容量,新题材,动态性。
>
> 课程要充分体现以下十个特色:
>
> 1. 题材新颖广泛,语言地道,时代感强。以说明文为主,反映最新的语言、文化和社会现象,能引起学生的兴趣,帮助他们扩大知识面,提高语言运用能力。
> 2. 练习形式多种多样。有多项选择题、是非判断题、简短回答题、填空题、翻译题等。主观题和客观题的有机结合可以有效地提高学生的语言技能和语用能力。
> 3. 背景介绍丰富全面。要根据各单元的主题配备大量的背景材料,这样学生可以从各个层面加深对材料的理解。
> 4. 注释详细。针对学生的现有水平,凡是背景、文化知识等疑难之处均加上详

细的注释，供学习者随时查阅，而对于水平较高的学生则可隐去注释。

5. 词汇和词组解释得当。为方便学生阅读，对有一定难度的词汇和词组均要添加解释，单词加注国际音标和词性，释义则根据上下文而定。同时加注课文中重复出现的生词和词组，学生不需要返回去查阅解释，对水平较高的学生则可略去解释。

6. 人机互动，实时反馈。学生可以在电脑上直接完成练习，并适时得到客观性题目的答案反馈。主观性题目也可参照有关参考答案。

7. 师生互动，交流畅通。学生完成的主观性练习可通过网络发给教师批改，教师可检查学生是否按规定完成了作业，师生之间可以互发电子邮件交流，并可进行网上讨论或答疑。

8. 图文并茂。除课文外，课件内添加了大量高分辨率图片（照片），增加了内容的可读性，增强了学生的感官刺激，为他们同化和顺应创造了有利条件。休息时还可点击欣赏配有flash动画和字幕的英文歌曲，一举多得。

9. 导航清晰，界面友好。课程目录采用简约清晰的树形结构，浏览操作简单便捷，界面淡雅，赏心悦目。

10. 修改简便。教师可根据需要随时修改或添减有关内容，同时学生却无法进行任何修改，因此课件的安全系数较高。

该种类型的信息技术与英语学科整合，在全国才刚刚起步，但发展比较快，并且大多走向了商业化，很多的远程教育就属于这一类别。信息技术与英语学科整合在初高中课堂教学是一种发展趋势，如不少教师开始在课堂上使用自己的教学博客和Moodle技术。信息技术与中学英语教学进行整合的有效形式主要有三种。第一，平台式：这种形式以多媒体演示平台为主媒介质，网络为次媒介质，将中学英语的知识结构、情境生活、信息反馈融入多媒体课件等信息载体，并结合优质教案、学案和教法、学法而进行课堂教学。第二，网络式：是以网络为主媒介质，以多媒体演示平台为次媒介质进行的课堂教学形式。第三，资源式：是以网络为媒介质，将中学英语的知识结构、情境生活、信息反馈、在线评价体系融入网络资源信息库等信息载体。这三种形式具有相对独立性，同时又是相辅相成、相互补充、相互渗透、相互促进的关系。

多媒体技术的应用给教学注入了一股新鲜、灵动的风。它如同英语教学活动中的"催化剂"，激活了课堂，激活了教材，激活了教师与学生，使课堂教学高潮迭起，节奏明快，层层推进。它能把大量丰富多彩的文字、图形、动画、声音等以电子化的形式展现，使教学内容图文并茂，形象、直观地呈现在学生面前，为学生创设一个充满情趣的语境，让学生在轻松愉悦的氛围中视、听、说并举，既能体验英语的实际运用，又能激发他们的学习兴趣，使课堂变得绚丽多彩、轻松愉悦。真正感受到英语的魅力，使学生"学在课堂，乐在课堂"。

（一）云课堂

"云课堂"是一种更加便捷、高效，并且能够实现实时互动的远程教学课堂形式。使用者通过互联网界面进行简易的操作，便可快速地与全球各地的用户同步分享语音、视频及数据文件等课堂所需的内容。

云课堂是教育智能化的大势所趋，不仅有利于加强学生自主学习的能力与水平，而且对于充分运用教育资源,进一步缩小城乡教育差距等方面也有很大帮助。

线上线下混合式教学模式,通过有机地结合两种教学体系、形式及机制的方式,能够使学生获得更多的学习资源,更好地开展课堂学习活动。

构建科学完善的混合式教学体系是云课堂的重中之重。首先是课前阶段,教师需要利用国家中小学智慧教育平台、一师一优课、教研网、希沃、百度、超星学习通、慕课平台等信息化平台,整理、收集素材及制作PPT、微课视频等教学资源,以便为广大学生提供精彩丰富、形式多样的学习资源。同时,教师需要通过云课堂上传相应的学习资源,学生根据自身的学习需求,下载并观看相关的教学资源,以此掌握该课的重难点知识,达到学生自主预习该课程的目的。同时,学生将课程预习中所碰到的问题及时反馈给教师,教师则可以根据问题,及时调整教学方案。其次是课堂教学,在课堂教学过程中,教师需要帮助学生巩固和内化学生课前所学习的英语知识,解决学生所存在的共性问题,并统一讲解难点知识。对于学生的作业、试卷、资料等,可以通过云课堂有机地整理出来,学生能够更好地对症下药,通过错题来学习。最后是课后阶段,教师应在课后阶段进行知识拓展活动,帮助学生巩固知识、应用知识,并且教师可以通过云课堂对每位学生做到及时反馈,形成有针对性的实时反馈。

> **案例 6-10**
>
> 人教版初一英语上册 Unit 6 Do You Like Bananas?(广东省珠海市文园中学黄裔萍老师执教)
>
> 本课采用云互动课堂模式。教学围绕特定的交际和语言项目,让学生通过表达、沟通、询问等各种语言活动来完成任务,以达到学习和掌握语言的目的。云互动课堂模式更有助于让每位学生都参与到各个任务中,并且教师可以及时观察与发现学生在各项任务中的完成情况,并给予及时反馈和评价。
>
> 本节课使用PPT、ForClass云互动软件——智慧课堂、iFlyBook电子教材、白板和平板电脑。
>
> 本课教学步骤如下:
>
> **Step 1: Warming-up — "Do you like apples?"**
>
> 设计意图:通过智慧课堂交互活动之"投票"活动来调查班里有多少学生喜欢苹果,引起学生的兴趣和注意,同时引入本课内容,也提醒学生多吃苹果。
>
> 条件:集体回答,智慧课堂的投票活动。
>
> **Step 2: Presenting and practising the new words — names of the food**
>
> 设计意图:通过智慧课堂交互活动之"课堂资料"添加图片的形式引入本单元出现的食物单词,使学生对食物名称的单词记忆更加牢固;通过智慧课堂交互活动之"拖拽"活动让学生对食物名称进行识别和归类,使学生能巩固对单词意义的掌握;通过电子课本点读功能让学生识别单词发音以及读准单词;通过智慧课堂交互活动之"单项选择"活动,了解学生对名词可数及不可数形式的掌握情况,并及时反馈给学生。
>
> 条件:师生问答,智慧课堂的"拖拽"互动和"单选"互动,跟读iFlyBook的电子教材
>
> **Step 3: Presentation of the sentences — Do you like ...?/Does he like ...?**
>
> 设计意图:在与学生的实际对话中以及图片展示中自然地引出重点句型,让

学生在真实情境中习得语言。

条件：教师提问，学生回答；学生做笔记；学生口头操练。

Step 4: Drills of the key sentences

设计意图：通过"猜一猜"环节以及谈论图片让学生操练刚学过的重点句型，增加课堂的趣味性，激发学生学习兴趣；通过智慧课堂交互活动之"投票"活动，让学生对刚学的句型进行操练。

条件：根据图片，学生口头操练句型，个别提问，集体回答。

Step 5: Listening practice

Task 1: Listen and number the conversations

设计意图：听力使学生再一次巩固目标语言的运用，同时通过介绍orange的不同意思，也让学生学会理解不同语境中同一个单词的不同含义。

条件：学生独立完成听力练习。

Task 2: Listen, circle the food and fill in the blanks

设计意图：听录音同时完成两项听力练习，培养学生在听力过程中获取信息的能力。

条件：学生完成两项听力练习，个别回答，集体回答。

Step 6: Comprehensive task——Be a reporter

Task 1: Interview

设计意图：通过采访活动，学生能够学以致用，将语言用于实际生活中；在采访过程中，学生的交际能力得以锻炼；教师示范，让学生能够更准确地进行表达。

条件：采访学生，教师首先示范，再让学生自由采访。

Task 2: Write a report

设计意图：通过写报道，以另一种语言输出活动——写，让学生强化知识，并训练其写作能力；通过平板电脑拍照的形式，教师可以随时调用每位学生的汇报，并做评价反馈。

Task 3: Oral report — make a report in front of the class

设计意图：通过口头汇报的形式为学生提供口语训练的机会，同时利用ForClass软件展示学生成果。

条件：口头演讲。

Step 7: Summary

设计意图：及时总结，巩固知识。

条件：总结、归纳。

Step 8: Homework

设计意图：让学生对所学的知识进行课后消化和巩固。

条件：课后巩固，运用。

（二）微课

微课（microlecture），是指运用网络信息技术，呈现碎片化学习内容、过程及扩展素材。其核心组成内容是课堂教学视频，还包含与该教学主题相关的教学设计、素材课件、教学反思、练习测试及学生反馈、教师点评等辅助性教学资源。

微课的特征为教学时间简短，方便学生利用碎片化时间开展学习活动，教学内容较少，课程内容针对性强,通常针对某个教学主题,教学重点难点突出,能够帮助学生突破英语学习困境。微课易于在各个平台、网站传播,能够收到来自专家、其他教师的评价,并对此进行改进。

微课应用于教学中,有助于让教学更加贴近生活实际。教师需要在微课制作过程中思考如何突破教材约束,结合本地特色、时代热点内容等进行微课的设计制作,突出其生活性,尽量缩短学生与英语学科间的距离,使学生在生活中学习。

由于教材中的内容受容量的影响,学生无法通过阅读教材获得自己渴望了解的全部内容,易于导致其眼界和英语水平无法得到开阔和提升。因此,微课设计过程中,教师要科学补充课外资源,引入与单元话题相关的不同案例、新闻和类似事件,让学生能够自主选择补充资源观看,满足其个性需求。这样,微课可以扩大学生的视野,增加学生学习的容量,成为课堂教学的有益补充。

1. 使用微课指导预习

很多学生会有"跟不上""听不懂""没兴趣"等问题,微课的开展可以帮助课前预习活动有效地实施,这一问题便可以迎刃而解。微课所涉及的课前预习活动可以为讲解文章背景、讲解关键词等。

2. 使用微课进行新课导入

教师可以通过播放微课视频的方式开展新课导入,使学生主动进行思考和探究,激发学生上课的激情与探究的热情。丰富多彩的微课导入视频使课堂成功了一半。

3. 使用微课讲解新知识

教师可以使用微课视频来讲解新课知识,让学生能够在视频中的具体情境、丰富多彩的视频的辅助下,更好地理解相关知识,并加深印象。在使用微课讲解新课知识的过程中,教师要注意关注学生的状态。视频教学的一个弱点是无法及时解决学生困惑,因此,教师要在视频播放的过程中观察学生的反应,当发现部分学生无法理解视频内容时,及时记录其产生困惑的位置,并在完成视频分享后,借助传统授课方法,通过板书、对话、问答等方式,及时为其解决困惑。在必要的情况下,还可以重复播放视频,从而使视频内容深刻地印在学生记忆中。因此,需要避免两种教学模式的弊端,提升课堂教学的效果,让学生高效理解并掌握新课知识。

案例 6-11

初中英语:规则可数名词复数形式(深圳市龙岗区横岗六约学校张依芸老师执教)

微课内容:

1. 掌握规则可数名词最常见复数形式:加-s。
2. 掌握以下几种情况规则可数名词的复数变化规则:以-s、-x、-ch、-sh结尾,以-e结尾,以-f或-fe结尾,以-y结尾,以-o结尾。
3. 能够在真实语境中正确使用单复数名词。

设计思路:

根据学生的认知程度、认知水平设置达成目标,通过自主学习,能掌握实用性很强的关于名词复数形式变化及运用的知识。自主学习单一步步指导学生,让学生在观看前、观看中、观看后各有所得。

(三）翻转课堂

翻转课堂是指重新调整课堂内外的时间，将学习的决定权转移给学生。这样，学生能够更专注于主动的学习，共同研究解决问题，从而获得更深层次的理解。教师不再占用课堂的时间来讲授信息，需要学生在课前自主完成学习。教师也能有更多的时间与每个人交流。学生自主规划学习内容、学习节奏、学习风格，教师则采用讲授法和协作法来满足学生的需要和促成他们的个性化学习，其目标是为了让学生通过实践获得更真实的学习。

翻转课堂所提供的教学视频一般比较简短，并且会有比较清晰的重难点，学生学习比较有针对性，对于重点难点可以反复观看回放。学生课前观看教学视频，在课堂中不是空着脑袋进教室的，而是带着自己的学习成果以及对知识的疑问来到课堂，在课堂中与教师和同学进行讨论与交流，学生通过实践得来的学习成果更加具有针对性，学生也更有成就感。

在课前环节，首先，教师根据教学目标，结合学生的身心发展规律以及课程安排对教学内容进行设计，确定即将教授内容的重点和难点，并进行微视频的录制。在此过程中，在教学环节中加入歌曲、图片、视频等学生喜闻乐见的形式，从而提高学生学习的兴趣，只有学生对视频所呈现的知识更感兴趣，才能获得更好的学习效果。在设计视频时，也要注意与学生的远程互动，提出有代表性的问题，加深学生的思考。最后，教师要对微视频的学习情况进行预习检测，在上课前，收集学生在微视频学习过程中所遇到的困难或疑惑，在课堂中能够更有针对性地讲解。

在课中环节，教师首先让学生通过小组讨论、合作探究等形式，对各自的疑惑困难进行讨论，鼓励学生积极主动地解决问题。教师设置情境，通过情境教学法为学生答疑解惑。其次，教师在课堂上设置活动帮助学生对知识点进行巩固，教师对不同学生的不同情况进行有针对性的辅导。翻转课堂可以将模仿以及课堂复述等运用到课堂中，教师可以让学生进行PPT展示、讨论、小组竞赛、辩论等，尽可能提高学习效果。最后，教师要对学生的课堂表现进行点评，使学生意识到自身的优势和不足，同时教师要对学生无法自己解决的问题进行答疑解惑，使学生更深入地掌握知识。

在课后环节，学生不免会遇到对某些知识点理解不透彻、不全面等问题。教师可以安排学生对先前发放的微视频进行回顾，复习巩固课堂中以及在微视频中学到的英语知识内容。教师引导学生在回顾完微视频知识后对学习效果进行自主测评，使学生对自己的学习情况有充分的了解。教师根据一定的评分标准对学生的自主测评情况进行统计，了解学生在翻转课堂模式下对英语知识的掌握情况。

案例 6-12

英语翻转课堂的教学设计

一、教学目标

实施"先学后教，当堂训练"的教学模式，转变教师教学行为和教学观念，全面提高学生自主学习能力，促进学生在教师指导下主动地、富有个性地学习，从而提高英语教学质量。学生课前利用网络课件或课本自主学习，培养学生思维的独立性和学习的自主性；学生提出学习问题和个性化问题，教师在课堂上引导和组织学生通过讨论、交流解决学生在自主学习中提出的各种问题；通过当堂训练，对所学内容进行巩固，全面完成当节课的练习作业。

二、教学措施

（一）翻转课堂教学步骤及时间安排

改变以往课内听讲、课外练的学习方式，将学生课内、课外学习时间进行重构，将学生的整个学习过程分为以下几个步骤：

1. 课前"先学"（20分钟）及自我检测（10分钟）：学生通过网络教学课件认真自学，掌握英语单词的读写和语法，完成基础知识储备。通过自我检测，让学生检测学习成果，发现问题、提出问题，以便找出知识及方法上的问题及困惑。

2. 教师"教"（15分钟）：这是课内学习的核心步骤，可分为四个环节，即学生提问、小组讨论、展示交流、师生互动。

3. 课堂检测（25分钟）：完成课后练习，对该课所学内容进行情境模拟，检测学生对所学英语知识的运用能力。教师要善于对课本中的习题进行拓展、引申，围绕核心知识、主干知识选编补充题，使尽可能多的习题在课内得到解决。

4. 互动小结（5分钟）：师生互动，对所学内容进行小结。

5. 课后巩固提高（20分钟）：完成课后作业，全面巩固所学知识。

（二）教师认真制作课件，精心选编检测题

教师要认真钻研教材，站在学生的角度，精心制作课件，以问题为导向，启迪学生思维。检测题的难度要适中，题量不能太多，不出难题、怪题、偏题，保证大部分学生在认真自学的基础上能独立完成。

（三）教师在"教"中应注意的问题

1. 让学生通过合作交流解决自主学习中提出的问题，做到学生能独立解决的不问，学生能解决的不讲，通过点拨能解决的不讲。

2. 对复杂的问题，教师要有效、合理地分割问题，降低学生的学习难度，引导学生进行思考。教师根据学生的展示对有争论的地方予以点拨。

3. 对交流讨论过程中的重要知识点及优秀的解题思路、方法等要及时强调，对暴露出来的问题进行指导。

4. 教师合理利用小组评价、组间评价等方式，表扬突出的小组及个人，形成良好的互助竞争氛围。教师随时对整个课堂进行调控，充分调动学生的积极性，让每位学生参与到教学活动中来。

（四）结合学生的学习能力和个性特点

检测题要根据学生实际情况分层设置，学有余力的学生可选择一些有趣味性、挑战性、创新性的选做题；解题有一定困难的学生可选择基础题，从而保证人人有事做，人人得到发展。

案例 6-13

高中英语阅读课翻转课堂教学模式下的教学设计原则及案例

以 NSEFC Student's Book 4 Unit 1 Women of Achievement 的 Reading: A Student of African Wildlife 为例。

（一）课前教学设计

1. 教学视频制作

（1）教师制作一个介绍世界古今伟大女性的短视频，用于激发学生的阅读兴趣。

(2)教师制作一个简短的文中重点单词和词组的讲解视频,用于扫除学生阅读文章时所遇到的生词障碍并帮助学生学会使用这些词汇。

(3)教师制作一个帮助学生了解课文相关背景知识的视频,目的是帮助学生整体理解文章内容和篇章结构。

2.学生课前观看视频自学,并完成一些针对本课词汇、语言点和课文理解方面的练习题。

(二)课堂教学设计

根据学生自主学习后的反馈以及学生完成学习单的情况,教师对课堂教学设计如下:

Step 1:小组内合作交流,解决课前自学过程中和完成学习单过程中遇到的困难。

Step 2:教师指导,帮助学生解决他们自己无法解决的困难。

Step 3:教师布置课堂所要讨论的问题,所提问题要能引发学生思考讨论,例如:

Q1: Is Jane Goodall's way of observing chimps good? Why?

Q2: Should we respect women and their devotion to the society and why?

Step 4:学生就教师所给出的讨论题目进行小组内交流讨论,教师在各小组间巡视并给予帮助。

Step 5:小组讨论完成之后,每组派代表对讨论的结果进行汇报展示。

Step 6:教师既要对学生完成自学的情况给出评价,也要对学生在小组讨论和汇报成果时的表现进行评价,还应对整个教学过程中学生的表现进行评价和反馈。

(选自王秀梅2020年3月发表在《发明与创新(职业教育)》上发表的文章《高中英语阅读课翻转课堂教学模式下的教学设计原则及案例》)

实践活动

1.在信息时代,作为教师,你如何看待学生上网现象?如何处理学生上课玩手机或者逃学上网吧问题?

2.你认为班级QQ或微信群等给教学和教学管理带来哪些利弊?

3.一次上课时电脑故障,某教师临时将该课改成自习课。如果是你,你会如何处理?

4.针对中小学英语教学,你主要了解哪些网络资源?主要运用哪些多媒体制作软件?

第七章　板书设计与简笔画运用技能

　　黑板是课堂教学中最常用的媒介之一,科学合理、有效的板书设计可以为学生提供足够的时间和空间来思考,帮助学生理解知识的内在逻辑,并使他们能够更好地实现知识的生成和能力的迁移。简笔画以其高效性、简洁性、趣味性和直观性在教学及板书设计中具有不可替代的优势。这两种传统的教学手段对学生的学习都有着潜在的有益影响。

第一节　板书设计技能

　　板书是教师授课时用屏幕演示或黑板书写来表现教学内容和过程的精炼文字、简略图表等的教学形式。板书不仅是一种教学手段,更是一门教学艺术,是备课、授课中的一个重要环节。在信息化的今天,多媒体课件盛行,然而板书的作用仍然不可忽视。

一、板书设计的原则

1. 计划性原则

　　教师在备课时要认真思考和设计好板书,将每节课的重点内容进行逻辑梳理,力求使板书布局合理、构思严密,内在联系缜密而富有逻辑性。有人说:"板书是知识信息科学的系统的编码。"这一编码要求严谨、缜密、有序,既能体现教材编写者有条不紊的思路,又能表现教师授课井然有序的教学思路,从而帮助学生掌握学习内容。教师上课之前,对于板书内容出现的先后、内容间相互的呼应和联系、文字的详略、布局位置的调整、虚实的配合、符号的运用、板书与讲述的统一、板书与其他教学活动的配合等,都要事先进行周密的考虑。

2. 系统性原则

　　板书要写规范字,字迹要工整,绘图要准确、美观、规范。板书的结构应系统,以培养学生良好的学习习惯。板书内容要联系紧密、系统有序、条理分明、逻辑性强。这对学生把握教材的整体结构,了解作者的行文思路,培养系统整体思维能力有重要意义。一节课告一段落时,主要内容要完整地保留在黑板上,使学生对整节课的内容有一个清晰全面的认识。

3. 针对性原则

　　板书是教材要点、难点的高度概括,每一个字、词、句均要细心斟酌、抓住精髓、提其精华,力求简练、准确、言简意赅、画龙点睛。有用则书,无用则省,让学生记得简练、听得明白。板书要突出重难点,简明扼要,不能作为教材的翻版或讲述的实录。

4. 多样性原则

　　授课内容不同,板书的形式也要有所变化。条理性强的内容,可用提纲式板书;对比性强的内容,可用表解式板书;以验证、推导为主的内容,可用推理式板书……板书形式与教学内容应达到有机的、和谐的统一。每节课板书不能千篇一律,要有变化,不断创新。

5. 正副板书结合原则

板书通常可以分为正板书和副板书。正板书是体现教学目的与教学内容内在联系的重点、难点、中心点的板书;副板书是提示有关零散知识的板书,是正板书的补充。对于主要内容,排列要整齐,不要随意擦去;对于辅助内容,可以在右边书写,板书空间不够时可以随时擦除。

6. 与多媒体技术融合原则

现代教育技术为课堂教学提供了更多的方法和手段。多媒体技术广泛应用于课堂教学。教师要适应这种变化,重视板书设计与现代教育技术的有机结合,既要充分发挥多媒体课件图文并茂、有声有色的优势,也要注意传统板书的动态生成性和个性化的优势。

二、板书设计的技能

1. 锤炼语言

语言文字是板书的第一要素。教学从本质上说就是教会学生使用语言文字进行思想表达和知识创新。作为教师的书面语言——板书,一定要追求文字的正确、清晰、美观,语言的尽善尽美。叶圣陶说:"实用的写字,除了首先求其正确外,还须求其清楚匀整,放在眼前觉得舒服,至少也须不觉得难看。"

2. 利用符号

文字是完整而系统的符号。除此之外,教学板书还可使用标点符号、数学运算符号、气象符号、速写符号、批改符号、箭头符号、外文字母、商标、代号、记号等。

3. 运用线条

线条独具审美价值。教学板书运用线条与文字、符号、图形配合,借以表情达意、教书育人。

4. 制作表格

表格分竖表和横表两种,其特点是概括精要、简单明了、整齐端正、内涵丰富、对比强烈,给人一目了然之感。使用表格板书可以介绍知识、说明事物、叙述情节、图解结构、表现人物、揭示主题、显现特点等。

5. 绘制图形

科学实验证实:形象帮助记忆、直观加深印象。教学板书中使用图形示意,因其形象生动会取得良好的教学效果。板书中常用的图形包括示意图、简笔画、板画、板贴等。板书图形依据教材特色、教学情境、学生实际、教师个性,要求做到直观、新颖、优美。

6. 调谐色彩

心理学研究表明,色彩能引起知觉、唤起味觉、兴奋大脑皮层、促进植物神经活动、和谐心理发展。因此,板书设计应追求色彩合理搭配,尽量做到恰当、蕴藉、和谐。板书有强调作用,白色外加其他颜色可以突出重点、难点、疑点、要点、特点。

三、板书布局设计

板书布局的形式很多,但既要注意教学内容的再现,脉络清晰,又要注意学生的喜闻乐见,样式新颖。

1. 纲目式板书

这是应用得最为普遍的一种板书形式。以文字为主要表达形式，以教材内容的结构提纲为主线，采用简洁的语言和清晰的条理，准确地概括要点，起提纲挈领的作用。运用纲目式板书往往先书写知识点，然后再书写两三个层次的小纲目，并进行分析，最后再进行综合。板书形式层次分明、结构严谨，便于学生看、听和记，有利于厘清文章的思路，巩固和复习所学知识。

> **案例 7-1**
>
> 初中低年级英语教材课文简单，主要偏重于句型及一些生活用语的传授。纲目式板书简明、高效的特点，使其在此类教材实施中更具有可操作性。如，七年级 NSE 教材 Module 2 的教学重点是 can do sth.，可以设计板书如下：
>
>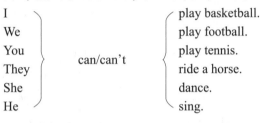

2. 表格式板书

表格式板书将教学内容分解成一定的项目并制成表格，然后按项目逐项填写内容，或用表格的纵横交叉结构体现各部分内容之间的逻辑关系。表格可以由教师设计，其中的内容由师生共同填写。该板书形式简明、内容扼要、对比性强，有助于学生厘清课文思路，突出重点，从而更加有效地掌握教学内容。

> **案例 7-2**
>
> 以"The Wright Brothers"一课为例，可以设计以时间为线索的表格式板书：
>
> | The Wright Brothers | | |
> |---|---|---|
> | 1903 | flyer | 100 feet high
120 feet long |
> | 1905 | a flyer with a motor | 24 miles long |
> | 1908 | the beginning of the air age | 50 miles/92' |

相对故事性文章而言，科普性文章比较枯燥难懂。然而一旦转换成表格形式，纷繁复杂的文章变得简单清晰，尤其能培养学生把握重点的能力。而且，可以对板书进行再利用，让基础较好的学生用自己的语言对课文进行再复述，从而锻炼其口头组织及表达能力。

案例 7-3

学习 NSEFC Student's Book 4 Unit 3 A Taste of English Humour 的 Reading: A Master of Nonverbal Humour" 时也可用表格式板书来呈现。

T: Today we will learn something about Charlie Chaplin. Now let's get the basic information with the help of this form.

Notes on Charlie Chaplin's Career	
Born	1889
Died	1977
Job	actor, director, filmmaker
Type of acting	Mime and farce
Character	The tramp, a poor and homeless person
Costume	Large trousers, worn-out shoes and a small round black hat
Famous films	*The Modern Times*, *The Gold Rush*, *The Little Tramp*
Reasons for success	charming, a social failure with a determination to overcome difficulties and always kind

T: When was Chaplin born?
S1: In 1889.
T: When did he die?
S2: In 1977.
T: What jobs did he do?
S3: He worked as an actor, director and filmmaker.
T: What type of acting did he have?
S4: Mime and farce.
T: What was the character that Chaplin used to play?
S5: The tramp, a poor and homeless person.
T: What was his costume?
S6: He wore large trousers, worn-out shoes and a small round black hat.
T: Do you know some of his famous films?
S7: *The Modern Times*, *The Gold Rush*, *The Little Tramp*.
T: What are the reasons for his success of the little tramp?
S8: The little tramp was charming, a social failure with a determination to overcome difficulties and always kind.
T: OK. Good!

3. 线索式板书

采用线索式板书可以把作者的写作思路和教者的教学思路有条不紊地展示在学生面前，有助于学生理解课文的内容和形式，便于学习、理解和创新。线索式板书可以以时间、地点、人物、关键词以及事物发展的先后顺序为线索。

（1）以时间为线索。如"Bill Gates"一课的板书可设计为如图 7-1 所示：

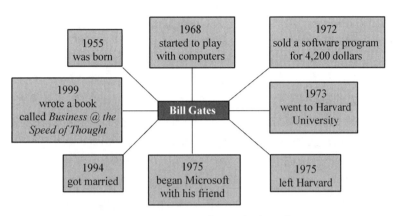

图 7-1 "Bill Gates"一课板书设计

（2）以地点为线索。如"Miyoko's Trip"一课的板书可设计为：

the Summer Palace → Tian'anmen Square → the Great Hall of the People → the Palace Museum → Beihai Park → the Great Wall

（3）以事物发展的先后顺序为线索。以"The Relay Race"一课为例，可设计如下板书：

on the first lap → at the end of the first lap → at the end of the second lap → on the third lap → on the last lap

（4）以人物为线索。如"A Tale of Two Cities"一课的板书可设计为：

Dr. Manette：　　　　　　　　　Lucie Manette：

Charles Darnay：　　　　　　　Sydney Carton：

（5）以关键词为线索。如"My Teacher"一课的板书可着重体现下列关键词：

deaf and blind, silence and darkness, simple-minded, born teacher, love and imagination, learn and play, normal human being, be struck by, wisdom

4. 结构式板书

结构式板书最大的优点是可以反映整个知识结构体系，把知识连成线、穿成串、结成网，体现问题的组成和内在联系，构成一个整体。它能把比较抽象的知识具体化，整体性鲜明，具有一定的直观性，既有利于学生理解、掌握知识，又有助于培养学生能力。

5. 比较式板书

比较式板书是将具有明显的相似（异）点或可比性的内容在板书中对照，帮助学生理解和记忆，培养学生的求同或求异思维。比较式板书要求教师善于寻找教材中具有可比性的素材，将其一一对应呈现出来，从而起到鲜明的对照作用。

> **案例 7-4**
>
> 执教"The Great Rivers"一课时，可以设计比较式板书如下：
>
> the Nile　　　　　　　the Yangtze River　　　　　　　the Amazon

```
       Africa              South China           America
   6,670 kilometers      6,300 kilometers     6,480 kilometers
   from south to north   from west to east
```

这个板书最大的特点：不仅包含了课文的全部内容，而且课文中一个最大的难点"as ... as/not as (so) ... as"，完全可以凭借板书这一现成的材料，进行反复操练，使学生在掌握难点的同时，也实现了对课文的理解，一举两得。

6. 图文式板书

图文式板书，即图文并茂的板书造型。教师根据教学内容精心设计，将文字、符号、简笔画以及图表等有序排列，做到形式多样、协调匀称、布局合理，给人以和谐的美感。其特点在于有文有图，以图画"龙"，以文点"睛"，形象地表现事物，引发兴趣，引起联想，加深理解。

例如，在教学PEP六年级上册第3单元B部分Let's talk 时，教师可以利用Amy和Chen Jie的头饰，用表格辅助说明并引出四个疑问词where、what、who、when，采用卡纸板书呈现四个重点句型，再用图片和单词呈现出答案。通过这种图文相结合的方式，使学生能轻松地掌握本来比较难理解的句型，从而达到事半功倍的效果。

案例 7-5

如学习"The Necklace"时，可以用下面图文式板书的形式，以Mathilde的感情变化为线索来向学生介绍课文内容。

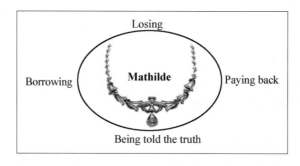

7. 简笔画式板书

简笔画具有简洁、生动、风趣的特点，它往往能够将抽象难懂的知识转化为学生易于接受的感性的东西，在激发学生兴趣的同时，帮助学生突破难点。特别是在故事教学中，简笔画能把生动活泼的故事呈现出来，有效地帮助学生理解和掌握课文内容。

案例 7-6

如"bring""take""fetch"三个单词都含有"拿"的意思，刚开始接触时，很多同学搞不清用法。但是，一旦采用简笔画的形式将这三个词展示在黑板上，学生马上能了解三者的不同用法。板书如下：

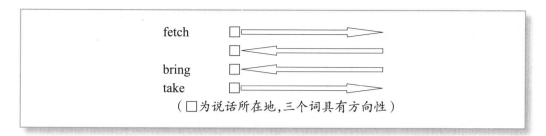

（□为说话所在地，三个词具有方向性）

8. 填空式板书

根据教学内容的特点，设计成先预留空白、再填空完成教学内容的板书形式。填空式板书可以使知识习题化，使教、学、练结合，一步到位。运用填充式板书，所留空内容要具有思考性，设置的空白应能激发学生强烈的求知欲。

> 英语教学改革的基本目标是：普遍提高学生的听、说、读、写能力，而培养学生的听力是初中阶段的重要内容之一。对于一些逻辑性强、内容简单的文章，在扫除生词的前提下，可采用简单的填充式板书设计。以六年级教材中的"Planning a Visit"一课为例，可设计如下板书：
>
> Planning a visit
> Where?
> When?
> What time do you go there?
> How?
> Cost?
> What time do you come back?

案例 7-7

在操作中，教师可根据学生实际情况对上述案例中有难度的地方适当加提示，如"Where?"这里的答案可设置为"_____ City"。设计时，不需追求"新"或"难"，把学生"吓倒"了，反而失去了板书存在的真正意义。

四、板书内容设计

板书内容构成直接影响板书质量和教学效果。因此，教师应对板书内容进行精心设计，使其达到科学、精炼、好懂、易记的要求。对每堂课的板书内容设计，应根据教材的内容、教师的设计技巧和学生的适应程度而定。

（一）板书内容构成形式

板书内容的构成形式包括内容式板书、强调式板书、设问式板书、序列式板书四种。

（1）内容式板书。内容式板书以全面概括教学内容为主，便于学生全面理解课文的内容，是板书内容构成的基本形式。

（2）强调式板书。强调式板书以发挥某种强调作用为主，根据需要灵活机动地突出教学内容的某一部分或某种思想，增强针对性，以便学生把握学习的重点。

（3）设问式板书。设问式板书以启发学生思考问题为主，根据教学目的、要求，在课题的难点和重点下边有针对性地画上一个或几个问号，并配上必要的文字提示。

（4）序列式板书。序列式板书按教学内容的序列架构板书内容，较清晰地显示教材的轮廓，使学生对教材有完整的印象，并领略其脉络。

（二）板书内容设计方法

板书内容设计应根据课程内容和教学目的以及学生的接受能力，采取不同的设计方法。常用的有以下四种：

（1）内容再现法。一种再现原文内容的设计方法。

（2）逻辑追踪法。根据课文本身的内在逻辑性和系统性设计板书内容的方法，有利于培养学生分析问题的能力。

（3）推论法。层层推理设计板书内容的方法，经过推理得出结论，比较清晰地反映论证过程。

（4）思路展开法。根据课文内容，通过联想、假设进一步扩展课文思路来设计板书内容的方法。

（三）板书内容设计应注意的问题

（1）深挖教材，把握重点。板书是学生掌握教材的凭借，巩固知识的依据。因此，教师的板书设计应建立在准确掌握教材基本观点的基础上，力求向更深层次挖掘，使认知达到更高的层次。设计应遵循教材的逻辑顺序，把握教学内容的重点和难点。

（2）掌握情况，有的放矢。设计好一堂课的板书，必须掌握学生的动态，了解他们的知识水平和接受能力。

（3）讲写结合，相得益彰。板书内容设计与讲解紧密结合。课堂的板书只是条条纲纲，它与教师的讲解是纲与目的关系。因此板书的内容不可能很多，这就要求教师在进行内容设计时，应针对讲述内容通盘考虑。

（4）主辅相随，紧密结合。系统性板书与辅助性板书应紧密结合。系统性板书是板书的主体，辅助性板书为系统性板书奠定基础，二者相辅相成。

（5）语言准确，启发性强。教师板书的语言要确切、精当、言简意赅、一目了然，给人以凝练之感，能起到"画龙点睛"、指点迷津的作用。

（6）内容完整，条理系统。有些板书虽然在授课过程中不规则地间隔出现，但最后要形成一个整体。一堂课的板书是对该堂课讲述内容的浓缩，以便学生在课后利用板书的章、节、目、条、款进行归纳小结。

（四）板书书写技法

（1）书写姿势。板书的书写姿势与钢笔、毛笔字的不同，多是面壁立势，即面对直立的板面站着书写。书写时，头要正，身要直，离黑板面约30—40厘米为宜。书写时臂膀稍抬，小臂斜向前方使力量集中于笔端，另一只手自然下垂。

（2）执笔法。粉笔的执笔一般采用"三指执笔"法，即用大拇指和食指的指肚以及中指的第一指节上侧捏住粉笔小头约一厘米处，形成三角形，力点放在食指上，无名指及小拇指自然弯曲于掌心。粉笔除一厘米书写外，其余均在掌心之中。

（3）运笔法。笔画的粗细靠粉笔与黑板的接触面积大小而定，而接触面积又与粉笔与黑板的角度、笔端的形状及用力大小有关。故书写粉笔字应当注意其特殊的运笔方法，写出生动的笔画。基本运笔法有转笔、切笔、顺笔、逆笔、拖笔、滑笔、放笔、回笔等11种之多。

（4）字体。板书字体的大小直接关系到板书效果。字体太大，影响板面的利用率；太小,学生看不清,失去板书的作用。字体大小一般以后排学生能看清为标准。

(5) 绘制图表。教师教学时在黑板上使用有关工具将图表准确、快速、美观地绘制出来,要求教师熟练掌握一定的绘图技法和过硬的徒手作图能力。

(五) 板位安排与行列要领

板位安排就像规划报纸的板面一样,应精心设计、严谨布局,决不可满板乱画,使板书杂乱无章。板位安排的基本要求是:

(1) 利用充分。充分利用黑板的有效面积,主要应做到三点:一是四周空间适当;二是分片书写;三是字距适当。

(2) 布局合理。在板位安排时,应当注意整体效果,合理布局。左右上下,必须有一个全局安排,使之位次适当、错落有序、编排合理,给人以整体美感。一般来说,应将板面分出若干区域,譬如标题区、推演区、绘图区、便写区等。

(3) 主次分明。在板位安排上,不可主次不分、平面直推,应准确地把板书内容的主次在板位安排上体现出来,才能使学生明确重点,便于理解和记录。需要分层次时,应正确使用层次序号。

第二节 简笔画运用技能

一、简笔画的概念及特点

简笔画(stick figures)作为一种直观教具,通过简单的笔画、线条勾勒出轮廓和大概特征来表现特定事物,具有用笔简练、形象简括、作图快捷、应用简便的特点和简明、经济、实效、逼真的优势。它只取形似,不计细节,简洁而实用,寥寥几笔就能表达丰富的语言信息和概念。简笔画适用于中小学英语教学各个阶段,可以用于课堂教学的各个环节。它易识易懂,好学好记,可以迅速经济地为学生营造出生动有趣的外语学习情景,引导他们直接进入外语思维环境,增强他们的形象思维能力,从而收到事半功倍的效果。苏联教育家苏霍姆林斯基曾给予它很高的评价,他认为"这种在讲课过程中随手画下来的图画比起现成的,甚至比起彩色的图画来有更大的优点"。

简笔画的突出特点是"简",简洁传神,即用简单的几笔,抓住对象的本质特性,传达最重要的信息,使学生留下强烈的第一印象。它与挂图、图片、实物等传统媒体及幻灯片、录音带和电脑等现代媒体相辅相成,共同担负着传递教学信息、达到教学目标的使命。

二、简笔画教学的基本原则

1. 准确实际原则

简笔画运用要根据特定的教学目的和要求,针对具体的教学内容与对象,从教学的实际出发,紧扣教材,突出重点,把握住教学的目的性与针对性;应当选择恰当的绘画内容和形式,不脱离教学重点;同时,简笔画的位置要恰当,使用要适量。

2. 快速醒目原则

教师在课堂上用粉笔在黑板上当场挥写的图画,时间有限,不允许教师进行精雕细琢,要求必须快速作画,一气呵成。应重写意轻写实,形象简洁明了、清楚醒目,顷刻就可以使一个物体、一种行为甚至一种场景展现出来。

3. 生动有趣原则

运用简笔画的一个重要作用是激发学生的英语学习兴趣,提高学习效率。因此,教学中使用的简笔画自然不能呆板,缺乏幽默;好的简笔画应略有夸张,生动形象。

4. 画讲结合原则

配合教学内容边画边讲,注意观察学生的听讲情况,及时反馈,以此来集中学生的注意力,也易于学生掌握重、难点。一般来说,对简单易画的最好边画边讲,而对于比较复杂、要画的东西较多的,可以事先画在纸上或小黑板上,在教学时呈现在学生面前。

5. 与其他教学辅助手段相结合原则

简笔画最好在学生未接触新内容前使用。教师应考虑怎样设计各种教学手段与简笔画协调使用,让学生更有效地接受知识,发挥简笔画的积极作用。

三、简笔画的基本绘画技巧

简笔画是物体形象的简单概括,在画法上也有其自身规律。掌握简笔画的基本要领和技法可以做到举一反三,简笔画的基本绘画技巧大致有以下几点:

(1) 抓住表现主体轮廓和主要特征,尽可能用简单的几何图形或线条代替复杂的实物形体,比如说用圆形、三角形来表现眼睛和嘴等意象。

(2) 合理安排各部分的比例关系,比如人的五官及身体各部分间都有一定的比例,因此在画轮廓时首先要把握好各部分的位置及大小。

(3) 适当地忽略主体的细节和局部。因为简笔画突出一个"简"字,所以只要粗线条的轮廓,不需要细致的内容。

画简笔画时也要注重抓具体事物的典型特征,如:

(1) 动物类特点:多用曲线,身体多呈椭圆形,多为四腿四足或蹄、爪,侧面站立的动物多构成方形或长方形,如牛、马、羊等,一般画法是一头、二躯干、三腿足、四尾巴。爬行动物的正面脸谱一般呈圆形,再结合每个动物的特征加以变化,如兔头为圆形,牛头为梯形。在教学中有很多动物不必画完整,只画出头部即可,既简单又省时,但需要仔细观察各动物头的形状及五官的不同之处,五官中区别较大的要属鼻子和耳朵,如cat和rabbit存在着相同之处,在画时重点突出耳朵的不同,猫耳朵是三角形的,兔子的耳朵是椭圆形的而且要画得略长一点。有些动物的鼻子是长三角形的,如lion、tiger,有些是倒三角形的,如cat、rabbit,有些是椭圆形的,如pig,等等。在画动物的全身时,以学生喜欢的卡通形象为主,大头小身子,这样既可爱又容易画,效果比写实更好。

(2) 植物类特点:水果多是圆形或椭圆形的,外形比较光滑且有规则,蔬菜的外形多以不规则的叶为特征。

(3) 常见的规则物品特点:从外形看多为规则、对称的图形,用直线画法较多。

四、简笔画辅助英语教学的具体应用

简笔画可以辅助语音、词汇、句型和语法等语言知识的教学。

1. 简笔画辅助语音教学

简笔画辅助语音教学主要用于展示发音要领。英语中有些音素,发音部位很难指示,发音方法也很难示范,如果采用简笔画,就很容易使学生掌握发音要领,并看出明显的区别。

2. 简笔画辅助词汇教学

简笔画是词汇释义的最有效手段之一,具体可以用于名词、动词、形容词、介词、副词等词类的学习(见表7-1)。

表7-1 简笔画辅助词汇教学示例1

词 汇	简 笔 画
名词: bird, cat	
动词: go upstairs, go downstairs	
形容词: full, empty	
介词: on, under	
副词: never, sometimes, often, usually, always 的程度区分	

英语中有些词汇词义接近,但用法不同,容易混淆。可用简笔画教学使其简单化。如表示方位的介词 in、on、to,可以用下面的图例(见图7-2)表示如何准确地使用:

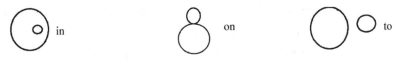

图7-2 简笔画辅助词汇教学示例2

其他介词如 in the front of/in front of 和 under/below/on/over/above 可以用下面的图例(见图7-3)进行区别:

图7-3 简笔画辅助词汇教学示例3

3. 简笔画辅助语法句型教学

利用简笔画可进行形容词和副词比较级的教学。如:画三个依次增大的苹果表示 big-bigger-biggest;画三棵依次增高的树表示 tall-taller-tallest;画上学途中前后三个小孩表示 early-earlier-earliest(见图7-4)。还可用上述简笔画组织学生进行句型操练。如:Lucy goes

图 7-4　简笔画辅助语法句型教学示例 1

to school early. Lily goes to school earlier. Han Mei goes to school earliest.

再如,在学习过去完成时态时,尽管教师一再强调过去完成时表示"过去的过去",但仍有不少学生在运用时出差错。因此,教学时可用如图 7-5 所示的数轴表示:

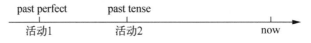

图 7-5　简笔画辅助语法句型教学示例 2

通过简笔画,清晰地说明了活动 1 在前,用过去完成时,活动 2 在后,用一般过去时。

4. 简笔画辅助课文阅读教学

简笔画可以辅助课文阅读教学。对于一些记叙文,教师可利用简笔画边画边讲,描述故事经过,并呈现新单词,既引导了学生的思路,帮助学生用英语理解课文内容,还为看图复述课文打下基础。

可见,通过简笔画的方式,可以更直观地展示不同英语文体结构的关键要素和思维逻辑。这样的视觉呈现有助于学生理解和记忆文体结构,并在写作时更好地组织思路。

以下是几种常见的英语文体结构的简笔画运用模式,供读者参考和开发运用。

（1）议论文（argumentative essay）：可以绘制两个图案分别代表争论的双方,用箭头表示他们的观点和论据,并在中间画一个天平来表示平衡和权衡的概念。

（2）描写文（descriptive essay）：可以画一个场景或物体,例如一幅美丽的风景画、一个人物或一个物品,以传达作者描写的内容。

（3）记叙文（narrative essay）：可以画一个时间轴,标明故事的起始点、发展过程和结束点；也可以绘制主要人物的形象,以及故事发生的背景。

（4）说明文（expository essay）：可以画一个图表或流程图,以清晰地显示事物之间的关系和顺序；也可以使用箭头和标签来连接和解释不同的要点。

（5）对比文（compare and contrast essay）：可以画两个相互对比的物体或概念,并在它们的旁边列出各自的相似点和不同点,用箭头表示它们之间的对比关系。

以鱼骨图为例,来展示用简笔画呈现不同英语文体的结构特点,图 7-6 所示是具体的呈现方式:

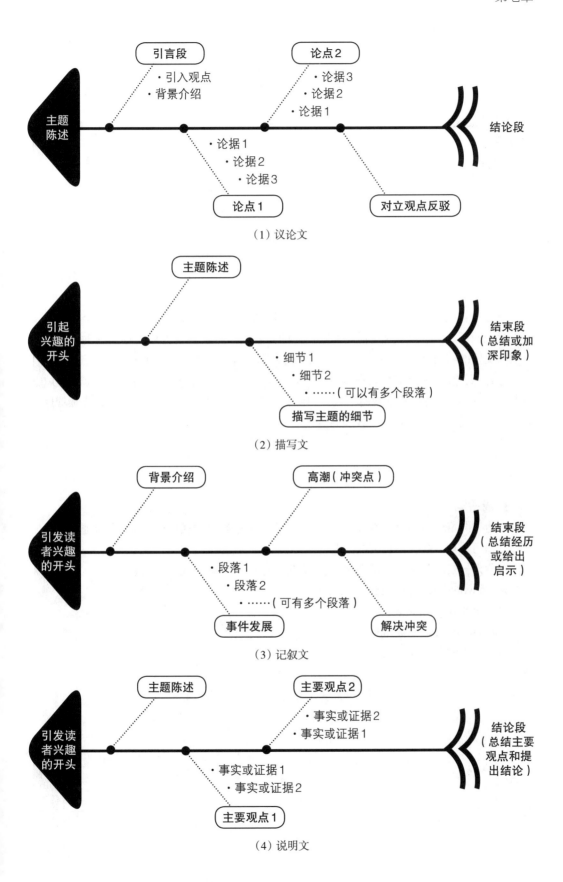

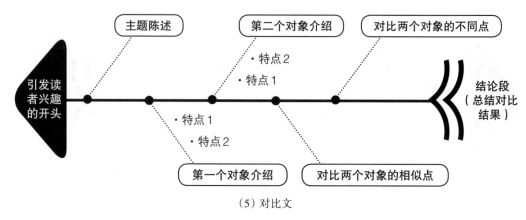

(5) 对比文

图 7-6　鱼骨图辅助不同文体课文的阅读教学

通过鱼骨图，可以清晰地展示不同英语文体的结构特点。每个分支代表一个主要的文体要素或段落，而每个子分支则代表更具体的内容。这种视觉化的展示形式有助于学生理解不同文体的组织结构，帮助他们更好地阅读和撰写各种文体类型的英语文章。

总之，简笔画是一种简洁、高效的直观教学手段，它视听结合，夸张幽默，引发学生联想，激发学生的兴趣，使得课堂妙趣横生。因此，在多媒体教学广泛应用的今天，简笔画辅助英语课堂教学还是应该受到广大教师的重视。

实践活动

1. 通过网络学习简笔画教程大全，学习中小学英语教材中相关词汇等的简笔画绘画。
2. 如何处理多媒体与板书的关系？
3. 假设你是教师资格考试面试考官，有位考生试讲结束后板书情况如下：

When would be a good day?

What did they want to do?

Could they present on time?

How did they suggest another time?

单从板书设计这个角度，你会如何评判？为什么？

4. 你会从哪些角度衡量"课件的设计与演示"是否合理？

第八章 课堂教学组织与管理技能

教学效果在很大程度上与教师课堂组织的方式有关。课堂教学组织是一项融合了科学、艺术和创造力的工作。本章第一节围绕课堂教学组织的形式、常用课堂教学组织的座位安排等方面展开,第二节围绕课堂管理的要素、课堂教学管理的方法等角度展开。

第一节 课堂教学组织技能

课堂教学组织是指教师通过协调课堂内各种教学因素而有效地实现预定教学目标的过程,是一项融科学性、艺术性和创造性于一体的工作。要做好这项工作,教师不仅要懂得课堂教学规律,掌握一定的教育学、心理学知识,还必须关注每一位学生,了解每位学生的特点,运用一定的组织艺术,调动学生全身心地投入学习。

一、课堂教学组织的形式

教学效果的优劣除与教师自身的素质有关外,还与教师课堂组织的方式有密切关系。严密的教学组织能把学生有效地组织起来,充分调动其学习的兴趣和积极性,按照教师设计的教学方案有条不紊地听课、思考、讨论、发问、实践,教学效果良好。

课堂教学需通过一定的组织形式来实现。如何把一定的教学内容教给学生,如何组织好教师和学生互动,如何有效地利用教学的时间、空间,如何发挥教学设备的作用等,都是教学形式要解决的问题。教学形式具有相对稳定性,但随着社会对人才需求的不同,科学技术发展水平的不同,以及所采用的教学内容、教学手段的不同,教学形式也有所不同。

班级授课制是我国现阶段的主要教学组织形式。但过于单一地采用班级授课制可能带来些许问题。如,一方面,即使在同一班级中,我们也不希望把学生当作"规格"和"型号"完全相同的"材料"进行批量加工;另一方面,当代学校的校园环境、技术装备发生了很大变化,现代信息技术改变了人与人的联系方式。因此,在班级授课制的基础上,教学的组织形式正在朝着多样化的方向发展。值得关注的组织形式主要有以下几种。

(一)基于能力差异的分组教学

教师把同一个班级的学生根据学习程度分成若干小组,每个小组可能会获得不同的学习任务,采用不同的学习方法和学习进程。或者,学校根据学生的能力差异,把他们编排到不同班级。

(二)基于合作的分组教学

教师将学生分成若干小组,帮助学生彼此结成一种合作关系,共同完成教学任务。这些教学小组有时相对固定,有时则根据完成教学任务的需要灵活组建。

不同的分组方法在不同的情境下都可能有其优势和适用性,根据不同的教学情境选择适合课堂教学的分组方法是很重要的。以下是一些常见的英语学习小组分组方法:

(1)随机分组:将学生的名字写在纸条上,然后随机抽取来进行分组。这种方法可以确保每个小组成员都有平等的机会,也能避免朋友之间总是被分到同一组。

(2)水平分组:根据学生的英语水平将他们进行分组,确保每个小组成员都在相似的水平上。这样可以使学生在小组内更好地互相配合,进而提高各项能力。

(3)兴趣分组:根据学生的兴趣爱好将他们进行分组,例如一个喜欢音乐的小组、一个喜欢电影的小组等。通过与同样对某一领域感兴趣的同学一起学习,可以增加学生的学习动力和提高其学习积极性。

(4)能力分组:将在不同技能(听、说、读、写)上能力相当的学生分成一组。例如,一个小组可能更注重口语能力的提高,而另一个小组可能更注重阅读和写作能力的提高。这样可以根据学生个体差异来定制学习计划。

(5)多元分组:按照不同的因素进行综合考虑,例如英语能力、兴趣爱好等,将学生分组,形成多元化的小组。这样可以利用学生之间的互补性来促进交流和合作。

(三)开放式教学

开放式教学最典型的尝试是美国的帕克赫斯特(Parkhurst)设计的"道尔顿制"。教学过程不再按班级组织,传统意义上的班级制度被取消,个别指导与分工协作取代了集体教学,各科作业室分工协作取代了教室。各科作业室按学科性质设置教学用具,1—2名教师在相应的作业室里对学生进行个别化的指导,各科教师与学生按月制定"学习公约",每个学生都有自己的学习计划和进度,但是,同一个作业室内的学生会在一起讨论和研究。开放式的教学组织对传统意义上的"课堂""班级"带来新的挑战。

(四)小班化教学

传统的班级授课制中,班级人数往往较多,有40—60人左右。按夸美纽斯(Comenius)的看法,即使一个班级有300个人,也可进行集体教学。但是,人数太多,教师通常会感到操作困难,负担过重。小班化教学的班级人数一般在20人以下。较少的人数让教师有可能对教学的过程进行更富有创造性的控制。

(五)小队化教学

小队化教学更侧重于对教师进行组织。采用小队教学的学校,同一个班级当中,往往会出现两名以上的教师,教师以"集体"的形式共同准备教学活动的全过程,共同完成与学生交流、对话的任务。

(六)协同式教学

协同式教学更加关注家庭的力量,将教师、家长、学生组织在一起。协同教学组织方式的出现,对"学校"的传统意义提出了质疑,学校教育开始主动要求全社会的参与。

(七)网络化教学

网络化教学的出现反映了现代信息技术对教学的巨大影响。在网络化教学中,教师、学生相互联结的媒介和时空关系与传统课堂教学相比,发生了根本的变化,人们甚至开始质疑传统学校存在的必要。

(八)实践式教学

传统课堂里最典型的活动是知识的灌输与接受,但是学生学习的内容不只是知识,当实践成为学生学习的重要内容时,实践式教学的形式开始受到广泛关注。教学的任务是完成一定的活动,教学的组织形式也必然与传统的课堂教学产生很大的差异。

二、常用课堂教学组织的座位安排

根据教学内容的要求和学生的特点,学生的座位安排通常有五种形式。

(一) 秧田式座位安排

基本的课堂座位安排以教师为中心。教师的活动主要在教室的前面,所有的学生都面向教师,学生的座位以纵横排列的秧田形安排(见图8-1)。

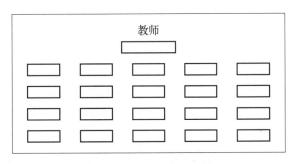

图 8-1 秧田式座位安排

这种设计模式有利于教师的教学活动,如讲解和演示等。教师能较好地调节和控制学生,有利于学生的注意力集中于教师,适合于进行提问、回答和完成课堂作业。学生能更多地与教师进行接触和交流。在我国,班级人数比较多,课堂座次排列一般倾向于采用这种排列方式。

(二) 作坊式座位安排

把一个班的学生平均分为几个小组,每个小组学生的课桌排在一起,组成一个大方桌,学生围在大方桌四周而坐(见图8-2)。这种形式便于学生之间的互动交流与合作学习,是小组合作学习经常采用的课堂组织形式。

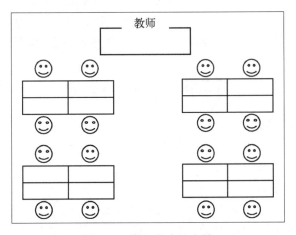

图 8-2 作坊式座位安排

(三) 圆形式座位安排

这种课堂组织形式,在教室内可以是班级的大圆形式,或小组的圆桌式(见图8-3)。班级

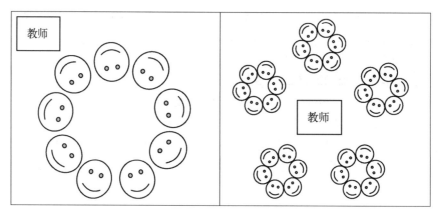

图8-3 圆形式座位安排

的大圆形式便于活动开展,班级交流。小组圆桌式与作坊式的功能基本一致。这种形式便于教师组织学生互动交流和表演展示。

(四)马蹄式座位安排

按照学习方式的需要,可把学生的座位按教室左、右、后三个方位安放,形成U形,即马蹄式的形式(见图8-4)。这种形式,有利于小组间的展示与交流,特别是有利于活动性、游戏性学习的开展。

(五)灵活式座位安排

在实践过程中,许多大班教学的教师,因地制宜,为能进行小组合作交流学习,采用非常灵活的方式。例如:同桌的同学互动,前后两排(四桌或六桌)的同学讨论交流,离开座位自由选择交流合作的伙伴。灵活式座位安排打破秧田式的单一形式,有效地体现了学生自主、合作学习的精神。

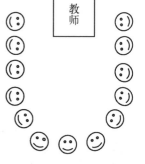

图8-4 马蹄式座位安排

座位排列形式的变化必然导致学习方式的改变,多元化的课堂组织形式是新观念、新学习方式的体现。某一课堂组织形式必须服从于某一学习目标、学习内容的需求而呈现。因此,在落实新版课程标准时,必须把课堂组织形式与活动方式、学习内容、学习目标有机地结合起来。

第二节 课堂管理技能

一、课堂管理的要素

课堂管理包含丰富的内容,一般分为三大要素:课堂环境的管理、课堂纪律的管理和课堂气氛的营造。

(一)课堂环境的管理

课堂环境管理指从外界环境上给课堂提供物质保证。师生置身于课堂中进行活动,首先要保证课堂的表层实体,即课堂物理环境的舒适与合理。教室空间利用是课堂环境管理的一部分。教师既要进行精心的计划和准备,又要调动学生的积极性,让学生参与教室环境的设计和布置。如教室墙壁上张贴英语版名人名言及各种评比表,用英语制作教室的门牌和课程表;教室内的物品上贴上英文单词;教室后墙黑板定期办英语板报,由学生确定主题、设计版面,还可将学生的作业、作品展览出来;教室的一个角落开辟"英语阅读区",师生提供英语阅读书,形成小小的教室图书馆,等等。

(二) 课堂纪律的管理

课堂纪律管理指制订一定规则,规范学生与教师的行为,从制度上为课堂管理提供保障。课堂的物理环境为课堂管理的运行提供了一个外在物质基础,同时,课堂管理也需要制度规范作为其运行的前提。在课堂管理过程中,教师要把教学目标中提出的对学生的期待转变为课堂活动的程序和常规,并将一部分程序和常规制订为课堂规则,以便指导学生的行为,促使学生积极主动地学习。课堂规则是描述和表达行为规范的静态形式,而对于这些课堂规则所进行的动态的执行和实施,则是课堂纪律。

1. 课堂规则的制订

课堂规则是形成良好课堂纪律的前提条件。制订课堂规则应遵循一定的原则。

(1) 课堂规则应符合四个条件,即简短、明确、合理、可行。首先,规则和常规要简明扼要,使学生能迅速记住。其次,规则要明确、合理。最后,规则应具有可操作性。

(2) 课堂规则应通过教师与学生充分讨论,共同制订。课堂规则不可由教师凭个人好恶独断设立,学生只有通过参与讨论,共同制订课堂规则,才能自觉遵守并乐于承担责任。

(3) 课堂规则应少而精,内容表述以正向引导为主。教师要对所制订的课堂规则进行归纳、删改,制订出最基本的、最适宜的规则,一般以5—10条为宜。如果不够全面,也应等学生学会一些规则后再逐步增加内容。规则内容的表述坚持正面引导为主,多用积极的语言,如"希望……""建议……"等,少用或不用"不准……""严禁……"等语句。

(4) 课堂规则应及时制订和不断调整。教师应抓住学期开始的机会,制订课堂规则。在开学之初与学生共同讨论,了解学生的状况和学习方式,征求学生对课堂规则的意见,与学生共同分享教师的需求。在实施过程中要不断进行检查,并根据各方面的具体情况加以补充、修改和调整。

2. 课堂纪律的管理措施

课堂规则只是静态的条文,只有这些规则得以实施才能收到预期的效果。将课堂规则转变成为课堂纪律,要注意以下几个方面:

(1) 合理组织课堂教学结构,维持学生学习的注意力和兴趣。争取更多学生把更多的时间用于学习,既是课堂纪律管理的重要目标之一,也是课堂纪律管理的有效策略之一。教师要合理组织课堂教学结构,优化时间意识,注意课堂时间管理的策略,维持学生学习的注意力和兴趣,从而提高课堂教学效率。具体可采用增加参与、保持动量、保持教学的流畅性、管理过渡、上课时维持团体的注意焦点等策略。

增加参与要求教师的教学内容符合学生的需要,生动有趣,有参与性,与学生兴趣有关,学生愿意积极参与。教学方法要能激起学生的兴趣,如可采用设置悬念、精心提问和讨论的方法,不断变换刺激角度,集中学生的注意力。

保持动量指课堂教学要有紧凑的教学结构,避免打断或放慢,使学生总有学业任务。这就要求教师课前要做好充分准备,如确定教学目标、精心设计教案、选择教学策略、准备好教具等;课堂上要合理安排教学进度和节奏,选择适宜的课堂密度、课堂强度、课堂难度、课堂速度和课堂激情度;此外,教师要讲究语言艺术,精练而不拖泥带水。

保持教学的流畅性是指不断注意教学意义的连贯性,即课堂上从一个活动转向另一个活动时所花的时间极少,并且能给学生一个注意信号。教师要保持教学的流畅性,就必须在课堂教学中给学生以有效、足够的信息量,形成序列刺激,激活学生的接受能力,以维持学生学习的注意力和兴趣。

过渡是指从一个活动向另一个活动的变化,如从讲授到讨论、从一个主题到另一个主题等。过渡时应遵循三个原则:过渡时应给学生一个明确的信号;在做出过渡之前,学生要明确收到信号后该做什么;过渡时所有的人同时进行,不要一次一个学生地进行。

上课时维持团体的注意焦点是指运用课堂组织策略和提问技术,确保班上所有的学生在课堂教学的每一部分都投入到学习中去。

（2）区别对待课堂环境中的三种行为。加拿大教育心理学家江绍伦将学生在课堂内的行为划分为积极行为、中性行为和消极行为三种形式。积极行为是指那些与实现教学目标相联系的行为。有效的课堂纪律管理应鼓励学生的积极行为,其强化方式有社会强化、活动强化、行为协议和替代强化四种。社会强化是运用面部表情、身体接触、语言文字等强化学生的行为;活动强化是指学生表现出具体的课堂积极行为时,允许学生参与其最喜爱的活动,或提供较好的机会与条件;行为协议是指教师和学生共同制订旨在鼓励和强化积极行为的协议;替代强化是指教师所做的具体行为示范充当了替代强化物,学生会模仿和学习。

消极行为是指那些明显干扰课堂教学秩序的行为。教师要针对消极行为的轻重程度选择有效的制止方法,及时制止消极行为。通常采用的制止方法主要有信号暗示、使用幽默、创设情境、转移注意、消除媒介、正确批评、劝其暂离课堂、利用处罚等。

中性行为是指那些既不增进又不干扰课堂教学的学习行为,如静坐在座位上思想开小差、看言情或武侠小说、在座位上不出声地睡觉等。中性行为是积极和消极这两个极端之间不可缺少的过渡环节,教师应利用中性行为的中介作用,使其向积极行为转变。

（3）正确、有效地处理课堂纪律问题。第一,运用非言语线索。非言语线索主要包括目光接触、手势、身体靠近或触摸等。如对表现不良的学生保持目光接触就可能制止其不良行为,还可以走过去停留一下,或者把手轻轻地放在学生的肩膀上。这些非言语线索传递了同一个信息:"我看见你正在做什么,我不喜欢你这样,快回到学习上来。"第二,合理运用表扬和惩罚。教师要想减少学生的不良行为,可以从表扬他们所做出的与不良行为相反的行为入手。比如某个学生上课爱做小动作,教师就可以在这个学生认真学习的时刻表扬他。还可以采取表扬其他学生的方式来减少某个学生的不当行为,一般选择他邻座的同学或和他最要好的同学加以表扬,这样可使行为不当的学生意识到,教师已经知道了他的行为表现,他应控制不当行为。在课堂纪律管理中运用表扬应注意:表扬的应该是具体的课堂行为,表扬应让学生产生积极的纪律体验,表扬应及时,对学生的课堂行为应给予及时正强化。

（三）课堂气氛的营造

1. 课堂气氛的含义

课堂的物理环境为课堂管理的运行提供了外在物质基础,课堂规则与课堂纪律的制订则为课堂管理活动提供制度规范,这些是形成良好课堂管理的外在条件。师生之间还需要营造一种良好的心理条件,即课堂气氛。课堂气氛是班集体在课堂上所表现出来的心理气氛,是课堂里某些占优势的态度与情感的综合状态。

2. 课堂气氛的类型

我国学者将课堂气氛划分为积极的、消极的和对抗的三种类型(如表8-1所示)。

表8-1 课堂气氛的类型

状　态	积极的	消极的	对抗的
注意状态	注意力稳定、集中,全神贯注甚至入迷	呆若木鸡,打瞌睡;分心,做小动作	学生注意力指向与课程内容无关的对象,而且常常是故意的。教师为维持课堂纪律而被迫中断教学过程
情感状态	积极愉快,情绪饱满,师生感情融洽	压抑、不愉快;无精打采,无动于衷	学生有意捣乱,敌视教师,讨厌上课;教师不耐烦,发脾气
意志状态	坚持,努力克服困难	害怕困难,叫苦连天,设法逃避	冲动
定势状态	确信教师讲课内容的真理性	对教师讲的东西抱怀疑态度	不信任教师
思维状态	智力活跃,开动脑筋,理解和解答问题迅速准确,富有创造性	思维出现惰性,反应迟钝	不动脑筋

积极的课堂气氛是恬静与活跃、热烈与深沉、宽松与严格的有机统一。也就是说,课堂纪律良好,学生注意力高度集中,思维活跃。师生双方都有饱满的热情,课堂发言踊跃。在热烈的课堂气氛中,学生保持冷静的头脑,注意听取同学的发言,并紧张而深刻地思考。师生关系融洽,配合默契。课堂气氛宽松而不涣散,严谨而不紧张。

消极的课堂气氛常常以学生的紧张拘谨、心不在焉、反应迟钝为基本特征。在课堂学习过程中,学生情绪压抑、无精打采、注意力分散、小动作多,有的甚至打瞌睡。对教师的要求,学生一般采取应付态度,很少主动发言。有时,学生害怕上课或提心吊胆地上课。

对抗的课堂气氛实质上是一种失控的课堂气氛。教师失去了对课堂的驾驭和控制能力。学生在课堂学习过程中各行其是,教师因此有时不得不停止讲课来维持秩序。

3. 良好课堂气氛的营造

良好课堂气氛的营造指在班集体中营造某种积极的学风与教风,从内在心理层面为课堂管理提供心理保障。教师是课堂教学的组织者、领导者和管理者,良好课堂气氛与教师课堂运作能力和本人的情感调剂能力有关。

（1）教师的课堂运作能力。课堂运作强调课堂中有效的管理与有效的教学之间紧密的联系。课堂运作能力通过教师的一系列课堂学习管理能力实现。美国教育心理学家库尼（Kounin）的研究认为,教师要实现良好的课堂运作,必须具备以下六个方面的能力：

① 洞悉能力。洞悉能力指教师在教学的同时能注意到课堂上发生的所有情况,并用言语或非言语予以适当处理的能力。教师的洞悉力有助于避免学生不良行为的产生,使课堂保持良好的秩序。库尼把洞悉描述为教师"脑后有眼"。

② 兼顾能力。兼顾能力是教师在同一时间内能注意或处理两个及以上事件的能力。如教师在指导小组学习时,一方面指导全组学生读课文,另一方面迅速地回答个别学生的问

题而不影响小组活动的顺利进行。缺乏经验的教师有时会因为处理个别学生的问题而拖延时间过久，使大多数学生精神涣散而影响学习。

③ 衔接能力。教学活动有时必须分段进行，教师要具有能按计划组织学生，使他们迅速而有序地从一个阶段向另一个阶段过渡的能力。这要求教师向学生提出的要求要明确、具体，如分组讨论时将座位较近的学生组成一组，搬动桌椅时要轻，讨论时声音不要影响其他小组，以及讨论多长时间等。这样使学生做到心中有数，使教学有条不紊地进行。

④ 吸引能力。在课堂教学过程中，要使全班学生始终参与学习活动，需要教师采取必要的教学组织形式。如教师讲解时可结合教学内容向全班学生提出问题；指定某组学生在讲台前表演，同时要求全班学生评价或就表演内容提问；学生朗读课文时，对于篇幅较长的课文可由多名学生接力朗读。

⑤ 创设能力。生动活泼、多样化的教学情境可激发学生的动机与兴趣。教师可使用幻灯片、投影仪、录像和多媒体等教学手段，使教学内容更直观；教师还可组织多种形式的教学活动，如团体比赛、合作学习、参观、访问、演说、角色扮演等提高学生的积极性。

⑥ 批判能力。教学过程中，教师有时要在全班学生面前批评或责罚某个学生，但要避免产生微波效应。微波效应指教师责罚某一学生后，对其他学生产生了负面影响。如教师言辞过于偏激，有损学生的人格，这不但不能使犯错误的学生受到教育，反而会引起其他学生对该生的同情，甚至对教师产生反感。

（2）教师的情感调剂能力，主要包括教师的移情能力，预测性认知能力和适度的焦虑调控能力等。

① 移情能力。移情指在人际交往中，当一个人感知对方的某种情绪时，他自己也能体验相应的情绪，即设身处地从对方的角度去体察其心情。在课堂学习管理中，教师要有体察情感反应的能力，使自己在情感上和理解上都能从学生角度思考。因此，移情是师生之间的一座桥梁，它可将教师和学生的意图、观点和情感连接起来，创造良好的课堂气氛。

② 预测性认知能力。人们在对外界信息不断反应的经验基础上，或是在推动人们行为的内在力量需求基础上，会产生对自己或他人行为结果的某种预测性认知。教师应该了解每个学生的认知能力和人格特征，形成对每个学生恰如其分的高期望，对学生产生良好的自我实现预言效应，促使学生向好的方向发展，并形成和谐的课堂气氛。

③ 适度的焦虑调控能力。在创设课堂气氛中，如果教师的焦虑水平过低，对教学、对学生容易采取无所谓的态度，则师生间很难引起情感共鸣，导致消极的课堂气氛。而如果教师的焦虑过度，总是忧心忡忡，唯恐学生失控、教学失败，那么一旦学生出现问题行为，则可能做出不适当的反应，使课堂气氛紧张。所以只有当教师把自己的焦虑控制在适当程度时，才会努力改变课堂状况，有效而灵活地处理课堂上出现的问题，以创设最佳课堂气氛。

二、英语课堂教学管理的方法

出色的课堂管理意味着教师使不良行为降到最低程度，促进学生之间的合作，能在不良行为发生时采取有效的干预措施，并确保课堂管理制度能使学生最大限度地参加有意义的学习活动。要搞好英语课堂教学管理，需从以下几方面入手。

（一）正确处理好英语课堂上的人际关系

英语课堂上的人际关系包括师生关系和生生关系。要处理好师生关系，教师必须明确自身的角色定位，不仅是传授者、组织者和控制者，还应是合作学习者。如有些英语教师虽然给学生时间"practise in pairs"或"act out the dialogue"，但从不参与学生的活动，在学生的对话表演中既不扮演交际合作者，也不是一名热心的观众，充其量是一位严肃的"监督者"。正确的师生关系应该是合作关系，教师认真传授并积极地参与到学生的学习活动中，学生积极思考并努力配合教师的教学。要建立良好的生生关系，教师需积极提倡、鼓励与引导学生之间互相学习、互相帮助。如在课堂及课外口语练习中，有些学生发音不准、表述不清时，教师要阻止其他学生嘲笑他们，并鼓励其他学生给予及时的帮助，共同创设一个轻松愉快的学习环境。

（二）及时制止英语课堂上学生的不良行为

学生在课堂上的不良行为主要有两种。一种是较中性的，既不促进课堂教学，也不妨碍课堂秩序。如有些学生眼看课本、教师或黑板，实际上在开小差，但从不在课堂上捣乱。另一种是消极恶劣的，如戏弄同学、嘲讽教师、吵闹等。教师可采取以下措施灵活应对：

（1）突然发问。当教师发现学生在课堂上不注意听讲或和同学讲话时，突然问他一个问题（这个问题必须是教师刚刚讲过，有一定难度但只要注意听就能答上来的），这可引起捣乱学生的重视，提醒他停止不良行为、集中注意力，但当此学生回答不出时，万不可讽刺挖苦，否则会起副作用。

（2）停止讲课。若教师发现有学生违反纪律，可立即停课片刻，注视着那位学生，这可引起违纪学生的重视，但时间不可过长，否则会引起学生反感，也影响全班学生的学习。

（3）适当的惩罚。教师应以积极的态度去看待学生的不良行为，不要总以为学生违反纪律是跟自己过不去，要尽量从轻处理学生在课堂上的不端行为，给学生改正的机会，不要动不动就训斥学生、将其赶出教室或要求见家长，特别是不可体罚学生。

（4）调整座位。把英语课堂上经常违纪的学生和好的学生调到一桌，或把他从后排调到前排，这样便于教师控制。

（5）课后处理。学生在课堂上一直捣乱，教师采取相应措施仍无效时，可在不打断讲课的情况下暂时不管他，待课后再处理，切不可在课堂上花大量时间应付个别学生。

（6）个别谈话。无论教师在课堂上采取何种措施处理违纪学生，课后一定要与其进行个别谈话，一起分析违纪原因及危害性，并告诉学生如何纠正。

（三）防患于未然

成功的英语课堂管理关键不在于学生违纪后教师的处理，而在于教师防患于未然，避免违纪行为发生或重犯的能力。

（1）规范行为。让学生明白该干什么，不该干什么。规范要简单实用，不可太烦琐苛刻，令学生感到厌烦。

（2）执行纪律。对违纪学生要严肃处理，不可纵容。对所有学生要一视同仁，执行纪律要公正，以免引起其他学生的不满。

（3）充分备课。教师备课不充分也容易导致课堂秩序不佳。备课不仅是备教材，也是备学生。教师需熟谙学生的学习需求、学习特点和认知水平。

（4）吸引注意。一位好的英语教师应擅长随时吸引学生的注意力。教师应把握好自己的声音力度、肢体语言,采用多样化的教法,以免学生因听不清楚或不感兴趣而转移注意力;也可采用随时提问的方法维持学生对学习内容的持续注意。

实践活动

1. 你了解翻转课堂吗?它和传统的课堂组织形式各有什么特点和优缺点?

2. 上课过程中,某个内容你讲错了,有学生当场指出后,全班同学哄笑,这时你会怎么办?

3. 你班上有个学生上课举手非常积极,但是你请他回答问题时,他又不会。而且,每次都是这种情况。你会如何处理?

4. 某新教师上课时课堂总是闹哄哄的,总要花费很多时间在维持课堂纪律上,严重影响了课堂教学进度和成效。你能提供什么意见和建议?

第九章 课堂活动开展与评价技能

本章先分析了小组活动的意义和一些教师对课堂中采用小组活动的顾虑，然后阐述了如何恰当设计小组活动任务以及各种小组活动形式的优势和局限性，最后对开展小组活动过程中的分组分工、交际策略与合作技能的培养、活动后的评价等作了详细说明。

第一节 课堂活动开展

随着课程改革的推进，教师的课程意识不断强化。课程不是承载特定知识的文本，而是学生生活世界的经验；课程不是由教材这一单因素构成的静态课程，而是教师、学生、教材、环境等多因素相互作用形成的动态、生长的建构过程，因而课堂教学成为师生共同探求新知、共同发展的过程。而课堂活动是这种课堂教学发生的基础，学生只有在活动中才能充分展示自己，挖掘自己的潜能，发展自己的综合素质。后现代这种动态的、生成的课程观丰富了课堂活动的内涵，师生成了课程知识的开发者和创造者，课堂教学活动以讨论交互为主，从根本上改变了传统的课堂教学活动的流程。

一、英语课堂中的常见活动形式

在英语教学中，教师可采用多种活动方式，合理安排活动时间、任务分配，全面考虑以培养学生的综合语言运用能力为目标，灵活地、创造性地使用教材，将活动和语言实践结合起来，在有限的时间内达到最优的教学效果。

（一）游戏活动（games）

在英语课堂中恰当地运用游戏，不仅能够在不知不觉中训练目的语，调节课堂气氛，英语教学也变得生动、丰富。词汇、语法、听力、阅读、写作等都可以通过游戏得以训练。游戏形式可以是表演、猜测、比赛等。

案例 9-1

可以在英语课堂上开展语序和句子顺序排列比赛，步骤如下：
(1) 教师课前准备一篇趣味小短文或一个段落。
(2) 学生三人一组，其中学生甲打乱句子顺序，然后打乱词序。
(3) 学生甲逐词朗读，学生乙写下已打乱的单词，然后重新组句。
(4) 把写好的句子交给学生丙检查拼写、语法错误等。
(5) 依次完成剩下的句子，然后学生乙、丙一起把句子组成文章。学生甲核对正误。

在这项训练中,学生有时会写出意想不到的好句子、好文章。

再如,语法课让英语教师头痛,枯燥的语法规则很容易使课堂变得呆板。在定语从句教学中,可尝试:先将几个定语从句编成一个小谜语,请学生做猜谜游戏;之后将句子单列出来,问学生是什么类型的句子。学生的回答可能五花八门;于是,带着这些疑问,将句子中的从句部分变换颜色,请学生自己判断从句部分在整句话里的作用;然后把每个定语从句都拆分成两个简单句,弄明白定语从句的基本结构;再把另外一些简单句组合成定语从句,并以竞赛的方式引导学生共同记忆特殊引导词的用法;最后的作业是用定语从句来写一篇描写人的文章。这样的活动可以使学生愉快地掌握定语从句的语法。

(二)角色扮演(role play)

角色扮演可以在两人、三人或更多人之间进行。这项活动最大的好处是语言交际范围得到了极大的拓宽。学生可以扮演演员、记者、校长、父母等;他们可以模拟道歉、感谢、建议、要求等;他们能尝试体会各种不同的情绪,或兴奋、或沮丧、或愤怒、或悲伤。总之,各种现实生活中的情境都能通过角色扮演这一活动形式得到实现,而且操作简易、方便。但是这一活动的缺陷是学生语言容易模仿过多而有效语言使用不足。

案例 9-2

> Have a conversation in pairs, with one student as the farmer and the other as the customer. The farmer is persuading the customer to buy his/her "green food".
>
> (选自 NSEFC Student's Book 4)

(三)项目研究(project)

项目研究活动往往需要两名或两名以上学生协商、分工合作才能完成。有些任务涉及校园生活,有些任务会延伸到课外,所以这些任务不一定能在课堂上完成,还会占用一些课外时间,有时需要几天,有时要几周。这类活动更偏重于学生思维的训练、合作能力的培养。在现行的高中英语教科书中,几乎每单元后都有一个project。

案例 9-3

> Work with a partner to create your own theme park you want and then decide what kinds of places, shows and activities will be in your park.
>
> Make a map of your park and mark all the places of interest, including activities, shows or demonstrations.
>
> Make a poster to advertise your theme park to your class. If possible, make a small model of your theme park and display it to the class.
>
> (选自 NSEFC Student's Book 4)

(四)头脑风暴(brainstorming)

通过创设符合教学内容要求的情境,激活学生思维,调动他们已有的知识和经验,促使学生主动参与教学活动。这种活动形式能丰富学生的词汇量,扩大学生的知识面,帮助学生从语言和内容上为将要听的、读的或写的任务做好充分的和必要的准备。

案例 9-4

Q1: How many events are there for the Summer and Winter Olympics?
Q2: Why do so many countries want to host the Olympics Games?
问题1为将要阅读的文章做了一些词汇的准备,问题2则从内容上作了准备。
（问题选自 NSEFC Student's Book 2）

（五）解决问题和选择决定型活动（problem solving and decision making）

解决问题型任务要求学生在活动中注意意义的表达,问题的解决。这些问题可以很简单,如在地图上找到目的地的方向和位置,也可以相对较难,如制订一份详细的旅行计划。

选择决定型任务只是让学生解决一个问题,即找到最终目标。这类任务给学生一系列的可选择的决定,经过学生讨论,选择其中一个。比如关于上哪儿去春游的问题,学生可以通过讨论,投票选出一个大多数学生赞成去的地方。

案例 9-5

Imagine you are planning to open a restaurant which will provide the best local dishes in your area and a balanced diet. In groups discuss how to run the business.
（选自 NSEFC Student's Book 3）

（六）信息差活动（information gap）

信息差活动是指两人或两人以上相互交际时,有些信息只有一方知道,另一方不知道,形成信息差距。要促进学生之间真正有意义的交际,彼此之间必须有信息差。

案例 9-6

学生A和学生B分别在他们自己的地图上找相应的地点,各自看自己的地图,通过互相讨论,找到自己要找的地方。

STUDENT A wants to know where the following places are: the lake, the animal park, the souvenir shop, the roller coaster, the dolphin park and the magic castle.

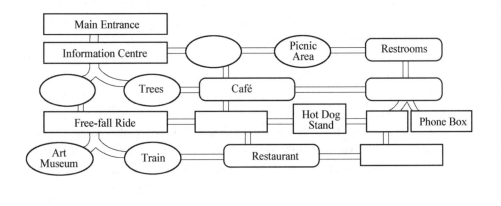

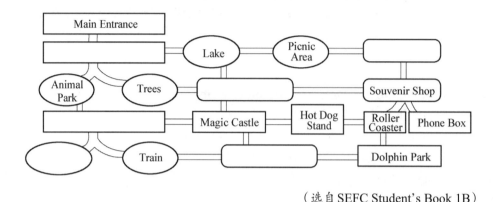

（选自 SEFC Student's Book 1B）

切块拼接法（jigsaw）也是信息差的一种。首先将学生安排到四人或更多人组成的小组中，学习事先已经分割成片段的学习材料。例如，课文 "A Student of African Wildlife" 可以分成早期生活、主要成就、主要挫折、晚年生活和对历史的影响等部分；再如，课文 "Festivals around the World" 介绍四类节日，即 festivals of the dead、festivals to honour people、harvest festivals、spring festivals。每个小组成员阅读他所要完成的部分。然后，不同小组中学习同一内容的学生组成"专家组"，共同讨论他们所学习的那部分内容。随后学生返回到原小组，轮流教其他同组同学自己所学的那部分内容。学生要想掌握所有内容，唯一的途径就是认真听取他们小组成员的讲解。因此，他们具备彼此支持的动机并表现出对彼此活动的兴趣。

（七）交换观点型任务（opinion exchange tasks）

这类任务不必达成一致意见，学生主要是表达不同的想法和不同的观点。

案例 9-7

例：China has tens of thousands of cultural relics. Perhaps it is not possible or necessary to save all of them. For example, Beijing is famous for its *hutongs* or traditional houses and yards. Some people say that only the best ones should be saved. Others disagree, and say they make the capital a special space.

Discuss the following question with three of your classmates: Do you think China should save all of its cultural relics?

先小组讨论，罗列出反对或赞成的理由。然后全班大讨论，补充两方的理由。最后进行全班辩论。

Now make two sides for a class discussion/debate. First collect your ideas. Then one side will agree, saying "Yes, we should save all our cultural relics." The other side will not agree, saying "No. We should not save all our cultural relics. We should save the best ones."

（选自 NSEFC Student's Book 2）

此外,从学生参与英语课堂的活动来看,形式主要有:聆听教师的授课活动;聆听同学的发言活动;自主参与课堂的发言活动;开展集体性的课堂学习活动;进行个人课业活动;进行个人思考活动。针对以上六个方面的活动,通过对学生的学况调查分析,我们发现学生运用英语的综合能力的强与弱很大程度上取决于学生在每节课上真正能够参与以上六个活动形式量的多与寡。

二、课堂活动方式的优化策略

开展符合青少年身心发展规律、能吸引学生参与的活动,才是使课堂教学真正充满持久活力的源泉。课堂活动方式的优化可采用如下三种有效策略。

(一)信息差策略

信息共享体现了人的一种普遍心理需求。有效地开展英语交际性活动的关键是教师与学生、学生与学生间有信息差。有了信息差,学生就有强烈的参与交际的需要和欲望。因此,教师要善于利用和创设信息差,使每一个学生带着渴求获得信息和交流信息的心理去学习和运用英语,从而获得语言能力。教师所提问题要尽可能做到没有现成的答案,避免过多的单调乏味的"明知故问"。如在小组活动时,教师可以让一名学生根据本班某同学的相貌特征、衣着进行描述,请其他学生猜出他所描述的是谁。

(二)尊重差异策略

学生之间的差异客观存在。在班级授课制"一刀切,齐步走"的教学模式中,在固定的时间内,对同样的教学内容,按划一的要求,用统一的授课方式,必然会产生一部分尖子学生"吃不饱",而一部分后进学生"吃不了"的现象。这导致相当一部分学生或没有机会,或没有能力参与到教学活动中来。因此,活动开展要认识到学生的差异,在目标、讲授、操练、提问、练习、测试等方面提出不同的要求,运用不同的方法,并有意识地鼓励学生努力尝试达到更高一级的目标。活动中可以让学生组成异质小组,无论是朗读、对话、答问等都以小组为单位开展竞赛,能参与活动者都予以加分,这样,人人都有用武之地,全体学生的参与使课堂气氛热烈活跃,不同层次的学生都能找到自己的最近发展区。

(三)超常规策略

激发学生全身心地参与课堂活动时,教师要勇于打破传统框框。如提倡在课堂上争辩问题;允许学生上课不举手站起来就说;上课时与学生共同讨论,让学生选择教学活动的方式,如上"The Sports Meeting"一课时可以在操场上分小组开展一场用英语组织的运动会。在课堂教学方式的组织上,要力戒程式化。如教师可提前两三分钟到教室,在与学生的聊天中往往就不知不觉地进入教学话题。在课桌椅的摆放上,可以既用秧田式,也用作坊式、圆形式、马蹄式;学生活动时可以三人一组,也可以四人一群;可以坐,也可以站;还可以运用社团语言学习法(community language learning),围成一圈,形成协商的氛围。

第二节　课堂教学评价

课堂教学评价是与课堂教学有关的测量与评价的总称,包括对教与学两个方面的评价,和涉及教学过程与教学结果两个维度的评价。它是促进学生成长、教师专业发展和提高课堂教学质量的重要手段。科学有效地进行课堂教学评价是现代教学的重要一环。新课程提倡评价目标的多元化，评价内容的多维度和评价方法的多样化。学生发展的多元目标既可在教学活动中体现，又可通过评价反馈学生发展的信息，促进学生发展。课堂是学生接受教育的主要场所，如果缺乏相应的、即时的课堂教学环节评价，学生就不能真正参与到课堂教学过程中来。因此，教师在英语课堂教学中不仅要传播语篇内容知识，更要积极创设学生参与课堂活动的条件和氛围，使教、学和课堂评价三位一体，使课堂评价始终贯穿于教与学的整个过程。

"教—学—评"一体化设计理念指在课程实施中，以教育目标理论为指导，使教学、学习、评价之间彼此相符，保持一致，强调以评促学、以评促教，将评价贯穿英语课程教与学的全过程。"教—学—评"一体化作为评价建议写入《义务教育英语课程标准（2022年版）》，凸显了评价在课程建构与实施中的驱动地位，标志着该理念从学术自觉上升为国家意志。

"教—学—评"一体化与"教—学—评"一致性内涵相近。后者指在整个教学系统中，教师的教、学生的学以及对学习结果的评价之间的协调配合程度，其核心在于以核心素养的培养为旨归，以学习目标为核心，实现教、学、评的一致。从构成要素来说，包含"学—教""学—评""教—评"三组关系的一致性。而"一致性"与"一体化"相比，前者更多指向理论指导，后者则强调实际行动，聚焦课程实施的具体行为。

"教学一致性"最早由美国教育心理学家科恩（Cohen）提出，其研究结果证明，教学目标与评价的一致性越高，学生的成绩越好。由于科恩并未具体阐释"一致性"的内涵与外延，美国教育评价专家韦布（Webb）经过深入分析，认为更好地指导"教"与"学"的实践是实现"一致性"的根本目标。崔允漷认为清晰的目标是"教—学—评"一致性的先决条件，教学、学习与评价是否均围绕同一目标展开是判断教、学、评是否一致的根据。"教—学—评"一致性指向有效教学，而检测教学"有效性"的唯一证据是目标的达成情况。因此，目标是教、学、评一致的核心。其次，教师发挥"质量监测员"的作用，开展持续性评价是教、学、评一致的关键。最后，结构化的学习活动是教、学、评一致的保障。目标达成的过程是一个解决问题的动态过程。

在课堂教学设计中，"教—学—评"一体化的实施需要考虑以下几个要素：

（1）确定合理清晰的目标。目标决定教学的方向和质量。教师应立足课程标准，正确理解与巧妙运用教材，熟知学生的认知特点，分析英语课程内容六要素和核心素养的主要表现，确定每堂课的学习目标。

（2）将学习目标转变为评价任务。学习目标既是教师教的方向，也是学生学的标杆，更是学习评价的基准。教师应在评价设计中进一步审视目标的科学性和合理性，有效分解目标并设计评价任务。

（3）合理规划学习活动。基于学习目标和评价任务，教师应当根据目标进一步梳理知识体系，并将目标转变为合理的、与学生学习经验相对接的学习活动，并分步实施，为学生提供序列化的学习体验。

总之，"教—学—评"一体化理念要求教师依据课程标准、学情和教材，精准制订教学目标；围绕目标设计教学活动、环节、流程，确保教学、学习、评价一致；以学习者为中心，变"教的活动"为"学的活动"；围绕目标进行学习评价，实现知识的应用与迁移。

一、课堂教学评价的理论基础

（一）目标理论

它包括泰勒（Tyler）的行为目标模式和布卢姆（Bloom）的目标分类模式。

美国教育家泰勒在20世纪30年代提出行为目标模式。该理论强调学生的行为目标是评价的主要依据，即通过可以观察、测验的学生的行为来确定教育目标的达成度。评价是判断教育活动实际达到目标的程度，同时也是找出教育活动偏离目标的程度，通过信息、反馈使教育活动尽可能逼近目标。

随后，20世纪50年代，美国教育心理学家布卢姆提出目标分类模式，认为教育目标是评价的基础。教育目标从整体上分为认知领域、情感领域和动作技能领域，每个领域在实现最终目标的过程中都有相应的目标系列。

（二）多元智力理论

1983年，霍华德·加德纳（H. Gardner）提出多元智力理论（the theory of multiple intelligences），认为人的智力结构至少由七种智力要素组成，即言语—语言智力、数理逻辑智力、空间智力、身体运动智力、音乐智力、人际交往智力和自我认识的智力。多元智力理论带动了评价内容、评价主体、评价方式等的多元化，带来了全新的评价思维方式。多元智力理论中的言语—语言智力（verbal-linguistic intelligence），是指对外语的听、说、读、写能力，表现为个人能够顺利而高效地利用语言描述事件、表达思想并与人交流的能力。多元智力理论告诉教师等评价者应认同学生个体差异，个体具有不同的智力，如果教育得当，每个人都能发挥自己的优势智力并带动其他智力同步发展，因而，只存在智力类型和学习类型差异的问题，而不存在智力水平高低的问题，所以对学生的评价由关注"学生的智商有多高"转为关注"学生的智力类型是什么"，关注学生学习过程中不同阶段的发展平衡性。

（三）有效教学的理论

伯利纳（Berliner）等通过研究阅读和数学教学，总结出了有效的教学行为和无效的教学行为。其中有效的教学行为有：教师建设性地对学生的情绪和态度做出公开的言语或非言语的反应；教师认真听学生在讲什么，谈什么；教师给学生某种指导或警告，并且说到做到；教师对所教的学科充满信心，并显示出对此学科的驾驭能力；教师检查学生的学习进度，并根据检查结果调整自己的教学工作；在教学过程中，教师表现出一种积极的、令人愉快的、乐观的态度和情绪；教师能够充分有效地利用课堂上出现的迹象预测意外事件；教师鼓励学生认真做好课堂作业，并对学生课堂作业负责。无效的教学行为有：教师突然改变教学程序，如从教学转向课堂纪律管理；教师当众训斥学生；教师为了打发空余时间，让学生在课堂上做一些无用的作业；教师在课堂上不是为了达到明确的教学目标，而是要表现自己。

盖奇（Gage）等提出了课堂教学评价中需要重点关注的四类教师行为：

（1）组织，指教师对课堂教学的组织，如发出信号引起学生注意、提示教学内容的组织结构、维护正常的教学秩序等。

（2）提问，指教师通过精心的问题设计，引起学生注意，激活学生思维，促使学生积极思考并调动已经掌握的知识技能和学习经验来掌握当前与学习有关的内容。

（3）探究，指教师的教学活动有一定的探索性和发现性，能引导学生在情境中通过观察、阅读发现问题，分析和解释问题，获得答案并进行交流、检验等。

（4）奖励，指教师在课堂教学中用言语或非言语的形式对学生的学习活动或学生提出的看法给以肯定性的鼓励,提升学生学习动机,使其智慧活动进行得更久、更高效。

二、课堂教学评价的原则

课堂教学评价应该遵循一些基本原则。

(一)方向性原则

评价是依据一定的价值取向做出的价值判断。课堂教学评价以激励、改善和优化教育为目的,坚持人的全面发展和特长发展的和谐一致,重在能有效地促进学生的德、智、体、美全面发展,促进学生创新精神和实践能力的培养,促进学生全面的发展。同时,评价有利于教师改善教学,促进自身专业化发展。

(二)多元化原则

在课堂教学评价中,应该从多种角度、运用多种方法对课堂教学的过程和课堂教学的结果进行评价。多元化原则体现为评价内容、评价主体和评价方式的多元化。

评价内容须考虑到课堂教学的过程、教师的教学能力及水平、课堂教学要素、课堂教学结果、学生的参与度等各个方面,根据评价的目的、评价的要求划分评价权重等,有侧重地选择评价因素。评价主体既有课堂教学之外的人员,如研究者和教育管理者,也有课堂教学内的教师和学生,同时考虑同事或同伴在评价过程中的参与,改变单纯以他评为主的方式,注重自评和互评,充分发挥师生自我评价、自我制约、自我完善的作用。评价方法上除量表或者纸笔测验外,还能运用调查、问卷、评议、观察、记录、考查、成长记录袋、真实性评价等多种方式方法,要做到定量评价和定性描述相结合,形成性评价和终结性评价相结合,心理测量和外显行为的考查相结合,绝对评价和个体内差异评价相结合。

(三)真实性原则

真实性原则强调在真实情境中,给评价对象呈现开放的问题情境以及需要整合知识和技能的有意义的真实性任务来进行评价,评价重在考查评价对象在各种真实的情境中使用知识、技能的能力。评价既指向结果,更指向过程,把评价对象当前的状况与其发展变化的过程联系起来,凸显评价的诊断与服务功能,即为评价对象提供有效的反馈和建议,而不仅仅为了选拔与区分。真实性原则承认个体差异,主张对不同的评价对象提供不同的评估策略,以适应各种能力、各种风格以及各种文化背景,为展示他们的潜能与强项提供机会。评价对象了解评价的任务及具体标准,评价被整合在师生日常的课堂活动中,是师生共同的任务,成为教师教学、学生学习的一部分。

(四)可行性原则

在保障指标体系的严谨性、本质性和评价操作技术手段的先进性的前提下,评价指标体系尽量简约化、外显化、可操作化。评价操作工作尽量简化,包括评价组织、实施步骤、搜集信息的方式技术措施和信息处理等都要尽量简便易行,还要精简机构,尽量减少评价的人力、物力和财力。

三、课堂教学评价的建议

因为英语课程教学目标内容由培养学生的综合语言运用能力转化为落实立德树人根本任务,因此,相应的考核方式也要随之改变。《普通高中英语课程标准(2017年版2020年修订)》提出了六条英语课堂教学评价的建议。

（一）以英语学科核心素养为评价总目标，推动实现学科育人

普通高中英语课程具有重要的育人功能，旨在发展学生的语言能力、文化意识、思维品质和学习能力等英语学科核心素养，落实立德树人根本任务。课标是教师开展教学活动的依据，因此，学生学业评价也应与课标保持一致，根据学生学科核心素养的培养要求确定具体的评价内容和标准，着重评价学生的发展与成长，关注学科育人目标的达成程度，使教、学、评形成统一的有机评价体系。

评价目标的设定是为了判断学生在学习过程的某一时刻或某一阶段达到相应教学目标的程度和质量水平。学生学业评价始终坚持以英语学科核心素养的培养为导向，结合课程内容六要素，从具体、细化的教学目标出发，以描述性的语言呈现不同教学活动的评价标准，对学生日常学习过程中的表现、所取得的成绩以及学生英语学科核心素养的发展做出全面评价，例如学生在日常课堂学习过程中的实时表现、学习活动各要素的达成程度、语言综合运用中所体现的学科核心素养水平等目标范畴，使教、学、评共同指向具体的教学目标，实现学生在语言能力、文化意识、思维品质和学习能力等维度的整体协同发展，进而推动达成学科育人的目的。例如，教师可从如表9-1所示的方面对课堂教学进行评价。

表9-1　教师课堂评价示例

评价指标	评价等级			
	A	B	C	D
1. 在本堂课上给学生提供了足够的学习机会				
2. 分组讨论时大部分学生积极参与讨论				
3. 学生基本掌握本课重点词汇及句式				
4. 教学活动涉及对学生高阶思维的培养，例如评价和创新				
5. 学生能通过分析比较就语篇内容的异同之处进行提炼和归纳				
6. 本环节教学目标达成且效果较好				

（二）以学生为评价主体，促进学生全面、健康而有个性的发展

学生是学习的主体，也是评价的主体，是教学评价过程的主要参与者，因此，评价目标和标准的确定、评价内容和方式的选择、评价方案的实施等应以生为本，从学生实际情况出发，充分考虑其认知水平、年龄特征、学习习惯、情感、接受程度等因素，调动学生参与各种教学和评价活动，使教、学、评既为学生的学习提供反馈，又为学生的学习提供方向指引，最终指向学生的英语学科核心素养的发展。

课堂评价活动应贯穿教学的全过程，为检测教学目标服务，以发现学生学习中的问题，并及时提供帮助和反馈，促进学生更有效地开展学习。学生在教师的指导下应积极参与各种评价活动，例如协商和确定评价标准和评价模式，以凸显学生在教学评价中的主体地位，并实现从评价的接受者向评价活动的积极参与者的转变。学生通过主动探究，积极建构知识和意义，以此来监控和调整自己的学习进程，并从中获得成就感和自信心，培养学生自主学习和终身学习的能力，进而促进学生全面发展。例如，教师可引导学生针对学习目标、学习内容、学习效果等，对自己的表现以自评或组内互评的方式进行如表9-2所示的评价。

表9-2 学生课堂评价示例

评价指标	评价等级			
	A	B	C	D
1. 在本堂课上我全身心投入学习				
2. 我积极参与小组讨论活动				
3. 在课堂上我能听懂其他同学的英文表达				
4. 我能根据所获取的信息提出批判性问题				
5. 我理解了文章主要内容、写作手法及作者的写作意图				
6. 在课堂上我能跟上老师的讲课进度				

（三）关注学生学习过程，在英语活动中实施评价

长期以来，评价被简化为测试，导致考试的功能和作用被片面夸大，开展课堂评价的意义和功能弱化，学生参与自评和互评的主体地位缺失。因此，在英语学科核心素养指导下的教学评价引导教师从关注学习结果转向关注学生的学习过程，使教师更加关注教学过程中学生主动参与的态度、对学习投入的程度以及实际学习的成效，从而通过及时反馈和调整确保教学目标的实现，促进学生将学科知识与技能转化为自身的学科核心素养。其中，英语学习活动是教师教学和学生学习的基本组织形式，也是落实评价目标的主要途径，因而对英语学习的日常评价也应体现英语学习活动观的理念和核心素养各维度的表现，使学生在主题意义的引领下，基于特定的语篇，通过自主学习、合作学习和探究学习等方式参与学习活动，并完成相应的评价过程。但是在开展评价活动时，教师不仅要说明活动的内容和形式，还应给出活动的要求和评价标准，注重学生成长和全面发展。以小组研究项目为例，学生和教师可参照如表9-3所示的问题对项目设计活动的完成情况进行评价。

表9-3 小组研究项目课堂评价示例

评价指标	评价等级			
	A	B	C	D
1. 该研究项目有充分的选题依据				
2. 研究步骤清晰明了				
3. 研究过程充分考虑了复杂和困难的情形并有相应的应对措施				
4. 小组成员在讨论时有效运用新学会的英语表达				
5. 每个成员都认真参与设计过程				
6. 该方案能对其他项目的设计提供借鉴				

（四）采用多元评价方法，切实开展好形成性评价

教学评价通过对教师日常教学和学生学习情况的过程性观察、监控、记录和评估，来全面了解学生的个性特征、学习效果和发展潜能，关注学生的学习过程和全面发展。教师可采用多元的评价方式来检测自身教学和学生学习成效,以提升教学效率和学生的学习质量,这就要求英语教师不仅要活用测试这一传统评价手段,还应根据课堂教学和评价需要,以英语学科核心素养为导向,适时展开形成性评价,与学生共同设计形式多样的评价任务,例如开发和利用学习日志、课堂观察表,自评量表、成长档案袋等评价方式客观反映学生英语能力的动态发展轨迹;此外,教师还可用提问、观察、表现性任务等方式实施互动评价,实时监控学生的表现。在设计和实施评价的过程中,教师还应根据不同阶段的教学特点及学生的认知水平、性格特征等因素,选择恰当的评价方法,重视教师、学生和同伴等不同评价主体的地位,综合使用形成性评价和终结性评价方式,努力把评价活动融入课堂教学活动的各个环节,并实现学生自评和同伴互评相结合,从而使评价活动成为学习过程的有机组成部分和促进学习的有效途径。例如,教师可采用学生成长档案袋的方式展开评价(如表9-4所示)。

表9-4 学生成长档案袋示例

姓 名		学 校		年 级	
学 科		入学年月		入学考试成绩	
阶段性测试成绩	测试一:	测试二:	测试三:	测试四:	测试五:
学习行为记录					
书面作业样本					
教师评语					
家长评语					

(五)正确处理不同评价的关系,选择恰当的评价形式

面对多样的评价方法,英语教师应正确处理好不同评价之间的关系,充分发挥各类评价的正面鼓励和激励作用。教师应基于持续的课堂观察,关注学生不同阶段的学习成效,注重每堂课、每个单元、每本教材的教学目标和课程学业要求的达成程度,并兼顾形成性评价和终结性评价,为学生提供即时的评价和反馈,以及时了解学生即时学习效果和阶段性进展情况,并实现评价对教学的实际指导。在对学生展开日常的形成性评价时,教师要充分把握课程各要素如课程内容、课程目标、教学活动、教学组织之间的逻辑关联,选择合适的评价方式,并制定切实可行的评价标准。一般而言,日常评价应采用描述性评价、等级评定等评价记录方式,并通过课堂观察、学习档案、反思日志、问卷调查、师生面谈、座谈讨论、随堂测验、纸笔测试等形式考查学生知识的增长、经验的丰富、能力的提升和态度的转变等情况,全面评价学生的发展,即学生在语言能力、思维品质、文化意识和学习能力四个方面的变化。表9-5为学习结束后,同伴之间展开写作互评的示例。

表9-5 同伴写作互评示例

评价指标	评价等级			
	A	B	C	D
1.作文开门见山,直奔主题				
2.写作脉络清晰,框架完整				

（续表）

评价指标	评价等级			
	A	B	C	D
3.能合理使用新学会的词汇和句型				
4.段与段之间衔接自然				
5.文章有效使用多种语篇衔接手段				
6.基本没有语言和标点使用不当的问题				

（六）发挥以评促学、以评促教功能，实现评价为教和学服务

评价服务教学、反馈教学和促进教学，评价的过程和结果有助于监测学生的学习表现，确定学生当前水平与潜在水平之间的差距，帮助学生建立英语学习的兴趣和信心，并在学习中取得更大的进步。课堂评价的质量决定了评价的效果，因此，在英语学科核心素养的指导下，教师应增强教学评价意识，重视形成性评价对学生成长发展的积极作用，明确教学、学习和评价的关系，突出以评促学、以评促教功能，同时在实施好教师课堂评价的同时，还应鼓励学生通过自评和互评等方式充分参与课堂学习和评价活动，指导学生通过持续反思形成元认知意识、发展自主学习能力。此外，对待评价结果，教师还要对其进行客观分析和理性反思，找出自身在教学过程中存在的问题及产生问题的原因，及时调整自己的教学计划和教学方法，并明确评价结果的适用范围，引导学生和家长用发展的眼光看待评价结果，争取与家长之间的有效合作，以加深他们对评价结果的正面理解，在真正意义上发挥评价促教、促学的功能。

四、课堂教学评价的方法

课堂教学评价的方法很多，对教学过程和教学结果两个不同侧重点进行评价时，又各有不同的适用方法。在这些方法中，量表评价法、随堂听课评价法、替代性评价和表现性评价等使用广泛。

（一）量表评价法

通过编制评价量表对课堂教学进行评价。在课堂教学评价中使用量表评价法时，量表中的指标或指标体系是评价的基础。指标是指具体的、行为化的、可测量或可观察的评价内容，即根据可测量或可观察的要求而确定的评价内容。

1.评价指标体系设计的程序和技术

评价指标体系设计的基本程序通常包括三个阶段。

（1）发散阶段。这一阶段的主要任务是分解教育目标，提出详尽的初拟指标。可以采用头脑风暴法和因素分解法。前者指在专家会议中，各抒己见，即席发言，初拟评价指标。后者指将评价指标按照评价对象本身的逻辑结构逐级进行分解，把分解出来的主要因素作为评价指标的方法。在分解的过程中需要使用统一的分解原则，而且分解出来的指标在上下层次之间应该相互照应，按照由高到低的层次逐级分解。

（2）收敛阶段，即对初拟指标体系进行适当的归并和筛选。这个过程可以采用经验法、调查统计法和模糊聚类法，同时应该遵循一些基本原则，即指标应具有重要性、独立性，指标应反映被评价对象的本质属性。

(3)实验修订阶段,即选择适当的评价对象进行小范围的实验,并根据实验的结果,对评价的指标体系及评定标准进行修订。

2. 指标权重的确定

权重是指根据各组成指标在指标体系中的重要性和作用大小所分别赋予的不同数值。权重代表了评价指标的重要程度。指标权重的确定可以采用关键特征调查法、两两比较法、专家评判平均法和倍数比较法。

关键特征调查法是先请被调查者从所提供的备选指标中找出最关键、最有特征的指标,对指标进行筛选并求出其权重的方法。两两比较法则是对指标进行逐对比较,并加以评分,然后分别计算各指标得分的总和。专家评判平均法则是对已经确定的指标,分别请专家评判其重要性,然后以专家评判结果的平均数为各指标的权重。倍数比较法则是对已确定的指标,以每一级指标中重要程度最低的指标为基础,计为1,然后将其他指标与之相比,作出重要程度是它多少倍的判断,再经归一化处理,即可获得该级指标的权重(见表9-6)。

表9-6 倍数比较法示例

一级指标及权重	二 级 指 标	评价等级 A	B	C	D	得分
(一)基础性 (20分)	1. 教学目标明确、具体、面向全体学生的全面主动发展,含知识目标、能力目标,情感品德和学习教育的目标					
	2. 目标意识强,目标调控贯穿始终					
	3. 教学能从学生认知基础、心理发展水平和思维水平出发,努力唤起学生自身的经验和知识,以此激活学生的思维					
(二)开放性 (25分)	1. 能根据目标的需要删减、重组、整合并渗透新方法,扩展和延伸与学生生活实际相联系的知识					
	2. 教师的提问和指导语能激发学生求知、探索、发现、思维、想象、求异、质疑的欲望和活力,不出现形式主义的问答					
	3. 教学结构合理,教学过程逻辑有序,能围绕重点目标留出学生充分思维、充分想象、充分质疑和充分求异的时空					
	4. 不机械地照搬教案,不把学生当作配合教师实现教案的工具,能从教学过程发展的实际出发动态调控教学					
(三)互动性 (25分)	1. 师生人格平等,教师能尊重学生人格,尊重学生的自尊心,鼓励学生在师生、生生平等交往中展示自己的能力					
	2. 能用鼓励性评价对待学生的课堂反应,不用考试分数和等次羞辱、压抑和批评学生					
	3. 学生参与方式多样,如自学、观察、实验、操作、探索、研究、练习、讨论、交往等,课堂有价值的发言率达60%以上,主动积极参与各类活动率95%以上					
	4. 学生自主活动时间不少于2/3					
	5. 学生敢于质疑问难,学生提问率不少于20%					
	6. 学生敢于发表与书本、教师和其他学生不同的见解					

（续表）

一级指标及权重	二级指标	评价等级 A B C D	得分
（四）差异性（15分）	1. 教学目标、教师提问等体现学生的层次性		
	2. 教师关注每个学生，给每个学生提供活动、表现和成功的机会，尤其关注对后进生的提问、个别指导等		
	3. 教师用尽可能多的方法满足学生在认知、生理、智能、情感、个性等方面的差异		
（五）生成性（15分）	1. 教学目标达成率高，有明显的能力、创新精神、个性品质和良好的学习习惯与策略、方法的培养意识		
	2. 课堂气氛和谐、民主、宽松、热烈，教与学两方面都不断有激情产生		

（二）随堂听课评价法

采用随堂听课评价法是获取课堂教学信息的重要途径，通常要做好以下几个方面的工作。

1. 事先准备

事先准备一方面是评价者与被评价者之间就时间、地点、方式、观察重点等事项进行事先约定，另一方面是评价者需要在听课之前了解所听课的教学内容、教学目标和教学设计等，合理确定听课的重点。此外，事先的沟通有助于消除被评价者的焦虑，能尽量保持教学的自然状态，减少人为表演的成分。

2. 课堂观察

在课堂观察中可以进行全过程观察和有重点观察。前者指评价者全方位地观察课堂教学过程，不放过任何一个细节，对一些特殊行为保持高度的敏感，并对这些行为进行及时的记录和分析。这一类观察难度较大，要求观察者有熟练的观察技能和丰富的观察经验。有重点观察则是根据事先确定的观察重点，借助一些事先准备的观察工具，有针对性地进行观察和记录。有重点观察还包括评价者事先与教师拟定评价重点，如重点学生、重点事件等，在随堂听课中有意识地围绕这些重点内容进行观察。

3. 课堂记录

课堂记录伴随课堂观察进行，通常有两种方式：一是利用事先选择或研制的观察工具进行记录，如弗兰德斯（Flanders）的相互作用分析系统等；二是描述记录法，它需要对课堂中的语言和非语言都进行记录，描述记录法要求记录时应尽可能把看到的和听到的所有内容完整地记录下来，即进行课堂教学实录。当然也可以有重点地进行记录。在记录过程中还要注意对一些非预期事件的记录，这些事件及其处理往往能够更清楚地反映评价者的行为动因。

4. 课堂快速调查

常用的快速调查主要有两类：一是简单测试题，了解学生的学习接受情况；二是微型问卷调查，向学生询问一些简单的问题，如"你今天上课举了几次手？""你愿意在课堂上进行小组学习吗？""老师讲的课都能听懂吗？""你对这堂课满意吗？"等。

5. 评价结果的反馈

对教师的评价结果的反馈往往以课后讨论的形式出现，其主要方法就是评价面谈。一般来说,评价面谈包括下面几个步骤:明确评价面谈的目的,这有助于消除被评价者的顾虑,让其能够畅所欲言;让被评价者阐述本节课的总体安排、设想及其实现的程度,并对照评价标准进行自我评价;评价者根据听课记录指出这节课的优势和不足,依据评价标准进行初步的评价,提出改进的意见;在被评价者对评价者所做的评价和建议的基础上,二者就双方存在分歧的问题展开讨论;双方达成共识后,提出对以后课堂教学的要求。

结合中小学英语教学实际,教师和学生可共同开发课堂观摩量表,对课堂教学质量,尤其是课堂教学重点问题进行随时的跟踪、记录,以期调整和不断完善。部分课堂观察记录表如表9-7至表9-18所示。

表9-7 课堂观察记录表一
(观察角度:目标达成度)

执教老师		学　　校		班　　级	
课题名称		观察时间		观　察　者	
该课例制订哪些教学目标?					
目标的制订是否恰当?					
语言能力目标:词汇句型是否落实到位?					
学习能力目标:难点的处理是否运用方法和策略?					
文化意识目标:创设主题,进行情感渗透等					
预设目标怎样呈现?体现了哪些规范?					
目标根据什么预设(课程标准/学生/教材)?					
课堂有无生成新的学习目标?怎样处理新生目标?					
您的建议(改进的措施)					

表9-8　课堂观察记录表二
（观察角度：学生的学习状况）

执教老师		学　校		班　级	
课题名称		观察时间		观察者	

学生的学习方式有哪些？	
学生课前准备了什么？怎样准备的（指导/独立/合作）？准备习惯怎样？	
任务完成得怎样（数量/深度/正确率）？	
有多少学生倾听教师的讲课？倾听多少时间？	
有多少学生倾听同学的发言？能复述或用自己的话表达同学的发言吗？	
倾听时，学生有哪些辅助行为（记笔记/查阅/回应）？有多少人发生这些行为？	
有哪些互动/合作行为？有哪些行为直接针对目标的达成？	
参与提问/回答的人数、时间、对象、过程、结果怎样？	
参与小组讨论的人数、时间、对象、过程、结果怎样？	

(续表)

参与课堂活动（小组/全班）的人数、时间、对象、过程、结果怎样？	
互动/合作习惯怎样？出现了怎样的情感行为？	
自主学习的时间有多少？有多少人参与？学困生的参与情况怎样？	
自主学习形式（探究/记笔记/阅读/思考/练习）有哪些？各有多少人参与？	
自主学习有序吗？学优生、学困生情况怎样？	
学生学习达成情况如何？学生清楚这节课的学习目标吗？多少人清楚？	
课中有哪些证据[观点/（课堂）作业/表情/板演/演示]证明目标的达成？	
课后抽测有多少人达成目标？发现了哪些问题？	
学生参与度如何？	广度：
	深度：
根据对课例的观察和自我反思，您的建议（改进的措施）	

表9-9 课堂观察记录表三
（观察角度：教学过程）

执教老师		学　校		班　级	
课题名称		观察时间		观察者	
该课教学程序是否齐全？分哪几步走？					
各个教学环节之间的过渡情况如何？					
教师对教学细节的应急处理如何？					
提问的时机、对象、次数和问题的类型、结构、认知难度怎样？					
候答时间多少？理答方式、内容怎样？有哪些辅助方式？					
怎样指导学生自主学习（读图/读文/作业/活动）？结果怎样？					
怎样指导学生合作学习（分工/讨论/活动/作业）？结果怎样？					
怎样指导学生探究学习（实验/课题研究/作业）？结果怎样？					
教学环节是怎样构成的（依据理念/逻辑关系/时间分配）？					
教学环节是怎样围绕目标展开的？怎样促进学生学习的？					
有哪些证据（活动/衔接/步骤/创意）证明该教学设计是有特色的？					
根据对课例的观察和自我反思，您的建议（改进的措施）					

表9–10　课堂观察记录表四
（观察角度：教学方法）

执教老师		学　　校		班　　级	
课题名称		观察时间		观察者	
该课用了哪些教学方法和手段？					
这些方法是否科学、有效？请举例说明					
该课采用了哪些媒体来支持课堂教学？					
你认为还有哪些方法适合该课英语教学？					

表9–11 课堂观察记录表五
（观察角度：教学活动）

执教老师		学　校		班　级	
课题名称		观察时间		观察者	
该课设计了哪些教学活动？					
这些活动是否有效？能否激发学生的学习兴趣？是否有利于教学目标的达成？	定性描述：				
	定量观察数据（学生的举手人数和次数）：				
该课例的教学活动有没有落实该课的语言知识和语言技能目标？	定性描述（学生语言的流畅度、深度和广度）：				
	定量观察数据（学生回答问题的正确率）：				
根据对课例的观察和自我反思，您的建议（改进的措施）					

表9–12　课堂观察记录表六

[观察角度：学法（阅读策略）指导]

执教老师		学　校		班　级	
课题名称		观察时间		观察者	

阅读前，教师是否提出明确的阅读目的，使学生带着问题阅读？是否对学生的阅读方法给予指导？	
阅读时，教师是否了解学生的阅读进程，是否给学生阅读时间？	
阅读后，教师是否进行有针对性的检测，问题的设计是否有层次性？	
该课教学目的达成度如何？	
您的建议（改进的措施）	

表9–13 课堂观察记录表七
（观察角度：课堂文化，思考与创新）

执教老师		学　校		班　级	
课题名称		观察时间		观察者	
怎样以问题驱动教学？怎样指导学生独立思考？怎样对待学生思考中的错误？					
学生思考的习惯怎样（时间/回答/提问/作业/笔记/人数）？					
课堂行为、班级规则中有哪些条目体现或支持学生的思考行为？					
学习目标怎样体现高级认知技能（解释/解决/迁移/综合/评价）？					
教学设计、情境创设与资源利用是怎样体现创新的？					
课堂有哪些奇思妙想？学生如何表达和对待？教师如何激发和保护？					
课堂环境布置（空间安排/座位安排/板报/功能区）是怎样体现创新的？					
课堂/班级规则中有哪些条目体现或支持学生的创新行为？					

表9–14　课堂观察记录表八
（观察角度：教学语言）

执教老师		学　校		班　级	
课题名称		观察时间		观察者	

教师的语言基本功如何？	
课堂用语是否地道、规范、有效？	
课堂任务指令是否清晰有效？	
课堂评价语是否丰富？	
教师的肢体语言运用是否恰当？	
您认为哪些评价语对该课英语课堂教学较为有效？	

表9–15　课堂观察记录表九

（观察角度：时间分配）

执教老师		学　校			班　级			
课题名称		观察时间			观察者			
各环节所占用的教学时间	项目	预热导入	新知呈现	师生互动	合作学习	学生练习（自学）	小结	非教学时间
	过程计时							
	合计							
时间分配是否合理有效？								
根据对课例的观察和自我反思，您的建议（改进的措施）								

表9–16　课堂观察记录表十
（观察角度：作业布置）

执教老师		学　校		班　级	
课题名称		观察时间		观察者	
该课布置了哪些作业？					
根据学生的年龄特点，作业量是否恰当？					
作业是否具有层次性？					
您的建议（改进的措施）					

表9–17　课堂观察记录表十一
（观察角度：板书设计）

执教老师		学　校		班　级	
课题名称		观察时间		观察者	
教师中英文粉笔字基本功如何？					
该课板书能否凸显教学重难点？					
该课的板书设计具有什么特点？					
经过反思，谈谈您的建议（改进的措施）					

表9–18　课堂观察记录表十二
（观察角度：课堂导入）

执教老师		学　校		班　级	
课题名称		观察时间		观察者	
用了哪些方法进行导入？					
导入活动与教学内容关联程度如何？					
导入能否很快进入主题？					
根据对课例的观察和自我反思，您的建议（改进的措施）					

如果将教师的课堂教学行为作为观察点,美国的多伊尔(Doyle)在综合各方面研究成果的基础上,对教师的各个教学行为特征加以整理、分析和归并,提出了一套重要的教师教学行为特征表(见表9–19)。

表9–19　课堂教学行为特征表

1. 帮助学生识别学习中的重点与非重点	11. 给学生提供有益的反馈
2. 帮助学生维持学习兴趣	12. 帮助学生把已学过的知识、技能运用到新情境之中
3. 适合不同学生的发展水平	13. 帮助学生有效地巩固学习成果
4. 努力满足不同学生的需要	14. 使学生感到容易接近
5. 采取措施保持学生的注意力	15. 尊重学生
6. 使学生了解教学的目的	16. 理解学生
7. 帮助学生利用已有的知识经验学习新材料	17. 努力保持学生的好奇心
8. 清楚地讲述教学内容	18. 熟悉所教学科的教学内容
9. 提供数量合适的内容(既不过多也不过少)	19. 恰当处理重点、难点
10. 对学生的学习加以有效的指导	

(三)替代性评价

替代性评价(alternative assessment)兴起于20世纪90年代的美国,在标准化测验的基础上发展而来,之所以得名,是因为这种评价是传统纸笔标准化测验的一种替代方式,在评价方式和评价对象的灵活性上与传统测验有很大不同。传统学生评价中采用的纸笔测验或标准化测验更多地考查学生对知识的获取能力,但替代性评价是评价学生实际操作能力和解决问题能力的重要方式。其形式主要包括建构式反应题、书面报告、作文、演说、操作、实验、资料收集、作品展示等。

海曼(Herman)等人认为,替代性评价具有以下六个特点:评价时要求学生演示、创造、制作或动手做某事;要求激发学生高水准的思维能力和解题技能;使用有意义的教学活动作为评价任务;唤起真实情境的运用;人工评分、人工评判而不是机器评分;要求教师在教学和评价中担任新的角色。

替代性评价与主体性评价、过程性评价、发展性评价都具有类似的特点。在这些评价中,成长记录袋(档案袋)的评价方法使用广泛,对于英语这样实践性强、注重学生成长过程的科目有独到的好处。

1. 成长记录袋的含义

成长记录袋(portfolio),来源于意大利语portafoglio,有文件夹、公事包或代表作选集等多重含义,也有人将其译为档案袋、学习档案、档案录或成长记录,是把个人的成果系统地收集起来,放在一个合适的容器中,如文件夹、档案袋、软盘、光盘,每过一段时间,根据所收集的内容对评价对象的进步或进步过程等进行评价。在课堂教学中,学生成长记录袋可以通过收集学生成果,尤其是能够展现学生的成就和进步、能够描述学生学习的过程和方法、能够反映学生学习的情感和态度等的作品,如作业等,来反映学生学业水平的增长、长时期的成就以及在特定学业领域的重大成就,并由此来促进学生的学习。

2. 成长记录袋的类型和特点

按照不同的分类标准,成长记录袋可以分为不同的类型。按照形式的不同可以分为:光盘成长记录袋、磁盘成长记录袋、档案袋成长记录袋等;按内容则可分为:教学型成长记录袋、学业型成长记录袋、艺术作品型成长记录袋等;按评价目的可分为:成果型成长记录袋、过程型成长记录袋和评估型成长记录袋,三者区别如表9-20所示。

表9-20 成果型、过程型与评估型成长记录袋比较

名 称	评价目的	作品类型	特 点
成果型成长记录袋	展示成就	各个阶段的最佳作品	注重学生自我反思,学生为主要受益者
过程型成长记录袋	描述进步过程	不同时期的同类作品	注重学生反思,为教师、学生提供反馈,教师、学生均受益
评估型成长记录袋	确定达标情况	依据标准选择的作品	为教师提供信息为主,不注重学生反思

通过与传统标准化测验的比照,成长记录袋评价方法的特点可以一览无余(见表9-21)。

表9-21 成长记录袋与标准化测验的比较

成长记录袋	标准化测验
反映学生参与的各种活动	依据完成任务情况来评价学生的能力
学生参与评价并提出进一步学习的预期目标	由教师评分
尊重学生个体差异,评价每一位学生的成就	用同一标准评价所有学生
注重自我评价	没有自我评价
关注学生进步、努力的过程与成就	只关注学生成就
评价与教、学紧密结合	评价与教、学脱节分离

(1)内容的不断更新。成长记录袋的基本原理就是通过新旧作品的比较,看到学生不断地进步和存在的不足,并有计划地将这些信息反馈给学生,促使其不断反思、改进,最终实现激发学生积极性、提高学习动力的目的,所以在成长记录袋创建过程中,必须不断收集新的作品。内容的不断更新是成长记录袋区别于其他评价方法的一大特点。

(2)教学与评价的紧密结合。由于成长记录袋由课堂教学的产品组成,所以评价的过程与内容和教学紧密结合。通过对成长记录袋内容的评价,教师可以获得有关学生需要的信息,学生也可以由此反思和发现自身的不足,由此推动和促进教学。而且,该过程循环往复,学生作品的收集和评估成为教学过程的焦点。

(3)自我评价的深入参与。在成长记录袋评价中,学生自己全程参与收集作品、制订评分规则、总结及反馈,随时了解评价过程。学生既是被评价者也是评价者,自始至终都在参与评价。自我评价是学生积极地反思、自主地提高与进步的动力。

3. 成长记录袋的运用

成长记录袋是一个装有反映学生成果和作品的容器,其作品内容是对教和学进行评价的关键,在运用时要注意几大问题:首先,目的明确。评价目的不同,如有的为展示学生的成就,有的为评价学生的成长和进步,而有的为反映教师的教学情况,这时选择内容侧重应有所不同。一个成长记录袋突出一个特定的、主要的目的。其次,选择典型性作品。根据评价内容和评价目的,挑选能代表要评价特质的作品。再者,选择适当作品。成长记录袋收集的内容不应超出学生的能力范围。最后,规则清晰。成长记录袋评价的评分带有很大的主观性,必须确保评分规则清晰规范以提高评分的准确性,降低由于主观原因所带来的误差。

(四)表现性评价

表现性评价(performance assessment)顺应了"以人为本"的教育理念,符合新版课程标准评价学生学习过程、改进教师教学的方向和目标的根本理念。

1. 概念

表现性评价通过让学生学会完成某一特定任务来测量学生的状态,不仅要观察学生的表现,还要对学生的表现做出评价,它是一种形成性的、连续性的活动,要求让学生事先了解行为表现的评估标准和评价方式,让学生参与评估自己的学习成果。对学生英语学习的课堂评价,既要关注学生对语言知识和语言技能的掌握,又要重视学生综合语言运用能力的发展,同时还要重视其在学习过程中的情感态度和参与表现。这里的参与不仅仅指行为参与,还包括情感参与和思维参与,要重视学生在学习过程中态度和价值观的形成。

2. 特征

真正的表现性评价至少具备三个特征:

(1)多重评估标准。学生表现的评判必须依据多个评估标准。例如,学生说某种语言的能力可以从语音、句法、词汇三个方面进行评估。又如,项目化作业因为是多人完成某项任务,且多采用PPT作为演讲的辅助手段,因此评价不仅要考虑课件制作的质量和小组成员的默契配合,更需要关注每个个体演讲者的语言素养,评价应呈现多重性和多维性。

(2)预定的质量标准。用以评判学生表现的每一条评估标准,必须在评判之前就已具体、明确。让学生在活动之前明确评价的标准,即评价先行,不仅可以使学生知道任务的指向性,同时也可以给学生确立一个奋斗的目标。在教学活动中教师是主导,学生是主体,学生个人的发展是教学的核心,所以要特别注重学生的主体作用的发挥,要让学生做课堂的真正主人。学生既是某一评价的受施者,也应参与评价标准的制订与完善,这样出来的标准才公正、合理、可信、科学,并具有生命力。

(3)主观的评估。依靠评价者的经验和智慧来决定学生表现的可接受程度,是一种诊断性评价,一般采用描述性语言或量表的形式。运用描述性语言,更能准确描摹或反映学生活动或学习的状态。描述性语言属于一种模糊语言,与精确语言相比,模糊语言具有更大的概括性、灵活性和即时性,因为这是一种动态的呈现。描述性评价应该是多维的,如:有对小组表现的总体概括,有对个人演讲技巧、肢体语言的肯定,更有一些建设性的提议。描述性评价不仅能激扬学生思维、培养评判性思维、促进情感发展等,还可以让学生受到多维的甚至全方位的肯定与鼓励,使之有强烈的成就感,并获得最佳学习效果。

3. 在课堂评价中的运用

课堂中可采用教师点评、同伴互评及学生自评相结合的方式。可以在任务展示前就指定评价者,这样评价时指向性、针对性更加明确,更加到位。如以小组活动为例,每个小组结束展示后,在教师的精心预设或引领之下,学生根据预定的标准,对同伴所做的任务做出点评。小组分工时,由组长指定一位评论员,或小组成员轮换进行,即时点评其他组的合作展示,有时教师也可要求他们自评。基于这样的要求,各组汇报期间,学生必须认真观摩、倾听其余学生的呈现,仔细记录相关信息。然后学生基于自己对标准的把握,在有限时间内快速组织语言,表达自己真实的观点和思想感情,对同伴的合作活动做出点评,不知不觉间已经在真实的语境中使用语言交际。

表现性评价运用于教学中,能让学生充分展示自己不同侧面的个性风采,并得到尊重和认可,同时能促进学生的自我反思。因为表现性评价是对学生能力(或倾向)的行为表现进行直接评价的方法,以学生的应用能力为内容,评价学生在听、说、读、写等方面的技能,评价学生思维品质、文化意识等方面的能力。它更加尊重教育目标的整体性和广泛性,可以让学生更充分地、多方位地表现自己,尤其是激发了认知、情感等非智力因素的积极性,使其转化为英语学习的动力。我们的评价体系要有助于学生监控、调整自己的学习目标和学习策略,要有助于学生增强英语学习的信心。更重要的是,组织和呈现语言的过程也促进了学生的思维发展,并培养了一定的批判性思维。在活动中,学生全员参与展示活动与点评,在一次次即时点评中磨砺语言与思维,并一次次加深对标准的理解与把握,且不断丰富和完善评价标准,从而时刻对照自己完成活动的质量,使评价成为活动的有机组成部分。

掌握课堂教学评价的方法和技术有助于诊断学生的优势和不足,为进行有针对性的指导提供帮助;有助于监控学生的进步和发展过程,为进行教学调整提供信息;有助于评估教与学的效果,为进行教学方案修订提供依据。

最重要的是,课堂教学评价能够促进教师和学生的发展。课堂教学评价往往整合了有关教与学和师生发展的新的理论成果,教师通过课堂教学评价促使自己不断反思自己的课堂教学,并在反思中变革自己的教学理念,形成正确的课堂教学行为,提高自己的课堂教学水平。课堂教学是学生发展的主阵地。学生参与有效的课堂教学评价,促进学生在课堂上积极参与、充分活动,形成良好教学氛围和师生互动关系,更确立学生在课堂教学中的主体地位,培养学生自主学习的主人翁精神,提供学习动力和效率。

实践活动

1. 某教师倡导"活动活动,生活、生动"。你如何理解这一说法?
2. 小组活动常演变成小组长或优等生的活动。你如何改善这一情况?
3. 请你就课堂教学活动设置一份尽可能详尽的观摩表。
4. 同年级的两位学生,在作文中表达了同样的想法"长大后我想当马戏团的小丑"。一位教师的评语是"胸无大志,真没出息",另一位教师的评语是"愿你把欢笑带给全世界"。请对两位教师的评语作出评价。
5. 某学校拟进行评价体制改革,其中期末考试成绩占40%,平时成绩占60%。你对此有何看法和建议?

第十章　教学语言与教态运用技能

教学语言是教师履行教学职责和实现教学目标的重要手段。运用语言表达是教师向学生传授知识的主要方式，较高的语言表达艺术是每位教师必备的技能之一。教态作为一种无声的教学语言艺术在教学过程中始终传递着教学信息，影响着师生关系和教学效果。良好的教态可以体现教师的整体素质，营造和谐的教学氛围。

第一节　教学语言运用技能

一、教学语言概述

教学语言是教师在传授知识、教书育人、组织课堂教学活动时使用的语言，又称教师语言。广义地说，教学语言包括有声、无声两大范畴。有声的指诉诸听觉的话语，无声的既包括书面文字，如教材、讲义、辅导材料、讲授提纲、参考资料、板书、评语等，还包括肢体语言——表情、眼神、手势、动作等。狭义的教学语言指教师根据教学内容、教学对象、教学情境等教学因素，在实施教学的过程中所运用的语言。这是教学语言的主体和核心。教学语言是教学内容的载体，也是教师完成教学任务、实现教学目的的重要手段。与其他学科的教学语言不同，英语教学语言不仅是一种传授知识技能的工具，同时又是教师所要传授的知识和技能本身。它具有双重作用，既是教师组织教学的重要工具，同时又是学生习得外语的重要来源。英语教师在课堂上使用的教学语言对学生起着示范作用。学习者不但关心语言的内容，还关心语言的形式，包括教师所用的词语、句式、语调，甚至神情和语气。因此英语教师教学语言是否纯熟准确以及语言的内容和讲解方式都会对学生语言学习产生巨大影响。教学语言的优化与许多因素有密切的联系，如知识水平、思想观念、思维深度及灵活性，教师的人生态度、情绪情感、自信心、表现能力、实践活动、教学经验、研究水平等都直接影响着教师教学语言的特点及风格。

在中小学中，一些教师上课经常用的口头用语，虽然很简单，但在不经意间学生就学会了。如"Clear?""Understand?""Got it?""Any questions?""Let's play a game!""Well Done!""Good job, boys and girls.""You're always the best!""Thank you, my best friends!"

简单的肢体语言，简单的动作，简单的一伸一扬，表达了教师的情感，体现了教师和学生的互动与交流，胜过语言。比如：a smile (represents praise), thumbs up (means you are the best), hold the fist (means let's come on together), nod the head (means yes), shake the head (means no), hand in hand (means cheers) 等。

教学语言最基本的要求是清晰流畅。课堂上，教师要运用易于接受且适合的语言，确切地传递定义和概念；运用简洁而规范的描述，明确地呈现要点；运用简练而有吸引力的语言，尽早进入主题；注意语言的抑扬顿挫，使学生能保持适度的兴奋。

> 教学片段：review the phrase — be supposed to do sth.
> T: What are you supposed to do when you meet someone for the first time?
> S1: Maybe we are supposed to shake hands or kiss with each other.
> T: What are people in South Korea supposed to do when they meet for the first time?
> S2: They are supposed to bow.
> T: In Brazil, what are you supposed to do when you meet someone for the first time?
> S3: In Brazil, we are supposed to kiss.
> T: What are you supposed to do when you meet someone in the United States, Tom?
> S4: We are supposed to shake hands.
> T: What are you supposed to do when you meet someone in Japan, Miyoko?
> S5: We are supposed to bow.
> T: What are you supposed to do when you meet someone in Mexico, Alex?
> S6: We are supposed to shake hands.

案例 10-1

通过这样的一问一答，既训练了词组"be supposed to do sth."的用法，又通过师生的交互活动了解了世界各个国家第一次见面时的问候方式。

其次，教学语言还要生动形象。教师的语言风趣幽默，不仅能有效地引发学生的学习兴趣，还能调剂课堂教学的气氛，默契交流，寓教于乐。如：

（1）小学阶段学习26个字母时，可以让学生利用身体来展示出这26个字母，或者让一名学生做动作，一名学生来猜，进行分组比赛。

（2）学习初中英语Where's the Post Office?这一单元时，出示给学生一些地点的图片，让他们通过图片所在的具体位置进行对话和练习，效果更好。

（3）学习初中英语How Do you Make a Banana Milk Shake?时，由于该单元贴近实际生活，可以让学生拿一些水果、红糖、牛奶、杯子等用具，通过实际的操作来掌握如何做水果奶昔，学生边做边说，既掌握了怎样做，又学会了怎样说。

再者，教师还要能够对教学语言进行适当的调节。如果教师只顾滔滔不绝地输出教学信息，而不管信息通道是否畅通，那么学生信息就会大量流失。这就需要通过"察言观色"，及时捕捉反馈信息，调整教学语言。

二、英语教学语言运用原则

英语教学语言兼有讲授和语言示范的双重功能，是一种特殊的创作活动的产物，是对目标语的一种创造性的运用。英语教学语言的运用原则可以概括为三个方面。

（一）可接受性原则

英语教学语言的讲授功能及示范功能能否达到预期的效果取决于它的可接受性。

教学语言超出学生的接受水平就失去了教学意义。英语教师在课堂教学交流中，为了照顾学生的接受能力，应当采取一种能被学生理解的特别英语，即：简单、明了和易懂的教学语言。教师的教学语言要遵循既符合学生需要，又略高于学生现有水平的可接受性原则。

如下列这些课堂用语，就要根据学生的实际选择使用括号中的替换内容：

Read more distinctly (*Speak more clearly*), please.

You gotta (*have got to*) pay attention to the requests (*demands*).

Do you know the general mind (*main idea*) of the article? Where did we stop (*leave off*) last time (*how far did we get last time*)?

（二）准确性原则

英语教学语言必须体现准确性。英语教学语言的一个重要功能就是示范性，即在语言运用方面为学生提供范例，让学生通过这些范例来模仿，最终形成语言技能。英语教师要使自己的教学语言具有示范性，就必须在词、句等选择方面多加注意，使用规范准确的教学语言进行教学。准确性主要包括：对语言知识的讲授和训练要准确，对词语和语法结构的运用要准确；语音、语调要准确。只有准确的教学语言才能形成学生准确的语言技能。如：

Can you tell me where are you from?（应该是 *Can you tell me where you are from?*）

Do you want what?（应该是 *What do you want?*）

Who wrote the words of this song?（应该是 *Who wrote the lyrics of this song?*）

Don't look me. Look the blackboard.（应该是 *Don't look at me. Look at the blackboard.*）

这些不规范不准确的语言一旦被学生模仿，习惯成自然后，将难以纠正，所以英语教师必须从一开始就规范自己的教学语言，为学生学习起到良好的榜样和示范作用。

（三）阶段性原则

学习英语是一个发展的过程，具有阶段性。教学语言的阶段性主要表现在语速的快慢，用词量的多少，表达结构的繁简以及语言难易度等方面。当学生处于词汇和语句理解阶段，教师应尽量简化所用的教学语言或使用照顾性语言。当学生的理解程度提高到语篇理解程度时，教学语言就应当向自然语或标准语靠近，尽可能避免双语的干扰。随着教学进度的延伸和学生语言能力的逐步提高，教学语言应该递进到一个新的高度。

三、常用英语教学语言

按照英语教学语言的语用功能，通常把英语口头教学语言划分为寒暄、讲解、指令、提问和评价五种类型。

（一）寒暄

寒暄在课堂教学中的主要语言功能是传达问候、互示礼貌。另外，师生的寒暄还具有安定课堂秩序、缩短师生距离、建立和谐师生关系、启动师生互动等功能。最典型的寒暄用语有：

（1）Good morning, everybody./Good afternoon, everyone./Good evening to you./Hello, everybody.

（2）How are you all today?/How are you getting on?/How are things?/How's everyone feeling today?

（3）That's good./That's good (or nice) to hear./I'm glad (or pleased/happy/sorry) to hear that.

（4）I hope you all had a nice weekend./I hope you all had a good (or enjoyable/relaxing) holiday (or break).

（二）讲解

教师的教学主要通过讲解完成，教师的讲解式语气应贯穿课堂教学的始终。这由学生对教师所讲内容有听懂、理解、消化以及记笔记的需要而决定。教学过程中，教师对重点问题需要强调，疑难问题需要解释，没有说清楚的地方需要重复，以便增加教学语言的时值。所谓增加时值，就是与通常讲话相比，教学中的读、念、讲慢一些，重一些，响一些。慢、重、响是一种手段，目的是使主要信息准确有效地传递到接收者的感觉器官。这就使得教学语言与朗诵语言、评书语言、播音语言以及演说语言有区别，在语言行进性的基础上，又带上回复性的特点，可以说，教学语言的讲解性表现为行进性语言和回复性语言的统一。在教学语言中，分析与综合、演绎和归纳、类推及比较，都可以使讲解的内容更容易为学生迅速接受，取得良好的教学效果。

> 案例 10-2
>
> T: What were you doing at 8:00 yesterday morning?
> S1: I was ...（犹豫着停顿了一下）
> T: （比学生更大声地）I was ...（也停在那里，并用期待的眼光看着学生）
> S1: I was reading a book.
> T: Oh, I was reading a book. Great! What about you?
> S2: I was doing some shopping with my mother.
> T: （比学生更大声地）I was doing some shopping with my mother.
> ...

上述教学片段中几乎每位学生的回答都要被教师以响亮的声音再重复一遍，教师与学生的话语量差距悬殊，没必要的重复过多使学生失去了更多语言实践的机会。话语量分布是检验课堂实际教学有效性的指标之一。

（三）指令

课堂教学指令的语用功能是引发、启动或制止学生的学习行为，组织和维系课堂教学活动。课堂指令包括三种：学生行为引发指令、课堂纪律控制指令和教学活动实施指令。

（1）学生行为引发指令是教学活动实施指令的"先行官"，如指示学生收起无关学习用品，预备学习用品或与他人共享学习用品，向学生下发或让学生传递资料，指示学生打开课本，寻找具体页码，鼓励学生积极参与课堂活动，指挥学生预备在黑板上写、画或在全班面前进行表演，等等。

（2）课堂纪律控制指令指用于组织和维持课堂秩序的教学指令，如维持考试秩序、集中学生的注意力、纠正扰乱课堂秩序的行为等。

（3）教学活动实施指令是组织学习活动、指导学习活动如何开展的指令，如公布某一学习活动开始、说明教学活动的组织形式、指导学习活动实施的具体方法等。

（4）虽然根据课堂教学指令的语用功能可以将三种指令区分开来，但在实际课堂教学中，教师经常将两种或三种指令连续使用，如：

A: Come and write these words on the blackboard.
B: Will you get together and have a discussion?
C: Hush. Read the passage silently.
D: Be quiet. Let's do it one by one.

指令A和B中同时有学生行为引发指令和教学活动实施指令。指令C和D中同时有课堂纪律控制指令和教学活动实施指令。学生行为引发指令和教学活动实施指令组合使用时往往用and连接两个行为动词或两个短句。而课堂纪律控制指令和教学活动实施指令组合使用时则不能用and连接，两种指令连用时只能独立成句。组合使用的教学指令重心在于教学活动实施，最终指向语言技能的练习和交际活动的开展。

（四）提问

提问是最典型的教学语言，良好的提问语具有准确、精练而又生动形象的特点。它能够充分调动学生积极性，激发学生思维，促进学生主动学习。视角不同，对提问的分类也不尽相同。

五分法和三分法是教学中常用的课堂互动技巧，用于提问学生并促进他们积极参与讨论和思考。下面对这两种技巧进行简单的介绍。

1. 提问三分法 (three-step questioning method)

提问三分法是一种有步骤的提问方法，包括三个关键步骤。第一，提出问题。教师提出一个问题，可能是开放性的问题，旨在引导学生思考和表达观点。第二，让学生思考。给学生足够的时间思考问题，并鼓励他们主动思考和形成自己的观点或回答。第三，确认回答。教师从学生中选择一名回答，然后确认回答的正确性并给予评价或进一步的引导。这种方法通过提问、思考和回答的过程，鼓励学生积极参与课堂讨论，培养他们的思维能力和表达能力。

提问三分法把任何有询问形式或询问功能的教学提示都称为提问，具体分为课堂程序性提问、课文理解性提问和现实情境性提问。

（1）课堂程序性提问包括具有组织学习活动功能的教学活动实施指令，用于了解学生对学习任务的预备和完成情况的、具有检查课堂教学进度功能的简短询问，以及用于学生回答问题后，根据学生回答问题的具体情况，具有向全班、部分学生或学生个体征求意见或进行评价功能的简短询问。

（2）课文理解性提问可按照提问的回答形式再分为展示型、参阅型和评估型提问。展示型提问是教师根据具体教学内容进行的提问。这类问题只要求学生对课文进行事实性的表层理解，并根据短时记忆或者查看课文找到答案。参阅型提问指根据课文相关信息提问。这类问题没有现成的答案，学生要结合个人的知识和课文所提供的信息进行综合分析。而评估型提问则要求学生在理解课文的基础上进行深层次的逻辑思维，运用所学语言知识就课文中的某个事件或观点发表自己的看法。

以SEFC Student's Book 1 Unit 9 Lesson 34 Computers为例，可设计如下三个课文理解性提问：

Q1: What is the computer used for in CAAC?

Q2: What's the meaning of the phrase "at one time" here according to the context?

Q3: What do you think are the good effects or bad effects of using computers in English class?

现实情境性提问主要是根据学生的现实生活、现有知识或课堂上的情境状态等一些实际情况进行事实性提问,要求学生根据自己的实际情况进行回答。以 SEFC Student's Book 1 Unit 10 Lesson 38 Sports 为例,教师可以提以下问题:

Q1: When did you have the sports meeting in your school?

Q2: Who won the championship in your class?

Q3: Do you like sports?

Q4: Why do you like it?

Q5: Who's your favourite football player? Any reasons?

2. 提问五分法 (five-step questioning method)

提问五分法是一种扩展的提问方法,包括五个关键步骤。第一,提出问题。与提问三分法类似,教师先提出一个问题,激发学生的思考。第二,等待时间。教师给学生更多的时间来思考问题,不急于要求学生立即回答。这个等待时间可以让学生有足够的思考和组织回答的时间。第三,引导回答。教师引导学生思考问题并给出建议性的提示或线索,以帮助他们找到正确的答案或解决方案。第四,确认回答。教师选择一个学生回答问题,并确认其正确性,也可以与其他学生一起讨论并比较不同的回答。第五,拓展讨论。教师通过进一步提问、深入讨论或引导学生提出更具挑战性的问题,推动课堂讨论更加深入和扩展。这种方法通过给予学生更多的时间和引导,更全面地激发学生的思考和参与,有助于培养学生的批判性思维和问题解决能力。

英语教师的课堂教学提问包括五种类型,即 Yes/No 形式提问、Or 形式提问、Wh- 形式提问、引导式提问和形声式提问。Yes/No 形式提问、Or 形式提问和 Wh- 形式提问是最常见的问题呈现形式。引导式提问是由教师提示前半部分信息,由学生配合并补全后半部分信息。例如:

T: Jame is not at school today because ...

S: He is ill.

形声式提问,即教师通过重复话语来确认学生是否准确理解教学要点。例如:

T: All right? OK? Does everyone understand "polite" now?

提问五分法是从提问问题呈现的形式角度对问题类型进行划分的,除形声式提问外,前四种类型的提问通常被认为是真正意义上的提问,是狭义的提问,即教师提出疑问,学生必须做出相应的回答。提问三分法通常被认为是广义的提问,其中课堂程序性提问,实际上包括教学指令和部分评价语言。课文理解性提问和现实情境性提问才是真正意义上的提问,它们是从相对于学习者回答问题的信息来源进行的类别划分。而对课文理解性提问进行的类别再划分则依据学习者在回答该类问题时对文本依靠的程度,即答案的封闭和限定程度。

无论是提问三分法还是提问五分法,都旨在激励学生积极思考、参与和表达。教师可以根据具体情况选择合适的提问方法,并结合课堂氛围和学生的学习需求进行调整。

（五）评价

评价在课堂教学中的语用功能是对学生参与课堂活动和完成学习任务等学习行为和学

习成果质量的评估。评价可分为一般肯定或赞赏、一般否定或批评，提出质疑或纠正，提出期望或建议等。

四、教学语言运用中的常见问题及对策

苏霍姆林斯基说过："教师的教学语言修养在极大程度上决定着学生在课堂上脑力劳动的效率。"英语教师的语言素养直接关系到课堂教学的质量。教师自然流畅的语调、抑扬顿挫的节奏能使学生置身于良好的语言学习环境中，保证教学信息在传输的过程中发挥最佳的效能，潜移默化地培养学生良好的语言素养。国家教师资格考试要求：教学语言规范，口齿清楚，语速适宜，表达准确、简洁、流畅，语言具有感染力；善于倾听，并能做出恰当的回应。但在实际教学中，迫于完成教学任务的压力，课堂教学语言的规范时常会被忽略。下面以多个教学片段为例，从语言的角度分析存在的问题并提出解决策略。

（一）语言欠准确

案例 10-3

教学片段1：牛津小学英语4A Unit 9 It's late
新授句型 "What time do you go to school? I go to school at …"
T: I go to school at 7:00. What time do you go to school?
Ss: I go to school at …

教学片段2：
T: Open your books at Page 27，练习二。Give you five minutes to read the dialogue.
Ss: ...
T: Read after me 啊！
Ss: ...
T: Because 什么？ Together answer.
Ss: Sit well.

教学片段1中，教师先从自己去学校的时间说起，自然过渡到新授句型，师生互动看似顺利流畅。但从语法角度来分析以上教学语言，教师犯了一个语法错误，"go to school"只适用于学生，而"教师去学校"应该用"go to the school"。该教师只顾完成眼前的教学内容，无意中向学生输入了错误的语言信息。教学片段2中，教师课堂用语不严谨。学生长期接受这样的课堂语言，不利于后续发展。

对策：为了更科学、准确地运用教学语言，教师应该首先夯实自己的英语底子，对于英语中细微的区别要特别注意，以确保课堂教学用语的准确。例如：go to school 和 go to the school、at school 和 in the school，其用法就不完全一样。在教学中，如果不需要学生区分如此令人费解的语法知识，教师就可以避而不谈。如本课句型可以借助于其他人物展开教学，教师可说："Today Ben, Gao Shan and Helen come to our class. Let's say 'Hello' to them. Now they'll talk about something. Let's listen." 学生通过听录音初步感知新句型后，教师继续说："Ben goes to school at … Gao Shan goes to school at … Helen goes to school at … Then what time do you go to school?"学生通过"听"的输入,感知了所要表达的新句型,产生了"说"的欲望。此时教学水到渠成,课堂气氛活跃,学生对新知掌握程度好。

(二)语言欠适切

> **案例 10-4**
>
> 教学片段:牛津小学英语 5A Unit 8 A Camping Trip
> 教学 D 部分的主要句型"What do you have? I have ..."和"What does ... have? He/She has ..."
> T:(追问数个问题)What colour is it? Is it big/small/new ...? Do you like it? Who gives it to you? How much? Can it dance ...?(课堂上学生兴趣盎然,课堂气氛相当活跃)

在以上教学活动中,教师与学生之间的对话似乎与新课程标准中发展学生语言能力的理念相符。然而,教师对那位学生的后续提问与本课的教学重点无关。师生的互动语言,看似很丰富,实际上偏离了教学重点,缺乏针对性和有效性。

对策:每一节课都应该有清晰而明确的教学目标。教师应围绕这个目标,设计合理且紧扣教学重点、难点的教学过程,运用有效的教学语言,增强课堂教学的实效性。案例中的话题是"讨论某人拥有的物品"。其重点、难点是 have 和 has 的用法,而不是有关颜色、大小、价钱等内容。教师在教学过程中应围绕教学重点进行教学,使学生尽快掌握本节课的重点知识。

(三)语言欠简洁

> **案例 10-5**
>
> 教学片段:牛津小学英语 5A Unit 9 Shapes
> 一位教师在教完表示各种图形的单词后,设计了一个猜图形的游戏。在活动开始前,教师以较快的语速,不间断地对学生说了以下一番话:Now let's play a game. I have a shape in my hand. You can try to guess what it is. If you are right. I will give you a present. Now you can start. 见学生都没什么反应,该授课教师又以同样的语速重复一遍上述的指令语。学生仍然不明白教师要求他们做什么,更不知道怎么做。无奈之下,教师只好直接点名提问,但多数学生还是无法跟进教师的提问。

在案例中,教师根据教学目标设计此类游戏的想法非常好。该活动无法进行,主要是由于授课教师的课堂教学用语过难,句型过于复杂,超出了此阶段学生的接受能力。而且授课教师的教学语速过快,学生理解教师的用意很困难。

对策:在英语课堂教学中,当教师无法用一两句话说清楚,或者找不到更简单的词汇将游戏活动的要求表达清楚时,不妨用最简单明了、形象直观的课堂用语,例如:"Follow me." "Come here."等。同时教师辅以适当的手势和表情,再加上示范,就可以使学生很快明白教师的用意,达到预期的教学效果。比如,本案例中教师说的那段话可简化为:"Now let's play a game. Guess, what shape is it in my hand?"教师讲话时放慢语速,但语气和表情要到位,要让学生觉得这个游戏活动非常有趣。教师可以将图形教具藏在身后,激发学生的好奇心,同时观察学生的表情。如果感觉学生还是不太明白,教师可引导一名学生向教师提问:"Is it a triangle/rectangle/square/diamond ...?"教师回答时加上相应的手势和表情,或摇头摆手说:"No, it isn't."或点头说:"Yes, it is."这样,教师用简洁明了的语言,并辅以手势和表情,形象直观地让学生明白此游戏的要求,学生的积极性会被很好地调动起来。

(四)语言欠严密

> **案例 10-6**
>
> 教学片段:牛津小学英语6A Unit 6 Holidays
> 教学句型:What's your favourite holiday? My favourite holiday is ...
> T: Let's talk about holidays. What holiday do you like?
> Ss: I like ...
> T: I like the Spring Festival. My favourite holiday is the Spring Festival.
> (如此展开教学)

上述教学过程中,教师的教学语言缺乏过渡,由旧知"like"直接带到新知"favourite",会使学生对"favourite"的词义理解不到位,误将"favourite"等同于"like",由此给学生思维带来困扰,从而影响其对知识的理解和内化。

对策:"favourite"是本课的教学重难点,教师应该"渲染"到位。如果此处将语言组织得再具体些,如:"I like Teachers' Day. I like May Day. And I like the Spring Festival best. So my favourite holiday is the Spring Festival."同时,辅以☆、☆☆、☆☆☆来演示不同的喜爱程度。这样一来,学生就能理解到位,在新旧知识之间建立起逻辑关系,输出语言时也更得心应手。

(五)过分依赖汉语

> **案例 10-7**
>
> T: Read the passage and then answer the questions on Page 112. 看到没有? 看到一百一十二页的问题没有? 对,就这八个问题。先读短文再回答。

在学生程度不够好的地区,教师容易在课堂教学的过程中一方面抱怨学生听的能力差,一方面又没有给学生提高能力的机会。英语学习本身就是一个长期慢慢渗入的过程。而作为外语,学生学习英语的主阵地在课堂。英语教师应该充分利用课堂教学的机会,一次两次,几十次甚至是几百次地进行重复,最终让学生理解语言,并拥有使用所学语言解决问题的能力。从心理学角度而言,任何人都会选择有利于自身接收信息的途径。这样连珠炮似的中文出来,学生再费力地去关注教师前面所说的英语已经没有任何意义。而且汉语的思维往往会对英语学习起到负迁移的作用。英语教师应该尽量避免在课堂上使用汉语，尽早地帮助学生建立起英语思维。

五、英语教学语言设计策略

（一）点面结合、科学有序策略

教师的课堂教学语言首先要从教学内容整体出发，从课堂教学结构的整体性、科学性、有序性出发，设计一个科学有序的教法结构，将各个环节的"点"进行有机的结合，环环相扣，以利于学生循序渐进地领悟，掌握学法，进而使学生能生动活泼地、自主地学习。

> **案例 10-8**
>
> 教学片段：牛津小学英语 5B Unit 8 The Prince and the Fish
> T: Can you see a hat? (hat 是新单词)
> S1: Yes.
> T: Oh, he sees a hat. (渗透第三人称单数 see — sees)
> T: Can you see that hat? (渗透 Can you ...?)
> S2: Yes, I can.
> T: Can you get the hat for me?
> S3: OK.
> T: He gets the hat. (渗透第三人称单数 get — gets) Can you touch the hat? He touches the hat. (渗透第三人称单数 touch — touches)

在以上的设计中，教师不是把语法拿出来讲解，而是把握整体，把单词、句型、语法科学地融入创设的情境中，使乏味的语法知识这一教学重难点在有趣的情境中迎刃而解。

（二）巧妙设计、目的明确策略

课堂教学内容要有既定的教学目标，即教师要根据所教内容在整册教材中所处的地位、所教班级学生的接受程度，将传授语言知识以及训练听、说、读、写等语言技能的目标具体化，以利于学生掌握扎实的基础知识和基本技能，为实施课堂有效教学导航。

> **案例 10-9**
>
> 教学片段：教授句型 "What is it? It's a ..."
> T: Guess, what's in my hand?
> S1: It's a bird. (学生情绪高涨，各抒己见，课堂气氛热烈)
> T: No.
> S2: It's an eraser.
> S3: It's a toy car.
> T: Who can ask me? I'll tell him secretly.
> S4: What is it?
> T: It's a toy dog. (教师偷偷地告诉了这位学生，更激发了其他学生的好奇心。学生争先恐后地问)
> ...

在这一教学片段中,教师设计每一个任务的目的都非常明确。教师通过简练的课堂语言、巧妙的情境设计,设悬置疑给学生提供思考的空间,实现了两个句型——"What is it?"和"It's a …"的掌握。

(三)活泼多样、生动有趣策略

教师课堂上的语言应该是自然、灵活、不断翻新、富有个性的,要充分运用英语名、英文歌、儿歌、绕口令、顺口溜、谜语等,给予学生语言感染机会,让学生在大量的听、想、诵读中,扎实地掌握知识,形成技巧,发展能力,尝试成功,乐学会学,从而获得课堂教学的高效率。例如,一位教师在和学生交流的过程中,通过简单的几个问题和几个问候就展示了教师语言的多样性。

案例 10-10

T: Hi, handsome boy, what's your name?
S1: My name's Tom.
T: Nice to meet you, Tom.
T: Oh, cool boy. Your name, please.
S2: Peter.
T: Glad to see you!
T: Lovely girl, I'm Sally. Who are you?
S3: I'm Linda.

(四)语境释义、简明易懂策略

语言是人们进行交际的工具,同时也是思维的工具。因此,教师的课堂语言要尽量简明易懂,并把握好学生理解的"度",还要有足够的输入量。这样才能有利于学生对课堂知识的理解,发展和培养学生理解和表达思想的能力。

案例 10-11

教学片段:一位教师向学生解释"think"一词
T: I see with my eyes. I hear with my ears. I walk with my legs. I speak with my mouth. I think with my head.

我们要从学生的实际能力出发,不能用太多费解的词汇,应该用学生熟悉的语言来解释词语,在解释词语的过程中,教师也可以用创设的情境、丰富的肢体语言、直观的教具等来帮助学生理解。

(五)真实交际、融会贯通策略

最新的理论表明,真实的语言交际活动是学生认知语言的重要渠道。在我们的英语课堂上,与其泛泛地讲很多学生不感兴趣的话题,不如就针对学生感兴趣的话题,顺着学生的意愿,对一个语言点进行不断的复现,在不同的语境中反复实践,实现对语言的融会贯通。

> **案例 10-12**
>
> 在举行的"同课异构"活动中,有两位教师设计了"Neighbourhood"一课。
> 第一位教师设计如下:
> T1: Look at my picture. This is Lily's neighbourhood. Look, this is the park. This is the supermarket/post office/hospital ...
> T1: Now read after me, please.
> Ss: This is the park ...
>
> 第二位教师是这样设计的:
> T2: Jim wants to visit our school. Let's draw a map of our school's neighbourhood. Who can help me?
> S1: This is the park.(学生边画边告诉教师他画的是什么)
> S2: That's the ...

同样的内容,第一位教师选择了Lily's neighbourhood,这对于学生而言是抽象的,因为他们不知道Lily家邻近地区都有什么建筑,所以只能等待教师来描述,然后再进行操练。而第二位教师选择了学生都特别熟悉的学校周围的建筑,从一位外国的小朋友要来参观入手,具体、形象、生动,激发了学生交流的欲望。

在美国优化教学的50条规则中,有诸多方面是关于教学语言的,比如:教课时不照本宣科;上课应自然流畅,不要临时拼凑内容;教学时不背诵课本,而必须理解所教内容;宁愿教学中有一次失误,也要使课讲得自然流畅,不要因怕出错而把课讲得索然无味,避免千篇一律地讲述,要把学生兴趣引到所讲的内容上来;应该从容不迫地讲课;不讲与主题无关的笑话;避免前紧后松,或前松后紧。凡此种种都毫无异议地强调了教学语言的重要作用。

第二节 教态运用技能

一、教态的定义

在课堂教学中教师用有声的语言与学生沟通、互动、交流,同时还有一种"润物细无声"的无声语言——教态。教态从字面上看,可指教师态度或体态的总称,也称作肢体语言或体态语言,或非语言信号。教态包括教师的仪容、风度、神色、情绪、表情、姿势、动作、举止、手势、目光等。但除了包括教师的外在形象(容貌、举止行为、穿着打扮等),也包括教师在日常行为中反映的内在思想、道德情操、文化修养等。教态无时无刻不在向学生传达信息,感染学生的情绪。和谐优美的教态和体态体现教师的人格修养、气质和整体素质。

教师的教态和体态语言是英语教学语言的重要组成部分。教学信息和知识除了靠教师有声语言传递外,还要通过教态和体态等非语言因素辅助完成。教师的教态直接影响着英语教学的效果,是教学艺术性的重要体现。良好的教态使学生感到亲切、易于接近与接纳,为学生的学习营造出一种轻松的心理氛围。良好的教态也是一种信息,有助于提高教学效果。良好的教态和体态,对发展学生的形象思维以及听、说、读等语言运用能力均有帮助。

二、教态的基本要求

知识水平与人格形象高度统一；生理素质、健康状况与文化修养统一；教学过程、步骤、方法和手段统一；视、听、动协调统一；适当模仿与发自内心的体验一致，以及教师个性与行为的整体育人效应统一。

（一）教态的基本要求

（1）着装整洁，端庄。

（2）目光亲切，表情轻松，态度和蔼。

（3）举止文雅，精神饱满。

（4）面向全班学生，与学生视线交流的时间不低于60%。

（5）善于用不同的眼光表情达意。

（6）根据教学需要，表现出发自内心的情感。

（7）身姿、手势、一举一动都要表达出对学生的喜爱、关心、信任和期待。

（8）位移幅度和频率适中，并根据教学内容与演示、讲解、板书等活动协调。

（9）各种动作从容、敏捷、准确。

（10）没有不必要的动作，遇乱不急，受挫不躁。

（二）教态的基础

1. 知识形象和人格形象

教师的知识形象是教师所具备的社会、科学及专业知识和技能的外在表现；其人格形象则是教师行为和思想品德修养所形成的优良品质的物化。"学高为师，身正为范"准确地说明了知识形象、人格形象与教态的辩证统一关系。

2. 生理素质与文化修养

生理素质是教师工作能力、活力和灵气赖以生存的基础，它在很大程度上决定着教态的质量；文化修养是指一定的文化、文学艺术、哲学等在精神上的沉淀与积累。只有二者的结合统一才能形成最佳教态。

3. 动机、自我意识与养成训练

强烈的学习训练和模仿动机是形成良好教态的重要前提，而自觉地克服不良的身姿、手势等习惯则是教师不断优化自己教态的良策。

三、良好教态的基本构成

（一）服饰

服饰是个人修养的一部分。教师的服饰会对学生情绪产生很大的影响。教师衣着要高雅大方，整齐干净，协调自然，美而不俗。教师的服饰体现了教师的风貌。服装色彩不要太鲜艳，也不要太暗淡。教师不能穿奇装异服走进教室，更不能不修边幅。不戴不适当的饰物，装饰过多会令学生眼花缭乱，分散学生的注意力。教师穿上新装，应课前到教室走一趟，以免引起不必要的哗然。

（二）身姿

教师的身势和姿态会给学生留下深刻印象，好的印象会产生磁铁般的吸引力。因而教师要做到站姿端庄、大方、稳健、挺直、精神饱满。点头或摇头时，幅度不宜过大，频率不宜过快，要与说话内容、节奏协调，切忌摇头晃脑、探头探脑。讲课累了时，可以将重心移向一条

腿,稍作休息。身体切不要后仰或歪斜,更不要摇摇晃晃。讲课时,不要下意识地抖动双腿,也不要始终将双手撑在讲桌上或俯身在讲桌上。

(三) 手势

教师在讲课过程中都会自觉或者不自觉地运用手势来辅助自己的语言表达。课堂教学中手势的运用一定要讲究明确、精练、自然、活泼及个性化和专业化。所谓明确,就是要使手势成为有目的性的动作,每一点、举、拂、挥,都有内在的根据、清楚的用意,具有补充和强调作用。所谓精练,就是要用比较少的动作作衬托,强调关键性的话语,实现高精度、高频率的信息交流。所谓自然,是指不能故意造作、无中生有。所谓活泼,是指不死板、呆滞。所谓个性化,是指运用手势应有自己鲜明的个性特征。所谓专业化,是指课堂上运用的特指某种事物的手势,应该与实际工作中采用的手势相同。对于教师来说,双手是最便捷、最灵活的"教具",它可以展示出极其丰富的内容来。教师常用的手势大致可以分为四类。

1. 指示性手势

教师运用事物或图画进行教学时,常结合手势语帮助提问。例如,"What's this?"(指近物),"What's that?"(指远物)。这类手势语的特征是所指事物作为教学内容和目标,它虽然简单,但也有其特点:即所指对象必须为全班学生明了。手势还可以配合语言指示全班、半班或排、行进行操练。

2. 演示性手势

恰如其分的身体动作的使用可使词汇具体化,形象化,如教学"jump"时,做双脚跳的动作,在教"He is not ..."时就摇头,教"He is tall"就用手指高些,教"She is five"时就伸出五个手指,教"dance"时做简单的舞蹈动作或交谊舞的动作,教"cough"时故意发出咳嗽声。这些都可生动贴切地使学生领会到这些词汇的含义,远远胜过借助汉语点明其义的效果。此类手势演示出教学内容,帮助学生理解。

3. 指挥性手势

此类手势的特征在于指挥学生活动,用以在教师的指挥下演示教学。例如,在训练学生朗读时,读升调的地方,手往上提;读降调的地方,手往下降;……教师运用指挥性体态语,不仅使朗读整齐、声势浩大,而且使学生正确的语音语调得到巩固和提高。

4. 象形性手势

这类手势用来描摹人、物的形貌。例如,描绘round-face可两手环脸作球状,描绘long hair可用手从头上划至腰上部,学生即刻明白其表达的含义。教师在使用以上手势语时,要目的明确,克服随意性。手势的速度、频度、幅度均要适度。在课堂上一定要克服不良手势,如抠鼻子、挠头皮、摸胡子、手沾唾液翻书等,更不能手敲桌子或对着学生指指点点。

(四) 表情

表情是心灵的屏幕。它把师生双方复杂的内心活动像镜子一样反映出来。教师在教学中的表情可以大致分为两类:一是常规性表情,二是变化性表情。前一类要求教师做到和蔼、亲切、热情、开朗、面带微笑。微笑是一个人乐观、自信、积极向上的心理状态的反映。教师的微笑能使学生产生良好的心理态势,创造和谐的学习气氛,对学生不仅是一种鼓舞,还是一种督促,从而使教学活动顺利进行。变化性表情是指随教学内容而产生的喜、怒、哀、乐,随教学情境与学生发生的感情共鸣。这种表情可以使课堂效果丰富生动而充满活力和吸引力。如课文的朗读、故事的讲述等,应该合理地使用表情帮助学生理解,以表情感染学生。利用表情表达教师的感受，表达教师的想法（如赞许、批评、同意、不满等），是课堂管理的一个重要手段。如果某些英语语言学生可能听不懂，教师便可以用表情来表示，如 upset、surprised、astonished 等。教师的表情变化要适度，不能过分夸张，以避哗众取宠之嫌。

（五）目光

眼睛为心灵之窗。教师的目光对学生的心理状态、内心感受和信息接收的影响是巨大的。教师可以通过目光输送感情和智慧，可以通过目光开启学生的心灵并破解疑窦；可以随时与学生交流，表示欣赏、赞同、默许，表示理解、宽容，表示关切、爱护，也可以表示批评、责备、劝阻，表示愤慨、反对、制止等。

讲课时，教师要尽量扩大目光的视区，始终把全班学生置于自己的视幅内。要用广角度的环视表达对每位学生的关注。要注意用眼神交流来组织教学、捕捉反馈信息。针对不同的学生使用不同的目光点视。例如，对听课认真、思想活跃、回答问题正确无误的学生投去赞许的目光并伴有点头动作；对精力不集中、做小动作的学生可投去制止的目光并伴有摇头动作；对于回答问题胆怯的学生可以投去鼓励的目光。教师要始终保持目光明亮、神采奕奕。丰富明快的眼神能使口语表达生动传神。常用的"目光教学"如下：

1. 环视

即视线向前做有意识的自然流转，照顾全体对象的方法。这种眼神可以使每一位学生都感到教师在同他讲话，使他觉得已经受到了教师的重视或注意，从而提高学习兴趣或注意力。当然，环视并不是不断地毫无目的地变换目光，目光的机械变换、毫无生气的回环反复，只能给学生带来厌烦和厌倦，因此，"环视"时视线要有节制地流转，并且应当放慢流转的速度。

2. 注视

即目光较长时间停留在一人身上，然后再变换注视对象的方法。这种眼神通常用于表达启发、引导、提醒、批评、赞许、鼓励等感情，尤其是对视，可以进行感情和情绪的微妙交流。教师能通过学生的眼神变化判定他们听课的情况，学生也能从教师的眼神中得到启示或警告。学生目光含笑可人，表明他们对教师的讲授心领神会；学生目光呆滞、犹疑不定，表明他们存有疑虑，尚须进一步点拨。学生如有小动作，教师只要注视片刻，多数学生便会自觉改正。任何情况下的注视都不能简单地理解为"死盯"。注视的时间不宜过长，也不宜专注于一人。

3. 虚视

即目光似视非视的方法，也就是所谓的视而不见。这就是教学过程中主要运用的眼神。虚视要有一个中心区，这个中心区一般应在学生的中部或后部。虚视可以穿插在环视和注视之间，它可以调整和消除环视可能带来的飘忽或者是注视可能带来的呆板感，虚视还可以表示思考。

（六）空间距离

人际间的距离也有信息意义，也是一种无声的体态语言。教师讲课应以站在讲桌后为主，根据教学活动的需要，可以适当调节与学生的距离。例如，教师领读时，走下讲台，进入学生的"空间领域"，可以控制课堂，发现和纠正学生的语音语调，使课堂变得有生气。学生做小组练习时，教师可到学生中去进行辅导、检查和帮助；走近后排学生，使他们精力集中并感受到教师的关怀；貌似不经意地走向做小动作的学生，给之以暗示性批评。但教师不能在教室内频繁走动,教师的脚步不宜过快或过慢。同异性学生交谈时,距离不宜太近,更不要随便拍打学生,以免引起反感。

总之,教师的教态要符合教师的职业特点,体现育人性及教师自身的性格特点,要有一定的文化内涵,体现高深的审美观念,美观大方,端庄得体,亲切有礼,举止从容,给学生带来一种"如沐春风"的享受。

实践活动

1. 英语教师入职考试应采用"语言基本功一票否决制"。你对此有何看法?

2. 一位老教师外出活动时(旅游、购物等),周围不相识的人很快会说:"您是老师吧?"你如何解释这一现象?

3. 某位教师在多年的年度考核中均被评为优秀,历年来很多学生的评语如下,对此你有何看法?

每一堂课,××老师都是精神饱满的,课堂气氛活跃。喜欢你,老师。

老师笑容很灿烂,喜欢上她的课。

和蔼亲切,上课灵活幽默,氛围轻松,英语口语标准,深受学生爱戴。

老师很有亲和力,经常微笑,对学生负责,积极调动学生积极性。

和蔼,亲切,时尚,美丽,爱笑。

4. 看某高中教师的几句课堂用语摘录,请问你有何意见或者建议?

"I will give you two minutes."

"I want you to have a pair work." "I want you to read the passage."

"Who can answer this question? It is so easy." "You." "Then, you."

5. 面试时,一位教师的结束语是"同学们,这节课讲完了"。考官问,"这节课讲完了"与"这节课学完了"有什么区别。如果你是这位教师,你会如何回答?

第十一章 英语游戏与歌曲教学技能

玩乐是孩子的天性。遵循教学规律和学生身心发展规律，调动学习积极性，增强学习兴趣，是每一位教师义不容辞的责任。游戏与歌曲教学是英语课堂教学中调整学生学习情绪、改善课堂气氛、提高学习兴趣、融洽师生关系的一种重要教学手段。本章围绕游戏与歌曲的作用、类型、实施原则和具体应用等视角展开论述。

第一节 英语游戏教学技能

英语教学是一门艺术。教学有法，教无定法。游戏教学可使教师在教学中尽可能将枯燥的语言现象转变为学生乐于接受的生动有趣的游戏形式，为学生创造丰富的语言交际情境，使学生在玩中学、学中玩，有效激发学习积极性，在轻松愉快的氛围中学习和掌握知识，提高教学质量。

一、游戏教学的原则

游戏教学的原则是对"教"和"乐"的严格界定，寓教于乐：教，必须教课程中的内容，尤其是其中的重点、难点内容；乐，必须有比较成熟的游戏法则，有很强的竞赛性，有明确的输和赢，有极大的趣味性，并且在一定的机制下，给参赛者以发挥主观能力的空间。

（一）游戏选用的适切性原则

将游戏引入教学不是将游戏与教学简单相加，而是找到游戏与学习的联结点，将学习与游戏有机地统一。做游戏不是单纯地为了活跃课堂气氛，更重要的是为教学内容服务，以语言运用为目的，增加真实的语言交流。所以在选择游戏之前，首先应该考虑清楚这个游戏能够为语言学习带来什么好处。

（二）游戏设计的目的性原则

游戏是教学的一种形式、一种手段，在教学中使用游戏是为了更好地教学，让学生更容易接受教学内容。课堂教学的所有活动都必须围绕教学目标而不能片面追求形式，不能注重形式而忽略内容。设计游戏时，要充分考虑教学的重难点。如，在学习表示颜色的英语单词时，可以设计"幸运转"游戏：做一个活动的转盘，上面有 black、pink、purple、green、red、white 等各种颜色，教师可以提问："What colour is it? Can you guess?" 学生纷纷举手回答，最后教师转动转盘。这种游戏目的性强，学生参与面广。

（三）游戏落实的纪律性原则

为了使游戏活动收到实效，游戏规则必须明确、公平。在游戏前，教师必须把游戏的规则、要求及奖罚细则等介绍清楚。游戏中的学生自由放松，个性在游戏中得到施展，但如果自由过度则会影响教学效果,甚至游戏无法顺利进行。在竞赛性游戏中,为了防止出现混乱失控的情况,可以将遵守规则作为评分的标准之一,保证公平竞赛。

(四)游戏过程的参与性原则

学生在游戏中学会语言、掌握语言,学生是游戏的主角,教师千万不能喧宾夺主。游戏应以全体学生为对象,在最大范围内调动每一位学生的积极性,尽量让每一位学生都有机会参加。比如新概念英语第一册 Lesson 71 中有句型"What's ... like?"教师组织学生以小组为单位操练这个句型,然后再由其他小组的学生用英语描述小组内的某位同学。在这个活动中,小组内的学生群策群力把自己熟悉的人物用英语描述出来,由其他同学猜测,既培养了学生的群体意识、合作精神,又培养了学生综合运用英语的能力。

游戏设计面对全体学生,但每位学生的实际情况不尽相同,所以教师在设计游戏时要从各个层次学生的实际出发,符合学生的认识水平和该年龄段学生的心理生理特征,注意学生的个别差异和兴趣爱好的区别,并且确定游戏进行过程中各部分的难易程度,例如在教授 nose、mouth、ear、eye、hand、foot 等表示身体部位的单词时,教师要边做动作、边说单词,其余学生边跟着做动作、边模仿发音,但当学生已基本能说这些单词后,改变游戏要求,可以教师做动作,学生说单词,或者一部分学生发指令,另一部分学生根据指令做动作,整个游戏交由学生做主。

(五)游戏形式的多样性原则

游戏设计时要考虑到不同年龄段的儿童的心理特征有所不同,如低年级的学生爱玩 Simon says 的游戏,而高年级学生更偏爱一些开发智力的游戏,如编谜语等,所以游戏活动形式力求多样丰富。例如在教学 in、on、under、behind、between、beside 等介词及词组时,可以首先设计一个游戏比赛:以小组为单位表述教师手中橡皮的位置,要求快速、整齐、正确。在教师快速地更换橡皮位置的过程中,学生为能够赶上橡皮位置变换的速度,个个目不转睛,全神贯注地接受着挑战。待学生进入状态之后,教师改变要求,让学生在教师的口令下迅速变换橡皮的位置。为了体现游戏活动的多样性,教师可再次改变要求,把游戏设置成:把一块橡皮藏在手中却假装把它放在文具盒的某处,问道:"Where is the eraser? Please guess."这时学生兴奋地猜测着"It's in/on/beside ... the pencil-box. I think."通过不断改变游戏的形式和方法,使学生始终感受到挑战的存在,从而注意力始终保持高度集中,兴趣愈加浓厚。

二、游戏教学活动的实施方法

(一)明确游戏规则

游戏规则是指对游戏行为和行为结果评判提出的规范和准则。游戏规则应该简洁明确,不宜繁杂琐碎,使学生易于明白,乐于遵守。学生理解和遵守游戏规则是游戏成功的关键。教师可以用双语(母语加上英语)说明游戏的规则,必要时应给予学生示范。可以教师一人示范,也可以师生合作,或者让一组能力较强的学生做示范。此外,教师也可以制作信息提示卡或板书提示信息,如"Work in pairs""Drawing""Display the correct order"等,尽量使全体学生都明白游戏的玩法及规则。

(二)掌握游戏指令

教师指导学生掌握在游戏中使用的关键词汇、句子等。例如,学生必须懂得如何用英语询问信息、发指令、表达自己的处境等。学生应该掌握游戏中常用的一些英语表达法,如:

I don't understand.　　　I don't know.　　　I'm not sure.

Start again.	Have another turn.	Wait for your turn.
Don't look.	Don't cheat.	Don't be silly.
I've/We've lost.	I've/We've won.	I'm/We're the winner.

（三）熟悉游戏形式

游戏的组织结构有全班、小组、小对子等方式。全班活动要求以整个班级为单位，在全班开展游戏，对于活跃课堂气氛有重要作用，如"背后纸条"的游戏。在这个游戏中，每位学生的背后用大头针别一张纸条，上面的内容与一个具体的主题有关，但是这位学生自己却不知道上面到底写了些什么。他可以在教室中随意走动，碰到一个人就问对方"Am I ...?"或者问一些与答案有关的线索。然后，根据对方的回答猜出自己背后纸条上的内容。

（四）实施游戏活动

教师向学生讲明游戏方法后，主要由学生来完成游戏。但是教师在游戏中的作用无法替代。游戏时，教师的职责是观察学生，看其是否在用英语进行交流以及交流时遇到什么困难。教师应提供及时和必要的帮助或者重新解释游戏的玩法及规则，对游戏过程中学生的行为和活动的走向给以引导。教师在学生游戏的过程中不可以过多地纠正学生的语言错误，相反地，教师应尽量多表扬、鼓励学生。在游戏中教师要善于改变自己的角色，教师不仅是游戏的组织者、引导者，而且还是一名裁判或监督者。有时教师还应该把自己当作游戏活动中的一员，从而更有效地达到游戏的目的。

三、英语教学中游戏的作用

（一）帮助学生记忆

案例 11-1

巧 猜 数 字

游戏功能：巩固数字的读音和拼写。
游戏玩法：教师拿出准备好的数字卡片。
T: Now, let's play a game. Please guess. What's the number on the card? If you're right, I will give you the card. I will say the first letter of the word.
T: "T".
S1: T-W-O, two!
T: No. Try again, please.
S2: T-H-R-E-E, three!
T: Yes. You're right! Here you are!
教师将卡片奖励给这位学生，然后带领大家一起拼读。以此方式将十个数字猜出，巩固数字的拼写和认读。

本课的教学目标是让学生巩固数字1—10的认读，初步掌握拼写。记忆单词对小学生来说是个大挑战，单纯的背诵和拼写容易使学生感到疲乏和困倦。在游戏设计过程中，教师让学生通过听单词第一个字母来猜整个单词，就在一定程度上帮助学生在记忆单词的过程中形成了一个知识点梳理提取的步骤，使学生的记忆更加条理化、清晰化。在游戏实际操作过程中，我们还可以提供单词的最后一个字母，或是单词的第几个字母，让学生来猜单词，以增加游戏的难度，使游戏更富有挑战性。

> **案例 11-2**
>
> **Act and Say (PEP 8, Unit 2 Let's learn)**
>
> 游戏目的：通过游戏，能熟练表达生活中常见的疾病及喜怒哀乐。
>
> 游戏方法：在教学词汇，如 happy、sad、angry、have a toothache、hurt 时，一边做表情，一边说出单词，同时配上不同的声调。比赛谁说的正确而且表情做得逼真。在操练时，可让一位学生做表情或动作，其他学生抢答说出正确的单词，也可以采用小组竞赛的形式。

这一单元的单词跟学生的实际生活非常密切，几乎每位学生都经历过。利用游戏，在教学单词的同时，通过角色的扮演或利用肢体语言来帮助记忆，使语言材料更加真实，使扮演者身临其境，愿意去学习，使单词记得快，而且记忆更加持久。

> **案例 11-3**
>
> **单 词 竞 赛**
>
> 游戏目的：分类记忆单词。
>
> 游戏方法：将学生分成几组，教师按分组数目在黑板上划成几个格，一组占一格。然后教师提出单词比赛的范围和要求，例如，写动物名称(cat, dog, mouse, elephant, monkey, panda, cock, fish, hen, etc.)，写人体部位(head, arm, leg, foot, hand, eye, ear, mouth, nose, etc.)，写水果名称，写表示颜色的单词，写出学习用品，写出表示时间自然物体和现象的词等。

此游戏适合不同层次的学生，游戏的目的是帮学生有意识地将单词及其词类分门别类地学习、归纳和记忆。

（二）激发学生兴趣

> **案例 11-4**
>
> **Pin a Nose on a Face（贴鼻子）**
>
> 游戏功能：复习巩固四个方位词。
>
> 游戏玩法：在黑板上画一张缺鼻子的脸，请一位学生走到黑板前，用布蒙上他的眼睛，让他贴出鼻子。台下的同学用 up、down、right、left 这四个词汇告诉他该怎么做。"Up, up ..." "Down, down ..." 随着鼻子位置的变化，学生们调整指令，在大家的共同努力下，找到鼻子的正确位置。

把英语与游戏结合起来,体现了"玩中学""乐中学"的教学思想,让学生乐于开口,感受到成功的喜悦,培养学生敢于表现的意识。该游戏的目的是让学生掌握up、down、right、left四个表示方位的单词。台下的学生根据"执行者"的动作进行方位的判断,迅速作出反应,练习了口语;"执行者"在过程中练习了听力,并掌握了具体方位。"贴鼻子"的学生在其他学生的口令下完成任务,是游戏的"执行者",会感觉责任重大。其他学生在帮助"执行者"共同完成任务,也都是兴致盎然。游戏的成功会让学生体会到团结协作给他们带来的成果。

案例 11-5

顺 风 耳

游戏功能:操练单词。

游戏玩法:教师让一名学生背对着全体学生站立,然后将单词卡片藏于某一位学生的桌子内,再请讲台上的学生转过身寻找此单词的位置。全班学生一起朗读此单词,如果该学生离单词位置近,那么朗读的声音就响;如果离单词越来越远了,那么朗读的声音就越来越轻。就这样直到找到单词为止。

这个游戏在设计时充分考虑到了全体学生,每位学生都可以积极地参与到游戏当中,享受到游戏带来的乐趣,刺激每位学生对英语课堂产生浓厚的兴趣,同时在无意识中掌握了单词的读音。

(三)培养学生综合素质

1. 利用游戏训练反应能力

案例 11-6

摘苹果(PEP 2,字母教学)

游戏目的:通过游戏,归类字母所含的音素。

游戏方法:游戏前,在黑板上画一棵苹果树,把预先分别写好26个字母的苹果贴纸贴在树上。让学生认读字母,然后小组讨论各字母所含的音素。然后请学生依次把含有/eɪ/、/iː/、/aɪ/、/e/音素的字母苹果贴纸摘下来,并放进写有该音素的方框里。通过小组竞赛的方式,以最快的速度完成任务。

案例 11-7

听指令做动作

游戏目的:训练学生听祈使句并迅速反应的能力。

游戏方法:教师可快速说出一些祈使句,如"Touch your head/eye/ear/nose.""Put up your hands.""Close your eyes."等,学生听到后便做对应的动作,最快最准的获胜。可以用来发出指令的词句还有"Touch your book/

your pen/the desk."等，这个游戏也可以用竞赛的形式进行，可将全班分成若干小组，每组抽一名学生，一起到前面做动作，做错了就被淘汰，最后剩下的一人或两人为优胜，给该组记10分。然后各组再抽另一名学生到前面来，游戏继续进行。

2. 利用游戏帮助集中注意力

案例 11-8

Listen and Catch（PEP 2，数字 11—20）

游戏目的：通过游戏，让学生掌握数字单词的听说和认读。

游戏方法：让学生准备好单词卡片，摆放在桌上，听音抓卡片。第一次，图片朝上，听音看图抓卡片，从一张卡片开始，然后逐渐增加难度。第二次，单词朝上，听音认词抓卡片。最后累计命中率，给予不同奖励。（教师可根据学生的反应，控制自己说词的语速）

案例 11-9

快 速 拼 读

游戏目的：复习单词。

游戏方法：教师说出一个字母，让一名学生口头说出五个以此字母开头的单词，反应迅速、发音正确取胜。然后，教师奖励他说出另一个字母，由其指定一位同学讲出以该字母开头的五个单词，讲不出者被罚下，另找一名同学回答。但作为词头的字母不能重复出现。（如 A: an, and, angle, are, ask; B: box, book, big, black, breakfast）

3. 利用游戏培养合作精神，表演力和创造力

案例 11-10

字 母 排 序

游戏目的：熟悉字母顺序。

游戏方法：准备单词卡片，写有"arm, big, cat, dog, elephant, fat, good, hat, it, July, kite, look, monkey, nose, orange, pupil, queen, red, school, teacher, up, very, what, X-ray, yellow, zoo"。将上述单词打乱顺序放在一起，并将学生分组，让每组学生在规定时间内，把所有单词按照首字母的字母顺序排列起来。在最短时间内完成的组获胜。没有参赛的学生可以在旁边唱字母歌，以此提示参赛组。

案例 11-11

美 食 家

游戏目的：练习 like/don't like 语言点。

游戏方法：准备米饭、面条、炒肉片各一碗和一条做好的鱼，盐和胡椒粉各一碟，一把勺子，一双筷子，一条蒙眼睛的布。在黑板上画如下表格。

	rice	noodles	meat	fish	salt	pepper
Lucy						

教师把学生分为两组，每组选出一人品尝食物。A组学生蒙住眼睛品尝，边品尝边说："It's ... I like/don't like ..." B组学生要尽可能多地记住A组学生喜欢什么和不喜欢什么。A组学生品尝完，B组学生根据看到的，回答教师的提问，并在A组的表格中填上答案。然后两组交换角色。最后比较两个组谁答对得多。

4. 利用游戏训练学生的语言动作协调能力

案例 11-12

Scramble for the Seat（抢位子）(PEP 8, Unit 4 Let's Learn)

游戏目的：通过游戏，掌握十个动词短语。

游戏方法：将椅子围成一圈，让参加游戏的学生围绕椅子慢走（学生的数量比椅子多一个），边走边说一句规定的句子，如："I ate good food and climbed a mountain."，并做出相应的动作。教师说"stop"，所有的人停止行走，开始抢椅子，没有抢到的学生被淘汰。下一轮，抽掉一个椅子，依此继续游戏。

案例 11-13

老狼老狼几点钟

游戏目的：练习询问和回答时间。

游戏方法：设置游戏起点和终点，由教师做第一只老狼，站在终点，背对站在起点的学生，学生一起向老狼喊："What's the time/What time is it, Mr. Wolf?" 老狼任意喊一个时间，如"One o'clock."，学生根据时间的点数向前迈相应的步数，重复上述两个步骤，直到老狼突然回答"It's dinner time!"，学生应立刻向起点外的安全区跑去，老狼则转身追逃跑的学生。被老狼抓到的学生也变成狼，在下一轮中和老狼一起在 dinner time 抓其他学生。坚持到最后的学生就是下一轮新游戏的老狼。

> **数字和人体器官**
>
> 游戏目的:练习用英语数数,复习学过的表示人体器官或部位的英文单词。
> 游戏方法:首先告诉学生,教师说"one"时,学生用手指头发并讲出"hair";教师说"two"时,学生指脸并说出"face"。其他数字和人体器官对应关系为:three—耳朵—ear,four—眼睛—eye,five—鼻子—nose,six—嘴—mouth,seven—肩—shoulder,eight—腿—leg,nine—手—hand,ten—脚—foot。经过反复练习,熟练以后可以让一名学生来数数,其余学生找相应的器官,讲出英语单词,并可以设计成抢答形式。这个游戏要求学生手口一致,教师数数时应由慢至快,并注意学生讲的是否正确。

案例 11-14

第二节 英语歌曲教学技能

音乐是人类的第二语言,而歌曲是用人声唱出的与语言相结合以表达思想感情的特殊艺术手段。它自古以来就是愉悦心灵、抒发情感、沟通思想的活泼生动的艺术表现方式。学习者在音乐欣赏和歌曲演唱中不断增强的自我满足感会提升其自信,音乐独特的韵律又能激活学习者头脑中的语言表达潜能。

学唱英文歌曲是辅助学生学习英语的重要手段。它融英语学习与娱乐为一体,既可培养学生欣赏音乐的审美情趣,提高其欣赏品位,同时又可辅助其学习英语中的词汇和语法。教师在课堂上教唱一些简单易懂、节奏感好、朗朗上口的英文歌曲,可以调动各个层次学生的学习热情,音乐的功效运用于教学,使学生在轻松愉快的氛围中学英语,无形中就能提高学习者的投入程度,使其在学习过程中享受到极大的乐趣。

一、歌曲在英语教学中的应用

英语歌曲集语言知识、文化蕴涵、韵律节奏于一体,在英语课堂上成为拉近师生距离、沟通师生关系、共享美好感受的媒介。从英语教学的角度,我们可以把英语歌曲分成教学歌曲和欣赏歌曲两类。教学歌曲主要指为达到某一教学目的而选教的歌曲,如为练习某一音素、语法结构、某一课生词等而编写的歌曲。欣赏歌曲是指教师为了提高学生学英语的兴趣,培养他们的节奏感以及掌握音高、音长、音重等知识和技能而选教的曲调优美、广为流行的歌曲。

(一) 英语歌曲的选择

明白易懂的语言输入是确保学生获取新的语言知识的重要途径。在语言输入假设理论中,克拉申(Krashen)认为,学习者获得与自己的语言水平大致相符的输入极为重要,因为这有助于学习者内部语言加工机制的运行。换言之,只有学习者能理解他听到的话,他才能获得"i+1"的输入。因此,要想歌曲教学收到理想的效果,在选择英语歌曲时应遵循一些基本的原则。

1. 歌词清晰

在演唱方面应该节奏和缓,曲调优美,唱词清晰,如"Yesterday Once More""Right Here Waiting"等;歌词所包含的词汇量和语法现象不能太难,应适合大部分学生的水平。

2. 歌曲内容与教授内容相关

所选歌曲要跟所学课文的要求或要练习的结构和词汇相关。同时，在歌曲内容与思想方面，要注意选取有意义、积极向上、题材对学生有教育意义的歌曲，如"Don't Cry for Me Argentina""Red River Valley""Heal the World"等。

3. 歌曲有可开发余地

英语课堂的英语歌曲实际上只是我们进行一定教学活动的引子或载体，所选择的歌曲要么语音清晰标准，要么有一些词汇、语法可以借用，要么含有一定的文化知识，也就是说在课堂上运用英语歌曲不应局限于歌曲本身，而应该在歌曲之上根据需要充分发挥。比如，"Head Shoulders Knees and Toes"这首歌曲可以用在课内，也可以用在课外；可以听歌欣赏，可以边唱边演，灵活机动；也可用于词汇、句型、对话的学习等。

（二）英语歌曲在教学中的运用

1. 利用歌曲导入新课

导入是教师在开始传授新课之前，引导学生迅速进入学习状态的行为方式。导入的过程为新课的呈现搭桥、铺路，为新知识的学习和新技能的训练做心理准备和知识准备。在课前唱英语歌能迅速使学生的注意力从上节课转移到本节课来；还能巧妙自然地引出新授课内容。把确定的教学目标，需要学生掌握的单词、句子配入学生熟悉的曲调，学生既感到熟悉，又有些新鲜，轻轻松松就掌握了新知识。例如教 Go for it 七年级 Unit 7 How Much Are the Pants?时，可以先唱《洪恩 Go Go 学英语》中的"How Much Are They?"这首歌，引导学生有意识地从演唱中感知怎么对价钱提问，直到熟练。在实际教学中，可以把本课内容编成歌曲或者歌谣，让学生一起跟唱。

心理学研究表明，利用音乐来刺激大脑神经的兴奋点，对巩固记忆有很好的效果。比如在学习数字 one、two、three ... ten 时，教师可以利用一首英文数字歌"Ten Little Indians"，或是选择配有动画片的英语数字歌曲。在教数字之前，先教这样的歌曲，用轻松愉快的节奏和引人入胜的动画吸引学生。还可以设计一些手势来表示不同的数字并与学生一起唱，在不知不觉中，学生已经初步掌握了 one、two、three ... ten 等数字。

2. 利用歌曲调节学生情绪

英语歌曲有着丰富的内容，优美的节奏，和谐的旋律，听起来十分悦耳，唱起来更使人精神为之一振，能起到调节学生情绪的作用。在教学中适当地借助歌曲烘托、渲染课文内容，不仅能让学生得到美的享受，陶冶情操，还能加深学生对课文的理解。如在教"Moonlight"一文时，先播放贝多芬那首幽雅而激昂的月光曲，伴随着音乐的旋律，学生很快沉浸在课文中三幅插画所描述的意境里，形象深刻地加深对课文内容的理解。如果在上课过程中，教师发现学生们觉得疲惫并开始走神，可以让他们唱一些旋律欢快的英文歌曲，并要求他们随着节奏运动，他们的精神很快就会振作起来。又如教授"Where Do They Come from?"时，可以把四个国家名（China、Japan、England、America）编成歌曲"娃哈哈"的旋律，让学生在轻松、快乐的氛围中学习，能起到理想的效果。

3. 利用歌曲巩固操练所学知识

英语作为一门语言，需要反复操练才能巩固。学唱英文歌曲要运用知觉、感情，利用无意记忆和情绪记忆，对学习起强化作用。有的英语歌曲把几个单词凑合在一起，配上歌谱即可吟唱。如"Days of the Week"，学生唱几遍，即可以熟记表示一个星期七天的单词。另外，记忆英语单词有一条重要原则,那就是"词不离句,句不离词",一般英语歌词所涉及的英语句型很多,同时也很典型和相对稳定,便于反复吟唱。如歌曲"I Have Two Hands"中,可以把歌词中的宾语替换掉,变为"I have two eyes/ears/arms/legs/...",甚至可以把主语替换掉,变为"He/She has two eyes/ears/arms/...",等等。因为英语歌曲朗朗上口,学生非常有兴趣,所以他们会在任何时间和地点唱起,这是一种无意识的复习和巩固,可以帮助他们记住学过的单词和句型,而且也将课内的教学延伸到课外。如歌曲"Rainbow""Little Fingers"能很好地巩固所学过的表示颜色以及数字单词;歌曲"If You Are Happy"可以用于真实条件句练习,在这首歌中这种句子反复出现多次。每唱一遍歌曲相当于把知识操练一遍,这比起死记硬背单词要好。

4. 利用歌曲提高语音和听力水平

英语和汉语分属不同的语系,不仅语言结构、语言表达等存在很大的差异,语音、语调的差异性也很大。歌曲清楚地表现了英语节奏性的特征、重读音节和非重读音节。语音教学是英语教学的一个重要方面。语音准确程度影响着学生整个英语学习水平。英语本身的音节讲究节奏,语调比较旋律化。例如讲英语"Good morning."配上节奏,再加上音高和音长就成了歌唱。因此,在英语歌曲教学中可以相应地训练英语语音音素。在唱"Rain, Rain, Go Away"时,学生在轻松愉快的演唱中重点训练了 /eɪ/ 这个音素。在"This Is the Way"歌曲中,可以反复通过"mop""pot""wash"等单词着重训练 /ɒ/ 这个音素,同时又与"floor""morning"所含的 /ɔː/ 音素进行比较和区分。其他很多歌曲也可以针对性或相对针对性地用于训练某一个或某一些音素,如"Old MacDonald Had a Farm"可以训练 e、i、o 几个元音字母的发音等。这些歌曲反复吟唱,记忆深刻,效果很好。学生在唱他们喜欢的歌时,不仅喜欢模仿他们喜欢的歌手的举动,更要模仿他们的发音。一旦他们学会了歌曲,那些歌词、句型、语音、语调、连读、节奏会永远留在他们脑海里。当然在听歌的同时,特别是听原版的英文歌时,学生也能提高自己的听力水平。

5. 利用英语歌曲学习风俗文化知识

英语歌曲蕴含风俗文化,在教唱英语歌曲前,可先向学生分析与歌词有关的风土人情和其他知识,如在入门阶段,可以学习歌曲"Good Morning to You"和"Hello, Hello, How Are You?"来相互问候,并启发学生了解英语国家的人们用"Good morning.""Good afternoon.""Good evening."等来相互问候。在学习"We Wish You a Merry Christmas""The Snowman""Jingle Bells""Silent Night"等英文歌曲时,教完歌曲,还可以引导学生对中西方甚至全世界的节日进行比较和学习。同时,通过学习各种英文歌曲,还可以了解到英文歌曲的主要类型,比如爵士乐、民歌、乡村歌曲、蓝调歌等。

二、英语歌曲教学的步骤与方法

(一)选择歌曲

要想歌曲教学收到理想的效果,精心挑选歌曲极为重要。英文歌曲题材广泛,包括流行的电影电视主题歌、爱情歌曲、儿歌、乡村歌曲和古典歌曲等。其中儿歌和古典歌曲最适于教学。教师在选材时要注意歌曲的教育意义。同时要根据所学课文的要求和所要练习的结构和词汇来选择。根据学生年龄特点、英语程度、背景及兴趣来选择。一般来说,歌谣、儿歌适合于少年儿童,传统民歌适合于各年龄段的人,现代民歌、电影电视主题歌一般适合于中学生或成年人,流行歌曲则大家都能接受但有些不适合于英语教学。总的原则是,首先我们要选择内容健康向上、曲调优美的歌曲。其次,还可以根据课堂教学任务来选。如果要练音就要选择一些节奏明快、重音规范的歌曲；若要训练听力，则要选一首歌词清晰、内容连贯清楚的歌曲，而那些反复重复某一句型、短语、词汇的歌曲则适合用来做语法、词汇练习。这样既学唱了歌曲又学到了不少优美的词句和语法知识。

（二）介绍歌曲的主题背景

学唱一首歌曲，不仅要听清音、词和结构，还要弄清大意。听歌之前，教师需要预先找些与此有关的时代背景、演唱风格等资料，向学生介绍歌的主题，提出和歌曲主题背景有关的问题让学生讨论回答。也可以在播放歌曲前让学生谈论对此歌曲或歌手的了解，可以通过图片、歌手的照片等介绍歌曲主题，也可以通过让学生搭配歌词等方式介绍歌曲主题。这些问题除了使学生了解主题外，同时能提升学生听歌的兴趣，培养学生的鉴赏能力。

（三）选择适当的教学方法

教唱英语歌曲即是一个教学过程，需要运用适当的教学方法，以取得良好的教学效果。教师首先要认真备课，对所教歌曲的歌词、作者及时代背景做尽量详细的注释，以便使学生对该首歌曲有更深刻的了解和印象。其次，应充分运用电化教学设备，使学生反复多次跟唱，以提高效率；运用语音实验室可使学生将跟唱效果与原唱比较，以纠正错误的唱法。再次，要经常检查教学效果，每次学新歌前要对学过的歌曲进行复习，可以采取单人独唱和全班齐唱相结合的方法，以免使教学流于形式。

（四）听歌训练

听歌的过程主要是听力训练过程，方法很多。如歌词填空，教唱歌曲时，可将歌词写出，空出一些关键词或押韵词的位置，让学生两人一组，边听歌曲边填词，然后将歌词读一遍以便学生检查。辨音辨义填歌词适合用来突出语言教学重点，特别是语法、词汇和语音。如句意判断，根据歌词大意给出几句相关的陈述，然后放几遍歌曲，让学生判断正误；如歌词纠错，把所听歌曲的歌词发给学生，其中有一些错误歌词，要求学生在听歌时纠正；如歌词排序，把歌词顺序打乱，主要是打乱句与句之间的顺序，要求学生听时重新排列出其正确的顺序。

（五）巩固与提高

学歌不是一项孤立的活动，不能单纯为了娱乐而学，也不能仅满足于大致听懂歌词，应在此基础上做进一步的巩固与提高。比如，可以找一些与所学歌主题相关的阅读材料让学生读，也可布置学生去查阅有关歌曲背景、歌星生平的资料，还可以根据学生所听歌曲，要求他们把这首歌改写成一个故事或利用歌的主题让学生练习写作，或要求学生听完歌后复述其主要内容或针对歌的主题指导学生进行讨论。

··

实践活动

1. 小学英语课堂常常用歌曲来开始和结束教学。初高中英语课堂也常穿插歌曲和影视节目。对此你有何看法？

2. 请通过网络搜索等方式观摩田湘军老师在第七届现代与经典全国小学英语教学观摩会上教授"When Is Your Birthday?"的视频及其他教学视频，点评田老师的教学特色和风格。

3. 某小学英语课平均每5—7分钟一个活动。教师设计大量游戏活动，课堂气氛活跃，但课后发现学生对教学重难点的掌握并未达到预期效果。你觉得问题在哪里？应如何改善？

第十二章 结课、作业设计和课外活动组织技能

结课和作业设计是课堂教学的有机组成部分。作业是检验、巩固和反馈教学效果的有效途径之一。富有艺术性的结课,不仅对教学内容起到梳理概括、画龙点睛和提炼升华的作用,还能拓展教学内容,激起学生深入学习的求知欲望,有助于他们自主探索和记忆贮纳。探索英语作业的设计,有效的作业批改,对于培养学生积极主动的学习态度,使其反思自己学习中的不足,发展语言综合运用能力,转变学习方式,学会学习以及加强师生之间的交流都具有重要意义。课外活动则是教学活动的延续和补充,更是发挥学生创造力、张扬个性的渠道之一。丰富的英语课外活动可以让学生在活动中提高英语学习的积极性,培养自主学习能力,开阔学生视野,发展综合语言运用能力。本章第一节采用文字描述加案例呈现及分析加设置情境引导学习者实践的思路,对结课的方式、作业设计、批改进行解读。第二节用实例对课外活动的功能和方法予以解读。

第一节 结课与作业设计技能

一、结课技能

结课是一堂课的有机组成部分。富有艺术性的结课往往衔接自然、首尾呼应、短小精悍、画龙点睛、引人深思。结课的形式与方法很多,教师可根据相应的教学内容、学生的具体情况或课堂临时出现的"意外"灵活运用,不可拘泥于形式、单调呆板。

(一)寓教于乐——愉快式结课

愉快式结课是指把当堂课所学习的重点内容加以整理,编成歌曲、顺口溜或游戏,让学生在愉快的演、说、唱中掌握所学内容,以达到寓教于乐的目的。

案例 12-1

例如,在教授现在进行时表示将来意义的结构时,某教师采用以下歌谣形式结课:

What are you doing for vacation?	I'm going camping.
When are you going?	I'm going on Monday.
Who are you going with?	I'm going with my classmates.
What's he doing for vacation?	He's visiting his pen pal.
When is he going?	He's going on National Day.
Who is he going with?	He's going with his sister.
What's she doing for vacation?	She's having a picnic.

> When is she going?　　　　　She is going this weekend.
> Who is she going with?　　　She's going with her parents.
> Vacation, vacation.
> What's your plan for your dream vacation?
> To the space. Go! Go! Go!

（二）言简意赅——概括式结课

一节课或一篇课文讲授完毕，即将下课时，教师用精练准确的语言，对本节课内容进行言简意赅的归纳。该结课方式既凸显教学重难点，便于学生从整体上把握知识，又引导学生进行回顾总结，培养他们的概括能力。

案例 12-2

在学完直接引语改为间接引语时，某教师结课如下：
T: Today we have learned how to report a statement, a yes-no question and a wh-question. Let's sum up. How do you report a statement?
S1: 加连词 that；改时态；换人称；变时间、地点状语等。
T: How do you report a yes-no question?
S2: 加连词 if 或 whether；调语序；改时态；换人称；变时间、地点状语等。
T: How do you report a wh-question?
S3: 加连词（用原句的特殊疑问词）；调语序；改时态；换人称；变时间、地点状语等。
T: What about reporting a truth or a general principle?
Ss: It's not necessary to change the tense.
T: 直接引语改为间接引语的一般规律和步骤是……
Ss: 加连词；调语序（陈述语序不用调整）；改时态；换人称；变时间、地点状语等。

（三）一气呵成——串联式结课

串联式结课是在课堂教学即将结束时，把本节课的主要内容按一定的逻辑顺序与前几节课的知识衔接起来，或把本节课整个教学过程系统贯穿起来，给学生以整体印象。它一般以非常直观的图形或图表方式呈现，通俗易懂，利于学生回想和记忆所学内容。

案例 12-3

某教师让学生根据以下图片梳理并复述故事内容：

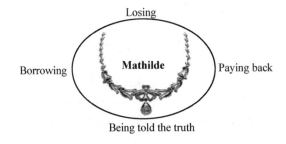

（四）扣人心弦——悬念式结课

悬念式结课是指教师在一节课结束时，提出一个扣人心弦的问题，而不直接作答，像章回体小说那样"欲知后事如何，且听下回分解"，制造悬念，让学生产生期待。在以下案例中，教师正是应用这样的方法，调足学生的胃口。学生会疑惑："怎么可能做到呢？""这个主题公园到底是怎样的呢？"为满足好奇心，他们会自发去做进一步的阅读。

> **案例 12-4**
>
> T: Do you like taking a journey deep into space?
> Ss: Yes.
> T: Do you like experiencing surviving an airplane crash?
> Ss: Terrible.
> T: Do you like diving to the bottom of the ocean?
> Ss: Yes.
> T: Do you like taking part in car racing or skiing on some of the most difficult mountains?
> Ss: Of course. It's exciting.
> T: Do you like meeting face to face with a dinosaur called T-rex?
> Ss: Yeah.
> T: Can you imagine how you can do all those in one day?
> Ss: In my dream.
> T: Maybe.
> Ss: By seeing movies.
> T: Maybe. ... Turn to Page 38, Futuroscope. If you visit the theme park, you can do all those in one day. Do you believe that?
> Ss: ... (smiling)
> T: Preview the reading after class please.

（五）前后呼应——点题式结课

点题式结课是指教师通过描述课文主要内容的形式导入新课后，自然地引导学生学习新内容，这类课可用点题式方式结课。在以下案例中，学生学习标题为 John Snow Defeats "King Cholear" 的阅读文章。在学生读前，朱老师让学生猜想 King Cholear 是什么，然后引导学生归纳 John Snow 通过严谨的科学实验方法最终击败 King Cholear 的过程。本篇文章学习的重点是学生能理解并描述科学实验的一般步骤，学习该类型文章的写作方法，同时能了解 John Snow 和 King Cholear 及当时的背景。在完成学习任务后，朱老师明确告诉学生进入课堂结束的环节，简要回顾本文重点，然后又引导学生再看文章的标题，通过对关键词 King Cholear 的提问进行点题，呼应本节读前活动，最后布置作业结束本节课。

> **案例 12-5**
>
> T: Do you have any idea about scientific research? What kind of steps? Give numbers to these steps.

Ss: 1. Find a problem; 2. make up a question; 3. think of a method; 4. collect data and analyze the result; 5. make a conclusion; 6. repeat if necessary.
T: So this is the procedure of steps to do some scientific research, isn't it?
Ss: Yes.
T: OK. If you write a report you have to follow these steps, this procedure. It will be very useful.
Ss: ...
T: *About the title again. Look again at how you answered this question before you read the passage. Is your answer still the same? What does "King Cholear" mean in the title?*
Ss: A kind of disease.
T: So here is the table on Page 3. It is for you to do as your homework.

（案例来源：中国人民大学附属中学朱京力老师）

（六）一目了然——图表式结课

教师运用图示或表格的形式把所讲内容根据知识的结构和内在联系，加以系统整理，使之脉络清晰，重点突出，一目了然。如下案例，学生根据这个表格，能很好地把握卓别林的生平与主要成就，理解文章的主旨与细节。

案例 12-6

T: Today we have learned something about Charlie Chaplin. Close your books and we will sum up with the help of this form.

Notes on Charlie Chaplin's Career	
Born	1889
Died	1977
Job	actor, director, filmmaker
Type of acting	Mime and farce
Character	The tramp, a poor and homeless person
Costume	Large trousers, worn-out shoes and a small round black hat
Famous films	*The Modern Times*, *The Gold Rush*, *The Little Tramp*
Reasons for success	charming, a social failure with a determination to overcome difficulties and always kind

（七）巩固掌握——练习式结课

练习式结课指新课结束后，教师根据所讲内容和教学实际，抓住重点、难点或关键，精心设计一些题目，组织学生通过完成练习的方式，加深对本课知识点的理解、掌握和运用。教材中的练习归纳起来主要有四类：为巩固语言知识的练习，包括书写、填空、语音练习、词形变化等；为训练语言基本技巧的练习，包括句型转换、课文问答、听写等；为形成语言技能的练习，包括听写、看图说话、表演对话、信息交流练习；为培养兴趣的练习，包括歌曲、游戏等。教师可以根据不同的教学内容，选择不同练习方式结课。

> 案例 12-7
>
> T: In this lesson, we are learning three sentence patterns to report a request, a command or a suggestion. What are they?
> Ss: Ask sb. to do/not to do …; tell sb. to do/not to do …; advise sb. to do/not to do …
> T: *Now let's see how well you have learned the three sentence patterns. Please turn to Page 50 and look at the six pictures.*
> Ss: ...
> T: Look at Picture 1. Who are in the picture?
> Ss: A customer and a shop assistant.
> T: Do you use "ask" or "tell"?
> Ss: Ask.
> T: So we will say "The customer asked the shop assistant ...". S1, please!
> S1: The customer asked the shop assistant to show her that coat.
> T: Good. Let's do this one by one.
> Ss: ...

二、作业设计技能

作业是教学的重要环节和有机组成部分，是学生获取知识、巩固知识、提高能力、形成良好素养的重要途径，还是教师检验课堂教学效果、改进课堂教学策略的主要手段。作业设计要以学生的发展为本，重视基础性，增加选择性，体现时代性，兼顾基础知识的巩固与能力的发展，正确处理全面发展与因材施教的关系。同时，还要优化作业的结构与组合，让学生在练习与评价中，获得满足、愉悦与成功的体验，对后续学习更有信心。

（一）作业的类型

根据学生心理需求、英语学科特点和当天学习内容，教师可设计不同类型的作业，例如传统巩固型作业、实践运用型作业、创新拓展型作业、探究学习型作业和分层选择型作业。

1. 传统巩固型作业

传统的英语作业以巩固词汇、句型、语法等语言知识和训练听、说、读、写、译语言技能为主，包括口头和书面作业，采取抄、背、默、写和做题等形式。这样的作业易操作，且能在一定程度上起到巩固知识和发展技能的作用。在作业设计上，教师力求体现当天所学知识的重难点，精选课文中出现的重要单词、词组、句型编成练习，以抄词、组词、造句、填空、问答、作文等形式予以强化训练。除此之外，教师也可以适当创新传统巩固型作业的形式，使学生转变"抄、背、默、写形式的作业都很枯燥"的刻板印象。例如，如果本课有若干个重点单词需要巩固记忆，教师通常会布置先读几遍、再抄写几遍、最后进行默写的作业来达成目的。但教师也可以布置让学生自行设计单词卡片的任务,要求单词卡片上必须包括单词的重点词义、词性、固定搭配、例句等板块,学生还可以根据自己的兴趣加上手绘图片、近义词、反义词等内容。这样的作业设计不仅可以帮助学生巩固基础语言知识,还可以锻炼学生的查找信息以及自主学习能力,同时,学生能够真正在语境中学习到单词的用法。

2. 实践运用型作业

实践运用型作业以英语语言实践和运用为目的,根据学生年龄、年级的差异,让学生动手去实践,通过亲身体验,积累丰富的直接经验,在较真实的语境中,锻炼口、笔头交流能力,获得发展,在激发学生的学习兴趣、培养学生运用新知来解决生活中的实际问题方面,发挥重要作用。在完成这类作业的过程中,教师是参与者、帮助者,学生是活动的主体。

教师设计一些让学生课外进行采访、观察记录、调查统计等开放性作业。这些作业的设计能够将教材内容与学生的生活相整合,拉近英语与生活的距离,为学生在课外提供运用语言的环境,使学生在这个过程中巩固语言知识、丰富语言储备,并使知识得到进一步的拓展延伸。教师在设计该类作业时,需考虑学生个体的能力水平、认知差异,选择与学生生活接轨、与其实力相匹配的活动,以提高该类作业的有效性。如学习 Go for it, Book 1 Unit 9 My Favourite Subject Is Science 时,可布置学生以打电话的方式用英语采访五位同学、朋友或家人的日常喜好:"What is your(your father's/mother's ...)favourite colour/sport/book/song/movie/food/city/TV show?"又如,学习人教版高中英语教材(2019年版)必修一 Unit 4 Unforgettable Experiences 时,可布置学生上网查询资料,调查了解近年来发生的地震情况,记录某一次地震的相关信息(如地点、时间、伤亡情况、救援情况等),并做课堂汇报。

3. 创新拓展型作业

创新拓展型作业主要侧重培养学生创造性思维和养成创造性个性,引导学生接受更多现实社会的信息和多元文化,培养学生的国际意识,合理开发和利用课程资源,积极利用音像、电视、书刊、网络信息等拓展学习和运用英语的渠道。教育的目的之一是培养学生具有创新思维、求异思维。因此,教师布置的作业应给学生提供独立思考的空间,表达自己解决问题的方法和步骤,有利于发展学生的想象力和创造性思维能力,有助于形成和发展学生独立、批判的思维能力。

例如,学习人教版高中英语教材(2019年版)必修二 Unit 14 Festivals 时,可布置学生上网查询他们最感兴趣的中西方节日的由来、发展和特点,并陈述自己最感兴趣的原因。又如,学习人教版高中英语教材(2019年版)必修三 Unit 9 Saving the Earth 时,可布置学生以小组合作方式设计一则英文公益广告。创意、美工、文字等由学生各司其职完成,并评出"最佳创意奖""最佳设计奖""最佳效果奖""最具灵感奖""经典图片奖"等奖项。

在布置写作作业时,可让学生根据阅读文章中划出的几个重要的词或词组,编一个故事、笑话或写一篇文章;可改写课文;可以给一篇文章的开头,让学生续写文章;或给一个结尾,写开头;可以看英语电影,写影评;可听一首英语歌后,写感想;可以以小组为单位制作英语小报;可以结合话题写演讲稿并在班上演讲。

4. 探究学习型作业

探究学习型作业主要指在现实生活中选择主题,创设一种学生自主、独立地发现问题、调查、搜集与处理信息、表达与交流等的探索活动,让学生获得知识、技能、情感与态度等方面发展。学生在更广泛的时空中探究,做到课内与课外相结合,自主学习,自主探索,在完成作业的过程中成为一个问题的探究者。

例如,学习人教版初中英语教材八年级下册Unit 4 Why Don't You Talk to Your Parents?时,可布置学生上网搜索,思考父母眼中孩子的"叛逆"和孩子眼中父母的"专横"的深层次原因;以自己或他人为例,探讨两代人之间和谐相处的窍门。又如,学习NSEFC Student's Book 11 Unit 1 New Zealand时,可布置学生通过各种方式收集、查阅、整理资料,完成文章"China",在完成这一作业的过程中,学生们深切地感知了祖国地大物博、人口众多、山美水美,培养了信息处理能力,学会了探索问题的方法,提高了写作能力。

5. 分层选择型作业

分层选择型作业主要指教师遵循"因材施教"原则,尊重学生个体差异,建立多层次的作业结构,把握好难易度,增加作业的弹性,让学生在"作业自选超市"中自由选择。教师根据学生的个体层次和知识层次,精心设计或选编的练习,使每个学生通过不同度、不同量的作业在原有基础上各有收获,都能享受到成功的喜悦,使作业成为学生个性发展的园地。

分层作业根据难易程度和分量分为基本性作业(或A档作业)和提高性作业(或B档作业)。学生依照自己的能力和水平自主选择、自由搭配。A档作业面向全体学生,包括所有的口头作业及书面作业(精选与教材有关的最基础的知识和最基本的技能训练题),每生必做。B档作业属于机动性作业,学生可随意选择力所能及的题做。

比如,在布置学生预习牛津译林版七年级上册Unit 5 Let's Celebrate!的Reading部分时,可以设计A、B、C三个层次的阅读型作业以供班级内不同情况的学生选择,帮助其理解文本大意。

C层预习作业:
(1)逐句话跟读录音,掌握单词发音、升调降调及句子中的停顿。
(2)在朗读过程中体会作者想表达的感受,并试着划出自己不理解的短语或者句型。

B层预习作业:
(1)朗读课文,整体把握课文内容。
(2)初读课文,通过wh类型(who,when,where,what,why,how)的问题,获取文本基本信息,了解文本大意。

A层预习作业:
(1)泛读课文——掌握文章的体裁与主旨大意。
(2)细读课文——细读文本,熟悉四会单词和句子。
(3)提出问题——针对文本细节,自主设计提问并解答。
(4)明确语法点——找出课文中的重要词组及句型。

这样的预习作业设计能使学生对课文都有符合自己能力范围之内的认识。总之,教师在英语作业布置中,应从学生实际出发,根据不同对象的具体情况,采取不同的作业内容和作业形式,使每位学生都能在各自原有的基础上得到充分发展。

(二)核心素养导向的作业设计

长期以来,人们总是习惯将作业的作用定义为巩固课堂学习的知识,加深学生对英语知识的理解、记忆、运用的手段,大多数英语教师只注重作业的内容,只关注作业是否达到巩固新知的目的,而不注重作业的形式及学生的身心发展规律。接踵而至的是许多学生在大量摘抄、背诵、默写的作业中逐渐丧失学习的兴趣以及完成作业的热情,长此以往,后果不堪设想。

新课程改革以来,尤其是"双减"政策颁布之后,作业的改革开始受到广泛关注,教师对于英语作业的认识也正被逐步扭转。总的来说,作为落实核心素养、促成学科育人目标达成的重要一环,"作业是从有教师指导的课堂教学,过渡到没有教师指导的学生自主学习的过程,是培养学生相关核心素养发展的重要手段,而不能仅仅窄化为知识技能的巩固"。

1. 核心素养导向的作业设计原则

立足于"双减"政策的要求、新的英语学科课程标准以及核心素养导向的教学背景,新时代英语作业的设计总的来说应包含以下五个原则:

(1) 差异性原则(针对性原则)。作业的设计必须要有差异性。每位学生的知识基础、能力水平、接受程度都不同,如果实行"一刀切"的作业政策,那么就无法最大程度地契合每位学生的发展。因此,教师应根据每位学生的个体情况,设计符合其能力水平的作业以增加他们对于学习英语的信心,也要设计符合其最近发展区的作业以增强作业的挑战性。只有分层设置有弹性的作业,才能真正贯彻以学生为中心的因材施教原则,使得不同水平的学生都能获得最大程度的成长。

(2) 多样性原则。在新时代的背景下,尤其是科技迅速发展的今天,单一的语言技能已经不能够满足社会需求。因此,教师应着力开发多样化的作业形式,通过作业这一"课外课堂"培养学生多方面的能力,如信息搜集能力、信息整合能力等。

2021年,教育部在《教育部办公厅关于加强义务教育学校作业管理的通知》中,也明确提出"合理布置书面作业、科学探究、体育锻炼、艺术欣赏、社会与劳动实践等不同类型作业"的要求。多样化的作业不仅能够调动学生对于英语学科学习的兴趣,摆脱完成作业的心理负担,使学生真正喜欢上做作业,还能够培养学生多方面的能力,真正做到核心素养所要求的培养学生的必备品格和关键能力。

(3) 趣味性原则。趣味性原则也是作业设计过程中不可忽视的重要原则。英语课程标准中明确指出,教师要关注并培养学生英语学习兴趣。如若教师一味只布置抄写、背诵、默写等传统作业,则会出现由于作业形式单调乏味,学生学习兴趣衰退、潦草完成作业应付了事的情况。久而久之,学生的个性、能力都无法得到发展,更别提实现培养学生核心素养的目标了。而有趣的作业可以有效减轻学生对于完成作业的心理负担,真正做到"双减"政策所要求的"减负增效"。

因此,教师应从学生的视角出发来转换作业形式。如学生大都喜欢观看电影,那么教师就可以为学生挑选适合学生水平的经典英语电影,要求他们完成不同的任务:例如模仿一段电影中人物的发音,提高学生的口语水平;写下一则感悟,锻炼写作能力,等等。此外,观看电影本身就能够提高学生"看"的能力,提升其视觉素养,而具有教育意义的经典电影又能够对学生在潜移默化中实行情感教育,一石多鸟,何乐而不为?

(4) 个性化原则。教师设计的作业应满足学生的个性化要求。能够真正锻炼学生发散性思维、逻辑性思维,提高学生核心素养的作业,应是不死板地限定作业最终呈现结果,使学生能够自由探究、自由发挥创意的"作品"。只有作业变成了学生能够自定义的"作品",才能真正最大程度上调动他们完成作业的热情与兴趣,拓展他们的思维空间和学习视野。

因此,教师要设计一些开放性的作业。例如,在观看完一部电影后,教师让学生自行设置一张观影记录单，上面可以有学生自己设计的电影海报，可以有从电影中摘抄的地道的表达，可以有学生自己的观看感悟，等等；教师可以硬性规定几项记录单上必须要有的内容，其他内容由学生自由决定，并定期在课堂上甚至学校里开展优秀作品展示。一学期结束后，将所有的观影记录单收集在一起，就形成了一本学期观影记录本，学生能够在满满的成就感中不断提高其核心素养。

（5）综合性原则。教师在设计英语作业时应遵循综合性原则。如若作业的布置单纯地以课时为单位，就会出现作业之间互相割裂、不连续等问题，不利于学生知识结构的系统形成和问题解决能力循序渐进的发展，更不用说核心素养的落实。因此，教师的作业设计应围绕每个单元的主题展开，在课时教授过程中，教师应以单元主题为引导，灵活设计各类相互关联、主题统一的小作业，通过对单元内容的不断深入探究，最终达成对该主题全方位的理解与掌握。

除此之外，教师还要注意穿插设计跨学科整合的作业。跨学科的作业具有别样的"生命力"，更能够体现作业的科学性与实践性，从而更好地吸引学生。例如，在教学 NSEFC Student's Book 2 Unit 1 Cultural Relics 时，由于该单元的主题为保护代表人类文明的文物古迹，教师布置的作业可以与历史学科相结合，让学生上网查询相关资料并制作手抄报，帮助他们了解不同文物古迹的历史渊源、人们为保护文物古迹所付出的努力等，这既能提高学生的历史素养，又能培养学生爱护人类文明、保护文化古迹的意识。

2. 核心素养视角下四个维度的具体作业设计案例

（1）侧重于培养学生语言能力的作业设计。语言能力是英语学科核心素养的基础，也是"核心"。"语言能力主要是指在社会情境中借助语言进行理解和表达的能力。"它主要指能理解英语语言并运用相关知识进行书面和口语表达的能力，包括听、说、读、看、写等语言技能。

案例 12-8

作业案例：剧本编写

以牛津译林版高中英语教材必修 2 Unit 1 Tales of the Unexplained 的 Reading：Boy Missing, Police Puzzled 为例，来设计剧本编写的作业案例。

该篇课文主要介绍了一名男孩离奇失踪的事件。其他目击者主张男孩是被外星人抓走了，但是警方对此还持中立态度。故事情节简单易懂，难度降低；结尾是开放式的，给学生足够的创作空间。课文主题为保持对于世界的好奇心以及探究未知事物的热情。

首先，在进行作业布置前，教师需完成两项准备工作：一是在课堂上引导学生对课文主题以及不同人物的性格特征进行讨论和思考，进行"剧本研读"；二是将学生分成不同的小组，小组成员以 5—6 人为宜。

教师在学生正式开始创作前，需要对学生进行有效提示，如学生可以根据课文角色性格、故事情节进行适当扩充和简写。例如，第二段介绍 Justin 的语句可以改成男孩的自我陈述："My name is Justin Foster, a high school student. Now, I am playing baseball with my two friends." 以及第七段描述 Kelly 和 Mrs. Foster 的场景可以转换成她们之间的对话："— Kelly: Mum, wake up! Justin disappeared! Aliens

> took him away! —Mrs. Foster: Oh, my dear Kelly. You just had a bad dream. Your brother cannot be taken by aliens."
>
> 接着,学生在课后进行分工合作。每位学生都同时是剧本的创作者和演员。学生完成剧本创作后,通过预演、彩排等准备活动,在下节课进行表演展示。最后的作业评价可以采取组内互评、组间互评以及教师评价三者相结合的方式来总结此次作业的收获以及亟待完善之处。

以小组合作形式出现的课文改编剧本的作业展现出多方面的优点。其一,相较于形式单一、抽象性强的写作任务或是语法练习,剧本编写使作业内容基于课本知识,但又不仅限于课本内容,能有效提高学生的兴趣,拓宽学生的知识视野;其二,在完成剧本创作的过程中,学生的听、说、读、写能力,深入挖掘文本、整合文本信息的能力,合作沟通交流的能力等都得到了锻炼,能够促进学生的综合发展;其三,该作业任务的开放性很高,学生有充足的空间进行创新、发挥机智,使学生从被动完成教师布置的任务转为主动使用知识去解决问题;其四,学生在剧本编写、角色扮演的过程中,能够更加主动地对课文观点进行分析、推断、评价,因而,他们能更加深入地体会课文内涵,逐步内化其中的价值观念。

总而言之,剧本创作编写的作业,能够有效地发展学生多方面的语言能力,同时还能培养学生的发散性思维、逻辑性思维、创造性思维,使学生看透、吃透课文的表层及深层意蕴,是一项值得进行深入研究、借鉴的作业形式,但要注意,这类作业的工作量大、难度也较大,如若频繁出现,不仅会耗费大量时间,还会给学生造成额外的心理负担,因此,要控制这类作业出现的频率。

(2)侧重于培养学生文化意识的作业设计。语言和文化密切相关。英语不只是交流的工具,更是学生接触到语言背后的文化、形成跨文化意识的途径。在东西方文化不断碰撞、相融的过程中,学生表现出对优秀文化的认同,增强国际理解,同时加强对于国家的认同感,是作业设计的立足点。

案例 12-9

> **作业案例:主题演讲**
>
> 以 SEFC Student's Book 2A Unit 3 Art and Architecture 为例,来设计主题演讲的作业案例。该单元的中心为艺术与建筑,围绕这一中心,学生在这一单元会接触到闻名中外的建筑物,如北京的故宫、奥运会场和由废弃军工厂改造而来的798工厂等,以及著名的建筑家高迪、赖特等。
>
> 在上完这一单元的课本内容之后,教师布置以"建筑文化"为主题的演讲作业任务,让学生自选自己感兴趣的其他世界闻名的建筑物或建筑家,搜集地理位置、建造故事、建筑地位等方面的信息,并介绍自己对此建筑物或建筑家感兴趣的原因。学生自行撰写演讲稿,撰写完成后录制演讲视频发至班级群,并在彼此借鉴欣赏的过程中学习到丰富的建筑文化知识。

> 除了介绍自己感兴趣的建筑物之外,教师还可以更进一步,要求学生对比东西方著名建筑物,探讨建筑背后的社会背景、文化理念的差异,如西方高耸入云的哥特式建筑与中国传统寺庙式建筑的对比,让学生通过查阅资料、阅读文献,思考出现这一鲜明对比的深层原因。学生将搜集到的信息和自己的感悟写成一篇演讲稿,教师可以在下一堂课中邀请几位学生分享他们的思考。通过这一途径,学生主动思考建筑这一物质形式所承载的历史渊源,逐步形成文化判断,学会做出文化取舍,形成文化品格。

总而言之,提高学生文化意识的作业设计应引导学生了解各优秀文化的历史渊源,深入思考其背后的历史意义和社会价值;培育学生在全球化背景下对不同文化的理解、尊重、包容的态度;增强对于本土文化的认同感和自豪感,自觉承担起传承和传播中华优秀传统文化的责任,坚定文化自信。

(3) 侧重于培养学生思维品质的作业设计。思维品质是学生通过英语学科的学习而得到的心智发展,是个体逻辑思维、发散思维、批判思维的发展。思维品质的发展有助于提升学生分析问题和解决问题的能力,从跨文化的视角观察和认识世界,对事物作出正确的价值判断。

案例 12-10

> **作业案例: 思维导图**
>
> 思维导图作业的布置可以实行分层设计。对于基础薄弱的学生,教师可以让学生填写已经设计好的思维导图;对于能力强的学生,教师可以让学生自行设计思维导图并完成填写。另外,教师可以视情况增减难度,如对于较简单的思维导图作业,教师可以让学生在完成思维导图的绘制后,根据思维导图对语篇进行复述,使其语言能力和思维品质得到同步发展。
>
> 以外研版高中英语新标准教材必修5 Module 4 Carnival 的 Reading: The Magic of the Mask 中面具的发展为例,教师先将流程图展示在PPT上,在建构流程图的过程中,在事件发生的起始阶段注明事件的名称,在大矩形中按照从左到右的顺序写下事件发展的主要阶段,在大矩形下面的小矩形中写下每一个主要阶段的分阶段情况。学生需要在课下把流程图补充完整(可自行添加或删减矩形),并借助流程图复述文本。
>
>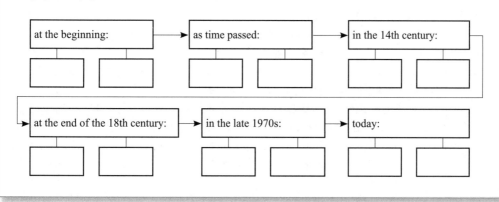

> 思维导图作为一种帮助学生将文章内在逻辑进行显性化梳理的重要工具，能够有效提高学生的逻辑思维能力、发散思维能力，促进学生结构化知识的形成。因此，教师可以有意识地布置思维导图形式的作业以充分锻炼学生思维品质。

（4）侧重于培养学生学习能力的作业设计。学习能力是指学生通过积极调试学习策略，提升英语学习效率的能力。培养学生的英语学习能力，使他们形成良好的语言学习习惯，对塑造学生的核心素养具有重要意义。英语学习能力中，英语学习策略占据了很大一部分，如认知策略、调控策略、交际策略、资源策略等。因此，本块内容将以培养学生英语学习策略的作业设计展开。

案例 12-11

作业案例一：调控策略的培养

> 调控策略主要是指学生能够自觉反思自己在英语学习过程中的进步与不足，积极地交流学习心得体会。基于此，教师可以有意识地布置纠错反思的作业。如在一个阶段性教学结束后，教师让学生通过观察自己在试题中的错误分布情况以及自己在完成传统巩固型作业过程中的薄弱点，写下阶段学习反思。反思内容可以涵盖自己在这一阶段学习过程中的进步之处，所发现的适合自己的学习方法，以及自己的易错题型、频繁出错的原因以及自己设想的改进方法。在学生完成作业后，教师组织学生之间进行交流、互相借鉴学习。这样的作业设计可以使学生有机会正视自己的学习过程，通过对于错题的分析、反思，学生能够逐步形成自己的学习策略，并应用于其他科目的学习中。

案例 12-12

作业案例二：资源策略的培养

> 资源策略是指学生能够通过搜集课外资料或通过工具书查找所需信息以丰富自己学习的策略。对于如今的学生来说，单纯的课本里的内容已经无法满足他们的学习需求，这就要求教师能够培养学生自主获得教学资源的能力，使他们能够在课外自行通过网络搜集到目标信息。
> 　　例如，在学习完牛津译林版高中英语教材必修1 Unit 4 Looking Good, Feeling Good后，要求学生通过网络等多种途径，搜集健康的饮食、生活习惯。学生以个体为单位，查找哪些现代生活中经常出现的习惯是有害身体健康的、哪些生活习惯是值得提倡的等，最后将信息整合起来形成一篇小短文。
> 　　当然，查找类作业的限制性较大，学生的资源搜寻能力只能得到较为有限的发展。除了这一类目标主题很明确的信息搜集任务外，教师还可以布置开放性较大的作业任务。如在学习完本单元的"Reading: Teen Faints after Skipping Meals"后，教师让学生在网络上寻找媒体报道的同类新闻，并思考这类新闻频繁出现的背后原因。

> 同时，由于学生本身接触到的学习资源是有限的，教师应在课堂上有意识地展现高质量的目标信息的搜集渠道，并根据学生的能力更新教学资源，如更加地道、更有时代气息的外刊阅读材料等。

第二节　课外活动组织技能

丰富多彩的课外活动可以使学生接触到贴近学习实际、贴近生活、贴近时代的信息资源，使他们参与活动的意识不断增强。师生的交流方式也将由课内活动的单、双向交流，转为多向交流。英语课外活动能够极大地丰富校园文化，充实学生的课外生活，有利于调动学生学习英语的积极性，培养他们对英语学习的兴趣；有利于体现学生的主体性，突出"以人为本"的教育思想；有利于英语学科与其他学科的相互渗透和联系，克服学科课程知识割裂的弊端。英语课外活动将英语学习和使用有机结合起来，体现了"用中学""学用结合"的原则，从而提高学生学习英语的效率。

课外活动的方式多种多样，可根据学校的条件、学生的特点，因地制宜在校内灵活、有计划地开展一些有益于学生身心发展的课外活动，这可以夯实学生的语言基础，开阔学生的视野，促进学生自主学习能力的发展，提高学生英语学习的兴趣，发展综合语言运用能力。以下介绍几种常见的英语课外活动。

（一）各类比赛

各类比赛能培养学生的竞争意识、合作意识，亦能提高学生的英语运用能力。竞赛活动形式有歌咏比赛、英语朗读演讲比赛、作文比赛等。

1. 歌咏比赛

在英语教学中可以教授一些英文歌曲，如"Sealed with a Kiss""Country Road Takes Me Home""Yesterday Once More"等。同时也可鼓励学生自学一些英文歌曲。在校英语节或节日庆祝活动中，可以组织英语歌曲比赛，根据歌曲类型、音色、音准等进行评判。这样，学生能充分地享受英文歌曲，尽情地展示自我。这也能活跃学校的气氛，激发学生学习英语的兴趣。

2. 英语朗诵演讲比赛

英语朗诵是一种锻炼学生口头表达能力、强化英语阅读与欣赏能力的好方法，它能够促进学生了解英语国家的背景、政治、经济、文化、礼仪等。根据组织形式可分为全校性比赛、年级性比赛和班级性比赛。该活动可提高学生的语音、语调和阅读能力。

> **案例 12-13**
>
> 组织英语朗诵比赛需要考虑以下几方面的问题：
> （1）活动时间。可以安排历时四周的活动，每周活动一次，时间定为每周三下午第三节的课外活动时间。
> （2）活动地点。根据学校条件，选择有较好音响效果的场所。

（3）活动计划与内容。第一周：学习朗读技巧——单词重音和句子重音、连读、失去爆破；听录音跟读模仿。第二周：学习朗读技巧——音的同化、语调、意群和停顿、节奏；听录音跟读模仿。第三周：学生自己录音，之后听录音，与教师一起找差距，最后在教师的帮助和指导下改进并继续练习。第四周：朗诵比赛。

（4）比赛方法。如果是全校性或年级性的比赛，先以班级为单位进行预赛，之后在全校或年级范围内进行决赛。参赛选手通过抽签的方式决定出场顺序，在赛前给予参赛选手5分钟的准备时间。评委由各个年级的英语教师担任。

（5）评分标准（可以是10分制，也可以是100分制）。能正确运用朗读技巧，语音语调自然、得体、流畅（40%）；运用语音和语调的变化，理解和表达出作者的意图和态度（40%）；声音洪亮，口齿清晰，举止大方（20%）。

（案例改编自：战加香2010年发表在《21世纪英语教育周刊》上的文章《合理安排课外活动、拓展英语课程资源》）

有了朗诵比赛的基础，还可以组织开展演讲比赛。比赛的主题可规定，亦可由学生自定。比赛分为两部分，即讲演和现场即时问答。讲演方面，教师可指导学生选好材，审好稿，尽量少一些错误。赛前要宣布比赛的规则，如表12-1所示。

表12-1 英语演讲比赛评分表

第一部分 讲演（60分）	
项目及分值	要　　求
语言（20分）	发音准确、吐词清晰、语调流畅、语速适中
内容（20分）	内容翔实、立意较高、文笔流畅、积极向上
临场表现（20分）	着装整洁、仪态端庄、表情自然、声情并茂
第二部分 现场即时问答（40分）	
项目及分值	能准确理解题意（10分）
	反应敏捷（10分）
	回答流畅准确（10分）
	思维具创造性（10分）

比赛的地点、方法同朗诵比赛，赛后要进行评奖，让学生有成就感，还需进行总结，既要肯定成绩也要指出问题及今后发展的方向。

3. 作文比赛

随着我国改革开放的不断深入，经济建设的国际化步伐日益加快，随着对外书面交流的大量增加，能否用得体、地道的文字来表达感情，用简练的文字体现闪亮、出众的思想，已成为衡量高素质人才的又一条标准。写作是语言综合素质的反映，要求具备严密的思维和准确的视角、充沛的感情和全面的语言运用技巧,从而达到"不见其人,却感其神"的效果,这也正是这个飞速发展的信息社会所必需的。从高考的书面表达来看,学生的整体写作能力较弱,不能适应社会发展的需求和进入高校学习的要求。组织作文竞赛可以较好地引导学生重视英语写作能力的发展,培养学生的写作兴趣和热情,最终达到提高学生作文水平的目的。写作比赛题目可以是规定的,也可以让学生自由写作。比赛后教师应认真评改,选出优秀的作文。条件允许的话,还可以把学生优秀作文装订成册,或推荐优秀作文到一些报纸、杂志发表,以激发学生进一步努力的热情。

歌咏比赛最好在节日庆典时举行,这样可以活跃学校的气氛,提高学生英语学习的兴趣,发展英语能力。朗诵是一种锻炼学生口头表达能力、强化英语阅读与欣赏能力的好方法。学生掌握朗读技巧,可以提高课堂教学的成效。演讲比赛可以锻炼学生的胆量,养成敢于开口说英语的习惯,优化学生的语音、语调和语感。作文比赛可以激发学生在课堂教学中的写作兴趣,培养其良好的动笔、动脑的习惯,消除学生惧怕写作的心理,形成勤于思考、敏于表达和乐于动笔的英语学习习惯,提高其综合运用英语进行交际的能力,从而扎扎实实地提高英语教学整体水平和质量。

(二)课外阅读

课程标准对语言技能目标的要求是:六级课外阅读量应累计达到18万词以上,七级的课外阅读量为23万词以上,八级的课外阅读量为30万词以上。这样的阅读量仅靠课堂很难达到,这就需要通过阅读材料的选择、策略指导、过程监控来开展有效的课外阅读活动。

1. 选择阅读材料

简易英语读物是合适的课外阅读材料。第一,这些读物的词汇量应在2 500词左右,符合高中学生的词汇量。第二,这些改编本应符合学生的认知水平,语言难度需接近学生英语实际水平,使学生容易理解。第三,这些阅读材料应是课文话题的有机补充和拓展延伸,如外语教学与研究出版社出版的"书虫•牛津英汉双语读物""简易世界文学名著"以及上海译文出版社的"英汉对照世界文学丛书"等系列书籍。此外,报纸、杂志也是课外阅读的好材料、如《英语世界》《21世纪学生英文报》《英语广场》等。这些阅读材料难易适中,词汇量与教材相符合,内容有趣,贴近学生的生活实际,能激发学生的兴趣,开阔学生视野。

2. 指导阅读策略

阅读策略有助于提升阅读效能,如:带着问题阅读,即根据读物或材料后面的问题或预设问题,带着问题去读,学会从书中寻找相关信息,发现答案,解决问题;善于处理生词,即碰上生词先根据上下文猜测一下,如果是关键词,实在不明白其含义,可以借助工具书解决,也可与同学交流或咨询教师;掌握主旨大意,即读完材料后,能迅速发现主题句,把握篇章结构,理解文章的语篇含义,还能根据文章提供的线索进行推理,预测下一步的动向,然后验证自己的假设;抄录笔记,即摘录遇到的生词,掌握它的读音、词形和用法,记下优美的短语和句型,勤加复习,逐步学会使用;能运用所学的词汇、短语和句型来进行口语表达,写读后感。

3. 监控课外阅读进程

为了扎实有效地开展课外阅读活动,我们需要监控学生的课外阅读情况,了解学生阅读的内容及策略的运用。除了让学生写读后感、回答问题等活动外,我们可以设计监控表来了解学生课外阅读的情况。例如,学生读完一周的报刊后,可以让学生完成每周阅读笔记(如表12-2所示)。

表12-2　英语每周阅读笔记示例

English Weekly Reading Notes

Class: ＿＿＿＿	Name: ＿＿＿＿	Week: ＿＿＿＿
The newspaper or magazine: ＿＿＿＿＿＿＿＿＿＿		Issue No.: ＿＿＿＿＿＿＿＿＿＿
The article(s) I like most and the reason		
Summary of my favourite article(s)		
Beautiful sentences that I like		
Cool words/expressions		
On the whole	I've read (how many) ＿＿＿ passages, about (how many) ＿＿＿ words this week. I can understand ＿＿＿ of the stories that I read. A. all　　　B. most　　　C. some　　　D. a few	
Compared to a week ago, I think ＿＿＿. A. I did better this time.　　B. I did as well as before.　　C. I did as poorly as the previous week.		

(三)英语角

英语角活动通常由学生社团组织,教师自己也可以在班级中组织类似活动,与口语教学相配合。英语角可以很好地训练学生口头表达能力、发展交际能力、组织协调能力,以及语言的综合运用能力。

组织英语角活动应注意以下几点:

(1)时间与地点:时间不宜拖得太长,两小时左右即可,一般可安排在周六或周日的上午或下午。地点可选择在校内较空旷的场地。

(2)话题:每次活动能围绕一个中心话题展开。组织者可预先安排每次活动的中心话题,并告知参加者进行事前准备,做到有备而来,这样也有助于提高英语角活动的质量。话题应选择学生关注而又与日常生活紧密相连的话题;话题应尽量具体,不能太宽泛;每次活动时,可在场地放置一个信箱,从参加者中征集话题。如可能,安排一两位参加者作一个简短的"主题发言"。主题发言后,让所有参加者围绕话题交换意见。

(3)参加人员:英语角的参加者可以是本校的学生,也可邀请兄弟学校的学生。为提高活动质量,除了自由参加者之外,有条件的情况下最好每次邀请外教,他们的参与会使现场产生"实战感"。英语角活动的工作人员须在现场灵活应对各种突发事件,以保证活动的正常进行。

(4)活动程序:每次活动可由组织方选送的主持人宣布活动开始,并介绍特邀嘉宾进行主题发言。之后，所有到场的人相互自我介绍（人多时可分组进行），开始自由交谈。主持人可参与不同小组的讨论，如果听到颇有见地的发言，可邀请发言人向全体人员陈述自己的观点。主持人也可以根据大家交谈的情况，不断抛出问题，引导交谈深入开展。

（四）制作英文报纸或班刊

在现有的教学手段、教学方法、教学模式下，单纯靠课堂上45分钟提高学生综合语言运用能力的教学是远远不够的，学生需要利用课外时间进一步消化理解课上所学的知识并逐步扩充知识面。办英语报纸的活动既可以帮助学生牢固地掌握知识，又能锻炼学生的各种能力。制作英文报纸和班刊的活动，具体过程如下：

（1）第一阶段：教师让学生准备好电脑、话筒、照相机、笔记本、笔、英语书籍、4K纸、调查问卷等，组织他们分组讨论、制订计划、构思主题，同时培训并要求他们通过网络查找相关资料。

（2）第二阶段：教师指导学生结合自己设计的主题和步骤开展实践，如采访、调研、编辑、撰写稿件等；同时鼓励和激发学生对比其他英文报纸，如《中国日报》《21世纪学生英文报》《英语周报》《学英语》，以及网站上可以查看到的国外著名报纸期刊，如《纽约时报》《泰晤士报》等，参考设计自己报纸和班刊的版面。

（3）第三阶段：根据选材，在做出总体设计后，用电脑输入有关材料，进行排版、修改内容、校对文字，最后展示成果，开展对比评价。

（五）电影配音表演赛

电影赏析与配音表演活动不仅可以训练学生语言技能，激发学生学习英语的兴趣，而且学生通过影片也能了解英美国家的文化，参与热情高。通过模仿操练，学生语音语调可以得到很好的训练；所有的学生都有参与的机会，有些学生由于英语水平较弱，可能分配到只有一两句台词的角色，但也能体验积极参与的快乐。

案例 12-14

活动形式：学生分为4—6人的小组，选择某部英语原声影片片段，模仿原声，为影片人物配音。此项活动过程如下：

（1）选。小组选择合适的影片，欣赏观摩后确定合适的配音片段。英语原声影片的资源丰富，大多配有中英文字幕，为配音表演提供了很好的素材。可以鼓励学生选择英语的卡通片，因为卡通片语言较简单规范、趣味性强，而且原声配音清晰标准，是优秀的模仿材料，如 *Lion King*（《狮子王》）、*Shrek*（《怪物史瑞克》）、*Finding Nemo*（《海底总动员》）等。

（2）编。确定合适的配音片段后，小组的"编导"要把英文字幕整理成剧本，分配角色。对于台词中较困难的部分，可以考虑进行一定的修改。

（3）练。对照影片屏幕分角色练习，合作配合。学生要模仿原声的语音语调，对口型，跟上语速，还要表现出适当的感情。在这个过程中语音语调、语言的流利程度、语感得到了训练增强，同时在对台词的理解中无形中学到了语言知识。

（4）演。各小组展示活动成果，对照影片屏幕表演一个片段。

（5）评。由学生自己评分。在每小组中选两名学生担任评委，按事先定好的评分标准进行评比并取平均分。评分标准如下：

项 目	权 重
Pronunciation（语音）	25%
Correspondence（同步）	25%
Emotion（感情）	20%
Fluency（流利）	10%
Teamwork（配合）	20%

（案例来源：余意广州市流花中学老师）

（六）过节乐

语言是文化的载体，而节日文化又具有独特的魅力。可以鼓励学生以过节的方式设计各种庆典活动，以生动的、鲜活的形式予以呈现，在这个过程中学生能形象地了解英美国家节日的文化内涵。

活动形式：学生分为4—6人的小组，选择某个英语国家的节日，通过演讲、表演等形式向其他学生呈现该节日的由来、庆祝方式等文化内容。

活动过程：

（1）个人活动：小组成员分头查找搜集有关节日的资料，做好记录。

（2）小组活动：整合资料，确定主题，布置呈现过程和具体方式。

（3）小组活动：排练演讲和表演。

（4）班级活动：展示成果，体验节日的庆祝方式与文化内涵。

（七）佳片有约（电影周、电影节活动）

优秀的影视作品对学生有极大的吸引力，影视欣赏的课外活动可以充分调动学生参与的热情，发展学生的听说能力和文化意识。学生通过欣赏英语影视作品不仅可以提高英语听、说、读、写及应用能力，而且在认识西方文化和价值观上也会有所进步，有利于核心素养视角下文化意识目标的落实。然而，影视欣赏不能是放羊式的活动，活动的过程应包括：

（1）影片的选择。根据学生的语言能力和情感特征，或者结合课堂教学话题，挑选内容健康、积极向上、感情细腻、话语明晰的影视作品供学生观赏。迪士尼的电影故事情节生动有趣；人物语音有鲜明特点，而且个性极强；影片中的对话充分体现了典型语言环境中人物的语气及用词特点；加上影片长短合适，是不错的选择。

（2）放映前的准备工作。即使是挑选过的原版影视作品也会出现生僻的词汇、俚语、俗语，学生要全部听懂、看懂有相当大的难度。看电影前教师要做足功课，首先就影片的一些内容对学生做一定介绍，将重点的生词和反复出现的短语预先告知学生。然后引导学生学会抓关键词，如影片中的人名、地名、形容人或事件的形容词、动词或短语等来理解影片内容。

（3）放映中的工作。放映时由教师口头伴讲，边看边做说明。必要时教师还可以稍停，用倒退功能再看一次，让学生看清楚重点内容。教师的伴讲要按照教学要求启发诱导，帮助学生更好地观看和积极思考。

（4）放映后的任务。教师要让学生带着任务观看影视作品，并在影片播放后检验学生的任务完成情况。教师可以在语音实验室播放电影画面（取消声音），让学生当配音演员。如果条件许可，教师可让学生在课外消化电影台词，并在课上进行角色扮演。放映结束后，教师也可以组织学生讨论影片内容以及影片与课程的关系，拓宽学生知识面，巩固所学知识。

（八）社会调查

语言的学习和使用能贴近社会生活，能帮助学生进一步了解甚至解决社会生活中的实际问题，这样的学习更具有现实意义。在开展社会调查时，学生通过问卷设计、调查访谈、调查报告写作等训练，实践已学语言，提升实际的英语应用能力，提高英语学习的动机，并发展合作意识。

活动形式：小组成员通过社会调查搜集数据，进行数据整合、统计、分析，写出调查结果，同时针对调查结果，表明本组观点。可选用的话题包括：普通家庭的饮食习惯，家庭的饮食结构在近20年的变化，网络使用情况，手机对学生生活的影响，对英雄的认识等。

活动过程：

（1）小组活动：共同设计调查问卷（包括调查的对象，其年龄、性别、职业、文化程度，调查问题的科学性和有效性等）。

（2）小组活动：小组成员通过社会调查搜集数据，进行数据整合、统计、分析，写出调查结果。

（3）班级活动：在全班用英语报告调查的结果，并表明本组的观点。

（九）戏剧社（课本剧等）

课本剧的编演可充分体现学生的学习特点和学习需求，注重提高学生用英语进行思考和表达的能力，有利于学生个性和潜能的发展，同时也增进跨文化的理解和跨文化交际的能力。现行的英语教材中有不少剧本，而且其配套的补充阅读材料中也有不少剧本。教师可以充分利用这些材料，组织校园戏剧社，让学生有机会来编演这些课本剧。这类活动的主体无疑是学生，但教师要当好幕后的指挥者。由于编演课本剧与一般备课不同，教师除了需要熟悉课文内容、明确教学目标之外，还要掌握戏剧的相关知识。此外，教师还要熟悉学生特点，这样才能在编演过程中给予学生合理指导，使该项活动发挥最佳效果。

（1）设计和改编：设计课本剧首先要根据课本内容、学生兴趣与能力以及具体条件，选择符合学生欣赏要求，学生乐于表演、喜欢观看的内容。例如，NSEFC Student's Book 3 Unit 3 的"Reading: The Million Pound Bank Note"可以改编成舞台剧。在编排时可以让学生自由组成若干小组，让每一个小组的学生根据剧本编写的要求和自己的兴趣大胆创新，编演出好的课本剧。

（2）合作与分工：一般来说，一台戏需要很多人，有台上也有台下，需要合理分工与合作。课本剧的意义在于教育，应该人人有份，特别是台上表演，不能只是几个人的专利。教师要根据学生的特点，在学生编组、分工时给予指导，特别要关注一些所谓的"后进生"。教师要启发开导，精心安排，由简入难，化解畏难情绪，力争每位学生都有表现自我的机会，获得成就感。

（3）表演与评价：表演首先需要舞台，教室是最常用、最实用的舞台。舞台往往需要一定背景，教师可以引导学生进行简单的舞台布置；其次，人物对话的表演是重点，教师应引导学生重点把握好语调、语速、节奏停顿，最大限度地为突出人物性格、推动情节发展服务。

表演活动可以安排在元旦、圣诞会演、校级文艺表演等活动中。表演短剧可以组织评奖活动。更重要的是在表演后要组织学生讨论，评论表演的水平及得失，指出创新和成功之处，同时提出今后努力的方向。

实践活动

1. 研读以下案例，并回答问题。

T: What have we learned in this lesson?

Ss: Festivals and celebrations.

T: What are they?

Ss: Ancient festivals, festivals of the dead, festivals to honour people, harvest festivals, and spring festivals.

T: Right. Do you know some other Western festivals?

Ss: Christmas, Halloween, ...

T: What about Chinese festivals?

Ss: The Spring Festival, the Mid-autumn Festival, ...

T: Good. You have known quite a lot. Now today's homework.

Group A are to list some Chinese festivals in the order of month.

Group B are to list some Chinese festivals and introduce briefly their celebrations.

Group C are to compare the two festivals: Christmas and the Spring Festival.

Ss: OK.

（1）你如何看待该案例中的作业设计？

（2）以该话题为例，你会设计怎样的作业？

（3）以该话题为例，你会以何种方式结课？

2. 某校想丰富校园英语学习的氛围和文化，请你出谋划策。

第三编

英语课程教学研究技能

第十三章　说课与评课技能

说课，作为一种教学、教研的手段，正被广泛应用于教育局招考、教师职称考核、教师技能比武、优秀教师示范课和日常教研室活动等各个层面。说课活动对于调动教师钻研教学的积极性和促进教师专业化发展的作用在实践中逐步得到印证。本章围绕说课和评课技能，从定义、涵盖内容和方法等方面进行理论的梳理，更紧密结合多个说课案例进行详尽剖析，为把握说课的理论和实践打好夯实的基础。

第一节　说课方法与案例

一、说课的定义和分类

所谓说课，是指教师在钻研教材大纲、充分备课的基础上，在没有学生参与的情况下，面向同行、教研人员等，以口头形式系统阐述某堂课的教学设计及其理论依据的行为。教师以科学的教育理论为指导，依据教学大纲和教材，根据学生的实际情况，阐述自己对课标及教材的理解和把握、课堂程序的设计和安排、学习方式的选择和实践等。广义的说课还包括评议和研讨交流，是从备"说"到述"说"再到评"说"的全过程。

说课有不同分类。按教学管理功能可分为研讨型说课、专题型说课、示范型说课和评价型说课；按规模大小可分为个人随机型说课、群体展示型说课和小组互动型说课；按说课的研究培训作用可分为理论学习型说课、指导研究型说课和实践操作型说课；按说课的指导作用可分为课前研讨型说课和课后反思型说课。

在具体实际操作中，鉴于不同的侧重，也可将说课简单分为说—研型、说—评—研型、示范型和说—评型。说—研型多用于集体备课，其操作程序为：先指定1—2人进行说课，然后集体研讨，最后集中形成最佳教学方案。说—评—研型多用于观摩教学研讨和教师素质评定，其操作程序为：说课——上课——评价研讨或上课——说课——评价研讨，此类说课是高层次的教研活动和高精确度的教学评价手段。"说"为研评活动提供上课不能反映出来的备课信息，研评者根据教师上课和说课所提供的理论与实践两个方面的信息，把教师的主观设想和客观教学效果进行比较、分析、研究和评价。示范型多用于专家或优秀教师传授先进教学经验或提供说课范例，主要目的是传授说课经验或规范说课行为，其操作程序为：讲授（说课方法）——说课或边讲授（说课方法）边示范说课。说—评型主要是教育评价手段，多用于说课竞赛或教师素质评定，通过说课评价教师的教学水平、理论水平、说课水平及职业素质。

二、说课内容与常见问题探析

说课作为研课方式源于个体，需要个性的体现，所以并不限定一个固定的说课模式和说课内容。教师可根据教研目的,针对说课包含的要素,进行取舍,确定侧重点。

可以说,说课是介于备课和上课之间的一种教学研究活动。说课对于备课是一种深化和检验,能使备课理性化;对于上课是一种更为严密的科学准备或反思。主要的不同点如表13-1、13-2所示。

表13-1 说课与备课比较

不同点	说课	备课
内涵	教研活动	教学活动
对象	同行、领导、专家	学生
目的	提高教学能力	提高课堂质量
形式	集体、动态	个体、静态
基本要求	教什么、怎么教、为什么这样教	教什么、怎么教

表13-2 说课与上课比较

不同点	说课	上课
目的	提高教学能力	提高学生素质
形式	单边活动	双边活动
内容	运用教材和教育理论	运用教材
评价	教师整体素质	学生学习效果

说课内容包括"教什么""怎么教"和"为什么这样教"三方面。"教什么"指讲授的内容在教材中所处的地位、教学目标、重点和难点,说课时可以称为"教材分析"或"说教材";"如何教"可指实施教学的主要方法、途径,练习的形式,如何启发,如何指导自学,时间怎样安排、分割、布置哪些作业等,在说课稿中可以称为"说教法""说学法""说教学过程""说板书设计"和"说媒体使用"等;"为什么这样教"可指宏观上整堂课的教学内容、教学活动以及教学方法确定的依据;微观上可指教学过程中每个教学活动设计的理论依据。在说课稿中这些理论依据可以有不同的处理方式,可出现在说课稿"说教学过程中的设计说明(或指导思想)"或"教材分析的教材理念"等处。归纳起来,说课有八大要素,见图13-1。

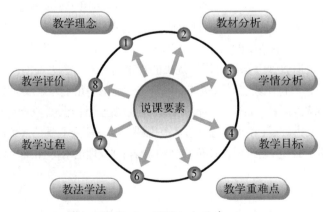

图13-1 说课八大要素

实际上,说课内容会有不同呈现方式。

(1) 可概括成四个方面:教材分析、教学方法、教学步骤和板书设计。此处板书设计是教师根据教学需要,用文字、图形、线条、符号等,粗略勾勒讲授提纲,直观展现教学重点、难点,教学目标和要求的教学行为。

(2) 可包括五个方面:教材分析、学情分析、教学目标、教学步骤和教学反思。此处的教学反思根据说课时间不同,可以是课前的"前瞻性"反思或课后的"总结性"或"评价性"反思。

(3) 可概括为七部分内容:说理念、说教材、说学情、说目标、说重难点、说教法和说过程,以说过程为最核心部分。"说理念"指教学设计所依赖的教学指导思想,该思想应能体现当前课程标准所提倡的理论概念,如学习者在教学过程中的主体性、情境创设、协作探究等。

无论采用哪一种方式,说课是个逻辑严密的过程。几个要素之间环环相扣,见图13-2。

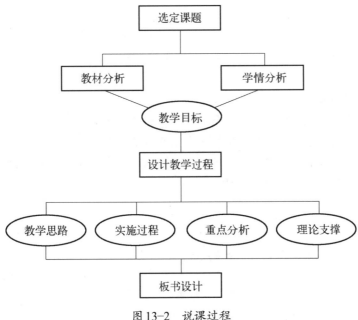

图 13-2　说课过程

下面采用"五分法",剖析说课的具体内容。

(一) 说教材和教学目标

1. 涵盖的主要内容

教学活动依托教材内容展开。教师根据自己对学科课程标准的认识和理解,说出所教课题的教材内容、其整体与局部之间的关系,分析教材在课程体系中的作用,剖析教材中知识、技能、方法对学生认知结构构建、个性发展和能力培养的功能,以及在科学研究、科技与社会发展等方面的价值。

说教材要阐述教师本人对教材的理解,需要教师有深厚的课程理论基础,不是把教材作为必须忠实传递的官方文本,而是作为可以灵活取舍的范例。具体包括说明课程标准中对本节课相关内容(语言能力、思维品质、文化意识和学习能力等方面)的要求;说明本节课内容在单元、章节、年级乃至整个教材体系中的地位、作用和意义;具体明确地说明课时结束时要实现的教学结果(即期望学生达到的核心素养目标);另外,要说明本节课的重点、难点等。

说课中说教学目标至关重要,因为教学目标是教学总体设计的出发点和归宿。科学合理的教学目标有以下几个特点:与新课程标准中提出的核心素养目标相吻合;体现知识内容的科学性和系统性;符合学生的认知规律和心理及思维发展规律;重在培养学生的各方面能力,对学生的全面发展有推动作用;表述简明、有梯度,便于测量或观察。从以上特点可以看出,教学目标的具体内容必须在对教学内容和学生情况进行深入细致分析后才能制定(见图13-3)。有些说课者把说教学目标放在说学情和学法之后。

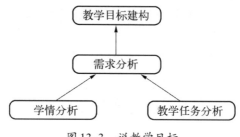

图 13-3　说教学目标

2. 常见问题与解决方法

说教材要求明确地写出课程标准在本单元的要求,分解课程标准在本单元的单元目标和课时目标。但问题是往往会出现以下情况,影响预期效果:

(1) 照抄课标,没有与本单元内容联系。这个"本单元"很多时候可以替换成任何单元。
(2) 缺乏对课标的重新归纳与梳理。

比如:

案例 13-1

- 本单元采用话题、功能、结构相结合的体系。
- 本单元的功能项目和语法学习为五、六年级和初中学习起了很好的铺垫。
- 本单元学习适合给学生做适当的分类与拓展。

又如:

案例 13-2

Teaching aims:
a. To make students know about the animals in danger;
b. To practise listening, reading and speaking;
c. To learn how to get useful information from a dialogue.
Language focus:
a. To enlarge vocabulary;
b. To understand the story.
Ability focus:
a. To practise skimming and scanning skills;
b. To practise using tones to express different feelings.

> Character building:
> a. To develop team spirit;
> b. To be aware that there is enough for need but not enough for greed.

上述案例出现的问题是教学目标单一,过于笼统,不具体,不具有可测性。其中,案例13-2的教学目标a中,主语不是学生;许多描述中行为动词缺乏层次性,缺乏途径的描述。

由于英语学科的特性,说教材和教学目标时用学科核心素养目标描述较妥当。语言能力构成英语学科核心素养的基础要素;文化意识体现英语学科核心素养的价值取向;思维品质体现英语学科核心素养的心智特征;学习能力构成英语学科核心素养的发展条件。力求做到目标的表述正确规范,目标的内容全面准确,目标的要求具体可测,目标的设计要关注差异。

行为动词使教学目标具有可操作性和可检测性。

描述了解/理解知识目标的行为动词主要有:指认、辨认、命名、标示、排列、选择、列举(提纲)、阐述、说/答出(具体事实、名称、地点、事件等)。

描述知识运用和技能发展方面目标的行为动词有:询问、描述、讲述、举例、计划、表演、展示、说明、推测、想象、创造、表达(见解)、写出、改编等。

描述发展认知和思维能力方面目标的行为动词有:区分、分类、比较、分析、归纳与概括、举例、推理、判断、阐述(理由)或给出(原因)等。

(二)说学情和学法

1. 涵盖的主要内容

说学情要求教师深入研究学生,说明学生的学习风格,即认知风格、成就动机、学习归因、焦虑水平、学习坚持性等;说明学生的起点能力,即认知、技能、态度起点等;说明学生的一般特征,即生理发展、认知发展、社会性发展、智能及情感发展的一般特征等。在英语学科中,特别需要分析学生的英语学习策略、英语学习能力、英语现有水平以及英语技能强项和弱项等。此外,必须了解学生的内心世界,尤其是其对世界或人生的兴趣等。

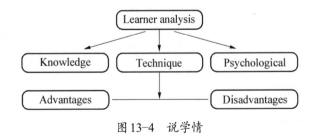

图 13-4 说学情

学法是指学生学习知识、掌握知识的方法和途径。说学法要结合具体的教学环节,说明当学生处于学习情境(包括困境)中,教师为指导学生学习或学会解决学习问题所采取的对策。说学法还要结合教学内容说出在教学过程中指导学生学习或学会使用什么学习方法,即通过什么活动培养学生哪些学习习惯，教会学生哪些思维方法；通过什么途径培养学生哪些学习技能或学习能力；如何巧妙地组织课堂教学，优化学情，指导学生形成良好的学习心态，做到在学会知识的同时，至少掌握学习这类知识的学习方法。

好的学法指导应体现出以下特点：
（1）尽可能多的学生在原有知识和能力的基础上得以提高。
（2）学生在课堂中有较多的参与机会，学习情绪高涨，积极主动。
（3）学生学习本节知识的方法、学法适合学生目前的学习状态。

2. 常见问题与解决方法

该部分最常见的问题是描述过于笼统，分析不全面，缺乏针对性。感觉所有的学生学情都一样，对学生的个别差异和学习的情感态度分析较少。

建议在学生分析部分，关注学情，以学定教，要求：
（1）分析学生已有的知识和经验，找出与本单元相关的知识与能力衔接点。
（2）了解学生的兴趣、意志、动机等非智力因素及差异对学习效果的影响。
（3）预估学生在本单元学习中可能出现的困难并分析产生的原因。

案例 13-3

本节课的教学对象是五年级的学生。他们已经具备了一定的词汇量以及阅读文章的能力，但对于第三人称单数形式还只是从第四单元开始以来刚刚接触到，虽然已经有了一定的概念，但还比较生疏，B部分的Let's Read恰好可以巩固他们对第三人称单数的概念。

说学法是解说如何实施学法指导，说明学生要"怎样学"和"为什么这样学"的道理，如学生动口、动脑、动手，自主、合作参与课堂教学和问题探究；扩大课堂思维量，提升学生的思维品质；强调训练学生独立或合作解决问题的能力等。

案例 13-4

教法固然重要，但作为教师我们应该"授之以渔"，而不是"授之以鱼"。在本课时中，我引导学生发挥他们的各种身体感官来学习：
（1）动脑想一想。想一想各个颜色的房子里住着哪个季节。
（2）动嘴说一说。说一说自己喜欢的季节是什么，并说出原因。
（3）动耳听一听。听教师描述四季，猜一猜是什么季节。
（4）动眼看一看。观察四季的不同变化，感受大自然的美好。
（5）动手画一画。画一画关于四季树的变化。

（三）说教法和策略

1. 涵盖主要内容

教学方法和教学策略决定一堂课的成败。教法是为完成教学任务，师生相互作用所采取的方式、手段和途径。通常情况下，说教法要说明在本课教学中贯彻什么教学原则，选择使用何种教学方法，以哪种教学方法为主，哪种或哪几种方法为辅，怎样将主要教学方法与辅助教学方法有机结合起来,采用什么教学手段辅助教学,采用该教学方法的理论依据和优势何在,预期效果如何。

说教法不仅要求教师能说明在课堂上所使用的教学方法,而且要求教师能说明运用这些教学方法的理论依据,需要教师有深厚的教学论理论基础。说课时应该说出:

(1) 根据授课内容,宜采用哪些教学方法以及这些教学方法的具体实施要点。
(2) 突出重点、突破难点、抓住关键点、把握兴趣点的具体措施。
(3) 授课时所遵循的教学原则,要注意体现"以学生为主体"等教学理念。
(4) 运用哪些教学手段(如教学课件、多媒体技术等)提高课堂教学效果及原因。
(5) 板书内容的设计编排及其个性特点。

2. 常见问题和解决方法

说教法部分往往千篇一律,不管什么课型,基本全部采用交际教学法和任务型教学法。或者堆砌教学法,将五六种教学法罗列,缺乏具体应用的分析。

科学有效的教学方法和策略应具备以下几个特征:

(1) 符合教育教学规律,符合学生身心发展规律。
(2) 能有效激发学生的学习积极性。
(3) 具有科学性、有效性,确保学生正确领会和系统掌握知识。
(4) 有利于培养学生良好的情感、态度和正确的价值观。
(5) 有利于培养学生发现问题、分析问题和解决问题的能力。

建议熟悉更多教学法,如讲解法、讨论法、练习法、演示法、任务型教学法、全身活动法、发现法、主题教学法、情境教学法、启发式教学等。教师应能形成自己的教学理念,分析在不同课型和任务中如何采用不同的方法,提高教学有效性。

> **案例 13-5**
>
> 英语谚语:Education must be fun!根据学生的认知规律,小学阶段的英语教学应实施"趣味教学","以学生为主体,以活动为载体"。本课时我采用如下教法:
>
> 1. 情境教学法
>
> 利用多媒体辅助教学为学生创设购物的情境,激发学生的好奇心和求知欲。
>
> 2. 主题教学法
>
> 本节课以"高薪招聘售货员"和"母亲节为妈妈买礼物"为主题引入本课新内容,展开口语训练;以活动为方式,变课堂为生活;以任务型活动安排本课教学,师生互动,增强英语课堂趣味性,提高学生运用语言的能力。
>
> 3. 启发式教学
>
> 通过Look and Guess、Let's Chant等游戏和活动在教学过程中启发、引导学生思维,培养不同层次的学生大胆用英语交际的能力。

(四)说教学程序和设计说明

1. 涵盖主要内容

教学程序是指在一定的情境下,为了达成一定的教学目标,教师教和学生学的动态生成过程(见图13-5),包括:如何按逻辑层次和学生认知规律组织教学,有序地将教学内容展现给学生;学生活动的组织、调控,以及对学生的评价形式和内容;如何运用多媒体手段;如何反馈调控等。特别要将自己有特色的做法及这些做法达到的效果介绍清楚。

合理的教学过程应体现以下五个特征:

(1) 创设良好的情境引入新课,激励学生并引发其强烈的求知欲和探索欲望。
(2) 教学内容的设计有梯度,能巧妙地搭建台阶引导学生在知识和能力方面逐步提升。
(3) 教学各环节紧紧相扣、流畅自然,过渡自然。
(4) 学生主体地位得以体现,参与面广。
(5) 小结简单明了,形成的知识结构清晰合理。

这一部分不仅要求教师介绍教学步骤,而且要求教师反思设计这些教学步骤的理论依据,而理论依据来自教师对心理学、教学论、课程论等理论知识的综合应用,能充分反映教师的教学理念、教学风格和教学特色。说课时,教师要向听众说明整堂课的设计思路及程序、设计基本环节的理论依据、有特色或创新的做法、师生双边活动的实际情况与预设之间的差距,以便听者理解执教者的做法,并由此判断整堂课的设计是否具有科学性、做法是否得当。

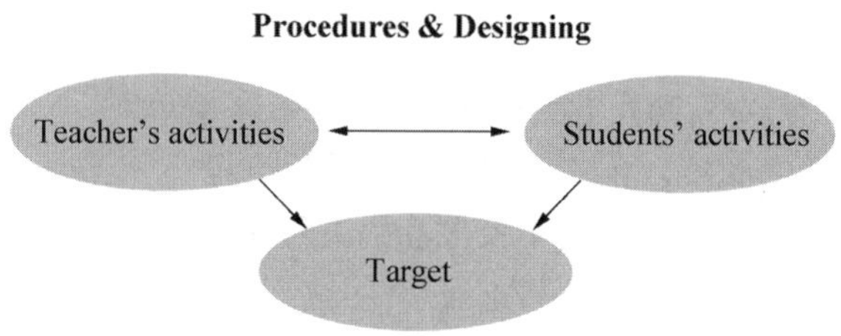

Procedures & Designing

Teacher's activities ↔ Students' activities
↓ ↓
Target

图13-5 说教学程序和设计说明

2. 常见问题和解决方法

该部分常见问题表现为教学流程简单、空泛、杂乱,缺乏完整性、逻辑性、科学性。

(1) 教学流程大部分没有体现以学生为主体,只是教师与学生的简单问答。
(2) 缺乏对教学重、难点的具体突破的活动设计。
(3) 大部分教师缺乏对学生当堂训练的内容与形式的设计。
(4) 教师没有预设学生的问题及教师相应的反馈。
(5) 作业低效,作业无目的性、无层次性、无拓展性,或无作业。

针对以上问题,建议教师参照几个核心内容部分,逐一阐述(详见第二节案例13-8):

(1) 说出这样教的理论根据(包括大纲依据、课程标准依据、教学法依据、教育学和心理学依据等)。

(2) 要将一个课时分为几个环节,说出其中每个环节设计了几个具体的教学活动。每个环节、每个教学活动都需要说出教什么,怎么教,为什么这样教,用多少时间。要求结构严谨,层次清楚,环环相扣,过渡自然。(如有时间限制,针对重点或亮点环节进行介绍即可)

(3) 说明怎样运用现代教学思想指导教学,怎样体现教师主导作用和学生主体活动的和谐统一、教法与学法的和谐统一、知识传授与智能开发的和谐统一、核心素养四个维度的和谐统一。

(4) 说明重点与难点的处理。说明在教学过程中,突破重点、难点所采用的方法和途径及理论依据。一般来说,这些理论说明都紧跟在每个教学步骤后面,在叙述时要注意相关性和简洁性。

（5）说教学手段辅助教学。应说明什么时候、什么地方用,这样做的道理是什么。

（6）说板书设计和设计意图。体现知识的网络结构,呈现说课层次等。

（五）说教学评价和反思

1. 涵盖主要内容

教学是一门遗憾的艺术。一堂课上得再成功,都还有不断改进的余地。教学评价和反思不单是课后才开展的活动,而是从备课环节就必须带入这种意识和行动。该部分主要可以说课堂预设与生成、课堂突发事件的处理、上课得与失及改进措施。

真实的课堂教学中都需要开展生成性教学。一旦发现预设的教学活动已经超出学生能力和语言水平,马上进行调适。教师教学能力高低在很大程度上体现在开展生成性教学的能力。这就要求教师在备课时能考虑到这一点,如所设计的教学活动体现层次性,即设计可供选择的教学活动,教师可以根据学生的真实水平或兴趣进行挑选。课堂的生成性还体现在教师能根据课堂上的真实情境创设教学活动,如处理得当会使课堂非常精彩。

课堂上发生意想不到的情况是一种常见的状况。说课时教师应将预设的突发事件,包括学生学习方面和行为方面的特殊情况,提供给听评者研讨;或是授课后对课堂突发事件产生的前因、自己的处理方式及依据、处理效果进行述说。良好的处理突发事件的做法应具有以下特点:处理及时,表现出对学生各方面的时时关注;方法恰当,从学生的角度出发使用平和的方式进行处理,不影响后面的教与学;关注学生个体差异,达到提升教师在学生个体和群体心目中形象的效果。

2. 常见问题和解决方法

该部分容易出现走过场和不到位的问题。一方面,因为找不到评价和反思的点,使得评价和反思变成简单的总结,说了很多正确的废话。如本次课用了什么理论,教学设计思路清晰,教学效果良好,今后进一步加强教学活动和情境的创设。另一方面,试图从头到尾,事无巨细地查漏补缺,导致杂乱无序但又抓不住重点的状况。

评价和反思自己的教学可以主要从几个方面入手:

（1）全面回顾课堂中的教学情况,特别是如何贯彻体现了新课程理念,如何体现了全新的学生观、教学观,如何突出了学生的主体地位,如何树立了科学的课堂教学效能观。

（2）在教法和学法指导上的改进和效果,如何改进了自己的教学行为。

（3）在实践中如何体会和应用教学原理和规律,特别结合自己现阶段正在参与的教学研究,通过实践得到了哪些新的体会和思考,积累了一些什么样的经验。

（4）教学中的不足和拟采取的改进措施。

如某教师课后对教学中的不足进行如下反思:

案例 13-6

1. 课堂口语不连贯,衔接语没有设计好。后续除苦练基本功外,需先熟记课堂用语。

2. 教学环节存在的具体问题:

（1）热身时间还不够,没有达到拉近学生和教师之间距离的效果。看图欣赏春天可以做的事情,从实际的效果看,作用不大。因为自己对歌曲不熟悉,所以没有带

> 动学生进入歌曲中的情境。需要熟悉歌曲,争取通过表演的方式更好地感染学生。
> （2）学习 catching butterflies 的时候,运用视频效果很好。但抓蝴蝶的游戏环节需要交代清楚,通过图片结合动作,组织学生有序地进行。
> （3）几个活动结束之后需要加入一个环节:将所有词组分成原形和 ing 形式,便于学生归纳总结,更好地掌握词形变化的规律。

三、说课方法

说课活动全过程一般可分为准备、述说、评说三个基本阶段。

（一）说课准备方法

准备是说课的起始阶段,主要任务是收集相关资料,完成教学设计,或上课完毕,完成说课稿撰写,对要进行的述说做出整体设计。准备阶段分为三步:首先,积累理论知识。教师平时注意了解国内外教育改革的动态,对先进的教育理念、教育思想、课程知识和理论、教学方法等形成知识积淀,必须熟悉我国课程改革理念以及体现课改理念的新教材。其次,撰写教学设计。对教学设计的各个环节思考越细致,效果越好。教学设计是说课的前提条件。最后,将教学设计转换成说课稿。说课主要通过口语言说,语言不能过于书面化,但衔接应有序、自然、流畅。若是反思型说课,要在上完课后,将上课中的实际情况补充到说课稿中。

此外,教师在说课前必须充分理解自己课堂行为背后所包含的理论意义,既知其然,亦知其所以然。在准备阶段根据新课程的教学理念对说课内容进行分析,注重问题解决的实效性,运用清晰简洁的语言表达自己的见解,达到研究问题、解决问题的目的。这样可以避免说课时语气生硬,犹如在背诵教学设计;或者只是介绍课堂上做什么,而没有解释为什么这么做;或者只解释为什么这么做,却忘了述说怎么做。

（二）说课述说方法

述说是说课活动的中心环节,是说课者通过大脑的思维加工组合,运用口头语言等媒介把说课信息传递给听评者的过程。根据述说阶段的不同特征和发生的不同时间,可采用不同的说课方法,较常见的有叙述法和问答法等。

1. 叙述法

叙述法指由说课者在规定时间内把准备好的内容进行连续叙述,然后再由听评者评价的方法。使用此法时,说课过程可以分为两个时间段:一是说课者述说阶段,二是听评者评价阶段。两个时间段的发言人固定,说课者和听评者都有清晰、连贯的交流思路,方便从整体上把握对方的意思。同时还可以加入多媒体辅助手段,如将说课内容做成课件、用流程图表示授课的主要环节。这样,重点内容随着叙述的进行出现在听评者面前,有助于增强说课效果。

2. 问答法

问答法主要在教师研究课或集体备课时使用,是说课者根据准备好的内容,按照听评者的提问来逐步进行述说的方法。它的优势在于:说课者和听评者可以随时就一个问题各抒己见,进行深入讨论,达成共识后,再进行下一问题的述说。采用这种逐一解决问题的方法,可以边说课边记录教学各环节的内容,将教学目标、各环节的编排、练习和作业题目的设置等内容进行统一,随时制作出课堂教学使用的课件,这也是创造性地使用了这种说课方法。

3. 上课以前的说课方法

上课以前的说课是目前教研活动和教学基本功竞赛中说课的主要形式。教师把自己怎样进行备课,备课时做的教学设计、教学安排设想以及估计学生的达标程度和盘托出,供专家们评说。

4. 上课以后的说课方法

若说课在上课之后进行,由于已经有了课堂实践的检验,可以在前述说课的基础上,结合自己上课的感受进行说课。这时,说课内容包括自己怎样进行备课和教学中怎样实际处理,侧重面有所变化。结合上述要点重点说明:上课过程哪些方面体现了备课意图,学生达标的情况,自己做了哪些改变和调整,做调整的意图和效果,对自己上课的效果和感受进行评价,提出进一步改进的设想等。

5. 评课以后的说课方法

若说课在评课之后进行,或者经过了前述说课和评课之后,说课者可以进一步说课,内容包括自己备课的特点和存在的疏漏,自己课的效果和自己的感受;指出自己上课进程与备课意图的吻合程度及其原因,自己做出调整的原因和作用;分析学生预期达标度与实际达标度的区别和可能导致区别的原因。同时,对于专家们的评课结合自己的感受进行必要的说明。说课的组织者则可以进一步展开讨论,在此基础上综合评价施教者和专家的讨论,提出值得进一步研究的问题,提高说课的理论层次。

(三)说课评说方法

评说是促进教师业务能力提升的主要环节,是一种对教学问题的共同研讨,是有关教学信息相互传递和转化的过程。在评说过程中,评说者结合述说和实践,运用教育理论,按照评价标准,结合自己对内容的理解,作出全面的评价和研讨。这样,形成群众性的教研局面,达到共同探讨、交流、总结和提高的目的。听者在评说时容易出现的问题是:

(1)只是对说课者的内容作了简单的附和,没有作客观的评价。

(2)只提缺点或优点,不做深入的研讨。

听者应该本着客观公正、实事求是和辩证性的原则,全面公正地对说课内容做出评价,对说课观点的不同之处,既要辩证分析,又要提出自己的见解,做到知无不言、言无不尽,这样才能发挥说课的"教研"功能。

总体而言,说课者的述说,首先要求事实、概念、原理和观点正确,所呈现的课题设计、选取这种设计的思维活动过程及联系的理论知识恰当、与事实相符;其次,述说要条理清楚、层次分明、重点突出;最后,述说者要讲究语言艺术,声音响亮、语言完整、简明扼要、组织严密。教师要按照教学思路,有重点、有层次、有理有据地讲说,在继承的基础上突出自身的教学个性和创新精神。不论采用哪种说课方法,说课者和听评者都要将说课信息清楚明白地传递给对方,而且,说课的方法要因学科而定、因课题而定、因课型而定、因说课者的自身条件而定,也要因听评者的特点而定,这样才能实现教师们有效地、灵活地、创造性地使用说课方法,达到优化说课过程的目的。

四、说课案例分析

案例13-7选自第七届全国中学(初中)英语教学大赛观摩研讨会,是作为省代表的参赛教师上课后的说课典型,说课者为杭州外国语学校的谢慧萍老师。下面将首先呈现说课案例,然后进行分析。

案例 13-7

给 Anne 的回信

《剑桥中学英语》采用全新任务型教学模式与生动的交互式学习模式；注重多学科的融通与多元文化的融合；注重学生听、说、读、写能力的全面提高。这些特色都很好地体现了国家英语课程标准所倡导的诸多最新理念。第一册第三单元的教材设计充分体现了这些特点。它以"around our school"为话题，通过书信这个形式，帮助学生学习、掌握用英语表达方位的能力。

本节课的教学对象是刚刚进入初二阶段的学生。他们已经具备理解简单语篇、表达简单内容的能力；在英语语言知识方面，他们已经掌握大约 500 个词汇，也能使用完整的简单句和一般现在时态。但他们的认知能力、语言能力、语用能力等尚处于初一下水平。

基于上述教材与学生的特点，本节课设计的中心任务是给 Anne 回信。这个任务涉及的语言能力、文化意识、思维品质以及学习能力等四个方面的教学内容贯穿整个课堂教学活动。学生在教师的引导下，通过自主、合作等学习活动，综合操练、实践体验、真实运用，最终达到以下教学目标：

1. 语言能力目标

本堂课的语言能力定位在阅读技能和语言使用能力的培养。初二上的学生已经能够读懂一些简单语篇的主要信息。在此基础上，本课进一步强化学生 read for information（通过阅读获取信息）的能力。但是，对于某些具体方位的正确描述，学生仍存在一定困难。因此，本节课的语言能力目标定位在两个方面：一是学生学会在具体的语言环境下使用 in the north/south/east/west of ...、flat、cafe 等词语和表达；二是学生综合使用此类功能语言，准确描述自己学校校园的环境。这个目标是完成中心任务的语言保证。

2. 文化意识目标

本节课中，学生接触到书信文体。这种文体背后蕴含着一定的文化内容，例如给陌生人写第一封信时应该注意的事项。本课通过书信的阅读与回信的写作，培养学生有关这方面的文化意识。此外，初二阶段应该培养学生的学习意志，从单纯的兴趣过渡到有意识的学习。初二伊始，教师就要有计划地在每堂课中培养学生的学习意志。

3. 思维品质目标

思维品质指思维在逻辑性、批判性、创新性等方面所表现的能力和水平。本堂课通过任务链活动使学生能够将所习得的方位表达和环境描述用于真实情境（给 Anne 回信）中来分析和解决问题。

4. 学习能力目标

本堂课学习能力目标包括学习策略与学习活动中集中注意力习惯的培养。学习策略的培养是提高学习效果的前提，又是需要通过在学习活动中体验来实现的。有意识地在学生的学习活动中培养学习策略是本课的教学目标之一，具体通过阅读和写作活动分别训练他们的推测能力（认知策略）和合作能力（情感策略）。前者旨在提供信息获取资料，后者旨在降低信息输出的难度，以确保中心任务的有效完成。本堂课的教学重点还在于如何让学生在自主学习、小组合作、班级活动中集中注意力，以保证各项任务的顺利展开与完成。

上述四维目标需要通过完成七个任务得以实现。七个任务中一个是中心任

务,即给Anne回信,要求学生在课后完成。其余六个都是围绕中心任务设计的子任务,贯穿在以下的教学过程中:

任务一: to set up the blog

上课之初,师生同唱"Big Big World",目的在于引出博客话题。在谈论过程中,教师在学生心理与虚拟网络中搭建了两个"博客"。前者帮助学生热身,培养学习情感;后者为课后教学构建平台,拓展学生学习互动的渠道。

任务二: to predict the content of Anne's letter

这是阅读前的常规任务,主要目的在于构建学生的阅读图式,为下步阅读活动作好铺垫。在这个过程中,教师设计两大话题"She may tell about ... "和"She may ask about ...",诱发学生猜测,训练学生这方面的认知策略。同时教师搭建"支架"帮助学生解决语言方面的困难。

任务三: to read Anne's letter

阅读是信息输入的过程,靠学生自主活动完成。教师的主要任务是搭建"支架"(如设计问题)提高学生阅读的效率,提供足够时间让学生自主阅读,设计话题诱发小组合作学习的动机,同时提供必要的资源。因此这阶段活动主要以学生自主、合作学习为主,教师的责任以调控、评价、帮助等为主。学生的阅读活动从自己的预测(图式)和与文本的互动开始,获取主要信息(Anne告知的和询问的),并通过学生间互动(小组合作),深入解读信息背后的文化知识(tips & warnings for a first letter),为本课主要任务的完成做好准备。

任务四: to play a jigsaw puzzle

拼图游戏(jigsaw puzzles)是国外常见的儿童游戏。这节课利用这种游戏,要求学生在文本理解的基础上体验方位的表达。这一任务,既训练学生的scanning能力,又引导他们关注有关语言。

任务五: to play a treasure hunting game

寻宝活动(treasure hunting games)是一个富有悬念的活动。在游戏前,教师搭建一个"支架",提供一些图片、地图和相关情境,并通过师生互动,帮助学生正确理解、操练、使用有关词语,为游戏活动的有效开展打好基础。在寻宝活动中,学生一方面要思考、猜测,另一方面要积极使用语言表达自己的思考和猜测。这个任务主题已经脱离了文本,但训练的还是文本中的语言,因此是属于半控制型活动。这样的拓展有利于学生运用相同语言,在更多类似的主题下表达。

任务六: to make an introduction to our school

这是一个"follow-in"活动。此项设计拓展主题内容,使学生有更多自主、合作学习的空间,要求他们以书信形式介绍自己学校的设施布局。书信写作对于刚刚进入初二学习的学生来说有一定难度,尤其是整个语篇的构建。为此,教师搭建"支架",提供给学生一封不完整的书信,帮助学生把注意点定位在方位的描述(这是本节课的重点)上,同时为课后书写回信提供样本,降低难度。另外,教师有意识地规范小组活动,明确小组分工,提高合作活动的效率。这样除了能够培养学生合作学习的能力,也能降低任务的难度。第三个降低难度的措施是提供足够的活动时间。

任务七: to write a letter back to Anne

这是一个"further-up"任务,比"follow-in"(读后活动)任务开放。经过课堂的一系列任务活动,学生已基本具备准确描述方位的能力。但教师将之设为课后作业,主要是为了保证学生有足够时间完成该项任务。任务设计中步骤详细,目的在于降低任务难度,同时培养学生良好的写作习惯。博客的建立不但搭建了一个互动平台,而且也增加了时代的生活气息,拓展了学生的学习资源。

上述七个任务是一个任务链。任务一与任务二都属于准备型任务。前者的作用在于热身,后者帮助学生构建图式。两者都为下一步的书信阅读任务服务。而书信阅读又为最后学生能够书写回信提供必要的信息与语言支持。任务四与任务五是书信阅读的拓展活动,主要解决话题的提升与语言的操练问题。任务六是"支架型"的活动,为最后的书写回信降低难度,使得不同层次的学生都能够独立完成"给Anne的回信"。

这是一个较为典型的任务型教学设计。在课堂操作中,教师通过安排学生开展自主学习、对子交流、小组合作、班级互动等活动,突出学生的主体地位,让学生在各种活动中体验语言、实践语言、使用语言,完成各项任务,达到预设的教学目标。在这个过程中,教师扮演了多种角色,主要表现在调控、评价、帮助等方面。例如在学生进行各种活动时,教师注意观察、倾听,并根据所获得的信息做出必要的评估、调控、弥补、帮助等。同时,根据实际需要,也不排除讲解。例如在task introduction阶段,教师通过简单的陈述,向学生介绍本课的任务。

通过这节课的教学,对于今后的课,可在以下方面进行进一步的实践:

第一,任务链的设置。要处理好主任务与子任务之间的关系,明确子任务为主任务服务,突出课堂教学的重心。同时,也要处理好各项子任务之间的关系,理顺任务与任务之间的逻辑顺序,做到各种活动前后呼应,让学生对于活动有一个整体感。

第二,教学活动博客的设置。课堂是一个有限的互动空间。单靠45分钟的课堂活动,难以满足学生的真实互动需要。博客能够拓展互动平台,使之从课堂延伸到日常生活学习之中,大大提高了师生与生生互动的密度。使用博客平台需要注意的是:学生认可该种沟通方式;学生可以获得途径上网;学生熟悉网络基本操作;教师参与维护博客运作。

第三,教师的角色定位。一堂课的成功与否,教师是关键。教师角色定位往往决定了课堂教学的模式是以教师为中心还是以学生为中心。任务型教学以课堂活动为主,需要足够的空间与时间。教师须改变传统的"传授者"这一单一角色,要有多重身份的意识,并根据需要进行转换。这种身份的变化并非意味着教师的作用减弱,相反,任务型教学对于教师的要求更高。教师需具备敏锐的观察能力、灵活的调控能力、有效的评价能力等。

对于一名反思型的教师来说,一堂课不仅仅是"一堂课"。它的意义在于促进教师自身发展,并为他人的研究实践提供案例。上述是本人对于这堂课的一些体会,供大家研究讨论。

该说课稿的特色是整个说课稿思路清晰,说课内容到位,相关的过渡连接词或过渡句(用斜体显示)把整个说课稿巧妙地衔接起来,使得说课稿具有一气呵成之感。语言简洁明了,充分体现了"说"的特点。

首先,说课稿开头《剑桥中学英语》采用全新任务型教学模式与生动的交互式学习模式;注重多学科的融通与多元文化的融合;注重学生听、说、读、写能力的全面提高。这些特色都很好地体现了国家英语课程标准所倡导的诸多最新理念。"既对教材进行了剖析，又点明了新颖的教学理念。这种把教学理念结合到教材分析里的叙述方式比较紧凑。

接着，分析本节课的教学对象的相关信息，语言简洁。"基于上述教材与学生的特点，本节课设计的中心任务是给Anne回信。这个任务涉及的语言能力、文化意识、思维品质以及学习能力等四个方面的教学内容贯穿整个课堂教学活动。学生在教师的引导下，通过自主、合作等学习活动，综合操练、实践体验、真实运用，最终达到以下教学目标"。此处一个重要的文字表述——"基于上述教材与学生的特点……最终达到以下教学目标"，把说课稿前面所有的内容都有机地融入在一起。

此外，该表述也非常概括地呈现了教师的教法和学生的学法。同样，教学目标与教学步骤通过一句话衔接起来，如"上述四维目标需要通过完成七个任务得以实现"。在对教学活动介绍结束之后，可以进行整体分析，该说课稿中的典型句型有"上述七个任务是一个任务链""这是一个较为典型的任务型教学设计"等。

说课的最后环节是针对自己整堂课进行反思，提出今后的努力方向，"通过这节课的教学，对于今后的课，可在以下方面进行进一步的实践"。最后，说课结束时说："上述是本人对于这堂课的一些体会，供大家研究讨论。"用一句总结性的话来总结整个说课。

从说课稿篇幅长度来看，教学过程（七个任务）的介绍是说课稿中篇幅最长的部分。其次是教学目标的描述和说课者对自己教学活动设计的解释说明以及对整堂课的反思。而针对教材、教学内容、教学对象、教学方法等方面的描述紧凑。这种不平均用力，重点突出的设计能让听者更容易抓住本节课的特色。

该说课稿理念与英语课程标准理念相吻合，其教学目标能通过教学活动的实施而实现，课堂教学内容有核心任务和系列子任务，环环相扣，不失为一篇优秀的说课稿。

综合说课案例的实践，我们可以用"准、实、精、活"几个字来归纳说课的要求。

（1）说课程标准要"准"。确立现代教育教学理念雄厚的基础，理论穿插说课之中。

（2）说教学方法要"实"。教学有法而无定法，贵在得法，实为用法。要说清某一个单元或者某一课时的教学运用的教学方法；要说清在某些特殊的教学内容或教学环节准备采用何种特殊的教法；要说清如何面对不同层次的学生采用不同的教学方法；要说清准备使用哪些教学辅助手段及其使用目的。总而言之，根据不同学习内容、不同学习特点、不同教学环境、不同年龄特点，选择不同教学方法。

（3）说教学思路要"精"。教学结构层次要精；教学总体框架以及各版块时间安排要精；重点突破和难点化解步骤要精；陈述辅助教学手段要精；陈述板书设计要精。

（4）说的过程要"活"。不能照本宣科，按写好的教案背课；按设计思路，陈述有重点，分层次，有理有据，口齿要清楚；时长应控制在正常上课时间的1/3或1/4为宜；要控制好说课的节奏；注意教态和口头表达，包括体势、眼神、表情、语调、手势。

第二节 评课方法与案例

一、评课的定义与功能

评课是指评课者对照课堂教学目标，对教师和学生在课堂教学中的活动，进行价值的判断,分析和评估课堂教学的成败得失及其原因,并且从教育理论的高度对课堂上的教育行为做出正确的解释。评课的类型很多,有同事之间互相学习、共同研讨评课,有学校领导诊断、检查的评课,有上级专家鉴定或评判的评课等。

评课是教学、教研工作过程中一项经常开展的活动,对于提升听评者和被评者的专业发展、提升课堂教学有效性具有重大的意义。

评课过程是实践和更新教育理念的过程。教育理念是课堂教学的灵魂,渗透在课堂教学的每个细节中。听评者要评好课,自身必须具备先进的教育思想,并能用这些先进的思想去捕捉、分析、透视每一节课,以此为基础对课的优劣做出客观、正确、科学的判断,并给授课者以正确的指导,从而促进授课者更新教育观念。对于被评者,这是原有教育理念接受洗礼的过程,哪些精华得到认同和肯定,哪些面临挑战和批判。在一次次的大浪淘沙中,保留最精粹的东西,形成自己的教学思想和教学风格。

评课过程是教师群体实践、协作探究教学和提升教学的过程。评课是一种有效的合作研究方式。授课、听课、评课的教师们形成一个学习共同体。它为教师的专业合作提供了有效的机会和平台,教师借助于听评课共同体,开展自我反思和专业对话,探究具体的课程、教学、学习、管理上的问题,促使该合作体的每一位成员都得到发展的机会。同时,在合作探究的过程中,课堂教学的优势和缺点暴露无遗,供每位教师对照自己的课堂,取长补短。

二、评课的常见问题和解决方法

(一)常见问题

评课围绕课堂教学的各个环节,如教学目标、教材处理、教学过程、教法学法、教师教学基本功、课堂教学效果等进行,可谓事无巨细。但实际活动中,会存在简单处理、任务取向和不合而作等问题。

简单处理主要表现在听评者往往在缺乏自我准备或与上课教师缺乏沟通的情况下进课堂;听课时偏向关注教师单方的行为,忽视学生的课堂表现;评课时缺乏有证据的观点,漫谈式、即席发挥式话语过多;评课结果用一个看似精确实则模糊的分数来表示,妨碍了现象背后所隐藏的意义的揭示;使用评课结果时往往错误类推,即以教师一次上课来说明该教师的平时上课水平。

任务取向是因为一些学校缺乏良好的观课文化,教师参加听评课活动是为了完成管理层安排的任务,这种任务观使得教师在听评课全过程中表现被动,非到不得已时才发言;即使发表意见,也往往过于客套,先罗列优点,然后再说一些不痛不痒的场面话,评了和没评一样;要么评课由教研员或专家把持,成了"一言堂"。

不合而作是指当前一些学校在听评课过程中,似乎有三类独立的角色:自己很少或几乎不上课的"评课专业户";听课仅仅是为了模仿的"仿课专业户";听课是为了完成任务,没有问题,不去思考,甚至也没有什么反馈的"听课任务户"。

(二)解决方法

1. 转换评课思维方式

在日常评课过程中,转变思维方式主要体现在三方面:一要把头脑变复杂,二要把头脑变宽容,三要把头脑变专业。

把头脑变复杂是指评课时要从整体上来考虑一堂课的教学。必须正视教学的复杂性，以复杂的思维和观点去看待教学活动。无论是评课的动机、过程还是结果，都主张多样性的统一，并且多样性之间必须要有必要的张力。同时，教学的本质是艺术，它是无序、非线性的，整体与部分共同决定系统。所以在评课时必须基于"现场"充分考虑时间、空间、资源等因素，对课堂教学进行综合评价。

把头脑变宽容是指评课过程中，要具备理解的心态，而不是对立思维。具备宽容思维的人在评课时不以自我为中心，不做过多的类推或假设。要充分考虑教师本人的独特性，挖掘上课教师的优势。在评课时，谈到存在的问题最好"体谅优先"，心存感恩。

把头脑变专业是指用专业的思维或方法处理教学。不是谁都有资格充当听评者。当前，评课专业人才比较缺乏。一线教师在学校现场自觉自为地学习评课缺乏专门培训或专业引领。因此，评课前要加强对评课的研究，把评课作为需要具有专业知识和技能的活动。

2. 熟稔评课程序

评课是一种完整的专业活动，可分为课前会议、课堂观察和课后会议。课前会议主要关注内容主题、教学目标、活动设计、区别指导、观察重点以及课后讨论的时间和地点等问题。课前会议需要关注三个方面：一是被观察者说课。说课内容包括：本课的内容主题是什么，在该课程中的关系与地位是什么；本班学生的情况，包括学优生与学困生的座位在哪里；"我"想让学生明白什么，重点、难点在哪里，"我"准备如何解决；本课的大致结构是什么，有哪些创新和/或困惑；"我"将如何、何时知道学生是否掌握了"我"打算让其掌握的东西。二是观察者提问与被观察者的进一步阐述。三是双方商议，确定观察点。

课堂观察是指观课者根据课堂观察工具，选择观察位置、观察角度进入实地观察，做好课堂实录，记下自己的思考。

课后会议阶段主要关注定量或定性分析、有效学习的证据、资源利用的适宜性、预设与生成以及上课教师的自我反思等，围绕课前会议确立的观察点，基于教学提出建议和对策。课后会议着重完成三个方面的任务：一是被观察者进行课后反思，主要围绕下列问题展开：这节课的学习目标达成了吗？各种主要教学行为是否有效？有无偏离自己的教案？二是观察者简要报告观察结果。三是形成几点结论和行为改进的具体建议。

3. 建构评课支撑框架

建构评课的观察与分析框架。该框架的基本思路是以"学生学习""教师教学""学科（课程）性质"和"课堂文化"为基本维度。这些维度对应以下四个问题：

学生在课堂中是怎样学习的？是否有效？

教师是如何教的？哪些主要行为是适当的？

这堂课是什么课？学科性表现在哪里？

在该课堂度过了40分钟，"我"的整体感受如何？

此处，需要特别说明的是"学生学习"，它可以从学生在课堂参与度、达标水平、学习专注程度、对核心知识与技能的理解程度、有特殊需求学生的满足程度等多个角度进行分析。其理念是在听评课中，把主要关注教师如何教转向主要关注学生如何学。

开发和设计专门的观察工具。观察工具的设计和运用要根据具体的观察点而定，应便于记录、便于反思；而且，应有计划地开发出系统的，适合本校、本学科实际的量表。课堂观察工具主要包括编码体系、描述体系、叙述体系、技术手段中的某些具体类别,或是它们的综合运用。课堂观察表详见第九章相关部分。另外,可设计定性和定量评价表作为课堂观察的工具(见表13-3、13-4)。

表13-3 说课定性评价表

主要优点:

主要缺点:

优□ 良□ 中□ 差□ 劣□　　评课人签名:

评价等级与总分转换标准:0.85~1为优,0.75~0.84为良,0.65~0.74为中,0.55~0.64为差,0.54以下为劣。

表13-4 评课定量评价指标体系

评课者:　　　　　任课教师:　　　　　科目:

评价指标1(权重)	评价指标2	评价标准细则
教材处理 (25%)	教材地位和作用	正确理解教材内容和编者意图,准确定位教材的地位和作用
	重点、难点	重点、难点确定准确,符合教材要求和学生实际
	教学目标体系	教学目标体系完整,教学要求恰当,符合教材和学生实际
	文本处理	围绕教学目标组织材料和剪裁教学内容,教材处理详略得当,有利于知识迁移和教学目标的达成
教法 (15%)	教法选择	教法选择符合教学实际和教改大方向; 熟悉该教法的操作方法、采用该教法的优势及效果
	教法运用	教学媒体选择和教学设计符合该教法的基本要求(结合教学程序评价),讲求实效
学法 (15%)	学法选择	学法选择配合教法,符合教学实际和学生特点
	学法指导	学法指导能具体落实到指导学生学习和学会使用何种学习方法与思维方法,培养何种学习心态、学习习惯和学习能力

（续表）

评价指标1（权重）	评价指标2	评价标准细则
教学程序（25%）	教学结构	教学结构科学、合理，具体教学环节符合教法要求
	教学环节	各教学环节内容安排合理，详略得当，重点突出，难点突破，衔接过渡自然，时间分配合理
	双边活动	教与学和谐一体，双边活动紧紧围绕教学目标展开，教学活动体现教师主导、学生主体
	板书设计	板书展开程序得当，层次分明，布局合理，美观，能强化记忆，体现板书设计的艺术性
	教与学的效果	能结合具体教学活动设计，描述教法运用效果和学法指导成效，预测出教学目标的落实情况
教师综合素质（20%）	语言	语言规范，富有表现力；语言流畅，逻辑性强
	教态	仪态端庄，举止大方，表情自然
	板书	规范、美观、速度适中
	教育技术	教学中使用现代化教学手段，能使用多媒体辅助说课，语言与媒体配合恰到好处，媒体使用熟练

三、评课案例

（一）案例13–8背景

在浙江省台州市路桥区，经常采取评课活动方式，对课堂教学加以观察和理性分析，从而提高课堂效率。评课活动基本流程为：开课教师确定教案，对照听课观察表，设计出听课表格。表格内容包括：课堂步骤、设计意图、问题类型、组织形式、活动形式、学生语言输出形式、教师反馈语言、改进意见及反思等栏目，打印出来，人手一份。听课时全教研组分成几个小组，分别对课堂的几个层面进行有重点、有目的的观察。评课时大家先分组讨论，再向集体汇报，最后确定一个人整理，留下了对开课教师的较全面完整的书面的评课材料。该案例以主题公园为课例，从课堂提问视角进行评课。

主题公园，作为当今社会人们的主要休闲、娱乐去所之一，是一个非常贴近生活、具时代性、可深度挖掘的教学材料。NSEFC Student's Book 4 Unit 5 Theme Parks的Reading: Theme Parks — Fun and More than Fun是一篇介绍主题公园的说明文。文本在第一自然段对主题公园的种类和特色做了简要的介绍，在第二、三、四自然段分别介绍了三个不同特色的主题公园。通过阅读，学生可以了解到主题公园与普通公园的差异，以及主题公园的功能及其价值，从而更好地了解中外文化，增强世界意识，开阔国际视野，提升综合素质。

（二）案例13–8呈现

> **Learning Goals:**
> 1. Students will be able to know some words and expressions about theme parks.
> 2. Students will be able to summarise the theme of each park and the activities

案例 13-8

that can make a theme park fun and more than fun by analysing the detailed information of the text.

3. Students will be able to share their knowledge about theme parks.

4. Students will know how to design a theme park on their own.

Teaching Procedures:

Step 1: Greetings

The teacher cheers the whole class up by greeting with the students.

Step 2: Lead-in

The teacher has a free talk with the students about some places of interest in Jiaojiang that they want to recommend to the guests.

Q1: Since this is the first time for our guests to come to Jiaojiang, would you like to recommend some places of interest here to our guests?

The students may recommend some parks, such as the Citizen Square, the Sea World, the Jiangbin Park or the Sun Castle, to the teachers.

The teacher divides these recommended parks into two kinds and asks the students to figure out the differences.

Q2: What are the differences between these two kinds of parks?

The students may say the Citizen Square and the Jiangbin Park are ordinary parks while the Sea World and the Sun Castle have specific themes.

The teacher then asks the students to define theme parks and give some examples of famous theme parks around the world.

Q3: In your opinion, what is a theme park? Can you name some famous theme parks?

The students may define a theme park as a park with a specific theme. And they may give some examples such as Disneyland and Ocean Park.

T: Today, we are going to learn a text titled as "Theme Parks — Fun and More than Fun."

【说明】围绕"主题公园"这一话题,教师通过自由交谈的方式,提议让学生为听课教师推荐台州有名的景点,启发学生的先行认知,引导学生区分普通公园与主题公园在建园目的、休闲设施及公园功能等方面的差异,并以头脑风暴的形式让学生说出更多世界知名的主题公园,增强对主题公园的感性认识,从而引出课文。

Step 3: Reading for Structure

The teacher asks the students to read the whole passage quickly and try to figure out the main idea of each paragraph.

Theme Parks — Fun and More than Fun	
Para. 1	Various kinds of theme parks
Para. 2	Disneyland
Para. 3	Dollywood
Para. 4	Camelot Park

【说明】通过展示型问题的设置,教师引导学生构建文本框架,找出每个段落的中心句,把握文本脉络。

Step 4: Reading for Detailed Information

1. The teacher asks the students to skim Para. 1 and answer the questions.

Q1: Which question does the author raise in the first paragraph, and what answer did he give?

Q2: Why did the author get this answer?

Q3: What are the themes?

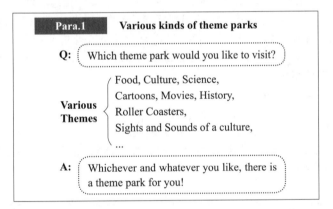

【说明】教师对文本细节进行设问,使学生能够对各类主题公园的不同主题有基本的了解,并对第一自然段的结构及内容有一个粗浅的认识。

2. The teacher asks the students to skim Paras. 2–4 and finish the form.

Park Name	Theme	Activities	The Author's Suggestion
	Q: What is the theme of the park?	Q1: What activities are fun? Q2: What activities are more than fun?	Q: What is the author's suggestion?
Disneyland			
Dollywood			
Camelot Park			

【说明】该部分的设问从三个主题公园的不同特色、不同活动入手,引领学生对文本信息进行有效提取。问题设置以展示型问题为主,围绕主线层层展开,使得学生能够快速寻找并捕捉到相关信息,整体把握文本内容。

Step 5: Further Thinking

The teacher asks the students to discuss in groups of four about the following questions:

Q1: Which of the three theme parks would you like to visit? And why?

Q2: What makes a theme park fun and more than fun?

Q3: What kind of theme park attracts tourists most?

T: Please design a theme park that is fun and more than fun and make a poster for it. Then report it to the class.

【说明】教师首先通过前两个问题让学生在基于文本信息理解的基础上,再次回顾文本内容;然后,通过第三个参阅型问题,让学生选择自己最喜欢的主题公园并发表观点。再过渡到第四个评估型问题,让学生结合原有认知、经历和体验,在内化文本内容与思想的基础上,形成自己的观点和看法,设计一个主题公园,对文本话题进行有效拓展。

Step 6: Assignment

1. Design a poster for your theme park.
2. Write a short passage about your theme park.

【说明】这是一个文本拓展性的语言输出任务,通过话题的迁移写作实现对文本语言的重新构建。

(三)问题聚焦

该阅读教学课采用"话题导入—文本梳理—内容拓展"这一阅读教学的基本模式。尽管本篇文本结构简单、段落清晰,但在本课堂教学实践中,学生思维参与程度不深,对文本信息理解不够全面,内容挖掘不够深入,学生语言输出质量不高,语言输出与教师所期望的回答有所偏差,甚至还出现学生答非所问的情况。究其根源,教师在设问过程中存在以下问题:

1. 话题导入时,问题的设计与学生的原有认知有差距

在话题导入环节,教师通过自由交谈的方式让学生为听课教师推荐景点,引发学生对主题公园相关信息的收集,并让学生学会区别主题公园与普通公园的差异性及其特有的功能。但是大部分学生对主题公园没有太多的概念,对其相关知识缺乏了解,难以判断和区分主题公园的特性,因此这样的设计明显忽略了学生原有的认知基础,不能有效导入话题。

2. 话题导入时，忽略了词汇的铺垫

文本中出现大量有关主题公园话题的词汇，如 be modeled after、a wooden roller coaster、a bald eagle、a steam-engine train、traditional butter beer、in the old-fashioned way、wizards and witches、parade 等，但教师在导入过程中忽略了这些新单词及重点词汇的呈现，导致学生在阅读过程中因生词过多而不能透彻、到位地理解文本内容。

3. 文本信息梳理时，问题的设计不够科学

在处理文本信息时，教师为了更突显文章标题"Theme Parks — Fun and More than Fun"，让学生找出 What activities are fun? And what activities are more than fun? 而实际上，学生很难以 fun 或者 more than fun 来区分各类活动，许多活动既能让游客感到 fun，又能让游客玩有所获，感到 more than fun。所以单纯用这一衡量标准来让学生分类相应的活动，显得不够科学，限制了学生的思维，致使整个教学过程不够流畅。

另外，上课教师在对文本的第四段进行处理时，同样存在类似的问题。这一段介绍了以中世纪英国亚瑟王宫廷时期历史为特色的卡墨洛特公园，其中涉及了许多关于英国历史、文化的名词，例如亚瑟王、梅林巫师、圆桌武士等。对于来自不同文化背景的学生，接收到不同的文化教育和熏陶，一定会受母语定向思维的干扰，加上学生原有知识储备的欠缺，对文中所涉及的英国历史、文化专有名词几乎一无所知或者了解甚少，自然容易对语言所呈现的信息产生文化理解上的差异。因此，教师需要在文本解读过程中，通过适切的问题设置，引导学生对英国文化知识进行深层次的解读、充实与拓展，从而加强东西文化的交融与渗透，增强学生的文化意识。

4. 文本语言处理时，问题设计忽略了语言功能的挖掘

语言是文本内容的主要表达形式，也是作者体现写作意图、达到写作目的的一种手段。不同体裁的阅读文本体现不同的语言特点和功能。在第一自然段的细节解读过程中，教师通过展示型问题的设置引导学生关注段落结构与内容，内容的呈现基本以文本原句为主，未做必要的整理、提炼或概括，学生的思维参与不深。同时，教师忽略了第一自然段中语言表达的特点，文本用了大量的积极词汇、形容词的最高级和夸张表达手法来总体描述主题公园的主题。这样的表达，其目的显然是为了激起读者参观主题公园的热情，而教师却忽略了此类推介类文章中语言功能的挖掘，对文本中的语言特点、修辞手法的解读及赏析显得不够到位。

5. 读后拓展环节，问题设计缺乏序列性

在读后拓展环节，上课教师设计了以下三个问题：

Q1: Which of the three theme parks would you like to visit? And why?

Q2: What makes a theme park fun and more than fun?

Q3: What kind of theme park attracts tourists most?

这三个问题在内容上有所重复，缺乏序列性，导致学生回答时内容重复、叠加，不能有效地拓展，无法呈现学生思维活动连续、递进的完整过程。

6. 读后拓展环节，问题设计忽略了学生高阶思维的培养

这是一篇推介类说明文，教师应遵循学生的认知规律，通过三个不同类型问题的设置，让学生的主体思维参与其中，步步深入文本，挖掘作者的写作意图及目的，注重学生高阶思维的培养。但是教师在最后三个问题的设计上忽视了问题之间的层次性，以展示型和参阅型问题为主，没有设计评估型问题，致使学生的思维难以拓展和提升。

实践活动

1. 学生以小组为单位，轮流用本章中的说课案例13-5进行模拟脱稿说课，可以根据下表内容对语言表达和神情体态两方面进行打分。

项 目	内 容	评价标准	等		级		得 分
语言表达 （35分）	音准	咬字清楚，发音正确	10	8	6	4	
	音质音量	音质优美，声音响亮	5	4	3	2	
	语速	语速控制恰当，自然流畅	5	4	3	2	
	语调	语调地道，富有感情，充满激情	5	4	3	2	
	规范	语言规范，语法正确，逻辑严密，形象生动	10	8	6	4	
神情体态 （15分）	神情	神情丰富自然，与说课内容吻合	6	5	4	3	
	体态	体态语言丰富得当，辅助说课效果好	9	7	5	3	

2. 评析以下说课案例中的目标设计。

（1）语言能力目标：

- To fully understand the reading material about five senses.
- To grasp the usage of the link words.
- To improve the students' abilities of listening, speaking, reading and writing.

（2）文化意识目标：

- To cherish what we have.
- To appreciate the world.

3. 评析以下说课案例中的教法。

教学有法，但无定法，英语中有一句谚语"Education must be fun"。小学阶段的英语教学应"以学生为主体，以有趣的活动为载体"。为了顺利完成以上的教学目标，更好地突出重点、突破难点，按照学生的认知规律，我采用了以下的教学方法，总结为"五趣"：

（1）引趣：通过出示四种不同颜色的房子，引起学生兴趣。

（2）激趣：通过猜一猜房子里住了谁，激发学生兴趣。

（3）促趣：以拟人的手法，创设四个不同的季节住在不同颜色的房子里的情境，促进学生兴趣。既形象，又可以把四季和颜色匹配起来。

（4）护趣：设置学生可以简单有效地完成的任务，如猜季节、讨论可以在不同的季节里做什么事情等话题来保护学生兴趣。

（5）续趣：开放性的拓展与巩固，如让学生设计一颗"四季树"或设计一本"四季书"等延续学生兴趣。

4. 观摩一堂英语课的教学录像，依据定性和定量评课表，撰写一份评课记录。

第十四章　教学反思的内容及运用技能

约翰·杜威(John Dewey)说：经验+反思=成长。新一轮课程改革，不仅是课程的内容、体系、结构等客观方面的改革，而且是教师的学生观、知识观、教育观等主观方面的改革。教师不是课程改革的被动解释者，而是课程改革的参与者、建构者与开发者；课堂不是单纯的课程试验场，而是实实在在的教育改革的实验室。本章主要介绍教师开展反思的内涵和方法，并以案例的形式呈现教师如何开展反思，以一个研究者的身份进入到课堂教学实践中，使自己成为一个对自己的教学实践不断思索的"反思型的实践者"。

第一节　教学反思的内容

教学反思的内容可以根据不同的反思形态、反思指向和反思主体来进行描述。

一、反思形态

根据反思的不同形态，唐纳德·舍恩(Donald Schon)按照教育过程将其划分为"前反思(行动前反思)、中反思(行动中反思)与后反思(行动后反思)"等。后经发展，这些形态演变为预期性反思、即席性反思和回顾性反思等概念。前反思或预期性反思发生在教育规划（包括设计教案）阶段，既反思前一阶段的教育实践，又反思当下的教育愿望，并根据反思的结果调整初步拟订的教育规划。中反思或即席性反思一般发生在教育实施的阶段，其主要任务是明确正在使用的教育途径与手段的有效性，同时对行为做出符合实际要求的改变。后反思或回顾性反思，是对全部教育过程与成效的总结性思考，为下一周期教育规划的制订提供信息。

二、反思指向

根据反思的不同指向，可分为目标反思、行为反思和结果反思。目标反思主要思考目标表达的期望的高低与效价的大小。期望过低，则缺乏激励作用；期望过高，则会脱离实际，难以实现。效价是主体感觉到的所要实现的目标对于自己的意义，效价越大意味着目标越能反映主体的需要，主体在主观上也越渴望实现这种目标。只有当期望与效价都具有较大的适切性时，目标才相对优化。这种反思不仅关涉对直接目标与间接目标、近期目标与长远目标所包含的具体要素的分析，同时也包括对它们关系的评定。行为反思指考察行为的类别、性质，鉴定行为与目标的契合程度，即行为的有效性，特别是对工具的选择与方法的使用的鉴定。结果反思是分析现实结果达成目标的程度及其"不及"或"过之"的原因，发掘现实结果中蕴涵的新的发展区，即潜在结果。

三、反思主体

以教育主体为标准区分，可分为内在反思、平行反思与外在反思。内在反思是教育主体个人进行的反思，主要手段是自我分析与评价。平行反思是教育群体成员之间借助相互评价进行的反思。外在反思是社会成员对教育主体进行评价所形成的反思。简单来说，教师的自我分析是内在反思，教师间的互评是平行反思，而来自学生和家长以及其他社会成员的意见是外在反思。

四、反思内容层次

反思内容可划分为两个层面：一个是一般性和相关的背景性问题层面；另一个是具体性和确切性问题层面。前者包括：教育教学的目的、目标和价值观、学生观、师生观等理念层面的问题，以及教师自身所拥有的哲学、社会学、心理学基础等；后者是指教育教学目标和教师的现实关心与特别关照，尤其是与课堂内的事件紧密相关的。反思内容也可以简单分成教师的理念领域和行为领域两个方面。前者侧重于理论，后者侧重于实践。

五、围绕课堂教学的反思

教师日常的围绕课堂教学的反思活动，也可以简单地划分为课前反思、课中反思和课后反思。这也澄清了一个误区，即反思贯穿整个教学流程，绝不是只在课后才进行。

课前反思指教师对制定的整个教学设计进行预判和思考，通过一系列的问答来反思自己的教学设计是否合理可行。如："我"为什么这样设计教学过程？这样的设计体现课标的要求了吗？这样的设计符合学生的实际情况吗？教学重点和难点的确定准确而且突出了吗？教学活动是否具有了相应的广度和深度？这些活动能落实吗？"我"的学生准备好来接受这堂新课了吗？哪个活动或者任务对学生有挑战，可能会出现什么状况？教学情境的创设是否能更贴近学生的真实生活？制作的课件，尤其是超链接部分，都方便操作了吗？课后作业量是否合适？通过这些问答，教师做到三思而后行，为自己的课堂教学做好充分的铺垫。

课中反思指教师在上课过程中对发生的，尤其是超出预设的临时生成或者突发状况等进行反思。教案是死的，但课堂是鲜活的，每位学生都是活生生的有头有脑的个体，课堂中一定会有计划赶不上变化的状况。这时，教师要随机应变进行反思。如：活动指令清晰了吗？这个活动的时间足够了吗？学生都有机会参与了吗？学生还在保持注意吗？"我"要打断这个回答了吗？这个问题引发学生的深层思考了吗？学生的这个答案不是"我"希望的，怎么引导他们到"我"那个点呢？是否给这些学生留了些思考的时间？这个错误"我"要指出来纠正吗？学生是在讨论还是聊其他内容？这里是否需要板书表示强调一下？学生都跟上进度了吗？教学重难点这样处理落实了吗？"我"是不是又好为人师了？这里是不是讲得有点多了？为什么气氛突然有点沉闷下来了？这个回答是算有创意呢还是纯属捣乱？"我"该怎么回复？教师在课堂中有意识地观察和思考，主动根据课堂教学中发生的实际情况，及时诊断出存在的误区和弊端，及时调整，真正在实践中改进教学。课中反思最考验教师的功底和教师的教学智慧。

课后反思是指在课堂结束后，教师及时回顾整个课堂，查漏补缺，着重反思课堂中不期而至的精彩点和需要改进的地方等，以便于今后能扬长避短。如：教学过程顺利吗？是否达到预期效果？学生是否积极主动地参与到学习过程之中？对那位学生回答的处理正确吗？任务设计下次可以从哪几个角度再做修改？教师对自己的课堂教学适时地总结和批判，取其精华，去其糟粕，久而久之，凝练特色，能有助于形成自己的教学风格。

现代教师发展观对教师发展有了新的理解与认识。发展越来越被看成是一种唤醒的过程，一个激发社会大多数成员创造性力量的过程，一个释放社会大多数成员个体作用的过程，而不是被看成是一个由计划者和学者从外部来解决问题的过程。教师的自主发展更为关注教师个体实践在其成长中的重要作用。教师发展的本质是在个体实践活动中通过反思，不断超越自我、实现自我的过程。

第二节　教学反思的运用技能

因为反思本身具有情境性和不确定性，教师对教学活动的反思并没有一个统一或者恒定不变的标准模式。反思只能针对具体问题、根据实际情况在可能的条件下展开。在课程改革的背景下，教学反思应该超越单纯的技术操作层面，而成为教师职业生活的一种方式。本节首先陈述教学反思的三个基本策略，然后提供两个真实的围绕课堂教学的反思案例。

一、教学反思的基本策略

教学反思有三个基本策略：理论思考与教学研究，观摩与讨论，体验与撰写反思札记。鉴于多数一线教师在日常反思活动中往往以书写反思札记和自我体验入手，也为了强调一线教师主体意识在教学中的决定性作用，本节将其先后顺序做了一定调整。

（一）体验与撰写反思札记

体验意味着作为教学主体的教师对教学行为的自觉体悟和反省，体验使得教学反思超越单纯的技术或方法论层面，成为教师的存在方式和专业生活方式。众所周知，专业知识建立在专业经验的基础之上，但是如果不能对自身经验进行积极的体验和反思，经验对专业知识的增长贡献不大。积极的体验与思考可以让教师的隐性知识显性化，能更清晰地表达和有效地转移，最终个体化的经验上升到理论层面，形成教师自身的实践性知识。

为了进行有效的体验和反思，教师可以撰写反思札记。反思札记的撰写主要把教学过程中的一些感触、思考或困惑记录下来，以帮助自己重新审视和认识自己的教学行为。譬如，在一堂课或一周的课中，你认为最精彩和最糟糕的教学片段是什么？为什么这样认为？哪些教学设计取得了预期的效果？哪些学生的表现有了进步？每天花费十几分钟或几十分钟的时间对这些问题做出回答，不管简要还是详细，这些答案对于加深自己对教学的理解、发现自己教学实践中的问题并求得改进非常有意义。

反思札记的撰写并不是随意地记流水账。为了使反思更有成效，教师对教学的积极体验和反思札记的撰写应尽可能带入叙事学的方法。教学叙事是教师有意识地叙述发生在日常教学生活中的故事。教学叙事来自教师的日常生活，从教学叙事中教师可以审视自己的足迹、倾听自己的心声，并通过教学叙事来揭示灵魂深处的感动与对教育的认识。这种教学叙事为探究教师的日常生活和教学故事、积累教师知识提供了可能。在叙事中教师是讲故事的主体，又是反思的主体。教学叙事可以引导教师从多个角度讲述给自己留下很深印象的一些教学活动的细节，经过书面表达出来并整理加工以后，就是一个个生动鲜活的教学案例。教学叙事作为教师教学反思的一种途径，有助于教师有意识地提高自身的反思能力。

教师对教学故事的叙述过程同时也是一个反思自身教学活动的过程,对于促成教师的人生观、价值观和教学观的转变行之有效,对于改变教师的教学实践有着现实的意义。

(二) 观摩与讨论

反思是一个经常被误用的概念。让教师关起门来反省自己教学行为的得失,即所谓"吾日三省吾身",这并非真正意义上的反思。真正有效的教学反思要求教师在两个方面展开行动:批判和理解。

批判就是要求教师对他人和自己的教学行为、一切不曾怀疑和习以为常的事物进行批判反思,以便除去禁锢在自己身上的教学理论知识。当教师专注于反思过程,他们就成了这一实际情境中的研究者,而在这个过程中所获得的知识就是他们的实践知识。

理解就是要求教师不仅要有开放和批判的心态,而且要通过学生和同事等更宽广的路径来审视课堂和自身。这种审视的结果又转化成教师进一步转变教学观念、调整课堂实践的动力和源泉。

因此,与外界的沟通与交流是进行教学反思的重要途径。教师在反思自己的教学实践时往往局限于个人的视阈而难以发现问题和缺陷,而同事之间的观摩和讨论可以为教师反思个人的教学实践提供新的思路和借鉴。观摩与讨论有助于推进教师集体的教学反思,有利于为反思性教学创造一个良好的整体氛围。

总体说来,进行有效的观摩和讨论需要教师做有心人、做负责的人、做善于思考和批判的人。参与观摩和讨论的教师要以批判的眼光审视自己和他人的教学,进行质疑性的讨论和对话,通过集体智慧的分享从整体上提高教学水平。

(三) 理论思考与教学研究

教学是一种复杂的社会活动,对教学行为和教学经验的反思需要依托一定的理论来进行,才能拓展与提升反思的深度、广度和高度。对有关理论的系统学习和思考是教师进行反思的重要内容。

对理论的思考有助于教师积极将外部教育教学理论转化为现实的教学实践。例如,根据认知心理学的观点,在正式讲解某一概念之前,先呈现一些学生熟悉的、与该概念相关的材料,在学生已有的知识与新知识之间搭建联系的"桥梁",这样有利于学生以原有的知识结构同化新的知识。这就是"先行组织者"理论。类似的有如何搭建"脚手架",如何激活"图式",如何创设"情境教学",如何体现"教师即课程",如何让学生"协作探究",等等。显然,教师如果能够对这些理论进行思考并积极运用到自己的教学实践中去,就会提高教学质量,达到更好的教育效果。

开展教学研究是教师理解前沿的教育理论、反思自身的教学实践并提出新的教学理论和观点的重要途径。教师进行的教学研究依托于实际的教学情境,针对原有的教学经验和遇到的问题进行反思和探究,可以说是一种以教为本的教学研究。

一般而言,行动研究关注的是行动主体在具体的情境中进行研究以改进实践的质量,它是一个螺旋循环的过程,包括"计划——行动——观察——评价——再计划……"。这种研究方法适合于教师对具体的教育问题进行探究,对于解决具体的问题卓有成效。而且,行动研究不仅是个体教师独立进行的,它更加关注教师之间的合作以及教师与校外研究者的合作,因此行动研究的结果可以为个人化的教学反思提供借鉴。通过理论思考和教学研究,教师得以更有效地进行教学反思,提高批判反思的能力,从依赖经验的经验型教师转变为更为睿智、专业上更成熟的反思型教师。

二、教学反思案例

（一）案例14-1呈现

该案例引用自陈永芳课题组2013年的研究。

> NSEFC Student's Book 4 Unit1 Women of Achievement 的 Reading: A Student of African Wildlife 讲述了简·古道尔放弃安逸的生活,只身在非洲丛林里观察研究黑猩猩的故事。简通过多年的研究,帮助人类了解黑猩猩的生活习性,并强烈呼吁让动物回归自然,力图唤醒人类理解动物、尊重动物和保护动物的意识,她取得的成就对广大有进取心的妇女是极大的鞭策和鼓励。
>
> 这堂阅读课的中心可围绕以下问题设计展开,并引导学生关注核心要点。
>
> Q1: How does Jane study chimps?
>
> Q2: What does the visitors think of their one day research in the African forest?
>
> Q3: Can you imagine what difficulty Jane has to overcome during years of research in the forest?
>
> Q4: What discoveries about chimps has Jane made?
>
> Q5: Besides devoting herself to research, what else does Jane do?
>
> T: Jane Goodall once said, "Once I stop, it all comes crowding in and I remember the chimps in the laboratories." Actually, in this sentence "it" means a lot. Please have a short discussion about what "it" may refer to.
>
> Q6: What does "it" refer to in Jane's speech?
>
> (Possible answers:
>
> It refers to her dream about protecting wild chimps.
>
> I think it means the things that she has to give up in order to live in the forests alone.
>
> In my opinion, it means all the efforts that she has made for chimps.
>
> It may also mean the sufferings and the freedom of chimps.
>
> When Jane said this sentence, maybe she was still considering her mission to raise people's awareness of protecting wild animals.)
>
> T: Read out what Jane said in her speech with emotion.

案例 14-1

（二）案例14-1反思

维克多·雨果（Victor Hugo）曾说过:"会读书的人只有两只眼睛,一只眼睛看着纸面上的字,另一只眼睛看到纸的背后。"我们在阅读过程中,很多时候打动我们的不是华丽的辞藻,而是一些平淡无奇的字、词、句。之所以打动,是因为有文本的铺垫及读者的理解和共鸣。在阅读课中,把学生这样无意识中"被打动"的阅读体验放大,并引导他们进行摘要并概述,定能激发课堂的思想活力,也能提升阅读理解能力。

说明:Q1着重于让学生明白作者是借着采访者的眼睛来描写简在非洲丛林中每天枯燥又细致的研究的。该段落采用的是一般现在时,运用了记叙性的语言,按照时间顺序来展开。教师只要帮助学生抓住"first""then""then"这三个词,就能让学生直观理解简一天中研究黑猩猩的辛苦及认真。Q2的设计则是对这些信息的进一步提炼及综合。抓住"tired"及"worthwhile"这两个词,可以让学生推理出无论是采访者还是简本人对于这样的研究方式的态度,从而为"it"的理解做好背景铺垫。

　　Q3的设计起的是过渡作用。它既是对文章第一段的内在延伸,也是对第二段的预测。学生在想象简在非洲丛林克服种种困难进行研究的同时,也能更加明白她所经历的艰辛。当学生回答完Q3,阅读第二段试图回答Q4时,可以同时验证自己的预测及想象,也得到了对自己预测的修正。这个过程教师没有刻意而为之,只是春风化雨般让学生去体验。

　　Q5的设计是让学生对简有进一步更全面的了解。简是有社会责任感的科学家,她不仅投身丛林研究黑猩猩,更是建立了研究会,并倡导人们尊重保护动物。她身上有强烈的使命感和责任心。当简说"Once I stop, it all comes crowding in and I remember the chimps in the laboratories"时,她是百感交集、五味杂陈的。Q6的设计是这节阅读课的中心和关键。有了前面五个问题的铺垫和延伸,学生才能展开充分的讨论。这样的阅读过程,品之有味,读之有情。

　　经过充分讨论,理解了文本及简的思想以后,学生自然就有了感觉,再让学生有感情地朗读简演讲中的这段话,会更有共鸣。

(三)案例14-2呈现

　　该案例引用自赖朝晖课题组2013年的研究。

案例14-2

　　为了深入了解教师对阅读文本语言处理的内容和方法,课题组深入到几所高中听课,听了NSEFC Student's Book 3 Unit 2 Healthy Eating语言处理课共五节。为了能更好地说明这五节课语言处理的方法,同时为了剖析其中的问题,课题组从这五节课中选取八张幻灯片。为了便于说明,将这八张幻灯片分别标为幻灯片1至8,如下:

【幻灯片1】

1. diet　n. 日常饮食　vi. 节食
【巧记】die(死)+t 节食太多就会死人。
Mary thinks she is so fat that she has to go on a diet.
　　玛丽认为她太胖了,得节食。

2. energy　n. 能量;精力;活力
【巧记】ene(瞪着眼睛,挺着鼻子的样子)+rgy,表精力充沛。
Young people usually have more energy than the old.　年轻人通常比老年人有活力。

【幻灯片2】

1. 节食	1. go on a diet
2. 平衡膳食	2. a balanced diet
3. 减肥	3. lose weight
4. 对……感到好奇	4. be curious about
5. 被放过,不受惩罚	5. get away with
6. 说谎	6. tell a lie
7. 赢回,重新获得	7. win ... back

【幻灯片3】

sign
1. There is a sign by the road saying "no parking". 牌子
2. There is no sign of life on the island. 迹象
3. She put her finger to her lips as a sign to be quiet. 手势
4. The boss signed his name on the cheque. 签字
5. traffic sign　交通标志
6. a sign of rain　预兆

【幻灯片4】

prepare: vt. /vi.
prepare sth.　准备
prepare for sth.　为……准备
prepare sb. for sth. 使某人为某事做准备
prepare sb. to do ...

1) Will you help me ＿B＿ the party?
　A. prepare　　　　B. prepare for
　C. preparing for　D. prepared for
2) He is ＿C＿ them to go on a holiday.
　A. prepared　　　B. prepared for
　C. preparing　　　D. preparing for

【幻灯片5】

a healthy diet?
diet和food的区别：
diet指的是习惯性的食物或规定的事物
food是一般的词语，凡能吃的东西都可称为food

The doctor has ordered me a special diet.
Too many sweet foods will make you fat.

The _food_ that you buy in supermarkets are high in sugar, fat and salt.
Proper _diet_ and exercise are both important for health.

【幻灯片6】

Our food gives you energy all day!
【考点】energy在此为不可数名词，意为"精力；能量"。
【考例】——You are always full of ____. Can you tell me the secret?
——Taking plenty of exercise every day.
(福建2007)
A. power　　B. strength
C. force　　D. energy
【点拨】考查名词辨析。根据题意此处指精力。power动力，权力；strength力气，力量；force力，武力。故选D项。

【幻灯片7】

He could not have Yong Hui getting away with telling people lies.
e.g. I had them laughing at my joke.
Don't keep the water running day and night.
没有人能让Tom这样做。
No one can have Tom do this.
我还有一个会要参加。
I have an important meeting to attend.
我拿我的电脑去修了。
I had my computer repaired.

【幻灯片8】

12. He did not look forward to being in debt because his restaurant was no longer popular.
他可不希望由于餐馆不受欢迎而负债。
debt：【C】债务；欠款
(1) be in debt：　　欠债
(2) be out of debt：还清债务
(3) be in sb.'s debt：欠某人之情
You saved my life, and I am forever in your debt.
你救了我的命，我永远感恩不尽。

（四）案例14-2反思

在以上八张幻灯片中，教师采用的都是以例句为主的讲解和练习，教师凭借自己的主观经验、教参或者网站上提供的课件，决定要讲解的语言知识，然后通过幻灯片呈现例句，教师讲解。这样单一的教学活动使整节课成为单纯而冗长的讲授，学生则被动地听和记。一方面，由于一节课教师要传授的语言点很多，例如有一节课教师用了近40张幻灯片，在这样的讲解中，学生没时间对教师讲解的语言知识进行加工思考，也没有时间跟同学交流比较他们的笔记、分享看法来内化所学的知识。另一方面，在这样的讲解中，教师把许多没有关联的语言现象不加组织、凌乱地向学生讲授，不能把教材中的语言现象和学生已有的知识或经验有机地结合起来，学生缺乏感知语言、探究语言的过程，学生对教师所讲的内容一知半解，只好死记硬背，这就扼杀了学生学习的主动性和积极性，形成了课堂满堂灌的局面。总之，在这样的教学过程中，学生只能以听代思、机械模仿、不求甚解，学生学到的是一大堆机械的孤立的知识，这种没有内化的知识心理学称之为"假知"，它没有活性，不能迁移，更不能应用。

上述案例中，幻灯片1采用的是纯粹讲解灌输的方法，其所谓的"巧记"不仅不能减少学生的负担，反而会增加学生的学习难度，容易让学生对所学的语言产生混淆。幻灯片2只是起到复习文本中的词语的作用。没有语境作为辅助性记忆提示，这种语言学习在学习者头脑中只会形成短时记忆，容易遗忘。幻灯片3至幻灯片8中，虽然教师试图通过例句来帮助学生理解语言，但这种语言学习缺乏上下文语境，学生不能透彻理解语言的文化内涵，掌握的只能是孤立的个别单词或短语，不利于学生在具体语境下进行深层理解。只有在完备的语境中学习语言才能帮助学生真正学会各种语言现象的意思和用法。上述案例中，教学是就知识教知识，教师只是在简单地向学生灌输一些语言知识，而没有将知识融入学生的生活中，没有融入情境中，与学生的生活经验相结合。这种知识学习脱离了知识的运用，不是用来指导学生的生活和行动，而是被储存起来，作为炫耀的资本或用于应付考试的。

科瑟根(Korthagen)根据自己的研究和实践尝试，提出了ALACT教师反思模式，五个步骤依次为：

（1）行动(action)：教师的实践。

（2）回顾行动(looking back at the action)：行动结束后对行动进行回顾，发现"事件"或让人困惑的地方。

（3）意识到主要的问题所在(awareness of essential aspects)：通过对教学实践的回顾，找出影响实践效果的主要问题。

（4）创造别种行动方案(creating alternative methods of action)：在分析问题的基础上，找到新的行动方案。

（5）尝试(trial)：对新的行动方案进行尝试，即开展一次新行动。

科瑟根的反思模式，对于教师知识的丰富和发展，无疑是相当有意义的。实际上，反思与实践之间是连续的和统一的，反思模式中各个步骤是循环而没有终点的，一次反思的结束，就是一次新的实践的开始。

可见，教师对与其专业活动密切相关的知识的获得，不是来源于外部力量的影响，而主要依赖于教师个人的"反思"。

实践活动

1. 请挑选某一个教学案例，谈谈你自己个人的理解，要求写成书面材料。

提示：可以先分析该例子给你的启发是什么，你对该例子的什么方面仍有困惑，希望得到怎样的解决方法。然后，找同桌交换各自的想法，力争解决对方的困惑。

2. 你明白下面故事中主持是什么意思吗？

有一木匠很想把自己一流的手艺传给两个儿子，但他们都不想学，做出来的家具歪歪扭扭，不成样子。木匠很伤心，责怪他们不好好学艺。一天，和寺庙主持喝茶时，木匠说起了这事。主持问他是喜欢喝茶还是喝白开水。木匠说当然是喝茶了，因为白开水没什么味道。这时主持一扬手把木匠杯子里的茶倒在了地上，然后给他倒了一杯白开水。木匠不悦地问："主持明知我不喜欢喝白开水，为何这样？"主持笑着说："施主既然知道白开水不好喝，那为什么还要勉强别人去做自己不想做的事？"木匠低下头说："这样我的手艺不就失传了吗？"这时，主持问身边的小和尚："茶和白开水你喜欢喝哪个？"小和尚说："我喜欢喝白开水，因为白开水比较解渴。"木匠还是不明白主持是什么意思。

3. 谈谈你对反思教学的认识，及如何从加强反思意识上提升反思行为。

第四编

典型课例设计与案例

第十五章 高中英语典型课例设计方法与案例分析

以人教版高中英语教材（2019年版）为例，新教材的必修模块包含了Listening、Speaking、Reading、Writing、Pronunciation、Structure、*Project和*Video Time八个板块，其中标*的两个板块为选学内容。因此，高中英语教学的主要课型为听力与口语课（Listening and Speaking）、阅读与思考课（Reading and Thinking）、语法探究课（Discovering Useful Structures）、听力与表达课（Listening and Talking）和阅读与写作课（Reading for Writing）五种课型。本章以人教版高中英语教材（2019年版）必修1 Unit 5 Languages Around the World为例，呈现高中英语五种课型的典型课例，并分析教学设计方法和策略。

Unit 5 Languages Around the World的课时分配与内容简述如下：

（1）第一课时是听力与口语课，涵盖教材的Opening Page和Listening and Speaking板块的内容，主题是Explore languages around the world，着重培养学生听的能力。

（2）第二、三课时是阅读与思考课，主题是Explore the Chinese writing system，文本标题是"The Chinese Writing System: Connecting the Past and the Present"，着重培养学生的语篇分析能力和阅读策略。

（3）第四、五课时是语法学习课，主题是Describe your favourite things，整合了Assessing Your Progress板块的内容，聚焦定语从句的形式、意义和功能的统一，着重培养学生的语言运用能力。

（4）第六课时是听力与表达课，主题是Explore different kinds of English，整合了Pronunciation板块的内容，着重培养学生说的能力。

（5）第七、八课时是阅读与写作课，主题是Write a blog about English study，着重培养学生写的能力。

第一节 听力与口语课（第一课时）

一、案例呈现

案例 15-1

Listening and Speaking
教学设计

Activity 1: Looking and Knowing (10 minutes)
1. Looking: Look at the Opening Page and answer the following questions.

Q1: Do you know where the photo was taken?
Q2: Which languages do you think are officially used here?
Q3: What does the quote mean?
Q4: What are the benefits of learning more languages?

> One language sets you in a corridor for life. Two languages open every door along the way.
> — Frank Smith
> 一门语言能带你进入人生旅途，两门语言则为你开启人生旅途中的所有大门。
> ——弗兰克·史密斯

> If you talk to a man in a language he understands, that goes to his head. If you talk to him in his own language, that goes to his heart.
> — Nelson Mandela
> 如果你用一个人听得懂的语言与他交流，他会记在脑子里；如果你用他自己的语言与他交流，他会记在心里。
> ——纳尔逊·曼德拉

2. Knowing: Go through this unit and know what to learn.

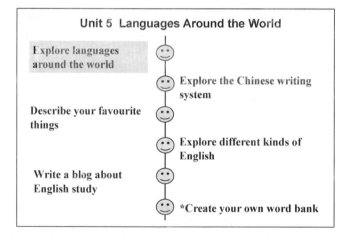

【设计意图】通过开篇页的图及问题回答，引入语言学习的话题，其中，Q2的答案不作正误判断，以留悬念。在引言理解中，引入曼德拉的名言，以帮助学生更好地理解学习语言的重要性。让学生浏览单元的子话题，知晓整个单元要学的内容，帮助学生评价学习目标的达成度。

Activity 2: Brainstorming and Matching (5 minutes)

1. Brainstorming: Answer the following questions.

Q5: What comes into your mind when you read the subtopic "Explore languages around the world?"

2. Matching: Match each photo with the correct country name and tell which languages are spoken in these countries.

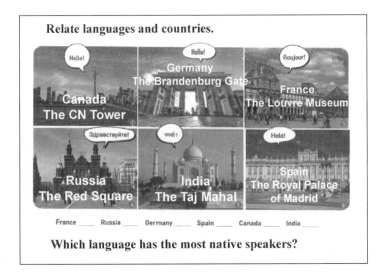

【设计意图】通过头脑风暴,引导学生自主提问,激活学生的相关信息,并激发其学习兴趣。在搭配环节,同时呈现图片中景点的名称,渗透文化意识。图中的问题为引出下一活动而设。

Activity 3: Listening and Answering (10 minutes)

1. Ticking and Circling: Listen to a speech and tick the two languages with the most native speakers. Circle the official languages of the United Nations.
2. Answering: Listen again to finish Task 3 on Page 60.

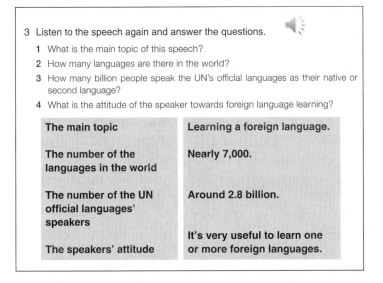

【设计意图】听第一遍录音,完成Task 2,获取细节信息,同时核对Q2的答案。

听第二遍，完成 Task 3，获取主要信息。同时，让学生猜测 billion 和 attitude 的意思。为帮助学生更好地理解问题以及培养从问题中提取主要信息的能力，将问题和答案结构化。

Activity 4: Locating and Filling (8 minutes)

1. Learning: Learn the tip about Reference.

Reference
Pronouns (it, they, she, etc.) **refer** to something or somebody mentioned earlier. Pay attention to the context of words to help you understand what the pronouns refer to.

2. Locating: Listen again, locate the pronouns (i.e., the italicised words in the following sentences), and tell what these pronouns refer to.
   They think *it* means better job chances in the future.
   They are spoken by around 2.8 billion people ...

3. Filling: Listen again to list the reasons why people learn a foreign language.

People	Foreign language	Reason
Many students	one of the languages spoken at <u>the UN</u>	It means <u>better job chances</u> in the future.
One American girl	<u>Danish</u>	<u>Her grandparents</u> were from Denmark. When she was little, her grandpa used to <u>read letters</u> to her in Danish <u>from</u> their relatives in Denmark.
Another young lady	<u>French</u>	She had several friends from <u>African countries</u> where French is spoken.

（注：表格中的画线部分要求学生填写）

【设计意图】通过学习 Reference，感知理解照应在听力中的重要性。通过梳理人们学外语的各种原因，帮助学生更好地理解听力文本内容，引出 Activity 5。

Activity 5: Discussing and Speaking (7 minutes)

1. Looking: Look at the picture on Page 61 and answer the following questions.
   Q6: What are their reasons for their learning a foreign language?
   Q7: What are your reasons for learning a foreign language?

2. Speaking: Make a conversation with your partner about which other language(s) you want to learn and why.

【设计意图】通过讨论学习外语的原因，为对话做好内容铺垫；通过对话，加深自身对学习外语的理解。

二、案例分析

【想一想】
（1）案例15-1的教学目标和教学重难点是什么？
（2）根据教学目标和教学重难点，本案例是如何考虑教材处理的？

（一）宏观层面案例分析

1. 教学目标和教学重难点

案例15-1的教学目标是：①能通过浏览单元话题，了解单元学习任务；②能获取听力文本中的细节信息和主要信息，建构信息结构图；③能辨识听力文本中代词的所指和梳理人们学习外语的原因；④能用听力过程中所学内容和语言谈论学习外语的原因。

案例15-1的教学重点是：①从听力文本中获取细节信息和主要信息；②辨识听力文本中代词的所指。

案例15-1的教学难点是：辨识听力文本中代词的所指。

2. 教材处理

Opening Page的主题图展示的是联合国大会，可从联合国大会所使用的语言引出学习外语的重要性。选用的当代心理语言学家弗兰克·史密斯（Frank Smith）的引言"One language sets you in a corridor for a life. Two languages open every door along the way."充分说明了掌握多门语言的重要性。Opening Page还列出了单元的学习目标。

Listening and Speaking板块的话题是Explore languages around the world。听力文本是一段演讲，主要有三部分内容：第一部分从世界各地的语言引出至少学习一门外语的必要性；第二部分聚焦学习外语的原因；第三部分提出"What do you think？""Which other language would you choose to study and why？"两个问题。教材安排了一个听前任务：搭配图片与国名和语言；三个听的任务——听细节信息、听主要信息和辨识指代关系；一个说的任务——讨论想要学习的外语及原因。

综观单元编排内容和任务，以及分析编者的意图，将Opening Page、Listening and Speaking两块内容整合在一起进行教学，以听力理解为主。听力与口语课共用一个课时。

【想一想】
（1）案例中各教学活动的目的分别是什么？活动如何关联教学目标？
（2）案例如何做好听前准备？
（3）案例如何设计听中的支架？
（4）案例如何体现听为说服务？

（二）微观层面案例分析

本板块的教学设计了五个活动完成教学任务，落实教学目标。Activity 1利用开篇页（Opening Page）的主题图引入单元主题，理解语言学习的重要性，结合开篇页中的引言，补充曼德拉有关语言学习的名言，加深学生对引言的理解。同时，引导学生关注单元话题，总体了解单元学习任务。此活动落实教学目标①：能通过浏览单元话题，了解单元学习任务，并引入听说（Listening and Speaking）板块中Explore languages around the world主题的学习。

Activities 2-4聚焦听力。Activity 2教学目的是帮助学生做好听前准备，以降低听中各项任务完成的难度，提高听的效率。Activity 3培养学生获取细节信息和主要信息的能力，并建构信息结构图,此活动落实教学目标②:能获取听力文本中的细节信息和主要信息,建构信息结构图。Activity 4重点关注代词的指代,梳理听力文本中学习外语的原因,学习原因的表述方式,此活动落实教学目标③:能辨识听力文本中代词的所指和梳理人们学习外语的原因,并为Activity 5储备语言。

Activity 5是讨论想要学习的一门外语和原因。因为有了听的活动的输入,加上教材提供了范例,所以这个活动的难度不大,但有助于学生更深刻地理解自己学习外语的动机和原因。此活动落实教学目标④:能用听力过程中所学内容和语言谈论学习外语的原因。

三、设计策略

Listening and Speaking板块强调以听力理解为主,以口语表达为辅。听力活动的设计围绕听力文本及听力目的。因此,设计这一板块的课,首先,要重视听力文本的解读,注意解读文本的细节信息和主要信息,解读其与说的环节的关联点。其次,要重视听前背景知识的激活,为听中信息的获取降低难度,提升听的有效性。再次,做好听与说的过渡。听为说做准备,说加深对听力内容的理解。

四、观课视角

听力与口语课可以从以下几个方面进行观察:①听前环节是否有充分的铺垫,活动设计是否激活学生相关背景知识?②听中活动设计是否关注学生获取信息能力和听力策略的培养?③听的活动设计是否为说的活动提供了内容和语言的铺垫?④教学过程中是否关注了文化意识的渗透,并结合语境处理词汇?

实践活动

1. 本课例通过开篇页的图及问题回答,引入语言学习的话题。你如何理解新课标提出的"看"的技能的培养?以本课例为个案,还可以设计哪些"看"的活动?

2. 本课例通过头脑风暴,引导学生自主提问。你认为当前课堂教学中学生自主提问的情况如何?有哪些影响因素导致这样的现状?有哪些策略可以激发学生自主提问?

3. 教师应创新课堂活动,构建以"生"为本的听力与口语课,实现听说技巧和核心素养的兼顾,你认为听力与口语课需要把握哪些关键点和教学流程?

4. 任选一篇听说文本,开展相应的教学设计稿撰写练习,注意策略应用和活动推进。

第二节　阅读与思考课(第二、三课时)

一、案例呈现

案例 15-2

Reading and Thinking
The Chinese Writing System: Connecting the Past and the Present
教学设计

Activity 1: Knowing and Predicting (5 minutes)

1. Knowing: Look at the slide to know what to learn.

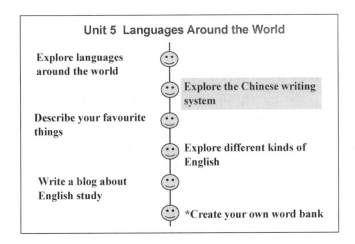

2. Activating: Show the subtopic of this part "Explore the Chinese writing system".

   Q1: What should we explore about the Chinese writing system?
   Q2: Why should we explore it?
   Q3: How can we explore it?

3. Predicting: Show the title of the text "The Chinese Writing System: Connecting the Past and the Present".

   Q4: What do you know from the title?
   Q5: What do you want to know from this text?
   Q6: Why can it connect the past and the present?
   Q7: How does it connect the past and the present?
   Q8: What is the meaning or influence of it?

【设计意图】通过浏览幻灯片,学生知晓要学的内容,帮助其评价学习目标的达成度。关联Reading and Thinking这一板块的主题Explore the Chinese writing system,通过What、Why、How三个问题激发学生的阅读欲望。通过展示文本标题和Q4,回答Q2。通过Q5,引导学生用What、Why、How提问,引出Q6—Q8,帮助学生聚焦重要信息。

Activity 2: Skimming and Structuring (6 minutes)

1. Skimming: Number the paragraphs and then underline the topic sentence of each paragraph.

   Q9: What is the topic sentence in Paragraphs 1–6?

   Q10: What is (are) the key word(s) in each topic sentence?

Paragraph	Topic sentence
Para. 1	but one of the main **factors** has been the Chinese writing system
Para. 2	At the beginning, written Chinese was a picture-**based** language.
Para. 3	By the Shang **Dynasty** (around 1600–1046 BCE), these symbols had become a well-developed writing system.
Para. 4	Emperor Qinshihuang united the seven **major** states into one unified country where the Chinese writing system began to develop into one direction.
Para. 5	Written Chinese has also become an important **means** by which China's present is connected with its past.
Para. 6	Today, the Chinese writing system is still an important part of Chinese culture.

2. Structuring: Draw the structure of the text and give the reason.

Possible answer 1:

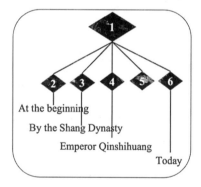

Possible answer 2:

【设计意图】通过划出主题句,并找出主题句中的关键词:main factors、a picture-based language、a well-developed writing system、develop into one direction、become an important means、an important part of Chinese culture,帮助学生快速了解文本主要信息,即汉字体系的主要发展历程。要求学生画出结构图,检查学生对文本结构的理解,以及运用具体时间表达,如上方结构图中的 At the beginning、By the Shang Dynasty、Today,或代表时间的 Emperor Qinshihuang(指代 the Qin Dynasty)等,快速确定文本结构的阅读技能的掌握情况,并为 Activity 3 做铺垫。

Activity 3: Reading and Listing (15 minutes)

Read the text carefully and list the key information based on the following map.

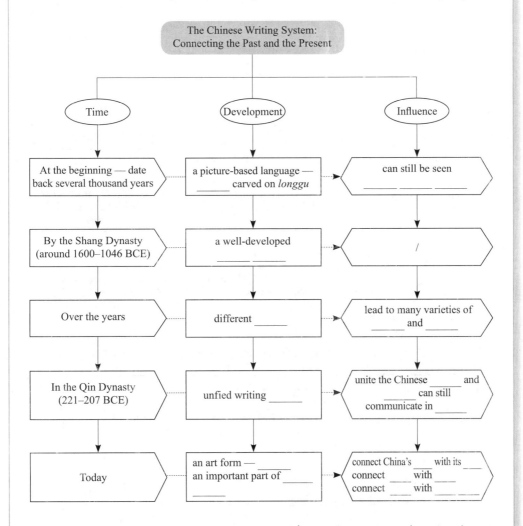

【设计意图】结合时间顺序,梳理所发生的事件及产生的影响,在此过程中,回答 Q1 和 Q8,并将信息结构化。

Activity 4: Checking and Identifying (20 minutes)

1. Checking: Check the answers and then circle the verbs about the influence.

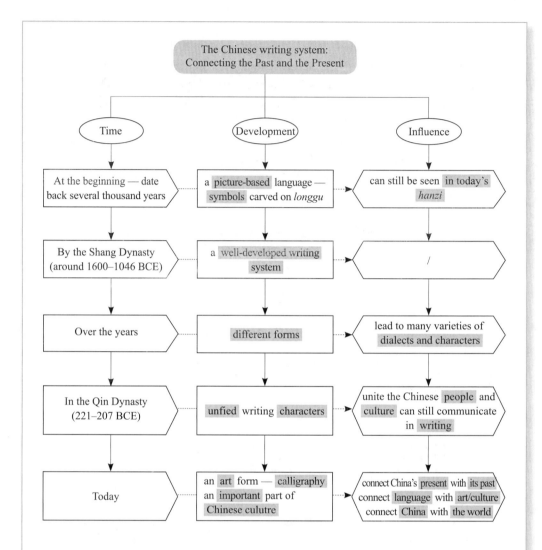

2. Identifying: Underline all the sentences with the word "system" and tell the discovery.

Paragraph	Sentence with "system"	Meaning
Para. 1	There are many reasons why this has been possible, but one of the main **factors** has been the Chinese writing system .	important role
Para. 2	/	/
Para. 3	By the Shang **Dynasty** (around 1600−1046 BCE), these symbols had become a well-developed writing system .	development
Para. 4	Emperor Qinshihuang united the seven **major** states into one unified country where the Chinese writing system began to develop into one direction.	development
	That writing system was of great importance in uniting the Chinese people and culture.	important role

（续表）

Paragraph	Sentence with "system"	Meaning
Para. 5	The high **regard** for the Chinese writing system can be seen in the development of Chinese **characters** as an art form, known as Chinese **calligraphy**, which has become an important part of Chinese culture.	development & important role
Para. 6	Today, the Chinese writing system is still an important part of Chinese culture.	important role

【设计意图】核对图中的信息，用不同底色呈现，以凸显重要信息。让学生圈出"Influence"一栏中的动词，以加深对Q8的理解。通过寻找含有"system"的句子，引导学生发现这些句子主要聚焦汉字体系的发展历程和重要性，丰富其对文本主要内容——汉字的发展历程及其重要作用的理解，并引导其回答Q6（Because it is a system, whose development relates to each other, both the past and the present.）和Q7（People can read the classics written by ancient Chinese.），理解标题中"system"这个词的含义及其意义所在。同时结合语境解释黑体词。

Activity 5: Relating and Analysing (10 minutes)

1. Relating: Underline all the sentences with the word "important" or "importance" and then find the word in Para. 1 related with them.

> **THE CHINESE WRITING SYSTEM: CONNECTING THE PAST AND THE PRESENT**
>
> **more important** ancient civilisation which has continued all the way through into ~~ny~~ ups and downs in its history. There are many reasons why this ~~has been possible~~, but one of the main **factors** has been the Chinese writing system.
>
> Emperor Qinshihuang united the seven **major** states into one ~~unified~~ country where the Chinese writing system began to develop into one direction. That writing system was of great importance in uniting the Chinese people and culture. Even today, no matter where Chinese people live or what dialect they speak, they can all still communicate in writing.
>
> Written Chinese has also become an important **means** by which China's present is connected with its past. People in modern times can read the **classic** works which were written by Chinese in ancient times. The high **regard** for the Chinese writing system can be seen in the development of Chinese **characters** as an art form, known as Chinese **calligraphy**, which has become an important part of Chinese culture.
>
> Today, the Chinese writing system is still an important part of Chinese culture. As China plays a greater role in **global affairs**, an increasing number of international students are beginning to **appreciate** China's culture and history through this amazing language.

2. Analysing: Underline the first sentence and the last one of each paragraph and then analyse how each paragraph relates to each other besides using time expressions.

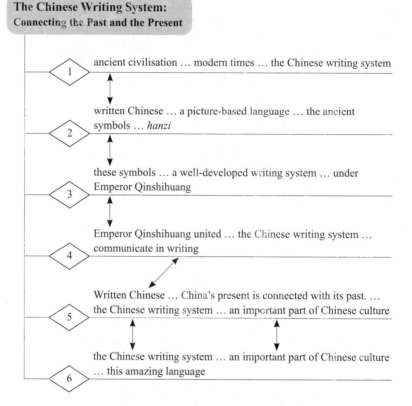

【设计意图】学生通过关联各段落首句和尾句,理解首段中的"main factors"在后文是怎样得到体现的,以及语篇如何通过重复和同一关系达成一致性。通过分析,学习语篇段落之间怎样通过重复进行有效衔接,以实现语篇的连贯,为日后书面输出储备衔接知识。

Activity 6: Appreciating and Sharing (15 minutes)

1. Appreciating: Locate the expressions about the past and the present.
2. Sharing: Underline and share your favourtie expressions and give reasons.
3. Filling: Complete the passage on Page 63 with correct words and phrases given.

【设计意图】学生通过关联语言,学习如何使用具体的语言体现"the past"和"the present",丰富语言知识的储备。学生通过分享最喜欢的表达并给出理由,加深对语言运用的理解。在此过程中解释文中的生词,如"civilisation""despite"等。通过完成短篇填空,巩固词汇的使用,同时丰富有关中国书法的知识。

Activity 7: Thinking and Mind Mapping (9 minutes)

1. Thinking: Think about Q3.
2. Mind mapping: Mind map what you have learned based on Q1—Q8.

【设计意图】学生通过思考Q3,拓展思维。至此,Activity 1提出的八个问题均已找到答案。然后,引导学生用自己喜欢的图式建构所学内容,使知识结构化,便于后续学习中进行整体迁移。

附教材内容：人教版高中英语教材（2019年版）必修一P62

The Chinese Writing System: Connecting the Past and the Present

China is widely known for its ancient civilisation which has continued all the way through into modern times, despite the many ups and downs in its history. There are many reasons why this has been possible, but one of the main factors has been the Chinese writing system.

At the beginning, written Chinese was a picture-based language. It dates back several thousand years to the use of *longgu* — animal bones and shells on which symbols were carved by ancient Chinese people. Some of the ancient symbols can still be seen in today's *hanzi*.

By the Shang Dynasty (around 1600–1046 BCE), these symbols had become a well-developed writing system. Over the years, as it was a time when people were divided geographically, leading to many varieties of dialects and characters. This, however, changed under Emperor Qinshihuang of the Qin Dynasty (221–207 BCE).

Emperor Qinshihuang united the seven major states into one unified country where the Chinese writing system began to develop into one direction. That writing system was of great importance in uniting the Chinese people and culture. Even today, no matter where Chinese people live or what dialect they speak, they can still communicate in writing.

Written Chinese has also become an important means by which China's present is connected with its past. People in modern times can read the classic works which were written by Chinese in ancient times. The high regard for the Chinese writing system can be seen in the development of Chinese characters as an art form, known as Chinese calligraphy, which has become an important part of Chinese culture.

Today, the Chinese writing system is still an important part of Chinese culture. As China plays a greater role in global affairs, an increasing number of international students are beginning to appreciate China's culture and history through this amazing language.

二、案例分析

【想一想】

（1）案例15-2的教学目标和教学重难点是什么？

（2）根据教学目标和教学重难点，本案例是如何考虑教材处理的？

（一）宏观层面案例分析

1. 教学目标和教学重难点

案例15-2的教学目标是：①能辨识文本的主题句，画出文本结构图；②能借助思维导图梳理汉字体系的发展历程及其影响，建构信息结构图；③能辨识文本中的重复衔接手段，并深入分析文本内容；④梳理有关the past和the present的具体表达，以丰富语言知识的储备；⑤能建构汉字体系产生影响的思维导图。

案例15-2的教学重点是：建构信息结构图，发现信息间的联系。

案例15-2的教学难点是：理解汉字体系为什么能够连接过去和现在，即回答Q6: Why can it connect the past and the present?

2. 教材处理

本板块是Reading and Thinking，其话题Explore the Chinese writing system在一定程度上体现了此板块的教学目的。标题The Chinese Writing System: Connecting the Past and the Present告知了本文的说明对象：the Chinese writing system，同时告知了汉字体系的作用：connecting the past and the present。

本文是一篇总分结构的说明文，说明了汉字体系在连接过去与现在中起的重要作用。文本共六段，首段提出了汉字体系在延续中华文明中起到了主要作用的中心话题，第二至第六段说明了汉字体系发展的历程及其产生的影响。作者仅用了16个句子，平均每个句子超过19个词，而且生词较多。整个文本以长句为主，最长的句子（The high regard for the Chinese writing system can be seen in the development of Chinese characters as an art form, known as Chinese calligraphy, which has become an important part of Chinese culture.）有35个词。这些长句主要是定语从句，增加了阅读的难度，但同时为Discovering Useful Structures板块的学习提供了语言材料。

教材提供了六个学习任务：①看标题和图，预测文本内容。②快速浏览文本，找到每段的主旨大意。③查找时间表达词（词组），写出对应的时间点发生的事件。④讨论三个问题：汉字如何统一因地理和方言而分隔的人们？汉字如何连接过去和现在？除汉字外，还有什么因素帮助传承中国语言和文化？⑤用所提供的词（词组）的正确形式完成一篇有关书法发展历程的短文填空。⑥猜测四个句子中划线词symbolise、basic、civilised、appreciation的意思，并在阅读文本时找到相关的词。①—④聚焦内容，⑤和⑥聚焦语言。

综合文本内容和教材提供的相关任务，以及课标的要求和学生实际情况，笔者对教材提供的任务进行了替换、增加或改编。如在任务②中增加了画文本结构图，将任务③改为用思维导图提取信息，将任务④的三个问题分散处理，将任务⑥放到信息核对和语言欣赏环节中处理。阅读与思考课共用两个课时。

【想一想】

(1) 案例中各教学活动的目的分别是什么？活动如何关联教学目标？

(2) 案例如何为学生理解搭建支架，培养阅读策略？

(3) 案例如何关注语篇的整体分析，培养学生的逻辑思维？

(4) 案例如何体现语言知识学习的语境化和结构化？

（二）微观层面案例分析

本板块的教学设计了七个活动完成教学任务，落实教学目标。Activity 1利用subtopic和标题，通过What、Why、How三个问题引导学生自主提问；然后，教师板书这八个问题，后续活动围绕这八个问题展开。因此，Activity 1的目的是开启阅读教学，同时为落实教学目标①做好铺垫。

活动2—4聚焦文本结构和文本内容的理解及词汇的学习。Activity 2的教学目的是帮助学生获取对文本的整体感知，落实教学目标①：能辨识文本的主题句，画出文本结构图，并掌握通过寻找主题句、关键词获取文本主要信息和利用时间连接词快速了解文本结构的阅读技能。Activity 3的目的是利用思维导图梳理详细信息，包括时间、所发生的事件及影响，回答Q1: What should we explore about the Chinese writing system?和Q8: What is the meaning or influence of it?，落实教学目标②中的建构信息结构图。Activity 4的教学目的是检查学生对文本信息理解的准确度和深度。在核对信息的过程中，引导学生回答Q6: Why can it connect the past and the present?和Q7: How does it connect the past and the present?，理解标题中system这个词的含义及其意义所在，从而落实教学目标②中的能借助思维导图梳理汉字体系的发展历程及其影响。

Activity 5聚焦文本写作方式的分析，目的是帮助学生理解总分结构的说明文的写作方式，首段提出的话题如何在后续段落中得到回应，段落之间如何衔接以达成语篇的连贯，即落实教学目标③：能辨识文本中的重复衔接手段，并深入分析文本内容。

Activity 6聚焦语言的学习，教学目的是结合语境学习语言，结合话题语境，将语言知识结构化，便于学生在后续运用中快速、有效提取。此活动落实教学目标④：梳理有关the past和the present的具体表达，以丰富语言知识的储备。

Activity 7聚焦思维的培养，学生通过回答Q3: How can we explore the Chinese writing system?拓展思维，通过用思维导图建构所学内容，培养逻辑思维，即落实教学目标⑤：能建构汉字体系产生影响的思维导图。

三、设计策略

文本解读是阅读教学的逻辑起点，因此设计阅读课，首先应注意文本的解读要具有深入性。教师可参考《普通高中英语课程标准（2017年版2020年修订）》提出的从What、Why和How的问题三个方面展开文本解读，什么样的文本决定了我们选用什么样的教学方法。其次是学情的分析要具有广泛性，不能仅局限于学生已有的英语知识，还要考虑学生在其他学科中学到的相关知识。再次是目标的设计要有层次性，每一个目标的完成都为后一个目标做好铺垫，这样才能保证目标的可操作性。最后是活动的设计要有关联性，即互相关联，要紧密关联目标，否则不能确保目标的落实。

四、观课视角

阅读与思考课，可以从以下几个方面进行观察：①课堂导入是否合理，能否激活学生的背景知识，激发学生的阅读兴趣？②文本解读是否深入，是否体现了从基于文本到深入文本，再到超越文本的过程？③学习活动设计是否重视学生阅读策略和思维品质的培养和提升？④教学过程中是否关注了文化意识的渗透和词汇的及时复现与运用？⑤课堂是否体现了学生的自主性，学生是否有充分的无干扰阅读时间？

实践活动

1. 本课例中运用了哪些阅读策略？除此之外，你还知道哪些阅读策略及如何有效运用？
2. 你认为当前中小学英语教师阅读素养发展的目标是什么？

3. 你认为语篇分析应该在哪些方面展开？可以运用哪些语篇分析的理论、框架和策略进行教学设计？

4. 任意挑选一篇阅读文本，依托语篇分析的理论、框架和策略，撰写一份教学设计稿。

第三节　语法探究课（第四、五课时）

一、案例呈现

案例 15-3

Discovering Useful Structures
Restrictive Relative Clauses (2) (Where, When, Why, prep.+Which/Whom)
教学设计

Activity 1: Reviewing and Identifying (15 minutes)
1. Knowing: Know what to learn.

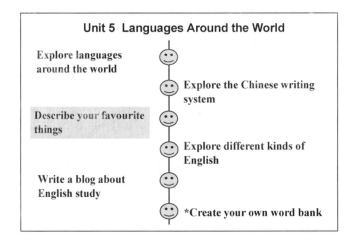

2. Reviewing: Ask and answer the following question.
   Q1: How does the writer describe the Chinese writing system? (from the aspects of structure, coherence and sentence pattern)
3. Identifying: Read "The Chinese Writing System: Connecting the Past and the Present" and underline all the restrictive relative clauses.

【设计意图】通过浏览幻灯片，学生知晓要学的内容，帮助其评价学习目标的达成度。从复习阅读文本引入，为语法学习提供语境依托。通过查找课文中的定语从句，一方面检测学生对定语从句的辨识能力，另一方面为下一环节提供学习材料。

Activity 2: Rewriting and Discovering (15 minutes)
1. Comparing: Compare the sentences with and those without a restrictive clause and discover the function of the restrictive clauses.

Paragraph	Simplified sentence	Original sentence	Function
Para. 1	China is widely known for its ancient **civilisation, despite** the many ups and downs in its history. There are many reasons, but one of the main factors has been the Chinese writing system.	China is widely known for its ancient **civilisation** which has continued all the way through into modern times, **despite** the many ups and downs in its history. There are many reasons why this has been possible, but one of the main factors has been the Chinese writing system.	补充信息 说明原因
Para. 2	It dates back several thousand years to the use of *longgu* — animal **bones** and shells.	It dates back several thousand years to the use of *longgu* — animal **bones** and shells on which **symbols** were **carved** by ancient Chinese people.	说明位置、地点
Para. 3	Over the years, the system developed into different forms, as it was a time, leading to many **varieties** of dialects and characters.	Over the years, the system developed into different forms, as it was a time when people were divided geographically, leading to many **varieties** of dialects and characters.	说明时间
Para. 4	Emperor Qinshihuang united the seven **major** states into one unified country.	Emperor Qinshihuang united the seven **major** states into one unified country where the Chinese writing system began to develop into one direction.	说明地点
Para. 5	Written Chinese has also become an important **means**. People in modern times can read the **classic** works. The high **regard** for the Chinese writing system can be seen in the development of Chinese **characters** as an art form, known as Chinese **calligraphy**.	Written Chinese has also become an important **means** by which China's present is connected with its past. People in modern times can read the **classic** works which were written by Chinese in ancient times. The high **regard** for the Chinese writing system can be seen in the development of Chinese **characters** as an art form, known as Chinese **calligraphy**, which has become an important part of Chinese culture.	说明方式 补充信息 补充信息

2. Listing and Familiarising: Get the students to list the antecedent and the relative pronouns or adverbs.

Number	Antecedent	Relative pronoun or adverb
1	its ancient civilisation	which
2	**many reasons**	**why**

（续表）

Number	Antecedent	Relative pronoun or adverb
3	**animal bones and shells**	**on which**
4	**a time**	**when**
5	**one unified country**	**where**
6	**an important means**	**by which**
7	the classic works	which
8	Chinese calligraphy	which

3. Translating: Get the students to translate the original sentences into Chinese.

【设计意图】通过对比课文中的原句与删除了定语从句的句子，帮助学生发现定语从句的功能，也就是使表达具体化，为读者提供更多的信息。通过梳理文中八个定语从句的先行词和关系代词或关系副词，让学生熟悉定语从句的结构，呈现时第二至第六个原句用黑体凸显，为Activity 3做铺垫。通过翻译，检测学生对定语从句意义的理解。

Activity 3: Combining and Dividing (20 minutes)

1. Combining: Underline the word(s) repeated or referred to, choose a proper relative pronoun or adverb to combine the two sentences.

> 1. The Chinese writing system was first a picture-based language. This language dates back several thousand years ago.
> 2. Ancient Chinese people carved symbols on animal bones and shells two thousand years ago. During that time people had no well-developed writing system.
> 3. Around 475–221 BCE, people were divided geographically into seven major states. Many varieties of dialects and characters appeared in these states.
> 4. The Chinese writing system was of great importance in uniting the Chinese people and culture. Do you know the reason for this?
> ...

e.g.

> 1. The Chinese writing system was first a picture-based <u>language</u>. <u>This language</u> dates back to several thousand years ago. ↑ which
>
> The Chinese writing system was first a picture-based language <u>which</u> dates back to several thousand years ago.

2. Dividing: Divide the sentences 2–6 in Activity 2 into two sentences.
e.g.

> China is widely known for <u>its ancient</u> **civilisation which has continued all the way through into modern times, despite** the many ups and downs in its history.
>
> ↓
>
> China is widely known for its ancient civilisation. Its ancient civilisation has continued all the way through into modern times, despite the many ups and downs in its history.

【设计意图】通过让学生用定语从句改写与课文内容相关的句子和将课文中的原句还原为简单句,一方面帮助学生理解定语从句与简单句之间的关系,有利于学生在写作过程中将句式复杂化。另一方面,帮助学生理解关系代词所指代的成分,理解 why 与 for which、when 与 in/at/during which、where 与 at/in which 之间的等同关系,实现对定语从句的深度学习。

Activity 4: Focusing (15 minutes)

1. Making: Make sentences based on your language study.

> 2　Fill in the table to complete each phrase with a restrictive relative clause. Then use the phrases to make complete sentences.
>
> | the *day* | when | the *reason* | why |
> | the *place* | where | the *place/time* | in/at which |
>
> e.g.
> I can well remember the day when … (this picture-based language)
> I will never forget the place where … (Chinese calligraphy)
> The reason why … is that … (appreciate China's culture)
> This is the cupboard in which … (classic works)
> This is the day on which … (the main factors)

2. Filling: Complete the passage on Page 64 with the correct relative adverbs or pronouns. Add a preposition where necessary.

When I started studying German, it was a struggle. The words felt strange on my tongue, and the grammar would not stay in my head. I told my mum that I wanted to give up, and that I would never live in a country <u>where/in which</u> German was spoken. My mum told me that studying a language was not just for my future. It was exercise for the brain; the more I learn of a language, the more my brain would grow. And I remember that day <u>when/on which</u> I suddenly felt like German was no longer a foreign language. It felt like my brain had doubled in size. I had finally come to a place <u>where/at which</u> I could think in this foreign language, and I could see the world from a different point of view. I felt as if I had reached the goal which/that I had been fighting for. I could open a book and see meanings, for just a sea of words. I finally understood the reason why/for which my mum had encouraged me not to give up. Thanks, Mum!

（注：段落中的画线部分要求学生填写）

3. Making: Make a conversation with the given questions and the structure.

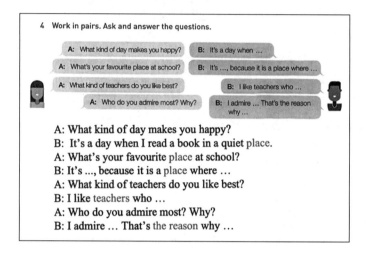

【设计意图】通过完成句子、短文填空和对话练习，巩固 when、where、why、prep. + which/whom 引导的定语从句。

Activity 5: Assessing (15 minutes)

1. Filling: Read the two passages on Page 68 and fill in the blanks with suitable word(s).
2. Answering: Answer the following question based on the two passages you just read, using at least one relative clause.

What ways did the writer use to learn foreign languages?

【设计意图】通过完成语篇填空和用定语从句回答问题，检查学生对语篇的理解和对定语从句的掌握情况。

Assignment

Finish the exercises in Using Structures on Page 96 and Page 97 in Workbook.

【设计意图】学生通过从句辨识、句子填空、短文填空、信息搭配以及短文写作，巩固本节课所学的定语从句相关知识。

二、案例分析

【想一想】

（1）案例15-3的教学目标和教学重难点是什么？

（2）根据教学目标和教学重难点，本案例是如何考虑教材处理的？

（一）宏观层面案例分析

1. 教学目标和教学重难点

案例15-3的教学目标是：①能通过对比，说出限制性定语从句的功能；②能通过句式的转换,说出when、where、why、prep.+which/whom所指代的对象;③能用when、where、why、prep.+which/whom引导的定语从句合并简单句;④能在特定语境中用when、where、why、prep.+which/whom引导的定语从句进行描述,确切表达意义;⑤能根据语篇语境确定先行词和关系词,并用定语从句回答问题。

案例15-3的教学重点:能在特定语境中用when、where、why、prep.+which/whom引导的定语从句进行描述,确切表达意义。

案例15-3的教学难点:能在when、where、why、prep.+which/whom引导的定语从句与简单句之间进行转换。

2. 教材处理

教材中,Discovering Useful Structures安排在Reading and Thinking板块之后,意在以阅读文本为语法学习提供语境。教材在第64页提供了四个学习任务:①划出定语从句,并说出从句所传递的信息;②补充短语,用定语从句完成句子;③在语篇中填写关系代词或关系副词;④互相提问,练习运用定语从句。

此外,在Assessing Your Progress中,语篇的第二部分要求用所给的名词和关系代词或关系副词填空。在Workbook中,编者设计了五个任务:①辨识从句;②在句子中填入适当的关系代词或关系副词;③在语篇中填入适当的关系代词、关系副词或介词+which/whom;④将所给的句子成分与时间、地点、原因配对,然后用定语从句造一个完整的句子;⑤用所给的定语从句结构描述一次经历。

考虑到定语从句的难度,本板块用两个课时完成。教学材料融合Reading and Thinking板块中的八个定语从句,以及Assessing Your Progress板块中的两个语篇填空,并将Workbook中的练习作为课后任务完成。

【想一想】

(1)案例中各教学活动的目的分别是什么?
(2)案例如何以阅读文本为语境,进行定语从句的教学?
(3)案例如何实现定语从句形式、意义和功能的结合?
(4)案例如何体现定语从句的深度学习?

(二)微观层面案例分析

本板块的教学设计了五个活动完成教学任务,落实教学目标。Activity 1目的是将阅读文本作为语法学习的语篇语境。通过复习文本内容,引出定语从句的学习。Activity 2聚焦阅读文本中的八个定语从句,通过对比和梳理,复习定语从句的形式和功能。在此过程中,进一步加深学生对阅读语篇的理解,渗透中国优秀传统文化。此活动引出本单元的语法重点,同时落实教学目标①:能通过对比,说出限制性定语从句的功能和教学目标②:能通过句式的转换,说出when、where、why和prep.+which/whom所指代的对象。

Activity 3包括合并和拆分定语从句的活动,通过这两个活动,引导学生学习定语从句的来龙去脉,促使深度学习发生。这个方法其实是运用了化学中的氧化还原反应原理,帮助学生逐渐形成这种思维方式。此活动落实教学目标③:能用when、where、why、prep.+which/whom引导的定语从句合并简单句,同时帮助学生掌握将定语从句拆分为简单句。

Activity 4采用了教材第64页的任务2—4,三个任务难度递进,结合学生实际情况在任务和任务之间添加了支架。任务2中添加的括号中的内容是来自阅读文本的生词,旨在引导学生将词汇与语法结合,以达到事倍功半的效果。此活动落实教学目标④:能在特定语境中用when、where、why、prep.+which/whom引导的定语从句进行描述,确切表达意义。

Activity 5利用了教材Assessing Your Progress板块中的两个语篇填空,第一个语篇是对词汇的检测,第二个语篇才是对定语从句的检测。但由于这两个语篇其实是一个语篇的两部分,考虑到整体性,将两个语篇合并在一起完成。此活动落实教学目标⑤:能根据语篇语境确定先行词和关系词,并用定语从句回答问题。

Assignment部分利用了教材中Workbook的任务。这些任务从从句的辨识,到句子填空,到短文填空,到信息搭配,再到短文写作逐级递进,而且与课堂教学的任务形式基本相符,因此,有利于检测课堂教学效果。

三、设计策略

语言的学习离不开语境。因此语法课的教学设计,首先要依托语境开展教学活动。教材中的语法知识学习都安排在Reading and Thinking板块后面,因此可以将阅读文本作为语法学习的语篇语境,同时重现阅读语篇中的词汇,将词汇与语法有机结合。其次,要注意形式、意义和功能相结合。语法的学习要重视形式,所谓皮之不存,毛将焉附。当然,同时要关注其意义和功能,因为特定的语言形式通常表达特定的意义,具有特定的功能,只有理解了其意义和功能,才能激发学习者更大的学习兴趣,更好地掌握其形式和意义。再次,语法形式的学习要借鉴氧化还原反应原理,即充分利用学生的已有知识,使他们知其然,知其所以然,知其何以然。最后,应注意活动的难度要循序渐进。语法学习要遵循语言的学习规律,循序渐进,由句到篇,由说到写。

四、观课视角

语法探究课,可以从以下几个方面进行观察:①课堂教学是否依托单元主题语境或语篇语境进行?②教学内容是否融合了语言的形式、意义和功能?③教学过程中是否关注了文化意识的渗透和词汇的复习?④学习活动设计是否具有层次性,是否关注了学生的已有知识?⑤课堂是否体现了学生的自主性,学生是否有充分的无干扰思考时间?

实践活动

1. 本课例运用了哪些语法教学活动?你认为有何特色?
2. 请你根据高中新课程提倡的语法教学理念,按照"语法知识的传输——语法功能的理解——语法结构的运用——语法运用的迁移"的实践路径,以"If I were an artist, ..."为主题,根据以下内容为人教版高中英语教材(2019年版)选修六 Unit 1 Discovering Useful Structures板块"if条件状语从句"设计一个教学案例。

Discovering useful structures

1 Look at these sentences that use subjunctive mood. Pay attention to the underlined parts.

If you *could have* three of these paintings on the walls of your classroom, which *would* you *choose*?

Have you ever wished you *could paint* as well as a professional artist?

Subjunctive mood is usually used to talk about situations that are not true or not likely to become true. Can you find more examples of the subjunctive mood from the text?

2 Read the following sentences carefully. Write F if the sentence refers to a factual situation, and write W if it refers to a wish.

1. He would come to the party if he did not have to work. (   )
   = He wants to come, but he cannot just because he has to work.
2. If he has time, he always walks into the caté and asks for a cup of coffee. (   )
   = He always walks into the café and asks for a cup of coffee when he has time.
3. If I had enough money I would buy a new car. (   )
4. I'll go with you to the gallery if it doesn't rain tomorrow. (   )

Change the following statements into wishes.

5. He has no right to choose his holiday, so he can't go to Mexico.
6. I can't eat shellfish because I am allergic to them.
7. As the marble statue is too large for her garden, the housewife won't buy it.
8. We know very little about the disease, so we are not able to treat the patients very effectively.

3 Complete the sentences with the correct form of the verbs In brackets.

1. David is not a sculptor. If he _____ (be), he _____ (make) a sculpture for the exhibition.
2. Sally is not an aggressive person. If she _____ (be), she _____ (be) a more successful business woman.
3. If Sam _____ (be) here, he _____ (be) so excited about meeting a famous scholar in the flesh.
4. If I _____ (can) paint, I _____ (paint) you an abstract painting in the style of Matisse.
5. Mr Ling isn't here. If he _____ (be), he _____ (help) you with your geometry.
6. It's Miss Liang's birthday today. I wish I _____ (take) her out to a superb restaurant for dinner.
7. We don't know her address. If we _____ (know) it, we _____ (send) her a big bunch of flowers.
8. People say that the art exhibition is worth seeing. I wish I _____ (can) go with you but I'm too busy these days.
9. If Masaccio _____ (be) alive, he _____ (be) amazed at how artists paint today.
10. If Peter _____ (come) to our school, he _____ (can) go to our an classes.

4 Play a game: "If I were a ..., I would ...". With your partner take turns to Imagine what you would do if you could be somebody or do anything. Make your sentences as interesting and imaginative as you can. Write down the four best ones and share them with the class.

（注：以上材料选自人教版高中英语教材选修六 P. 5）

第四节　听力与表达课（第六课时）

一、案例呈现

案例 15-4

Listening and Talking
教学设计

Activity 1: Knowing and Differentiating (8 minutes)

1. Knowing: Know what to learn.

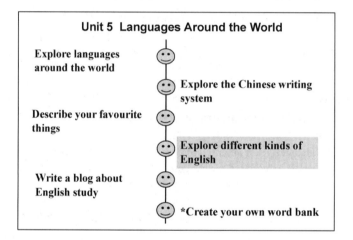

2. Differentiating: Listen to the words and passage on Page 61 and tell which is British English and which is American English.

【设计意图】通过浏览幻灯片，学生知晓要学的内容，帮助其评价学习目标的达成度。通过话题引出 different kinds of English，引导学生辨识英式英语和美式英语。

Activity 2: Listening and Answering (12 minutes)

1. Listening and Locating: Find out where the three different kinds of English (British English, American Eglish and Australian English) are mainly spoken on the world map.

2. Listening and Answering: Answer what the two pairs of words that the student is confused by are.

3. Mind mapping：Mind map the British English words and the American English ones.

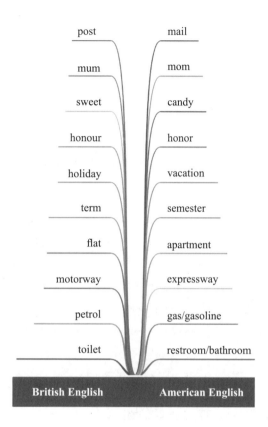

【设计意图】通过听对话的第一部分,说出三种不同类型的英语,并在地图上标出,以直观呈现。通过听对话的第二部分,说出对话中学生感到困惑的两对词,并说出哪两个是英式英语词汇,哪两个是美式英语词汇,为第三个环节做准备,即结合教材第65页第三个任务,建构词汇树,为后续学习建构英、美式英语对比词汇库做铺垫。

Activity 3: Reading and Role-playing (10 minutes)

1. Reading: Read the conversation on Page 65 and tell what misunderstanding has happened and how they deal with it.
2. Role-playing: Role-play the conversation on Page 65 and then underline the expressions about how to deal with misunderstanding.

【设计意图】通过阅读,找出误解所在及解决方法:请求对方重复和解释。通过角色扮演,加深对内容的理解,并划出用以澄清误解的语言表达。

Activity 4: Learning and Making (10 minutes)

1. Learning: Classify the expressions for asking for clarification into two categories: Asking and Checking.

```
                    Asking for clarification
 Do you mean ...?    Does that mean ...?      I'm sorry. What does ... mean?
 I'm sorry. Would you mind repeating ...?     I beg your pardon.
 So am I right in saying ...?                 So what you're really saying is ...

              Asking                                    Checking
 I'm sorry. What does ... mean?          Do you mean ...?
 I'm sorry. Would you mind repeating ...? Does that mean ...?
 I beg your pardon.                      So am I right in saying ...?
                                         So what you're really saying is ...
                                         Oh, you mean like ...
```

2. Making: Choose one or two pairs of words from the mind map in Activity 2 and make a conversation, using the expressions for asking for clarification.

【设计意图】通过对澄清的表达的分类，同时添加上一对话中出现的"Oh, you mean like ..."，丰富表达并让学生正确选用。选用思维导图中的词汇进行角色扮演，培养学生的表达能力和口头交际能力。

二、案例分析

【想一想】

（1）案例15-4的教学目标和教学重难点是什么？

（2）根据教学目标和教学重难点，本案例是如何考虑教材处理的？

（一）宏观层面案例分析

1. 教学目标和教学重难点

案例15-4的教学目标是：①能辨别英式发音和美式发音；②能辨别英式英语和美式英语词汇拼写，并构建词汇树；③能自编对话，掌握当应用英语交流遇到困难和障碍时，使用一定的技巧和表达方式，完成有效沟通。

案例15-4的教学重点：①区分英式英语和美式英语的发音与词汇拼写；②自编对话，掌握当应用英语交流遇到困难和障碍时，使用一定的技巧和表达方式，完成有效沟通。

案例15-4的教学难点：自编对话，掌握当应用英语交流遇到困难和障碍时，使用一定的技巧和表达方式，完成有效沟通。

2. 教材处理

Pronunciation部分聚焦英式英语与美式英语在发音上的区别。教材安排了两个任务：单词辨音和语段辨音。

Listening and Talking板块的话题是Explore different kinds of English。教材设计了五个任务。前两个为听力任务，分别是：听英语的种类，辨识英式英语和美式英语词汇。听力文本分为两部分，第一部分简要介绍了英语的多样性，不同国家的英语在发音、词汇和语法上的差异，以及这种差异给英语学习造成的障碍；第二部分是一个例子，以对话的形式呈现。

第三个任务是由听到说的任务：辨别英式英语和美式英语的词汇，并想出更多例子。

最后是两个说的任务：角色扮演和自编对话。

考虑到任务的量和内容的关联性，将 Listening and Speaking 板块下的 Pronunciation 整合到 Listening and Talking 中。语法探究课共用一个课时。

【想一想】

(1) 案例中各教学活动的目的分别是什么？活动如何关联教学目标？
(2) 案例如何关联 Pronunciation 与 Listening？
(3) 案例如何为说的环节铺垫语言？

（二）微观层面案例分析

本板块的教学设计了四个活动来完成教学任务，落实教学目标。Activity 1 通过单元次主题 Explore different kinds of English，引入 Pronunciation 的学习及英式英语和美式英语发音的区别。此活动落实教学目标①：能辨别英式发音和美式发音。

Activity 2 聚焦听。完成 Activity 1 后，通过问题 "Then how many kinds of English are there in the world? What are they?" 引入。完成听力任务后，指导学生构建英式英语和美式英语对应的词汇树，既为说的环节做准备，也为后续学习提供一种词汇积累的方式。此活动落实教学目标②：能辨别英式英语和美式英语词汇拼写，并构建词汇树。

Activity 3 为 Activity 4 做准备，铺垫对话展开方式和语言。首先引导学生说出误解的内容及解决方式，然后让学生进行角色扮演，加深对内容的理解，再让学生划出澄清误解的语言表达。然后过渡到 Activity 4：对澄清表述进行分类，以使学生明白如何正确选用澄清误解的表达。至此，学生已经有了内容、语言的储备，所以让他们进行角色扮演的准备，然后在课堂上展示。这两个活动落实教学目标③：能自编对话，掌握当应用英语交流遇到困难和障碍时，使用一定的技巧和表达方式，完成有效沟通。

三、设计策略

Listening and Talking 板块强调以听力理解为辅，以口语表达为主。这部分的听力活动主要围绕听力文本内容展开，然后再过渡到说。因此，设计这一板块的课，首先要重视听力文本的解读（这一点与 Listening and Speaking 板块相同），注意解读文本的细节和主要信息，以及其与说的环节的关联点。其次，要做好听与说的过渡。听为说做准备，说加深对听的内容的理解。再次，做好充分的语言储备，让学生在说的过程中有语言的支撑，能够顺畅地表达。

四、观课视角

听力与表达课，可以从以下几个方面进行观察：①听是否为说做铺垫？②课堂活动是否体现以说为主？③说前是否有足够的语言铺垫？④教学过程中是否关注学生的积极参与？⑤语音教学是否结合了听力教学？

实践活动

1. 你认为本课例挖掘听力文本语篇特征的思路和方法有哪些？

2. 设计一个小组活动,让学生说出自己英语学习中遇到的困难及解决方法,锻炼学生的口语能力,并提高学生分析问题、解决问题的能力。

第五节 阅读与写作课(第七、八课时)

一、案例呈现

案例 15-5

Reading for Writing
Learning English
教学设计

Activity 1: Knowing and Brainstorming (5 minutes)

1. Knowing: Know what to learn.

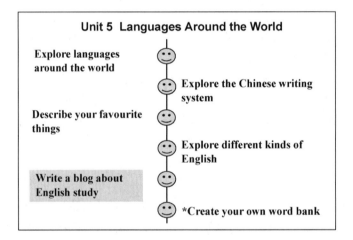

2. Brainstorming: Answer Q1.

　　Q1: About English study, what problems do you have?

【设计意图】通过浏览幻灯片,学生知晓要学的内容,帮助其评价学习目标的达成度。通过话题引出学生英语学习过程中遇到的问题,为后续写作任务做铺垫。

Activity 2: Looking and Listing (20 minutes)

1. Looking: Show the reading material and get the students to look at the screen and answer Q2 and Q3.

　　Q2: What type of text is it? How do you know that?
　　Q3: What is the text mainly about? Why do you think so?

2. Circling: Go through the forum and circle the keywords to answer Q4.

　　Q4: What are their problems?

3. Listing: Read the forum and fill the mind map.

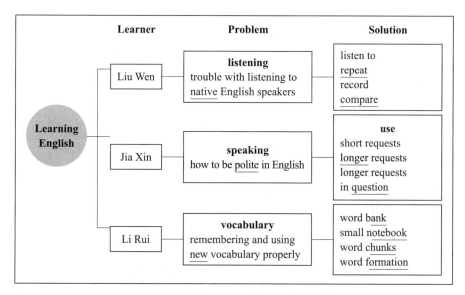

（注：思维导图中的画线部分要求学生填写）

【设计意图】通过问题引导学生关注阅读材料的文体和论坛的主要内容；通过圈关键词，引出思维导图的建构；通过阅读，梳理细节信息，建构与Learner、Problem和Solution对应的信息。

Activity 3: Language Learning (15 minutes)

1. Filling: Fill the following table to answer Q5.

    Q5: How does the writer describe the problems and solutions?

	Problems	Solutions
Listening (how to understand native speakers)	I'm now having a lot of trouble with ... When I listen to ... I can catch only ... I can never get ...	Listening to ... helps me ... I also repeat ... To experience ... Sometimes I even record ... and compare ...
Speaking (how to be polite)	But in English that can sound really terrible. I have to think about ... or ... or ...	I think it all depends on ... If I'm ..., I can use ... But if I'm ..., I must ... If I'm ... , then I should say, ...
Vocabulary	For me, ... is my biggest problem ... I can't keep ... straight in my head, and I certainly ...	?

（注：Problems 和 Solutions 两栏内容由学生填写）

2. Choosing: Choose the language between the above table and those on Page 67.
3. Imitating: Describe your problems about learning English to your partner and your own solutions, using the above language.

【设计意图】通过梳理语言，学习描述问题和解决方案的语言表达方式。在阅读文本语言和编者提供的语言之间进行选择，对相关语言进行加工，丰富语言表达。通过口头仿用，为写作环节铺垫语言基础。

Activity 4: Structuring (10 minutes)

1. Dividing: Divide Li Rui's post into several parts to answer Q6.
   Q6: How many parts is a post usually made up of?

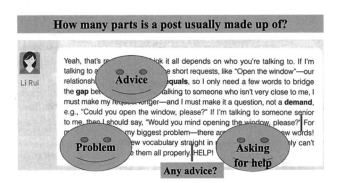

2. Thinking: Think about your advice about learning vocabulary and make a list.

【设计意图】为写作环节铺垫结构。

Activity 5: Assessment Learning (8 minutes)

1. Reading: Read the following checklist.

General content	✓ Does the writer give a clear **description** of the problem?
	✓ Is the advice clearly explained?
	✓ Does each sentence **relate** to the main idea?
Basic writing skills	✓ Does the writer use pronouns to refer to things or people correctly?
	✓ Does the writer use correct spelling, punctuation, and capitalisation?
	✓ Are there any grammar mistakes?

2. Answering: Answer Q7 to get a clear idea of what to write and how to write.
   Q7: What does the checklist put emphasis on?

【设计意图】在写作之前阅读checklist，帮助学生明确写作过程中需特别关注的点，即清晰性、关联性和准确性。

Activity 6: Writing and Assessing (22 minutes)

1. Writing: Choose one problem and give your advice, describe your problem clearly, and ask for help/advice, using the language learned in this class.
2. Assessing: Exchange drafts. Assess each other's work according to the checklist on Page 67.

> Yeah, remembering vocabulary is difficult but that's so important in learning English. I always write down the new words in a small notebook, and review them now and then. I also learn the word formation to make me appreciate the new words and remember them more easily. Moreover, remembering word chunks of a new words can help me a lot to use them certainly. For me, grammar is my biggest problem with learning English! Sometimes I don't know how to use the preposition so that I make many mistakes. Any advice?

> Vocabulary is a big problem in English learning. Making flash cards is a good way to remember the new words. I always use it in my free time such as waiting for lunch. It makes such a big difference on my vocabulary. When I look up for a new word in the dictionary and get its meaning, I try to make a new sentence and then turn it to my English teacher for help if I have little command of the words. After doing this, I would remember the new words deeply. As for me, my biggest problem in English learning is my spoken English. My pronunciation is terrible so that others couldn't understand me quite well if I speak English. I try to listen to the tapes and repeat, but it doesn't work. What should I do? If there any suggestions?

【设计意图】在输出环节,学生先复习课堂所学,确定写作内容,再完成写作。之后,根据checklist与同伴互换互评,提高post的可读性。

二、案例分析

【想一想】

(1) 案例15-5的教学目标和教学重难点是什么?
(2) 根据教学目标和教学重难点,本案例是如何考虑教材处理的?

(一) 宏观层面案例分析

1. 教学目标和教学重难点

案例15-5的教学目标是:①能辨识文本的体裁,并借助思维导图建构Learner、Problem和Solution的信息结构图;②能借助表格所提供的框架,梳理表述问题和解决方案的语言,并进行口头仿用;③能判定文本中一个博客所包含的成分——advice、problem和asking for help;④能了解checklist对博客写作的要求——being clear、being related和being correct;⑤能按要求写一个博客,并按checklist进行自评和互评。

案例15-5的教学重点:学习有关英语学习的博客的结构、内容和语言表达,并写一个有关英语学习的博客,然后互评。

案例15-5的教学难点:写一个有关英语学习的博客。

2. 教材处理

本板块是Reading for Writing，其话题是Write a blog about English Study。博客主题是网友Wang Le提出的"What are your biggest problems with learning English?"。

三位网友Liu Wen、Jia Xin和Li Rui分别跟帖回答。他们分别提出了听母语人士讲英语、口头交流时使用礼貌用语和记忆单词三方面的问题。每一位跟帖者的博客都包含了对前一位网友提出问题的解决建议、自身的问题和求助。帖子的语言简洁，比较灵活，但都有相对固定的句式，便于学习者仿用。

教材提供了四个学习任务：①读帖子，完成表格信息填写；②用所提供的句式列举问题并提出建议；③按写作要求和评价标准写一篇博客；④把博客贴在教室里与其他同学分享。任务①聚焦阅读，任务②是从读到写的过渡，任务③聚焦写，任务④是成果分享。

综合文本内容和教材提供的相关任务，以及课标对写的要求和学生实际情况，笔者对教材提供的任务进行了替换、增加或改编。如将任务①改为用思维导图提取信息，建构信息结构图；将任务②中列举问题的部分移到导入部分；增加了对博客结构的理解，以及语言的梳理和仿用等教学活动。阅读与写作课共用两个课时。

【想一想】
(1) 案例中各教学活动的目的分别是什么？活动如何关联教学目标？
(2) 案例在读的环节如何为学生的写搭建支架？
(3) 案例如何利用checklist提升学生的写作能力？

（二）微观层面案例分析

本板块的教学设计了六个活动完成教学任务，落实教学目标。Activity 1让学生知晓课堂学习目标，并提出英语学习过程中遇到的问题这一话题，导入课堂教学，并为后续写作提供素材。

Activities 2–4聚焦阅读，为写作搭建支架。Activity 2聚焦文本体裁的辨识和信息的提取，落实教学目标①：能辨识文本的体裁，并借助思维导图建构Learner、Problem和Solution的信息结构图。Activity 3聚焦表述问题和解决方案的语言的梳理和存储，落实教学目标②：能借助表格所提供的框架，梳理表述问题和解决方案的语言，并进行口头仿用，为写作环节铺垫语言基础。Activity 4聚焦博客结构，即my advice to your problem、my own problem、my asking for help，落实教学目标③：能判定文本中一个博客所包含的成分——advice、problem和asking for help。因此，Activity 2–4为写作环节做了内容、语言和结构方面的铺垫，降低了写作的难度，同时也保证了写作的质量。

Activity 5和Activity 6聚焦写作。Activity 5是写前的评价学习，通过引导学生知晓评价环节，提高写作的质量，落实教学目标④：能了解checklist对博客写作的要求——being clear、being related和being correct。Activity 6是完成博客写作并进行评价，这是读写课的最终目标。在写前，首先要让学生明确写作的话题、内容、结构和语言等方面的要求；写后要明确评价的要求和方式。该活动落实教学目标⑤：能按要求写一个博客，并按checklist进行自评和互评。

三、设计策略

阅读与写作课，读是输入，写是输出，输入要为输出服务。因此读写课的教学设计，首先，要明确写的要求,以写反拨读的教学。其次,要夯实读的环节,包括阅读文本的文体、内容、语言和结构,为写的环节做好充分的铺垫。再次,要重视评价,以实现教、学、评的一致性。

四、观课视角

阅读与写作课,可以从以下几个方面进行观察:①读的教学是否充分为写作任务铺垫基础?②写的活动是否有明确的要求?③教学过程中是否重视语言的输入?④学习活动设计是否具有层次性,是否关注了学生的已有知识?⑤课堂是否体现了学生的自主性,学生是否有充分的写作时间?

实践活动

1. 本课例中教师通过哪些教学步骤开展以读促写?
2. 本课例的教学设计如何开展写作后的学生自评、同伴互评和教师点评?
3. 任选一篇阅读语篇,撰写一份以主题意义为引领、以活动任务为驱动的阅读与写作课教学设计。

第十六章　初中英语典型课例设计方法与案例分析（人教版）

《义务教育英语课程标准（2022年版）》的颁布，预示着我国基础教育课程改革全面迈入核心素养时代。英语课程内容由主题、语篇、语言知识、文化知识、语言技能和学习策略等要素构成。围绕这些要素，通过学习理解、应用实践、迁移创新等活动，推动学生核心素养在义务教育全程中持续发展。本章将根据新课标解读人教版新目标初中英语教材。人教版新目标教材通常以某个中心话题为主线设计一个单元，所以在教学设计的思路上需要加强单元教学的整体性。每个单元大致可以分为五个课时，每个课时都有不同的作用和倾向，可以分别总结为一种课型。以七年级下册 Unit 10 为例，课时安排和教学重点如下：

第一课时是以说促听课 Section A (1a-2c)，先说后听，着重跟读模仿等，重在听，重在语言知识的输入。以说促听课是在相应的情境中展开对话，学习语言知识，提升听力技能。此课着重完成听力任务，学习听力策略，跟读听力材料，获取语言知识并能初步应用。

第二课时是语法教学课 Section A (2d-3c)，着重学习本单元的语法知识，厘清语言构架。语法教学课是在相应的情境中展开对话，学习语言知识，提升语法技能。此课着重完成语法任务，借助具体情境对目标语法知识进行学习，进一步拓展语法规则和语言知识的应用。

第三课时是以听促说课 Section B (1a-1d)，先听后说，着重听后口语的综合应用，重在语言知识的输出。设计情境展开对话，复习上两节课所学内容，学习新语言知识。在进一步完成听力任务的基础上完成口语表达任务，借助具体情境对目标语言进行充分的口语操练。

第四课时是阅读教学课 Section B (2a-2c)，着重语篇阅读能力和阅读策略的培养，以及对阅读篇章的分析能力的提高。阅读教学课在情境中展开，完成阅读任务，学习阅读中无法避开又必要的语言词汇及扫清障碍，阅读篇章材料，积累篇章中语言知识和体验文化内涵，交流阅读收获和感受。

第五课时是综合技能课 Section B (3a-3c)，着重通过有效的阅读为说和写奠定所需的语言、内容和篇章知识基础，也就是教师如何为学生做好语言、内容和篇章上的层层铺垫。本课时的落脚点是学生最后能说出并写出高质量的文章，达到充分运用语言、发展综合语言技能的目的。

新课标提倡教师对教学过程进行"教—学—评"一体化设计。"教"主要体现为基于核心素养目标和内容载体而设计的教学目标和教学活动，决定育人方向和基本方式，直接影响育人效果。"学"主要体现为基于教师指导的、学生作为主体参与的系列语言实践活动，决定育人效果。"评"主要发挥检验教与学过程和效果的作用，为促教、促学提供依据。基于以上的设计要求，本章每个课例都分别设有案例呈现、案例分析、设计策略、评课视角、实践活动和项目学习板块。其中,项目学习单是学生课前先学的载体、课中学习的任务单,以及课后评价与反馈的平台。课前活动具有若干功能:激发兴趣、帮助学生构建与话题相关的图式、介绍重要词汇、复习语法点等。课中活动通常包含几个步骤和几个子任务,在英语课堂上,教师会努力寻求最多的时间保证学生操练语言或进行互动。同时,教师也会仔细地监控学生,确保学生明白自己应该做什么,以及能够正确地完成任务。课后活动中,教师引导学生对自己的学习经历提出反馈意见,为学生提供反馈意见,即告诉他们学得如何,纠正在教学过程中教师可能意识到的错误,让学生完成反思任务并进行自我评价。

第一节　以说促听课

一、案例呈现

> **案例 16-1**
>
>
>
> **Section A (1a–2c)**
> **教学设计**
>
>
>
> **Step 1: 预习交流(3 minutes)**
> 教师活动:
> 请学生交流各自收集的成果,鼓励学生踊跃展示图片或到黑板上板书单词并拼读。
> 学生活动:
> 展示课前学习成果。课内展示,交流各自收集的成果。
> 【设计意图】通过成果展示既可以温故而知新,又可调动课堂气氛,为新课的学习打下基础。
>
> **Step 2: 新课呈现(5 minutes)— Task 1: Prepare food**
> 教师活动:
> 根据放映的实物图片引导学生操练对话。教师特别注意学生单词的读音是否正确,并借助多媒体放映实物图片加深印象。
> A: What kind of fruit/vegetables/food/drink would you like?
> B: I'd like ...(先师问生答,再同伴间互相问答)
> 学生活动:
> 1. Work in pairs and learn the sentences.
>   A: What kind of noodles would you like?
>   B: I'd like ... noodles.
> 2. Go shopping for the restaurant.
>   e.g.
>   Fruit: strawberries, apples, grapes, pineapples, etc.
>   Vegetables: tomatoes, carrots, cabbages, potatoes, etc.
>   Food: porridge, noodles, etc
>   Meat: beef, chicken, etc.
>   Drink: milk, green tea, etc.

【设计意图】将单词融入句型中学习，培养学生在语境中理解、识记单词的能力，也为下面新句型的学习打下基础。借助多媒体放映实物图片加深印象。变换学习方式，保持学生学习热情，落实单词记忆。

Step 3：课堂交流（10 minutes）——Task 2：Talk about noodles

教师活动：

Design the following five tasks for the students.

1. Show some kinds of noodles.

   Special 1: beef and tomato noodles.

   Special 2: mutton and potato noodles.

   Special 3: chicken and cabbage noodles.

2. Work in groups: Memory Game.
3. Learn the sentences.

   A: What size bowl of noodles would I like?

   B: A small/medium/large bowl of noodles.

4. Guessing game.
5. Make a survey. Give an example for Ss: I'd like a small bowl of ... noodles. ... would like a large bowl of ... noodles. And ... would like ...

学生活动：

1. Show some kinds of noodles.
2. Work in groups: Memory Game. 采取六人小组比赛的形式，学生造句 I'd like ... noodles。如：S1: I'd like beef noodles. S2: I'd like beef and potato noodles. S3: I'd like beef, potato and mutton noodles. S4: I'd like ...
3. Learn the sentences.

   A: What size bowl of noodles would I like?

   B: A small/medium/large bowl of noodles.

4. Guessing game: What size bowl of noodles would she/he like? I think she/he'd like a ... bowl ...
5. Make a survey. Work in groups and ask. Then make a report.

【设计意图】玩一个挑战记忆的游戏，采取六人小组比赛的形式，让学生造句。用游戏代替机械、枯燥的单词句型操练，不仅唤起了学生的兴趣和好奇心，使他们在游戏中不知不觉地进行新知的练习，而且也激发了学生自主学习的积极性，提高了学生的学习兴趣和参与意识。活动始终围绕主要话题展开，该活动既巩固了新知，又拓展了新单词（鼓励学生查阅词典），增进相互间的了解，加深同学之间的友谊，为后续的任务做好准备。

Step 4：听力训练（18 minutes）——Task 3：Listening practice

教师活动：

指导学生提升如何听取细节信息（beef noodles）、听取要点信息（there are some tomatoes），同时伴随推理的能力（教材中 Special 1 的图片显示西红柿，牛肉；Special 2 的图片显示蔬菜，鸡腿；Special 3 的图片显示萝卜，土豆，羊肉。所以，播放录音时，我们可以推理出该听力材料中谈论的话题是关于 Special 1 的）。

学生活动：

1. Work on Activity 1b: Listen and check (√) the noodles that the person orders.
2. Work on Activity 2a: Listen and check (√) the names of the foods your hear.
3. Work on Activity 2b: Listen to the recording of 2a again. Complete the sentences.
4. Listen to the recording again and answer four questions.

  Q1: What size bowl of noodles would the boy like?
  Q2: What kind of noodles would he like?
  Q3: What size bowl of noodles would the girl like?
  Q4: What kind of noodles would she like?

【设计意图】训练学生听懂有关英语,提升学生如何听取细节信息、听取要点信息,同时伴随推理的能力。

Step 5:学以致用(4 minutes)— Task 4: Order food

教师活动:

Order food in a noodle house. Teacher should make some assignments for the show. 鼓励学生参与活动,对基础较差的学生允许他们用汉语替代一些不太熟悉的词。

学生活动:

Order food in a noodle house. Act in pairs as the waiter and the customer(顾客)。表演结束后,由观众席上的学生进行评比,评出最佳表演奖、最佳口语奖、最佳编剧奖等。

【设计意图】学是为了用,通过活动鼓励学生在生活中大胆说英语,激发学生学英语的热情;展现学生的表演才华,锻炼学生与人合作的能力和表演能力。此活动可以调动学生全员参与,培养学生的听、说能力,提高其欣赏并正确评价他人的能力。

Step 6:巩固提升(4 minutes)— Task 5: Design an ad

教师活动:

Show Ss some ads.

Ad 1: The Ice-cream and Pancake House; Ad 2: Dessert(甜食)House; Ad3: House of Dumplings.

特别提醒学生:千万别忘了介绍你店的特点。

Special 1 is ... Special 2 is ...

学生活动:

Design an ad in groups.

e.g.

House of ...

Good afternoon. Welcome to ... House. We have some great specials these days. Would you like ...? It's only ... We sell ... for ... You can buy ... for ..., ...

Come and enjoy our food today.

【设计意图】在用中学,在学中用。通过模仿学习三则广告之后,学生亲自体会写作的过程,全面地提高学生的听、说、读、写能力。

Step 7:作业布置(1 minute)

一家新开张的饭店要招聘员工,要求编写食物广告。学生自己组合搭配,设计广告。评出最佳广告创意奖,并展示他们的成果。

板书设计

> Unit 10 I'd like some noodles.（Period 1, Section A 1a–2c）
> **1. Go shopping for the restaurant**
> Fruit: strawberries, apples, grapes, pineapples, etc.
> Vegetables: tomatoes, carrots, cabbages, potatoes, etc.
> Food: porridge, noodles, etc.
> Meat: beef, chicken, etc.
> Drink: milk, green tea, etc.
> **2. Order food**
> A: What kind of noodles would you like?　　　　B: I'd like ...
> A: What size bowl of noodles would you like?　　B: I'd like a ... bowl ...

附教材内容

Section A (1b)

Waitress: What would you like?

Boy:　　　I'm not sure yet. Are there any vegetables in the beef noodles?

Waitress: Yes, there are some tomatoes.

Boy:　　　OK, I'd like the beef noodles, please.

Section A (2a, 2b)

Waitress: What size would you like?

Boy:　　　I'd like a large bowl of noodles.

Waitress: And what kind of noodles would you like?

Boy:　　　I'd like chicken, potato and cabbage noodles.

Waitress: And how about you?

Girl:　　　I'd like a medium bowl.

Waitress: What kind would you like?

Girl:　　　I'd like beef and tomato noodles, please.

二、案例分析

[想一想]

（1）案例16–1中，教学目标和教学重难点是什么？

（2）根据教学目标和教学重难点，案例是如何考虑教材处理的？

（一）宏观层面案例分析

1. 教学目标和教学重难点

案例16–1的教学目标是：①语言能力目标：掌握新单词noodles、beef、mutton、chicken、cabbage、potatoes、tomatoes、large；学会would like构成的疑问句及回答，并能够使用该语言进行交际对话。②文化意识目标："在用中学，在学中用"，在活动中让学生体会学习英语的乐趣，激发和培养学生学习英语的兴趣，树立学习英语的信心。③思维品质目标：自主采用合适的方式、方法，观察和理解实际生活中的点餐语言，能根据点餐情境，获取关键信息并进行分析。④学习能力目标：提高学生听、说的能力，培养学生自学的能力，在学习点菜、订餐和购物等表达的活动中培养合作的能力；模拟生活场景，在交流中增长学生生活经验，促进人际交往能力的提升。

案例16-1的教学重点：学习日常生活中有关食物名称的单词；学会 would like 构成的特殊疑问句及其回答。

案例16-1的教学难点：感悟两个疑问句的相同点和不同点；灵活应用新句型模拟生活场景开展点菜、订餐、购物等对话。

2. 教材处理

（1）文本分析：本课是人教版新目标英语教材七年级下册第十单元的第一课时，本单元的核心话题是询问他人的个人信息及订餐或叫外卖，教材围绕就餐展开，与学生的实际生活密切相关，易于引发学生用英语进行交流。本课时的教学中心话题：Order food；相关语言："What would you like?" "I'd like ..." "What kind of ... would you like?" "What size bowl of ... would you like?"；四会单词：would like, beef, mutton, size, cabbage, special, bowl, small, medium, large, etc.。

（2）课型结构：Pre-listening：创造情境，以对话的形式学习本课时的重点词组及语言知识，扫除听力障碍。While-listening：引导学生进行各种形式的有关点餐用语的听力训练。Post-listening：通过 role-play 的方式掌握点餐用语，反馈和检测听力训练的成效。

[想一想]

（1）案例是如何设计英语听力课堂教学中的听前、听中、听后三个阶段的任务的？

（2）案例是否体现了对学生听取细节信息、要点信息，同时伴随推理的能力的指导？

（二）微观层面案例分析

（1）听前阶段是听力理解中利用学生的已有知识激活其相关的心理图式，学生通过推理联系和吸收新信息的过程。案例中在学生听录音之前，教师借助图片引出生词（mutton, beef, cabbage, potatoes, noodles）、句子（I'd like ... = I would like ... = I want ...），消除学生的文化障碍，帮助学生熟悉话题（如何进行点餐的交际活动），同时还可以提出一些问题让学生回答、讨论，引导学生对听力材料的内容进行推理或联想（Are you hungry? Let's go to the restaurant! We have some great *specials* today.）。听中阶段是学生通过对声音信号的知觉、解码、筛选和重组有意识地监控和领会所听内容的过程。录音应放两至三遍，并设计多种题型提高学生答题的兴趣。案例中让学生听 Activity 2a 和 Activity 2b 录音两遍后，完成课本中相应的已有练习之外，再听第三遍，回答以下问题：What size bowl of noodles would the boy like? What kind of noodles would he like? What size bowl of noodles would the girl like? What kind of noodles would she like? 听后阶段是巩固与记忆，运用与交际的阶段。案例中安排学生 act in pairs as the waiter and the customer，让学生用英语去做事情（模拟餐馆点餐），将听与说有机地结合起来。

（2）案例中训练学生听有关英语（Activity 1b 对话）时，指导学生提升听取细节信息、听取要点信息，同时伴随推理的能力。播放录音，引导学生根据教材中的图片推理出该听力材料中谈论的话题是关于 Special 1 的。完成听力任务，再次播放录音，让学生模仿跟读，纠正学生的语音语调。

三、设计策略

以说促听课的教学目标主要是帮助学生理解所听的材料并获得一定的听力理解策略。

教师在为了完成教学任务而上课的同时，务必要兼顾学生的学。教师既要重视对学生听的技能的培养，用巧妙的手段激发学生已有的知识，同时又要重视对学生听的目的性的指导和训练。以说促听课的教学过程大致如下：①听前活动：复习已学课时内容；讨论主题相关话题。②听力输入：初听了解文本大意；再听理解细节内容。③朗读阅读：跟读模仿语音语调；自读体会语言表达；阅读发现语言功能；再读文本深入理解。④简单操练：信息递减训练；内容替换训练；补充对话内容。⑤输出活动：情境中的语言运用。

四、评课视角

以说促听课评课的视角可以是：①新课的导入设计是否精简又新颖，是否具有启发性，是否能激发学生学习的兴趣？②教师是否能结合本课语言学习目标与学生实际生活来设计学习任务，让学生通过感知、体验、实践、参与和合作等方式达成教学目标？③教师是否对学生进行听力训练，并对听的技巧进行点拨？例如在本课中，教师可由如何点餐引入本课话题，听说结合，从话题谈论导入听力。听力训练分三步：pre-listening、while-listening、post-listening。听前是否有话题谈论，特别是有否指导学生预测听的内容和有可能出现的答案？听中是否有根据学生的实际需求来调整播放听力录音的遍数？听后是否对于如何获取简要信息给学生以指导？

实践活动

上述案例设计主要根据文本的特点训练学生的听力策略。请根据下面文本的特点尝试设计一个以说促听课的教学案例。

Tapescript:

(In a restaurant)

Waiter: Good afternoon. Can I help you?

Jennifer: Yes. I'd like a table for one, please.

Waiter: This way, please!

Jennifer: Thank you. Can I have the menu, please?

Waiter: Sure, here you are. Would you like to hear today's specials?

Jennifer: Certainly.

Waiter: We have delicious mushroom soup to start off with. And today's main course is fish and chips.

Jennifer: OK, I'd like fish and chips.

Waiter: Our salads are excellent, madam.

Jennifer: I'd like a fruit salad.

Waiter: Very good. Anything to drink?

Jennifer: Oh, apple juice, please.

Waiter: OK. So you want a fruit salad, fish and chips and apple juice.

Jennifer: That's right.

Waiter: Thank you. Just a moment, please.
Jennifer: Thank you.

项目学习

七年级英语项目学习单 Unit 10 I'd like some noodles. 第1课时 Section A (1a–2c)

班级_____ 小组_____ 姓名_____

一、课前自主学习

（一）请收集日常生活中熟悉的蔬菜、肉类、面食类的实物或图片，通过查阅课本、词典及网络等工具写出并拼读这些英语单词。

（二）请结合所学知识和预习内容完成下列句子。

1. —你想要多大碗的面条？— _____ _____ _____ of noodles would you like?
   —我想要一大碗牛肉面。— I'd like a _____ _____ of beef noodles.
2. 你要吃点什么？这是菜单。— Can I _____ _____? Here's the menu.
3. 我们这儿有各种各样的面条。— We have all _____ _____ noodles.
4. —你想要什么种类的面条？— What _____ _____ noodles _____ you like?
   —我想要牛肉西红柿面。— _____ like _____ and _____ noodles.

二、课中学习探究

Task 1: Prepare food

A: What kind of fruit/vegetables/food/drink would you like?
B: I'd like ...
　　Fruit: strawberries, apples, grapes, pineapples, etc.
　　Vegetables: tomatoes, carrots, cabbages, potatoes, etc.
　　Food: porridge, noodles, etc.
　　Meat: beef, chicken, etc.
　　Drink: milk, green tea, etc.

Task 2: Talk about noodles

1. Work in pairs and learn the sentences.
   A: What kind of noodles would you like? B: I'd like ... noodles.
2. Work in groups: Memory Game. Make a sentence like this: I'd like ... noodles.
   S1: I'd like beef noodles. S2: I'd like beef and potato noodles. S3: I'd like beef, potato and mutton noodles.　S4: I'd like ...　　S5: ...　　S6: ...
3. Learn the sentences.
   A: What size bowl of noodles would I like?
   B: A small/medium/large bowl of noodles.
4. Guessing game: What size bowl of noodles would she/he like? I think she/he'd like a ... bowl ...
5. Make a survey. Work in groups and ask:

Name	Kind of noodles	Size bowl
...	beef and tomato	large

Then make a report:

I'd like a small bowl of ... noodles.   ... would like a large bowl of ... noodles. And ... would like ...

三、运用与拓展

Task 3: Listening practice

Listen to the recording of 2a again. Complete the sentences.

Boy: 1. I'd like a _____ bowl of noodles.   2. I'd like _____, _____ and _____ noodles.

Girl: 1. I'd like a _____ bowl.   2. I'd like _____ and _____ noodles, please.

Task 4: Order food

Order food in a noodle house. Act in pairs as the waiter and the customer（顾客）.

A: Can I help you?   B: Yes, I'd like some noodles.

A: What kind of ... would you like?   B: I'd like some ...

A: What size bowl of ... would you like?   B: I'd like a ... of ...

A: Is that all?（就这些吗？）   B: No. I'd like some ... salad, too.

A: OK.   B: How much are they?

A: They're ... yuan/dollars.   B: OK. Here is the money. Thank you!

A: You're welcome!   B: Bye!

Task 5: Design an ad

House of ...

Good afternoon. Welcome to ... House. We have some great specials these days. Would you like ...? It's only… We sell ... for ... You can buy ... for ...

Come and enjoy our food today.

【快乐链接】

英汉对对碰：Match each word with the right Chinese meaning.

mango	黄瓜	jelly	花生
pepper	西瓜	peanut	蘑菇
eggplant	芒果	lollipop	果冻
cucumber	辣椒	chocolate	棒棒糖
watermelon	茄子	mushroom	巧克力

【学习体会】

成功&收获：   失败&不足：

_____   _____
_____   _____

第二节　语法教学课

一、案例呈现

案例 16-2

Section A (2d–3c)
教学设计

Step 1：课前预学（2 minutes）

教师活动：

设计学生的预学任务，检查学生的预学任务完成情况；培养学生预习的良好习惯，并培养他们能勇于提出问题的思维品质；进行个别答疑。

学生活动：

1. 通过自学掌握下列短语和句子。

（1）宫保鸡丁 _____ _____
（2）麻婆豆腐 _____ _____
（3）请问你要点菜吗？ _____
（4）我要一碗牛肉汤。 _____
（5）他想要多大碗的？ _____

2. 自学课文，勾画出重点和疑惑。

【设计意图】培养学生预习的良好习惯，以及勇于提出问题的思维品质。

Step 2：新课呈现（8 minutes）——Task 1: Role-play

教师活动：

1. Ask Ss to read the conversation in Activity 2d and find the answer to this question: What would they like?
2. 讲解2d知识点。
3. Pay attention to their pronunciation and give Ss some comments.
4. Show Ss some useful expressions on the flashcard.

学生活动：

1. Ss answer the question: What would they like?
   (Key: They would like one large bowl of beef soup, one *gongbao* chicken, and one *mapo* tofu with rice.)
2. 小组讲解2d知识点。
3. Ss work with their partners and role-play the conversation.
4. Role-play: Order food in a noodle house.（学生分别扮演顾客和服务员，编排对话）

【设计意图】创设情境，使学生参与到情境中学习和使用所学的语言，提高学生的学习兴趣,巩固所学的知识。

Step 3:合作探究(10 minutes)— Task 2: Explore "would like"

教师活动:

Explain: would like 意为"想要,愿意",相当于 want,用于提出要求或建议;但语气比 want 委婉,一般有以下三种形式:① would like sth. 表示"想要某物"。如:I would like some ice cream. ② would like to do sth. 表示"想要干某事"。如:I would like to go with you. ③ would like sb. to do sth. 表示"想要某人做某事"。如:I would like her to meet you. 注意:would like 中的 would 在句中和前面的主语一起出现时经常缩写成'd,如 I'd = I would, You'd = You would, He'd = He would.

学生活动:

Explore: would like 意为"想要,愿意",常用句式结构:

1. 你想要点什么? What _____ you _____?
   我想要一杯茶。_____ _____ a cup of tea.
   你想要什么面条? What _____ of noodles _____ you like?
   你想要多大号的毛衣? What _____ of sweater _____ you like?
   (以上句型用于有礼貌、委婉地询问对方的要求)

2. 你想要一些牛奶吗? _____ you _____ some milk?
   是的,谢谢。/不,谢谢。Yes, _____./No, _____.

3. Would you like to do sth.? 你愿意做某事吗?
   用来有礼貌地向对方提出建议或邀请。答语常为"Yes, I'd like to." 或"Sorry, ..."

【设计意图】讲解完 would like 的意义和用法之后,让学生合作,在模仿、运用中加深对 would like 的意义和用法的理解。这种方法可以节省时间,增加学生的信心。

Step 4:展示交流(7 minutes)— Task 3: Study Grammar Focus

教师活动:

Teacher gives Ss some explanation and helps them summarize.

1. Group work: 总结归纳 Section A 部分语法重点。
2. Group work: 单词归类。
   (1) 可数名词:可数名词有单数、复数之分。其复数形式一般为原形加 -s 或 -es。
   (2) 不可数名词:不可数名词没有复数形式,只有单数形式。
   (3) 不可数名词表示数量的多少时,必须与表示数量的名词连用,即"数词+表示数量的名词(可数名词)+ of +不可数名词"。
   (4) 不可数名词作主语时,谓语动词只能用单数形式。

【拓展】如果不可数名词前有复数名词短语修饰时,谓语动词须用复数形式。

学生活动:

1. 阅读 Grammar Focus 中的句子,然后做填空练习。
   (1) —你想要什么面条? _____
       —请给我牛肉面。_____
   (2) —你想要多大碗的? _____
       —请给我中碗的。_____
   (3) —你想来一个大碗吗? _____

—好的。_____
(4) —西红柿鸡蛋汤里有肉吗？_____
　　—不，没有。_____
(5) I'd = _____
(6) she'd = _____
2. 可数名词与不可数名词
(1) 可数名词如：potato — _____；tomato — _____。
(2) 不可数名词有 bread, milk, water, _____ 如：some _____ （米饭）；a lot of _____（牛肉）
(3) 两玻璃杯果汁 _____ _____ of juice；三碗米饭 _____ _____ of rice
(4) 在碗里有一些羊肉汤。There _____ _____ mutton soup in the bowl.
(5) 既是可数又是不可数的名词：salad, chicken, ice cream, _____

【设计意图】运用演绎法直接教授可数、不可数名词的相关规则，让学生在理解规则的基础上进行运用，巩固知识并在语篇中运用知识。

Step 5: 学以致用（10 minutes）— Task 4: Work on Activity 3a, 3b, 3c

教师活动：

1. Work on Activity 3a. Tell Ss to complete the conversation with sentences on the right.
2. Let Ss work by themselves and complete the conversation.
3. Check the answers with Ss.
4. Let Ss practise the conversations in pairs.

学生活动：

1. Go through sentences in Activity 3a. Complete the conversation. Check the answers and practise the conversation.
2. Write questions and answers, using the words in the brackets. Finish Activity 3b.
3. Work in groups. Who would like the food in Activity 3c? Write their names on the cards above the food.
4. According to Activity 3a, 3b and 3c, make your own conversations.

【设计意图】在语篇和对话中运用刚刚学习的语法点，进一步巩固、内化学生的理解和知识。

Step 6: 巩固提升（7 minutes）— Task 5: Make a survey

教师活动：

1. Ask Ss to look at the pictures. There are four kinds of special foods. Let Ss make a survey of you classmates to see who would like these foods.
2. Give Ss a model.
　　S1: Anna, what would you like?
　　S2: I'd like beef noodles with cabbage.

学生活动：

Look at the pictures. Make a conversation according to the model. Write the result on a piece of paper and make a report in front of the class.

【设计意图】在调查活动中，让学生进行语言操练，巩固所学语言知识，不仅能培养学生的表达能力和反应能力，同时对学生进行情感教育（因个别学生不喜欢吃面条），鼓励学生不挑食、不厌食、吃健康食品。

Step 7：作业布置（1 minute）

1. 了解父母喜欢的食物，并为家人配制一星期的菜谱，说明理由。
2. 学生课后到实际的生活场景中（如菜市场、早点部、超市等）去灵活运用所学语言。布置分层次作业，鼓励有能力的学生学会利用词典来增加词汇量，可以邀请几个同学一起去模拟，最好寻找机会给外国游客当翻译。

板书设计

> Unit 10　I'd like some noodles.（Period 2, Section A 2d–3c）
> ① May I take your order?
> ② — Can we have two bowls of beef soup then?
> 　　— Sure. What size would you like?
> 　　— Medium, please.
> 缩写：I'd = I would　she'd = she would
> 不可数名词：肉类，饮料类
> 可数又不可数名词：chicken, salad, ice cream, cabbage
> （探究它们作可数名词时及不可数名词时的意思）

附教材内容

Section A (2d)

Waitress: Good afternoon. May I take your order?

Sally: Yes. Are there any vegetables in the beef soup?

Waitress: Yes. There are some tomatoes.

Sally: OK. We'd like one bowl of beef soup.

Waitress: Sure. What size would you like?

Sally: Large, please.

Tom: We'd also like *gongbao* chicken and some *mapo* tofu with rice.

Waitress: OK. One large bowl of beef soup, one *gongbao* chicken, and one *mapo* tofu with rice.

Tom: Yes. That's right.

Grammar Focus

— What kind of noodles would you like?　— I'd like beef noodles, please.

— What size would you like?　— I'd like a large bowl, please.

— Would you like a large bowl?　— Yes, please.

— Is there any meat in the tomato and egg soup?　— No, there isn't any./No, there's no meat.

Countable nouns: bowls, apples, carrots, oranges, strawberries

Uncountable nouns: beef, meat, milk, mutton, water

Countable and uncountable nouns: chicken, salad, ice cream, cabbage, cake

二、案例分析

[想一想]

(1) 案例16–2中，教学目标和教学重难点是什么？

(2) 根据教学目标和教学重难点，案例是如何考虑教材处理的？

（一）宏观层面案例分析

1. 教学目标和教学重难点

案例16–2的教学目标是：①语言能力目标：继续练习运用订餐或叫外卖等的用语；根据所提供的材料，能运用所学的知识来补全对话。②文化意识目标：体会学习英语的乐趣，做到"在用中学，在学中用"，养成良好的饮食习惯。③思维品质目标：能对有关订餐或叫外卖等的语言或语篇进行简单的分类和对比；具有问题意识，能初步进行独立思考。④学习能力目标：总结复习订餐时所用的词汇、短语和句型结构。

案例16–2的教学重点：总结订餐所用语言及句子结构；学习理解情态动词would的用法；通过所学的知识在实际生活情境中订餐。

案例16–2的教学难点：可数名词和不可数名词。

2. 教材处理

（1）文本分析：本课时的主要内容为一个关于点餐的对话，聚焦语法，以及相应的语法练习。点餐的对话呈现了一个完整的点餐流程。首先是服务员的询问（May I take your order?）。然后是Sally的要求（kind, size等）。最后是服务员的重复确认。Grammar Focus：重点句子结构及短语；可数名词，不可数名词以及其他。

（2）课型结构：课前预学。Task 1：创设情境，使学生参与到情境中学习和使用所学的语言。Task 2：讲解完would like的意义和用法之后，让学生合作，在模仿、运用中加深对would like的意义和用法的理解。Task 3：运用演绎法直接教授可数、不可数名词的相关规则，让学生在理解规则的基础上进行运用，巩固知识并在语篇中运用知识。Task 4：在语篇和对话中运用刚刚学习的语法点，进一步巩固、内化学生的理解和知识。Task 5：在调查活动中，让学生进行语言操练，巩固所学的语言知识。

[想一想]

(1) 案例中体现了新课程标准所提倡的初中语法教学的哪些特点？

(2) 案例中教师怎样做才能让学生高效地感悟到语法教学中的准确性原则？

(3) 案例是如何实施课堂评价的？

（二）微观层面案例分析

（1）案例体现了新课程标准所提倡的初中语法教学特点：在情境中实现形式、意义和使用三位一体的语法教学。语法知识的学习离不开语法项目所存在的语言情境。呈现新的语法过程即是在情境中让学生感知语言形式和语言意义的过程。本课主要学习的语法项目是点餐用语以及有关食品的可数名词和不可数名词的用法。以 Task 1 为例，核心环节1：感知体验。Ask Ss to read the conversation in Activity 2d and find the answer to this question: What would they like? Ss answer the question: They would like one large bowl of beef soup, one *gongbao* chicken, and one *mapo* tofu with rice. 教师借助 Activity 2d 中餐厅模拟对话让学生感知和体会语言结构，并使其掌握语言结构的表意功能成为可能。核心环节2：小组讨论。Ss talk about the grammer in Activity 2d. 学生通过观察和讨论成功地说出了 What size would you like? We would like one large bowl of beef soup with some tomatoes. 核心环节3：实际运用。Ss work with their partners and role-play the conversation. Role-play: Order food in a noodle house. 教师通过真实任务（学生分别扮演顾客和服务员，编排对话）的创设，自然将学生带入了知识运用阶段。通过感知体验——小组讨论——实际运用三个环节，将语言的形式、意义和运用有机地结合起来，从而实现了语法教学的理想境界，即：形式、意义和使用三个维度的完美结合。

（2）案例中的语法教学闪光点是将学生的注意力集中在要学的语法点上，以演绎的方式呈现语法内容，然后让学生找出语法项目，如Task 3。教师要引领学生，而不是简单地灌输知识。教师检查学生是否正确地进行归纳和练习，为他们做示范，观察任务进行的情况，还要在至少一个小组里充当提供信息者的角色。教师在小组间巡视，询问任务进行的情况，使任务变得个性化。在学生完成任务后，教师还要为学生提供反馈，告诉他们需要改进的地方。教师是在学生理解规则之后才让他们使用语法点来做下一步的交际练习的，这样就帮助了学生以快速而又准确的方式进行高效学习。

（3）案例通过让学生列出许多可数名词和不可数名词并区别它们的异同来评价学生对该语法项目的掌握情况。通过下一步骤complete the conversation的操练进一步获取学生对该语法结构的掌握情况。通过Activity 3b和Activity 3c，再一次检测学生对可数名词和不可数名词以及它们的异同的掌握情况。最后通过作业的布置全面获取学生对该结构的掌握情况的信息。

三、设计策略

在语法教学中，要体现三个维度的教学设计策略：①引导学生从表达需要出发，在情境中体验感知语言的基本结构和实际的语言意义。②在具体的语言情境中尽可能多角度地为学生创造操练这一语法现象的机会。③结合学生的生活实际，再现生活情境，为学生提供使用语言规则的实践机会，使学生在真实情境中将语言形式、意义和运用有机结合起来，最终实现准确运用语言表达意义的目的。

四、评课视角

语法教学课评课的视角可以是：①教师是否遵循学生学习英语时的心理规律（直观、有趣、易懂、认真听课、掌握用法、有效参与、熟练使用），带领学生在情境中理解英语，进行各种形式的结构操练，如句子的生成和转换，使学生能归纳所学语法规则及其用法，达到学以致用的目的？②教学设计是否能满足不同类型和不同层次学生的需求？③板书设计是否合理？教师是否能把重点内容板书在黑板上，帮助学生清晰构建知识体系？

实践活动

根据初中新课程提倡的语法教学理念，请你根据以下内容设计一个一般过去时态的语法教学案例。

1. 学生阅读Grammar Focus中的句子并完成下列填空。

（1）上个周末你做了什么事情？_____
（2）我做了我的家庭作业。_____   我们去划船了。_____
（3）谁去探望了她的奶奶？_____   是蓓基？_____
（4）上个周末她去了哪里？_____   她去了农场。_____
（5）她和谁一起去的？_____   她与她的同学们一起去的。_____
2. 探究乐园：一般过去时态的一般疑问句和特殊疑问句。
（1）Did＋主语＋动词原形＋其他？ 或者 Was/Were＋主语＋其他？
　　昨晚她看电视了吗？_____ _____ watch TV last night?
（2）特殊疑问词＋was/were＋主语＋其他？
　　上个周末你过得怎么样？_____ _____ your last weekend?
（3）特殊疑问词＋did＋动词原形＋主语＋其他？
　　昨天他做了什么事情？_____ _____ he do yesterday?

项目学习

七年级英语项目学习单 Unit10 I'd like some noodles. 第2课时 Section A (2d–3c)

班级_____ 小组_____ 姓名_____

一、课前自主学习

（一）通过自学掌握下列短语和句子。
1. 宫保鸡丁 _____ _____
2. 麻婆豆腐 _____ _____
3. 请问你要点菜吗？_____ _____ _____ _____
4. 我要一碗牛肉汤。_____ _____ _____ _____ _____ _____ _____
5. 他想要多大碗的？_____ _____ _____ _____

（二）自学课文，勾画出重点和疑惑。
通过预习，你的疑问是_____

二、课中学习探究

Task 1：Role-play
Task 2：Explore "would like"
would like 意为"想要，愿意"，常用句式结构：

1. 你想要点什么？　What _____ you _____ ?
   我想要一杯茶。　　_____ _____ a cup of tea.
   你想要什么面条？What _____ of noodles _____ you like?
   你想要多大号的毛衣？What _____ of sweater _____ you like?
   （以上句型用于有礼貌、委婉地询问对方的要求）

2. Would you like ...? 你想要……吗？这也是用来语气委婉地向对方征求意见的句型。
   其答语为：Yes, please./OK./No, thanks.
   你想要一些牛奶吗？_____ you _____ some milk?

是的,谢谢。/不,谢谢。Yes, _____./No, _____.

【拓展】Would you like to do sth.? 你愿意做某事吗?

用来有礼貌地向对方提出建议或邀请。答语常为 "Yes, I'd like to." 或 "Sorry, ..."

Task 3: Study Grammar Focus

1. 阅读 Grammar Focus 中的句子,然后做填空练习。

 (1) —你想要什么面条?_____

  —请给我牛肉面。_____

 (2) —你想要多大碗的?_____

  —请给我中碗的。_____

 (3) —你想来一个大碗吗?_____

  —好的。_____

 (4) —西红柿鸡蛋汤里有肉吗?_____

  —不,没有。_____

 (5) I'd = _____

 (6) She'd = _____

2. 可数名词与不可数名词。

 (1) 可数名词:可数名词有单数、复数之分。其复数形式一般为原形加 -s 或 -es。如:potato — _____; tomato — _____

 (2) 不可数名词有:bread, milk, water, _____

  不可数名词没有复数形式,只有单数形式。如:some _____ (米饭); a lot of _____ (牛肉)

 (3) 不可数名词表示数量的多少时,必须与表示数量的名词连用,即"数词+表示数量的名词(可数名词)+ of +不可数名词"。如:两玻璃杯果汁 _____ _____ of juice; 三碗米饭 _____ _____ of rice

 (4) 不可数名词作主语时,谓语动词只能用单数形式。如:在碗里有一些羊肉汤。There_____ _____ mutton soup in the bowl.

 (5) 既是可数又是不可数的名词:salad, chicken, ice cream, _____

【拓展】如果不可数名词前有复数名词短语修饰时,谓语动词须用复数形式。如:房间里有两袋子大米。_____ _____ two bags of rice in the room.

三、运用与拓展

Task 4: Work on Activity 3a, 3b, 3c

Task 5: Make a survey

【快乐链接】

Riddle(谜语)——打食物名

1. What kind of dog doesn't bite or bark?   (hot dog)
2. What is the smallest room in the world?   (mushroom)
3. What table is in the field?   (vegetable)
4. What stays hot even if put in a fridge?   (pepper)

5. What is the only vegetable that will make you cry? (onion)
6. My first letter is in "tea", not in "sea". My second letter is in "those", not in "these". My third letter is in "fine", not in "nine". My forth letter is in "buy", not in "boy". (tofu)

【学习体会】

成功&收获：   失败&不足：

_____   _____

_____   _____

第三节　以听促说课

一、案例呈现

> **Section B (1a–1d)**
> **教学设计**
>
> **Step 1: 预习交流(2 minutes)**
> 教师活动：
> 1. 设置本课所需词汇，让学生掌握这些单词。
> 2. 准备一段点餐对话，以备学生完成点菜单。
> 学生活动：
> 1. 背记词汇。
> 橙子_____　水饺_____　洋葱_____　米_____
> 鱼_____　稀饭，粥_____　汤_____
> 2. 根据一段点餐对话，完成点菜单。
> A: Hello, House of Noodles! Can I help you?　　B: Hello, I'd like some noodles.
> A: ...　　　　　　　　　　　　　　　　　　　　B: ...
> 　　　　　　　　　　Order form 点菜单
> Address 地址_____
> Telephone number 电话号码_____
> Order 所点物品_____
> 　【设计意图】培养学生预习的良好习惯，以及带着问题来听课的学习习惯。让学生尽量做到在课前对上课的内容心中有数。
>
> **Step 2: 新课呈现 (6 minutes) — Task 1: Learn the food names**
> 教师活动：
> 1. Present some new words and expressions to Ss (by showing some pictures of food on the screen).
> 2. Work on Activity 1a: Read the words in the chart and match them with the pictures below. Then check the answers.
> 学生活动：
> 1. Circle the things you like in Activity 1a. Put a cross " × " next to the things you don't like.

案例 16-3

2. Work in groups. Talk about what you like and what you don't like. Try to remember the new words and expressions.

3. Write the letters of the foods or drinks on the line.

【设计意图】激活图示,激发学生兴趣的同时导入话题并且让学生练习和复习词汇和句式的语音语调。

Step 3: 课堂交流 (8 minutes) — Task 2: Like and dislike

教师活动:

1. Write the following sentences on the blackboard.

  A: What do you like?   B: I like ..., ... and ...
  A: What don't you like?   B: I don't like ..., ... or ...

2. Let some Ss give their report.

学生活动:

1. Pair work: Tell your partner what you like and don't like.

  A: What do you like?   B: I like ..., ... and ...
  A: What don't you like?   B: I don't like ..., ... or ...

2. Make a survey and give a report like this.

  My name is ... I like ..., ... and ... I don't like ..., ... or ... XXX likes ..., ...and ... She/He doesn't like ..., ... or ...

【设计意图】创设情境,导入新知识,在 pair work 练习中加深学生对句式的理解。

Step 4: 听力训练 (14 minutes) — Task 3: Work on Activity 1c and 1d

教师活动:

1. Ask Ss to read the food order form in Activity 1c carefully.
2. Play the tape for Ss to listen and complete the food order form.
3. Play the recording again and let Ss answer six questions.
4. Listen to the recording for the third time and fill in the blanks. Check the answers with Ss.

学生活动:

1. Go through the food order form in Activity 1c.
2. Listen and complete the food order form. Then check the answers in groups.
3. Listen to the recording again and answer six questions.

Q1: How many dumplings would the man like?
Q2: What kind of dumplings would he like?
Q3: What kind of soup would he like?
Q4: Would he like one large green tea?
Q5: What other drinks would he like?
Q6: How much are the things?

4. Listen to the recording for the third time and fill in the blanks.

【设计意图】在听力过程中强化语言点,逐渐降低学生听懂语言材料的难度;通过小组合作核对听力答案,提高不同程度学生学习的成就感。

Step 5: 学以致用 (6 minutes) — Task 4: Work on Activity 3a, 3b and Self Check

教师活动:

Guide Ss to do the four following things and give them some help if it is necessary.
学生活动：
1. Work on Activity 3a: Fill in the blanks in the ad with the words in the box.
2. Work on Self Check Exercise 1: Put the words you have learnt in different groups.
3. Work on Self Check Exercise 2: Complete the sentences with the *there be* structure.
4. Work on Self Check Exercise 3: Write a conversation with the help of the clues.
【设计意图】在练习中巩固新知识、复习旧知识，尝试将新旧知识联系起来，在大脑中建构出一个新的知识网络。

Step 6：巩固提升 (8 minutes) — Task 5: Write an ad
教师活动：
Ask Ss to write an ad for their restaurant. Provide some sentence structures that may help them.
  Would you like ...? We have ... for ...
  You can try our ... ... is very good/delicious.
学生活动：
1. Work on Activity 3a: Imagine you have a restaurant. Write the foods and their prices.
2. Work on Activity 3b: Write an ad for your restaurant.
3. Show time: Show your ad to the class.
【设计意图】经过之前教学环节大量的输入后，本部分能锻炼学生的语言输出能力。

Step 7：作业布置 (1 minute)
收集英语广告词（可能的话自己试着设计一份）。
Just do it. 只管去做。
The taste is great. 味道好极了。
Impossible made possible. 使不可能变为可能。
Poetry in motion, dancing close to me. 动态的诗，向我舞近。
Good to the last drop. 滴滴香浓，意犹未尽。
Let's make things better. 让我们做得更好。

板书设计

>   Unit 10 I'd like some noodles.（Period 3, Section B 1a–1d）
> 1. New words: porridge, onion, fish, pancake, dumplings
> 2. A: What do you like?
>   B: I like ..., ... and ...
>   A: What don't you like?
>   B: I don't like ..., ... or ...
> 3. What kind of dumplings would you like?
> 4. Would you like any drinks?

附教材内容
  Section B (1c, 1d)
  A: Hello, House of Dumplings.
  B: Hello! I want to order some food, please.

> A: Sure.
> B: I'd like chicken, fish and cabbage, please.
> A: OK. What kind of soup would you like?
> B: Tomato soup.
> A: OK. One tomato soup then. Would you like any drinks?
> B: One large green tea and two small orange juices.
> A: OK. What's your address, please?
> B: 15 North Street.
> A: And what's your telephone number?
> B: 398-2845.
> A: 398-2845?
> B: Yup.
> A: Thank you. That'll be 65 yuan.

二、案例分析

[想一想]

（1）案例16-3中的教学目标和教学重难点分别是什么？

（2）根据教学目标和教学重难点，案例是如何考虑教材处理的？

（一）宏观层面案例分析

1. 教学目标和教学重难点

案例16-3的教学目标是：①语言能力目标：掌握下列词汇 porridge, onion, fish, pancake, dumplings；掌握下列句型：— I want to order some food, please. — Anything else? —One large green tea and one small orange juice. ②文化意识目标：学会用地道的英语叫外卖，提高英语跨文化交际能力。③思维品质目标：能从不同角度辩证地看待点餐这个情境，学会换位思考。④学习能力目标：进一步学习有关饮食的词汇和句型，学会用饭店用语叫外卖。

案例16-3的教学重点：通过进行听、说的训练，提高学生们综合运用所学知识的能力。Learn how to ask for and give personal information and write down the information.

案例16-3的教学难点：通过读、写的训练，让学生们能真正在实际生活中运用所学的知识。Write an ad for your restaurant.

2. 教材处理

（1）文本分析：本课是人教版新目标英语教材七年级下册第十单元的第三课时，本单元的核心话题是询问他人的个人信息及订餐或叫外卖，教材围绕就餐展开，与学生的实际生活密切相关，易于引发学生用英语进行交流。本课时的教学中心话题：like and dislike some food 与 order food。目标语言："I like..." "I don't like" "She/He likes..." "She/He doesn't like ..." "What would you like?" "I'd like ..." "What kind of ... would you like?" "What size bowl of ... would you like?"

（2）课型结构：Pre-Listening: 创造情境，以对话的形式学习本课时的重点词组及语言知识，扫除听力障碍。While-Listening: 引导学生进行各种形式的有关点餐用语的听力训练。Post-Listening: 通过role-play的方式进行like与dislike等用语的反复操练和实践。

[想一想]

（1）该案例如何通过不同的学习任务设计和多种的教学组织形式来提高学生听力的成就感？

（2）如何在这节以听促说课的课堂中创造更多的机会让学生实践语言？

（二）微观层面案例分析

（1）案例中安排Task 3为本课的听力训练环节，即要求学生完成Section B 1c和1d。其中，1c要求学生填写留有八个空的餐馆点餐订单，并且听力材料中的对话内容对初一学生来说太多，所以如果想让不同程度的学生都能完成这一任务是很有难度的。案例中教师在听前安排了两个任务，Task 1帮助学生扫清生词的障碍，处理听力材料中出现的生词或不熟悉的词：dumplings, soup, juice, porridge等。Task 2让学生熟悉句型I like ..., ... and ...。这两个任务可以有效地降低听力的难度。在Task 3中，学生独自预览订餐单的内容，听第二遍后，两两合作回答六个问题。听第三遍后，先让学生单独填写订餐单上的内容，然后小组讨论核对答案。由此，在pair work中加深学生对句式的理解，在听力中强化语言点，逐渐降低学生听懂语言材料的难度，通过小组合作核对听力答案。案例中有全班活动、小组活动，也有个人活动。个人活动可以让学生有独立训练处理所听信息的机会；小组活动则可以起到互帮互助的作用，让基础较薄弱的学生有机会向同伴求助；全班活动可以提高整体的学习效率，从而提高了不同程度学生学习的成就感。

（2）案例在新课导入环节让学生看图说话，学习不可数名词的量化表达（见图16-1）。在理解的基础上进行两两操练展示。案例在Task 2操练like和dislike的句型时，设计同桌对话和询问理由等活动。再在小组内做调查，把调查结果在小组内或全班同学前进行汇报。案例在Task 3听力训练完成后，设计检测听力效果的环节。教师引导学生把

图16-1 看图学习不可数名词的量化表达

听力原文中的长对话改编成需补全若干信息的短文,学生以各种组合形式进行交流,完成短文填空。

三、设计策略

教师应给学生足够的练习机会,提高其说的准确性(accuracy)和流利性(fluency)。准确性是指学生的言语与人们实际使用的目标语言之间的吻合程度。流利性是指说话者能够快速而自信地使用语言,并避免过多的迟疑、不自然的停顿、错误的开始或者绞尽脑汁搜词等行为。基于以上原则,以听促说课的设计策略如下:第一,教师在课堂里应限制自己说话的时间,把尽可能多的时间留给学生。第二,教师应设计一些有意义协商的口语任务供学生以双人或多人组合形式练习。第三,学生可以在不同的口语练习,如角色扮演、模仿活动、交际任务等形式中提高其准确性和流利性。

四、评课视角

以听促说课评课的视角可以是:①教学设计是否侧重听说练习,联系学生生活实际,让学生有话可说,充分体现以学生为主体、教师为主导的教学理念?②教师是否设计了多种不同形式的口语操练活动,充分发挥合作小组的成员自主学习和互助学习的作用?③教师是否通过教学评价使学生在英语学习过程中不断体验进步与成功,认识自我,建立自信,调整学习策略?

实践活动

上述案例设计主要根据文本的特点训练学生的英语听说能力。请根据下面文本的特点尝试设计一个以听促说课的教学案例。

Tapescript:

Operator: (Holding the phone) Hello! Zhi Weiguan Restaurant!

Customer: Hello! I want to order some food, please.

Operator: Sure! What would you like?

Customer: I'd like some fish, some rice and two bowls of noodles.

Operator: What kind of noodles would you like?

Customer: Chicken and tomato noodles.

Operator: OK. Anything else?

Customer: Oh, yes. I'd like a plate of *gongbao* chicken.

Operator: What's your address?

Customer: 206 Zhongshan Road.

Operator: What's your phone number?

Customer: 88663536.

Operator: That will be 60 RMB.

项目学习

七年级英语项目学习单 Unit 10 I'd like some noodles. 第3课时 Section B (1a–1d)

班级_____ 小组_____ 姓名_____

一、课前自主学习

1. 背记词汇。

橙子_____ 水饺_____ 洋葱_____ 米_____

鱼_____ 稀饭,粥_____ 汤_____

2. 根据下面的点餐对话,完成点菜单。

A: Hello, House of Noodles! Can I help you?   B: Hello, I'd like some noodles.

A: Sure. What size bowl would you like?   B: A small bowl of noodles, please.

A: OK. What kind of noodles would you like?   B: I'd like beef and tomato noodles.

A: Do you want any drinks?   B: Yes, please. One small bottle of orange juice.

A: Anything else?   B: Yes. I'd like a salad.

A: What's your address?   B: 34 Bonham Road.

A: What's you telephone number?   B: 68-3898.

A: That'll be ten dollars. We'll deliver your food in about ten minutes.

B: Thank you very much.

Order form 点菜单

Address 地址 _____

Telephone number 电话号码 _____

Order 所点物品 _____

二、课中学习探究

Task 1: Learn the food names

Task 2: Like and dislike

1. Pair work: Tell your partner what you like and don't like.

   A: What do you like?   B: I like ..., ... and ...

   A: What don't you like?   B: I don't like ..., ... or ...

2. Make a survey and give a report like this.

   My name is ... I like ..., ... and ... I don't like ..., ... or ... XXX likes ..., ... and ... She/He doesn't like ..., ... or ...

Task 3: Work on Activity 1c and 1d

1. Listen and complete the food order form on Page 58.

2. Listen to the recording again and answer six questions.

Q1: How many dumplings would the man like?   _____

Q2: What kind of dumplings would he like?   _____

Q3: What kind of soup would he like?   _____

Q4: Would he like one large green tea?   _____

Q5: What other drink would he like?   _____

Q6: How much are the things? _____

3. Listen to the recording for the third time and fill in the blanks.

The man is _____ some food _____ the phone. He _____ _____ chicken, _____, cabbage and twelve _____ and _____ dumplings. And he'd _____ like some _____ _____. As for drinks, he wants to have one _____ green tea and two _____ orange juices. He _____ at 15 North Street. His _____ _____ is 398-2845.

Task 4: Work on Activity 3a, 3b and Self Check

三、运用与拓展

Task 5: Write an ad

These sentence structures may help you.

Would you like ...?   We have ... for ...

You can try our ...   ... is very good/delicious.

House of _____

_____

_____

【快乐链接】

你知道这些有关食物的短语和句子吗？让我们一起来做快乐的收集者吧！

* go bananas 发疯的   * the big cheese 很有影响力的人
* as cool as a cucumber 非常冷静，镇定自若
* couch potato 极为懒惰的人；成天躺着或坐在沙发上看电视的人
* You can't have your cake and eat it, too. 鱼与熊掌不可兼得。
* If life gives you lemons, make lemonade. 直译：如果生活给了你柠檬，就把它做成柠檬水。意思是"即使在困境中也要做到最好"。

【学习体会】

成功&收获：   失败&不足：

_____   _____

_____   _____

第四节　阅读教学课

一、案例呈现

案例 16-4

Section B (2a–2c)
教学设计

Step 1: 预习交流（2 minutes）

教师活动：

1. 请学生听录音，熟练跟读单词和词组，圈出自己拼读困难的词汇，并根据自己的单词预习情况，在表格中对应的一栏做好自我评价。
2. Design the following five tasks for the students.

学生活动：

1. 跟读单词和词组，作好自我评价。
2. 完成下列任务。

（1）What would you like to eat on your birthday?

（2）What would you like to do before eating your birthday cake?

（3）What do your parents usually prepare for you on your birthday?

（4）Find out what food the group members often eat on their birthdays.

（5）Find out what food the foreign children often eat on their birthdays on the Internet.

【设计意图】引导学生课前根据音标掌握本篇阅读文本中的生词和短语，扫清阅读障碍；引导学生回顾自己过生日时通常都吃什么、做什么，询问合作小组内其他成员都吃什么食物，了解美国、加拿大、日本、澳大利亚等国家人们过生日时吃的食物，让学生对世界各地的生日饮食文化有大概的了解。

Step 2：反馈分享 (3 minutes) — Task 1: Feedback and share

教师活动：

1. Check the pre-learning homework.
2. Show different ways to have birthdays in different countries, such as Brazil, Iceland, the Netherlands and India.

学生活动：

1. Work in groups. Discuss what they do or eat on their birthdays.
2. Share with each other what food the foreign children often eat on their birthdays.

【设计意图】学生分享交流和反馈课前预学内容；师生分享各国生日习俗文化。

Step 3：新课呈现 (3 minutes) — Task 2: Before reading

教师活动：

1. Play a video about Tony's birthday for Ss.
2. Ask Ss what the birthday person usually does. Write some sentences on the blackboard.

学生活动：

1. Watch a video about Tony's birthday.
2. Learn some new words and expressions, such as make a wish, blow out, come true, in one go, cut up the noodles, cut the cake, bring good luck to sb., candy and a birthday cake with candles.

【设计意图】通过录像和图片引导学生掌握本篇阅读文本中的生词、短语和重要句型，为之后的有效顺利阅读扫清障碍。

Step 4：课堂交流 (22 minutes) — Task 3: While reading

教师活动：

1. Guide Ss to finish fast reading tasks.
2. Guide Ss to finish careful reading tasks.
3. Guide Ss to finish deep reading tasks.

学生活动：
1. Finish fast reading tasks.
   (1) Find out the topic of the text.
      Key: birthday food around the world.
   (2) Tell the main idea of each paragraph.
      Key: Para. 1: different birthday foods in different countries;
      Para. 2: birthday foods in the UK;
      Para. 3: birthday foods in China;
      Para. 4: different foods, the same idea.
   (3) Read the passage. Judge(判断) True (T) or False (F) of the sentences.
2. Finish careful reading tasks.
   (1) Reading carefully and complete the chart.
   (2) Read the article again and answer four questions.
   (3) Read Paras. 1 & 2 aloud and complete the passage. Then read Paras. 3 & 4 aloud and complete another passage.
3. Finish deep reading tasks.
   (1) Read Para. 1 and find out the key information.
      Key: what to eat on their birthday.
   (2) Read Para. 2 and underline the topic sentence.
      Key: In many countries, people have birthday cakes with candles.
   (3) Read Para. 3 and give out a summary in one or two sentences.
      Possible answer: The birthday customs in China are interesting.
   (4) Read Para. 4 and master the structure of the passage.

【设计意图】引导学生根据题目要求及所给的表格读短文，并找出在英国及在中国人们生日时所吃的有特殊意义的食物。在读短文时，引导学生紧扣两个要求（一是在中国与英国的人们；二是有特殊意义的食物），略读无关的信息，对相关的信息进行认真阅读，从而对学生进行阅读策略训练。

Step 5: 学以致用 (8 minutes) — Task 4: After reading

教师活动：
Give Ss some help when they work on Task 4.

学生活动：
1. Translate some expressions in the passage.
2. Make a summary (总结) of the passage.
   Title: Birthday Food Around the World
   The beginning — Different people eat different birthday foods in different countries. — The topic sentence
   The body part — Different birthday foods have special meanings in different countries. In the UK: ...
   In China: ...
   The ending — All of these birthday foods may be different, but the ideas are the same. They bring good luck to the birthday person.

【设计意图】引导学生积累一些短语和句子的素材；引导学生对篇章的结构进行分析和解读，为学生的英语写作打下基础。

Step 6: 巩固提升(6 minutes) — Task 5: Expand reading

教师活动：
Give Ss some help when they work on Task 5.
学生活动：
1. Retell the passage in different ways, such as by oneself or in groups.
2. Show the results in front of the class.

【设计意图】培养学生用自己的语言复述学过的文章内容的语用能力。

Step 7: 作业布置(1 minute)

Make a survey. Ask your classmates what food they eat on their birthday.

板书设计

> Unit 10　I'd like some noodles.（Period 4, Section B 2a-2c）
> Birthday Food Around the World
> The beginning — Different people eat different birthday foods in different countries.
> — The topic sentence
> The body part — Different birthday foods have special meanings in different countries.
> 　　　　In the UK: ...
> 　　　　In China: ...
> The ending — All of these birthday foods may be different, but the ideas are the same. They bring good luck to the birthday person.

二、案例分析

[想一想]

（1）案例16-4的教学目标和教学重难点是什么？
（2）根据教学目标和教学重难点，案例是如何考虑教材处理的？

（一）宏观层面案例分析

1. 教学目标和教学重难点

案例16-4的教学目标是：①语言能力目标：掌握以下单词、短语：world, answer, different, cake, candle, age, blow, blow out, if, will, UK, candy, lucky, popular, cut up, idea；掌握以下句型：The answer would be different in different countries. The number of candles is the person's age. In China, it's getting popular.②文化意识目标：体会学习英语的乐趣，做到"在用中学，在学中用"；了解世界各地的饮食文化、生日文化等，具有初步的世界文化观念。③思维品质目标：能对关于中外生日饮食的观点作出正确的理解和判断；能根据语篇作者的态度和观点展开思考。④学习能力目标：能运用阅读策略顺利地完成阅读任务，在学习中注意倾听教师和同伴的观点与表达，乐于交流、合作、互助。

案例16-4的教学重点：通过进行阅读的训练，如find the title、fast reading、careful reading等，培养学生阅读策略，提高学生在实际生活中运用所学知识的能力。

案例16-4的教学难点：通过进行阅读的训练，培养学生用自己的语言对文章进行复述的能力。

2. 教材处理

（1）文本分析：本课是人教版新目标初中英语教材七年级下册第十单元的第四课时，通过对中、西方在生日食品方面异同的对比，引导学生对祖国饮食文化有更深刻的了解，也使学生乐于了解异国文化，加强对文化差异的理解与认识，从而进一步培养学生的跨文化意识和综合语言运用能力。

（2）课型结构：Pre-reading：激活学生大脑中与生日饮食有关的知识，使他们产生阅读的愿望，做好阅读的心理准备；为学生作好语言支撑，提供文化背景。在阅读之前提出一个指导性问题，引导学生形成对全文的初步的、模糊的图像。本环节活动的目的在于使学生投入（engage）。While reading：教师对文本进行处理，兼顾意义与语言讲解，采取自上而下的教学方法。从理解整个语篇入手，要求学生运用所学语言和知识，浏览捕捉重要语言线索，对文章有一个总体印象，然后分段找出重要信息。在此基础上，对一些长难句进行讲解和训练，进而要求学生在一定的语境中掌握语言表达方式和词汇。本环节活动的目的在于使学生学习（study）。Post-reading：创设情境，组织和指导学生在活动中运用语言，尽量做到全员参与到讨论中来。教师观察活动的进行情况，及时为学生提供帮助。本环节活动的目的在于使学生活用（activate）。

[想一想]

（1）案例中，除了教师的教之外，如何启发学生积极思考、主动探究，发展其自主学习能力？

（2）案例如何体现语言知识学习语境化的特点？

（3）案例如何体现任务难度的阶梯性？

（4）案例如何有效地训练学生的思维？

（5）案例如何有效地训练学生的阅读策略？

（二）微观层面案例分析

（1）案例中教师引导学生回顾自己过生日时通常做什么，询问合作小组内其他成员过生日时吃什么食物，了解美国、加拿大、日本、澳大利亚等国家人们过生日时吃的食物，从而让学生对各地的生日饮食文化有个大概的了解。以下是学生收集并在班内与同学一起分享的世界各地的生日庆祝方式。

Different ways to have birthdays

Brazilians（巴西人）have candies on their birthdays. Icelanders（冰岛人）eat pizza with candied fruit on their birthdays. In Britain, kids are often lifted up（被举起来）once a year on their birthdays. In the Netherlands（荷兰）, birthday persons get gifts and they also give gifts to others. Indians must pray（祈祷）and make good wishes in the pre-dawn（黎明前）.

通过教师有意识的引导，学生能拓宽视野，提高跨文化意识，同时产生自主学习英语的兴趣。

（2）案例通过问题启发学生积极思考，在语境中体会、探究"around the world"和"But the ideas are the same."的准确语义，而不是直接向学生灌输语言知识。在学生理解准确语义后，让其在创设的情境中通过运用掌握短语的用法，保证语言运用的得体性。

（3）学生阅读第一至四段的任务要求各不相同。读第一段要求学生划出关键信息

(what to eat on their birthday),读第二段则要求学生自主划出本段中心句(In many countries, people have birthday cakes with candles.),读第三段要求学生用自己的一句话概括段落大意(e.g. The birthday customs in China are interesting.),读第四段则要求由学生阅读后分析该篇文章的文本结构。这样任务难度由低向高发展。在学习语言知识时,首先让学生在语境中领会语言项目的意思,然后才设计一个运用的目标,运用的任务设计也由易到难。

（4）案例既训练了学生的逻辑思维,又发展了学生的创造性和批判性思维。Fast reading 环节中第一个和第二个任务可以有效地启发学生积极思考,体会信息之间的逻辑关系,让学生带着问题去阅读文章。同样,此环节中的几个判断正误题,可以启发学生思考,判断信息之间的逻辑关系,发展严密的批判性思维能力。Task 4中的summary环节,学生先是自上而下分析文本结构,然后自下而上总结文章框架。

学生根据关键信息点用自己的话语来复述全文。教师可以引导学生评估文本信息,发展学生总结概括的思维能力。

（5）案例主要以训练学生概括主旨大意的阅读策略为主。最后要学生根据每一段主旨大意对全文进行复述,从而掌握这项阅读策略,发展阅读能力。另外,设计小组活动,让学生为文章设计开头(Design a beginning for the passage in groups. Possible answer: Eating habits are different between China and some Western countries.);也可设计组内合作项目给片段设计最佳的结尾(Design an ending for the part in groups. Possible answer: In a word, different countries have different eating habits.)

三、设计策略

阅读教学中核心素养培养的基本内容为:拓宽视野,获得跨文化的认知、态度和取向,培养文化意识。在阅读教学课中,应指导学生学会鉴赏:语言美,即赏析和品味文本语言;人性美,即理解和内化价值观;文化美,即鉴赏跨文化的异国美。阅读教学课的教学设计要根据阅读课的特点,结合学生的学习现状和教材内容进行科学合理的设计。首先,了解学生读前的准备状态,即了解学生对所要读的内容(话题)及所要涉及的阅读策略的熟悉程度。然后,深入研读教材提供的篇章内容。通过研读,分析所读文本涉及的语言知识重点、篇章结构特点和阅读策略训练的重点。最后,根据学生学习准备状态和文本的特点确定教学目标。阅读课的教学设计可以从以下几方面来考虑:①语言知识(词汇)的学习尽可能与阅读有机结合,使之成为阅读的一部分,以提高语言知识学习的质量,促进阅读能力的发展。②根据文章的特点设计好要训练的阅读策略,提供学生体会感知和实践运用这些阅读策略的机会。③精心设计阅读思考题,促进学生认知思维能力的发展,使他们的独立思考与判断能力都能得到良好的锻炼。④教学程序设计可以按照"读前激发兴趣;读中阅读探究,分析讨论,交流比较;读后概括总结,评价创造"的原则来制定。在设计教学程序时,要考虑教学活动(任务)组织的有序性、阶梯性,还要考虑教学成效的适时评估。

四、观课视角

阅读教学课评课的视角可以是:①教师是否遵循学法指导原则,自主性、合作性学习原则?阅读教学从某方面来说是一种静思的学习,需给学生足够的时间进行自主阅读,有利于学生对文本的深层次理解。教学过程中是否通过合作学习帮助学生进行信息上的交流和弥补？②课堂提问是否有"度"（深度、亮度、跨度，尤其是难易度），提问设计是否巧妙，对学生的提问和回答是否做了合适的处理和评价？③学生是否有阅读策略意识？关键在于教师能否做到细致到位的指导和示范。

实践活动

上述案例设计主要根据文本的特点训练学生的阅读策略，在训练策略的同时有机穿插语言知识的学习。请根据下面文本的特点尝试设计一个阅读教学课的教学案例。

New Year Food Around the World

On New Year's Day, many people eat special foods for good luck.

In Spain and some Latin American countries, people eat twelve grapes at midnight on New Year's Eve — one grape for good luck in each month of the new year.

Chinese people eat dumplings. Some are made with a coin inside. Everyone tries to find the coin for luck and money in the new year. Of course they don't eat the coin.

Japanese people eat noodles on New Year's Eve and their birthdays. It may bring them good luck and long life.

Jewish people eat apples with honey for a sweet new year.

All of these New Year foods may be different, but the ideas are the same. They bring good luck to people.

项目学习

七年级英语项目学习单 Unit 10 I'd like some noodles. 第4课时 Section B（2a–2c）

班级_____ 小组_____ 姓名_____

一、课前自主学习

1. 请听录音，熟练跟读下列单词和词组，圈出自己拼读困难的词汇，并根据自己的单词预习情况，在表格中对应的一栏作好自我评价。

[wɜld] w__ld, [bləʊ] bl__, around the world	[ˈɑːnsə(r)] _nsw__, [ɪf] _f, make a wish	[ˈdɪfrənt] d_ff_r_nt, [wɪl] w_ll, blow out	[keɪk] c_ke, [ˈkændi] c_nd_, cut up	[ˈkændl] c_ndle, [ˈlʌki] l_ck_,	[eɪdʒ] _ge, [ˈpɒpjələ(r)] p_p_l__,	[aɪˈdɪə] _d__, bring good luck to
		Comments（评价）				
★★★		★★			★	

2. 完成下列任务。

（1）What would you like to eat on your birthday?
_____

（2）What would you like to do before eating your birthday cake?

_____

_____

（3）What do your parents usually prepare for you on your birthday?

_____

_____

（4）Find out what food the group members often eat on their birthdays.

The name of the students	The food they eat on their birthdays

（5）Find out what food the foreign children often eat on their birthdays on the Internet.

The name of the country	The food they eat on their birthdays
America	
Canada	
Japan	
Australia	

二、课中学习探究

Task 1: Feedback and share

Task 2: Before reading

Task 3: While reading

1. **Finish fast reading tasks.**

    Read the passage. Judge True (T) or False (F) of the sentences.

    (1) _____ The number of candles on the birthday cake is the person's age.

    (2) _____ In the UK, when the child has the birthday cake with the candy, he/she is lucky.

    (3) _____ In China, people eat noodles on their birthdays, they never have cakes.

    (4) _____ People in different countries have different birthday foods.

2. **Finish careful reading tasks.**

    Read carefully and complete the chart on P59.

Read the article again and answer four questions.

(1) How can a person make his or her birthday wish come true?
_____

(2) What do people in the UK sometimes put in a birthday cake?
_____

(3) Why do people never cut up birthday noodles in China?
_____

(4) Why do people eat special foods on their birthdays?
_____

Task 4: After reading

三、运用与拓展

Task 5: Expand reading

Retell the passage in different ways.

Birthday Food Around the World

What ... people ... on their birthdays? The answer ... different ...

In many countries, people have ... with ...

... number ... candles is ... The birthday person must ... and ... the candles. If he or she ... the candles ..., the wish will ... In the UK, people sometimes ... The child ... is ...

In China, it is ... to ... on your birthday. But many people still ... for their birthdays. They never ... because ... are ... long life. In some places, Chinese people ... eat eggs ... their birthdays. They are a symbol of ...

All of ... may be ..., but the ideas are ... They ... good luck ... the birthday person.

【快乐阅读】

A Special Gift

Alan is eleven years old. And it is his first time to come to China to visit his grandparents. Today is Sunday. It's his eleventh birthday. He gets up early and he wants to buy some food for his birthday party in the afternoon.

He sees a big bowl of noodles on the table when he comes out of his bedroom. It is a bowl of egg and tomato noodles. Alan usually eats bread for breakfast in America. He likes egg and tomato noodles, but he wants to know why Grandma cooks noodles this morning.

"It is your birthday today," says Grandma. "In China, eating noodles on your birthday means you can live longer. We call noodles *changshou* noodles. I hope you live a happy and healthy life."

"Thanks, Grandma. I think it's the first special gift I get for my birthday," says Alan.

(   ) 1. How old is Alan?
   A. He is 10.   B. He is 11.   C. He is 12.

(   ) 2. When is Alan's birthday party?
   A. On Saturday morning. B. On Saturday afternoon. C. On Sunday afternoon.

(　　) 3. What does Alan see on the table?

　　　A. A big bowl.　　　B. A bowl of noodles.　　　C. A tomato.

(　　) 4. What does Alan often have for breakfast in America?

　　　A. Bread.　　　B. Fruit.　　　C. Egg noodles.

(　　) 5. From the passage, we know that ＿＿＿＿＿＿.

　　　A. Alan's mother cooks noodles for him

　　　B. Alan thinks his grandma's gift for him is special

　　　C. Alan's grandma doesn't want to have the birthday party

【学习体会】

　　成功＆收获：　　　　　　　　　　　　失败＆不足：

第五节　综合技能课

一、案例呈现

案例 16-5

Section B (3a–3c)
教学设计

Step 1: 预习交流 (2 minutes)

教师活动：

检查学生的预学任务完成情况。培养学生预习的良好习惯，并鼓励其踊跃提问。

学生活动：

展示预学成果，与教师或同学交流预学中碰到的问题。

【设计意图】培养学生预习的良好习惯，并培养他们勇于提出问题的思维品质。

Step 2: 新课呈现 (2 minutes) — Task 1: Prepare enough food

教师活动：

1. T: I would like to open a restaurant. Let's prepare enough food.

2. T: Can you divide them into countable nouns, uncountable nouns and countable and uncountable nouns?

学生活动：

1. List enough food: vegetables, fruit, drinks, desserts, meat, etc.

2. List countable nouns, uncountable nouns and countable and uncountable nouns.

【设计意图】激活学生的旧知识，为本堂课的内容奠定语言基础。对本单元的语言点之一——掌握可数名词与不可数名词，进行复习归纳。

Step 3: 课堂交流 (4 minutes) — Task 2: Do the catering market survey

教师活动：

1. List the following on the PPT: What would you like to have?

　beef soup, *mapo* tofu with rice, fish porridge, vegetable and egg noodles, pork

dumplings, orange juice, green tea, etc.
2. T: Do you want to have meals in a restaurant? What kind of food would you like? What kind of food wouldn't you like?
3. Design the form.

学生活动：

1. Pair work: Make a dialogue with the following sentence patterns.
   A: What would you like to have?　B: I'd like ...
   A: What would you like to have?　B: I'd like a small/medium/large bowl/bottle/... of ...
2. Group work: 每小组由一名代表发言，阐述本组各成员喜欢吃的食物和不喜欢吃的食物。
   Report: In my group, I would like _____ and _____, but I wouldn't like _____ or _____. Mary would like _____ and _____, but she wouldn't like _____ or _____ ...

【设计意图】对本单元的目标语言进行再现、运用和巩固，在复习短语的基础上，促进学生对本单元核心句型——What would you like to have? I'd like ... 的掌握；通过做调查报告这一活动复习掌握以下句型：I would like _____ and _____, but I wouldn't like _____ or _____.

Step 4：课堂交流(5 minutes) — **Task 3: Discuss service terms**

教师活动：

1. 讲解句子：I'd like some noodles. 我想要面条。归纳拓展would like的不同用法。
2. 讲解句子：I'd like chicken, potato and cabbage noodles., 提示学生可数名词作定语一般用单数，但man/woman除外，man/woman要与后面的名词在数上保持一致，如 a man/woman teacher; two men/women teachers。

学生活动：

1. 归纳 would like 的不同用法：
   （1）would like sth. 想要某物。例如：I would like beef noodles. 我想要牛肉面。
   （2）would like to do sth. 想做某事。例如：My friends would like to visit you. 我朋友想去拜访你。
   （3）would like sb. to do sth. 想让某人做某事。例如：Her parents would like her to learn music. 她的父母想让她学音乐。
   （4）Would you like ...? 句型的答语：肯定回答常用Yes, please/OK/All right.；否定回答常用No, thanks.。
2. 活学活用，完成以下练习。
   （1）These _____ (woman) runners would like some _____ (tomato) noodles.
   （2）There are some _____ (apple) _____ (tree) over there.
   Key:（1）women; tomato　（2）apple trees

【设计意图】在复习阶段，教师有必要引导学生厘清本单元的重点句型及归纳拓展，让学生掌握所学语言知识的语法规律。在目标语言的运用过程中，让学生自己查漏补缺，培养学生发现问题、解决问题的能力。

Step 5：课堂交流(3 minutes) — **Task 4：Experience examination questions**

教师活动：

让学生完成试题，并讲解。

(1)(2022·浙江中考)— What would you like to drink, girls?

— _____, please.

  A. Two glass of water   B. Two glass of waters

  C. Two cups of tea   D. Two cups of teas

解析：选C。考查可数名词与不可数名词。glass和cup是可数名词，两杯应用复数形式，因此A、B错误；tea和water是不可数名词，没有复数形式，故选C。

(2)(2022·四川中考)— Where are the _____ students?

— They are playing football with _____ students from Hilltop School.

  A. boys; /   B. boys; the   C. boy; /   D. boy; the

解析：选D。考查名词作定语和冠词的用法。一般而言，作定语用的名词都是单数形式，第二空后的students特指Hilltop School的学生，故前面加定冠词the，故选D。

(3)(2022·江苏中考)— Would you like to go shopping with me, Carmen?

— I'd love to, _____ you don't want to go alone.

  A. until   B. before   C. if   D. so

解析：选C。考查连词的用法。根据答语句意"我想去，如果你不想独自去的话"，可以判定用if引导条件状语从句。if意为"如果"；until意为"直到……为止"；before意为"在……之前"；so意为"因此，所以"，表示因果关系。故选C。

学生活动：

完成试题。

【设计意图】链接中考核心三考点：可数名词与不可数名词；名词作定语；if引导的条件状语从句。

Step 6：学以致用(7 minutes) — **Task 5：Train meal service & Task 6：Make a restaurant menu**

教师活动：

1. Train meal service.

2. Show a restaurant menu.

学生活动：

1. Act in pairs as the waiter and the customer in front of the class.

2. Make a restaurant menu in groups. Show the menu to the class.

【设计意图】培训餐馆员工的服务语言和为餐馆设计菜单，都是开餐馆的必需工作。通过这两个任务，帮助学生操练和巩固本单元的目标语言，并为后面的写作活动做铺垫。

Step 7：巩固提升(21 minutes) — **Task 7：Design an ad**

教师活动：

1.提供写作指导：这是一篇介绍自己饭店内特色食品及其价格的短文。首先，可先介绍一下自己的店名。其次，可根据实际情况按照Activity 3b中列表格的方式将自己饭店内的特色食品及价格一一列出。然后,用上面所列举的句型结构来介绍这些食品,说明食品价格可用"We have ... for +价钱"等句型。最后,还应再通读一遍文章,看是否通顺。让学生完成写作后在小组内展示、交流、自评、互评。

2. 教师出示评价标准:设计一个特色鲜明,主题明确的广告标题;能使用表示邀请顾客来光临该餐厅的语言功能句;能够介绍清楚该餐厅里有哪些食品,尤其有哪些特色食品;能够介绍该餐厅的食品价格、设施设备、服务质量及地理位置;书写工整,大小写及标点正确,拼写无误,语言流畅。

学生活动:

为一家餐馆设计一份英文广告。

Possible answer:

Welcome to Xinyue Fast Restaurant. Would you like soup? We have beef and carrot soup for only six yuan a medium bowl. We have mutton and tomato soup for seven yuan a medium bowl. Our tomato egg noodles are eight yuan a large bowl. You can try our dumplings. They're ten yuan for twenty. The tomato and egg rice is really delicious.

学生在完成写作后,以四人为一小组进行作文交流,按照教师制定的作文评价标准对成员作文作出评价,然后推选出优秀的作文并通过实物投影的形式展现给全班同学。

【设计意图】在写作之前,先给学生展示写作的蓝本,让学生明白怎样的作文是本次写作的目标范本。引导学生在情境中根据写作要求,运用和巩固本单元的目标语言,完成最后的写作输出任务。出示作文评价标准,引导学生进行交流展示和开展不同形式的评价。

Step 8:作业布置(1 minute)

基于在课堂上完成的作文,再进行修改,鼓励学生参考精美的广告文书,对修改后的作文进行设计美化。

板书设计

> Unit 10　I'd like some noodles (Period 5, Section B 3a–3c)
> 　　　　1. Title (name of your restaurant)
> 　　　　2. Invite people
> 　　　　3. Specials and price
> 　　　　　　— We have ... for ...
> 　　　　　　— You can try our...
> 　　　　　　— ... is very good/delicious.
> 　　　　　　— Specials, kind, bowl
> 　　　　　　— They're ... (how much)

附教材内容

Section B (3a)

Fill in the blanks in the ad with the words in the box (order, bowl, kinds, strawberry, specials).

The Ice Cream and Pancake House

Would you like to eat ice cream or pancakes? At our restaurant, we have some great specials. We have different kinds of fruit ice cream, like strawberry, banana or orange. Would you like a big bowl for four yuan or a small one for just two yuan? You can also order our delicious pancakes. They're only five yuan.

Section B (3b)
Imagine you have a restaurant. Write the foods and their prices.

Section B (3c)
Write an ad for your restaurant. These sentence structures may help you.
Would you like ...? We have ... for ... You can try our ... ... is very good/delicious.

二、案例分析

[想一想]

（1）案例16-5中教学目标和教学重难点是什么？
（2）根据教学目标和教学重难点，案例是如何考虑教材处理的？

（一）宏观层面案例分析

1. 教学目标和教学重难点

案例16-5的教学目标是：①语言能力目标：掌握情态动词would的用法；掌握可数名词与不可数名词的分辨方法及用法。②文化意识目标：通过对中、西方在饮食及用餐方面异同的对比，对祖国饮食文化能有更深刻的了解；乐于了解异国文化，加强对文化差异的理解与认识。③思维品质目标：能比较不同的餐厅广告语篇的相似性和差异性，并作出正确的价值判断。④学习能力目标：学会订餐；学会给餐馆写广告。

案例16-5的教学重点：熟记本单元单词、短语和重点句型；学会用英语点菜。

案例16-5的教学难点：语言点的辨析；英语广告的设计。

2. 教材处理

（1）文本分析：本单元的中心话题是如何在饭店订餐以及进行简单的广告或海报的写作，学生要熟练掌握点餐用语（面条，饮料等的种类及碗的大小），掌握主要语言结构would like的用法。通过本单元的学习可进一步培养学生的跨文化意识和综合语言运用能力；使学生掌握并能熟练运用所学词汇、句型点餐，并进一步学习与区分可数名词和不可数名词；通过对中西方在饮食及用餐方面异同的对比，对祖国饮食文化能有更深刻的了解。

（2）课型结构：课前导学：让学生明确学习目标，了解本课题的重点难点并达成初步目标，做好语言准备。课中活动：教师先给出写作范例，引导学生对范文进行评析。在范文学习的基础上，让学生模仿范文，根据所给句式和框架，独立完成一个广告的写作，让学生完成写作后在小组内展示、交流与互评。教师引导学生以教材中的Self Check为基础，对整个单元中的知识进行系统化分析与综合。课后练习：根据预设的教学目标对学生进行回归性检测，使学生能巩固、内化所学的知识。

[想一想]

(1)案例16-5中设计的哪些任务能有效地对学生进行思维训练?

(2)案例16-5中如何优化评价方式,来着重评价学生的综合技能?

(二)微观层面案例分析

(1)案例中任务一的设计是为了复习学生所有已知的有关食品的分类及其名称,让学生借助思维导图,进行发散性思维的训练(见图16-3)。

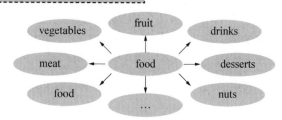

图16-3 案例16-5任务一

案例中任务三的设计是为了解决学生的一个普遍难点和疑点——可数名词作定语的使用规则。教师在幻灯片上出示与该知识点相关的内容,能助推学生开展自主领悟、归纳总结、活学活用等一系列知识迁移的思维过程(见图16-4)。

---

e.g　I'd like chicken, potato and cabbage noodles. 我想要鸡肉土豆卷心菜面。

【自主领悟】句中名词chicken/potato/cabbage均作noodles的定语,其中potato和cabbage是可数名词,由此可见可数名词作定语一般用单数形式。

【温馨提示】可数名词作定语一般用单数形式,但man/woman除外,man/woman要与后面的名词在数上保持一致,如a man/woman teacher, two men/women teachers。

【活学活用】(1) These _____ (woman) runners would like some _____ (tomato) noodles.

(2) There are some _____ (apple) _____ (tree) over there.

答案:(1) women; tomato　(2) apple trees

图16-4 案例16-5任务三

案例中任务七要求学生设计一份餐馆广告词,教师出示优秀范例,学生在此基础上经历感悟、欣赏、批判、模仿、再创造等一系列过程,最后完成设计一份餐馆广告词的任务(见图16-5)。

Task 7: Design an ad

Ad 1. A Chinese restaurant

　　Chinese foods are getting popular(受欢迎的) in the world(世界). So we have a Chinese restaurant. At our restaurant, we have some great specials(特色菜): ① noodles: beef(牛肉) noodles/egg noodles, ② dumplings: mutton dumplings/potato(土豆) dumplings/fish(鱼肉) dumplings and ③ pancakes(烙饼).

　　What would(愿意) you like? If(假如) you are the first to come to our restaurant, you will be lucky(幸运的) to get a bowl of free porridge.

图16-5 案例16-5任务七

（2）评价改革的主要目标之一是实现评价的多元性、多样性与可选择性，让评价促进学生的自主学习能力、思维能力、跨文化意识和健康人格的发展。课堂上对学生或活动小组进行评价的形式，包括自评、互评和师评。

案例中学生在完成写作后，以四人为小组进行作文交流，小组成员根据教师制定的作文评价标准（见表16-1）给予评价，然后小组推选出优秀的作文，通过实物投影的形式展现给全班同学。

表16-1　学生写作训练评价表（评定等级为A、B、C）

姓名_____

评价标准	自评	互评	师评
1.设计了一个特色鲜明，主题明确的广告标题。			
2.能使用表示邀请顾客来光临该餐厅的语言功能句。			
3.能够介绍清楚该餐厅里有哪些食品，尤其有哪些特色食品。			
4.能够介绍该餐厅的食品价格、设施设备、服务质量及地理位置。			
5.书写工整，大小写及标点正确，拼写无误，语言流畅。			

初中生评价能力发展中的一个突出特点就是十分重视同龄人对自己的评价和看法，开始将同学的评价和教师的评价同等对待，因此学生间的相互评价更是形成性评价中不可缺少的一部分。学生对自己的学习过程和结果的评价和对同学写作活动的评价，既是总结自己学习活动的过程，又是发现问题、解决问题的过程。

三、设计策略

综合技能课是中学英语课堂教学的常见课型，此类课型的出发点是通过有效的阅读为说和写奠定表达所需的语言、内容和篇章知识基础，落脚点是学生能说出并写出高质量的文章，达到充分运用语言、发展综合语言技能的目的。这类课型设计的关键是我们如何为学生做好语言、内容和篇章上的层层铺垫，最后让学生能拥有一个满意的学习成果（一篇好的文章）。

主要的设计策略有：第一，明确教学目标，即要求学生最后能写出一篇怎样的文章。第二，处理阅读时要重点考虑帮助学生获取表达所需的语言知识和有关内容，熟悉表达所需的篇章结构。第三，在收集说和写所需素材的过程中要按表达的需要进行合理取舍和整理。

四、观课视角

综合技能课评课的视角可以是：①这节课能否体现精讲精练原则，采用讲和练有机结合的方式，真正提高课堂教学效率。②教师是否对学生进行写作指导，如通过阅读文章分析出写作的框架，然后让学生根据这样的框架进行写作，在写作之后，师生进入评价阶段，课堂上是否通过学生的自评、互评和集体修改，指导学生在写作时应该注意的事项。③这节课能否把本单元的语言知识进行有效的整合处理，突出重点，解决难点。

实践活动

分析上述案例中所设计的教师对学生写作任务的指导，再认真思考：假如由你来指导学生写这个题材的英语文章。你将如何设计一节有效的英语写作课？

项目学习

七年级英语项目学习单 Unit 10 I'd like some noodles. 第 5 课时 Section B（3a–3c）

班级_____ 小组_____ 姓名_____

一、课前自主学习

（一）亲爱的同学们，现在你能很快地把下列短语记住吗？聪明的你一定行。快来试试吧。

1. 想要……_____
2. 想做某事_____
3. 想让某人做某事_____
4. 牛肉番茄面_____
5. 一份中碗面条_____
6. 一家面条馆_____
7. 橙汁_____
8. 饺子配汤的特色午餐_____
9. 什么种类_____
10. 什么尺寸_____

（二）你还记得本单元的重点句子吗？快来挑战一下自己的记忆力吧。

1. 我想要些鸡蛋面。_____.
2. 你想要什么样的面条？_____?
3. 他想要一大碗面条。_____.
4. 玛丽想要多大碗的面条？_____?
5. 订一份饺子。_____.
6. 我喜欢饺子、面条和绿茶。_____.
7. 我妈妈不喜欢洋葱、草莓香蕉冰激凌和粥。_____.
8. 十五个饺子只卖十元钱。_____.
9. 苹果橘子冰激凌只卖五元钱。_____.
10. 你想要多大份的甜点？_____?
11. 快来买饺子吧。_____.

二、课中学习探究

Task 1: Prepare enough food

1. List enough food.

    Vegetables:　　　　　　　　　Fruit：
    Drinks:　　　　　　　　　　　Desserts:
    Meat:

2. Categorize the nouns.

    Countable nouns:　　　　　　　Uncountable nouns:
    Countable and uncountable nouns:

Task 2: Do the catering market survey

Report: In my group, I would like _____ and _____, but I wouldn't like _____ or _____. Mary would like _____ and _____, but she wouldn't like _____ or _____ ...

Task 3: Discuss service terms

Task 4: Experience examination questions

Task 5: Train meal service

Act in pairs as the waiter and the customer (顾客).

A: Can I help you?
B: Yes, I'd like some noodles.
A: What kind of ... would you like?
B: I'd like some ...
A: What size bowl of ... would you like?
B: I'd like a ... of ...
A: Is that all? (就这些吗？)
B: No. I'd like some ... salad, too.
A: OK.
B: How much are they?
A: They're ... yuan/dollars.
B: OK. Here is the money. Thank you!
A: You're welcome!
B: Bye!

三、运用与拓展

Task 6: Make a restaurant menu

List	Name (in English)	Name (in Chinese)	Prices

Task 7: Design an ad

House of _____

_____
_____
_____
_____

【快乐链接】

快餐词汇

巨无霸 Big Mac	番茄酱 ketchup
汉堡 hamburger/burger	芝士汉堡 cheese burger
薯条 French Fries/potato chips	苹果派 apple pie
全家桶 Chicken Bucket Family Meal	鸡米花 popcorn chicken
辣翅 hot wing	烤鸡翅 roasted chicken wing
蛋挞 egg tart	甜筒 soft serve cone
三明治 sandwich	奶昔 milkshake
吸管 straw	纸巾 napkin

【学习体会】

成功&收获： 失败&不足：

_____ _____

_____ _____

第十七章 单元整合设计方法与案例分析（初中外研版）

随着《义务教育英语课程标准（2022年版）》的颁布，我国基础教育英语课程全面进入核心素养时代。新版课程标准倡导"践行学思结合、用创为本的英语学习活动观"。英语课堂中，学生应当在体验中学习、在实践中运用、在迁移中创新，围绕真实情境和真实问题，激活已知，参与到指向主题意义探究的学习理解、应用实践和迁移创新等一系列相互关联、循环递进的语言学习和运用活动中。具体来说，教师应坚持学思结合，引导学生在学习理解类活动中获取、梳理语言和文化知识，建立知识间的关联；坚持学用结合，引导学生在应用实践类活动中内化所学语言和文化知识，加深理解并初步应用；坚持学创结合，引导学生在迁移创新类活动中联系个人实际，运用所学解决现实生活中的问题，形成正确的态度和价值判断。

英语学习活动观强调学生在英语学习中通过参与一系列相互关联、循环递进的语言学习和运用活动，与语篇反复互动，从而探究语篇传递的主题意义，加深对语篇的理解和认识。单元是承载主题意义的基本单位，实施单元整体教学能够帮助教师整合课程内容、整体规划教学与评价活动，并在教学中融入持续的评价，确保目标落实。通过开展多样化的教学活动，让学生在主题意义探究和问题解决的过程中建构起连贯的、整合性的知识结构。本章以外研版初中英语教材（2012年版）七年级下册第五模块为例，介绍单元整体教学的设计方法，并对教学案例进行分析。

模块主题：Shopping。主题范畴分为人与自我、人与社会、人与自然。该主题属于"人与自我"范畴，涉及"零用钱的使用，合理消费，节约意识"的子主题内容。

本单元由三个小对话、一篇议论文、一篇说明短文三种不同类型的语篇组成。第一单元的第一个对话中，Lingling 和 Betty 正在讨论母亲节要为妈妈准备什么礼物；第二、三个对话中，她们分别在商店和市场购物。第二单元的议论文对网上购物这个现象进行了探讨，阐述了网上购物的优劣等。第三单元的语篇为 Around the World 中的说明短文，介绍了美国人流行的购物方式之一——目录购物（即 catalogue shopping）。

本单元的核心语言主要围绕购物展开，包括在商店购物时使用的语言（buy sth. for sb., I'd like to ..., all right, try on, certainly, wait a minute 等），在市场购物时使用的语言（have got, how much, one kilo, look fresh 等），以及讨论网购时使用的一些表达方式（online shopping, on the Internet, by post, at any time, compare the prices of the same product, pay over, be able to 等）。三个语篇均围绕着同一个话题"购物"展开，但有不同的侧重点。第一单元的第二段对话和第三段对话均发生在线下，即侧重实体店购物；第二单元 You can buy everything on the Internet.中的文章阐述的则是线上购物，即侧重网上购物。第三单元侧重语言运用，结合学生的实际学习生活,教师将本课设置成主题为"评选文明消费先进个人"的项目式活动。课堂教学主要由三个活动构成:第一个活动是为班级同学购买生日礼物;第二个活动是分析自己在校一周的生活费清单;第三个活动是对网红主播收到高额打赏这一社会热点现象表达看法。

整个模块的主题内容框架图如图17-1所示。

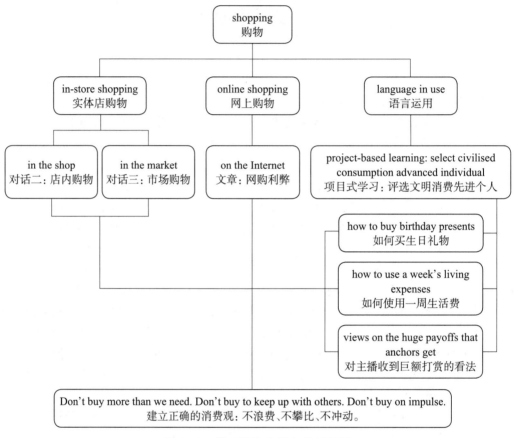

图17-1　第五模块主题内容框架图

体现本模块单元核心素养综合表现的重点语言表达如表17-1至表17-3所示。

表17-1　第五模块实体店购物重点语言表达

What can I do for you?	I'd like to ...
buy sth. for sb.	What colour does she like?
What size does she take?	May I try it on?
I'll take it.	I've got some food to buy.
Can I help you?	How much are they?
How much would you like?	

表17-2 第五模块网上购物重点语言表达

There are many new ways of shopping and online shopping is one of them.
Online shopping has several advantages.
First, you can shop at any time.
They don't like shopping on the Internet because they can't see the products or try the clothes on.
Online shopping is changing our way of life.

表17-3 第五模块语言运用重点语言表达

There are catalogues for almost anything you need — like clothes, toys, computers, things to cook and so on.
I spend ... *yuan* on food every day.
I hold a firm belief that ...
In my opinion, it's ...
I strongly disagree ...

基于新课标要求和英语学习活动观，单元课时安排如下：

第一课时：听说课（Unit 1 What can I do for you?），先说后听，听说并举，聚焦学生的语言知识输入和正确消费观的输出。学生以购物为情境展开对话，在学习语言知识和听力技能的同时，树立正确的消费观（buy what is useful, suitable and affordable）。此课着重帮助学生学会正确的购物表达及树立正确的消费观，学生在完成听力活动的过程中获取相关知识，在输出练习中运用、巩固知识。

第二课时：阅读课（Unit 2 You can buy everything on the Internet.），教师先创设情境带领学生学习关于网上购物的核心词汇，再通过由浅入深的一系列读的活动，帮助学生梳理语篇内容，辩证地看待网购的利和弊，得出"事物都有两面性"的结论，并进一步讨论实体店购物是否会被网上购物取代，最后得出结论：人们在选择购物方式时应当基于其便利性而灵活选择，所有购物方式并没有绝对的优和劣。

第三课时：项目课（Unit 3 Language in use），这节课的教学目标为在模拟实践中综合使用本模块所学的重要语言点和语法知识，帮助青少年树立正确的消费观。基于此，本课设计了主题为"评选文明消费先进个人"的项目式学习活动，即融合相关语言知识与相应价值观的教学活动，以期学生能在相应的情境中运用语言知识，在实践中体验，在探索中创新，解决现实问题，树立正确的消费观。

每个课时的教学目标和教学内容如表17-4所示。

表17-4 第五模块单元课时安排

课时	单元教学目标	语　篇
1	1. 通过完成听力活动，学习购物的相关词汇、量词与句型表达，完成购物相关用语的积累（学习理解）； 2. 基于购物相关用语的积累，在母亲节即将来临之际，学生进行角色扮演，模拟情境对话，为母亲挑选、购买礼物（应用实践）； 3. 在对话操练及输出过程中，帮助学生树立正确的消费观（迁移创新）	Unit 1 What can I do for you? 一则购物前的情境对话；两则购物进行时的情境对话
2	1. 获取与网购相关的信息，梳理、概括网购的利与弊，对作者的观点、态度作出判断（学习理解）； 2. 基于思维导图，描述网购的现状、预测其发展前景，分析、推断网购是否会取代实体店购物成为人们购物的唯一方式（应用实践）； 3. 分析、评价不同的购物方式，完成在不同的情境下选出最佳（最方便）的购物方式的模拟活动（迁移创新）	Unit 2 You can buy everything on the Internet. 议论文语篇
3	1. 通过师生对话等形式复习正确的消费原则；理解本节课的项目及其要求（学习理解）； 2. 通过头脑风暴、读图、两两对话、绘制饼图、辩论等形式开展项目活动（应用实践）； 3. 基于量表分析，评价自身及他人的消费行为，树立正确的消费观（迁移创新）	综合语用材料

第一节　听说课

一、案例呈现

案例 17-1

Unit 1　What can I do for you?

本课教学材料选自外研版初中英语教材（2012年版）七年级下册 Module 5 Shopping Unit 1 What can I do for you?，一共有三则对话，对话围绕购物展开。

【语篇研读】

What：本课时有三则听力语篇，围绕购物展开。三则语篇中的主人公为Lingling和Betty。语篇一中，母亲节将至，Betty和Lingling在讨论要为自己的妈妈准备何种节日礼物。语篇二和语篇三，分别是Betty和Lingling在服装店和超市购买礼物时发生的对话，当中涉及服装和食品类的词汇以及英语中一些数量的表达词，还有一些相关的句型。

Why：Betty和Lingling的对话可以帮助学生了解基本的数量表达方式和购物用语，培养学生通过节日送祝福和礼物来表达对母亲的感恩之情的意识。通过在情境中的角色扮演和对话操练，学生能够树立正确的消费观。

How：本课时语篇主要是好朋友之间的聊天，以及购物时与售货员的交流，对话语体为非正式语言。

对话共有三篇：第一篇是购物前期两个人关于礼物内容的讨论；第二、三两篇是不同场景下实体店购物时的对话内容。这部分包含了购物的主题词汇，如try on、price、half price、take it、how much、a kilo of等，以及购物时的语言表达，如I'd like .../May I ...?/There is a sale on today./I've got some food to buy too./How much are they?/What else would you like? 等。

【教学过程】

教学目标	学习活动	效果评价
1. 掌握购物的相关词汇、数量表达与句型（学习理解）	1. 学生观察一张图片剪影，猜测图中人在做什么活动，猜出是购物之后，进行相关的自由交流，回答"Do you love shopping? Who loves shopping in your family? Where do you (does he/she) usually go shopping? What do you (does he/she) usually buy?"(3 minutes)； 2. 学生在自由交流之后进行相关购物地点和商品的总结学习，输入购物的相关表达（3 minutes）； 3. 学生听第一篇对话的录音，选择Lingling和Betty要买的物品，以及她们购物的原因（3 minutes）； 4. 学生听第二篇对话的录音，提取关键信息，记录Lingling为妈妈买的礼物的颜色、尺码以及价格，然后听第三篇对话的录音，记录相关商品的价格和她们购买的数量（6 minutes）； 5. 学生跟读对话录音，重点模仿部分语句的语音、语调和节奏，感知、体会和明确其表意功能（4 minutes）	1. 观察学生回答，根据其回答的内容，了解学生对此话题的熟悉程度； 2. 根据学生的正确率，评价检测上一环节的输入学习是否有效； 3. 根据学生的正确率，判断其是否已经掌握价格和数量的表达

【设计意图】第一环节导入主题，通过猜测游戏激发学生参与课堂的兴趣，激活学生关于购物的词汇；第二环节是购物地点和商品相关词汇的学习，一方面为下一环节的听力做铺垫，另一方面也为输出环节时的汇报做词汇的铺垫；第三、四环节旨在通过听力训练帮助学生整体感知对话内容，并培养学生准确获取、梳理和记录关键信息的能力；第五环节让学生模仿语音语调，体验语气节奏

教学目标	学习活动	效果评价
2. 在母亲节即将到来之际，学生进行角色扮演，模拟情境对话，为母亲挑选、购买礼物（应用实践）	6. 学生回答母亲节来临之际，计划为自己的母亲准备什么礼物（3 minutes）； 7. 学生角色扮演，两两合作，模拟商店或市场购物对话，为母亲购买礼物（需明确表达数量、价格）（6 minutes）	4. 观察学生准备的礼物内容以及购买商品的价格，了解学生的消费观； 5. 观察班级的整体参与度，把握学生对知识的掌握程度

【设计意图】第六、七环节为输出操练，让学生将之前所学的东西进行实际运用，帮助学生巩固所学，且方便教师在此环节观察记录学生的消费观

（续表）

教学目标	学习活动	效果评价
3. 帮助学生树立正确的消费观（迁移创新）	8. 通过上一环节的对话展示和讨论，教师发现学生的消费观有待改进，进而引导学生思考"What should we think about when shopping?"，并和学生一起总结购物注意事项：buy what we really need, buy what really suits, buy what we can afford, buy things at the best price（5 minutes）； 9. 学生准备报告，分享自己在母亲节到来之际计划为母亲买的礼物，其中需包含礼物内容、挑选原因、购买地点、心理价位等，并根据总结出的购物规则来自评及互评此次购物计划是否合理（7 minutes）	6. 观察学生准备报告，根据需要给予必要的指导； 7. 观察学生的输出，以评价此堂课价值导向是否成功

【设计意图】通过第八环节中的思考和讨论，教师引导学生总结出购物原则，帮助其树立正确的消费观，而这正是本堂课的核心素养价值升华点；第九环节是本堂课的一个总输出，既可以检测学生前期的语言输入掌握情况，又可以观察本堂课的思维品质培养成效。

【作业布置】A层：Write a report about your shopping plan and share it with your partner;
B层：Imitate the conversation and read it dramatically for 3 times

【板书设计】

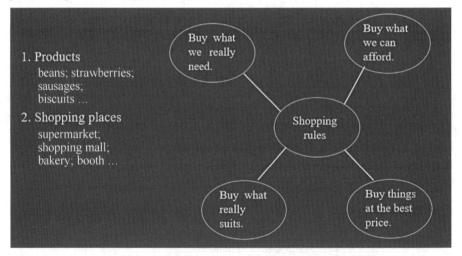

附教材内容

Tapescript 1

Lingling: It's Mother's Day soon, and I want to buy my mum a T-shirt.
Betty: OK! I want to make a cake for my mother. How about going to the shops tomorrow afternoon, Lingling? We can but a T-shirt first and then buy some food in the market on our way back.

Lingling: All right. What do you want to get for this cake?
Betty: Strawberries and biscuits and, let me think, some lemons.
Lingling: OK. See you tomorrow.

Tapescript 2
(In the shop)
Shop assistant: What can I do for you?
Lingling: I'd like to buy a T-shirt for my mum.
Shop assistant: What colour does she like?
Lingling: Purple.
Shop assistant: All right. What size does she take?
Lingling: Small.
Shop assistant: What about this one?
Lingling: May I try it on?
Shop assistant: Certainly.
Lingling: Look at the price. It's 198 *yuan*. That's too much.
Shop assistant: But wait a minute! There's a sale on today. Everything is half price.
Lingling: OK! I'll take it.
(In the market)
Lingling: I've got some food to buy, too.
Market assistant: Can I help you?
Lingling: Yes, I'd like some sausages. How much are they?
Market assistant: Thirty-eight *yuan* a kilo. How much would you like?
Lingling: Half a kilo.
Market assistant: OK. What else would you like?
Lingling: A kilo of beans and two lemons.
Market assistant: That'll be thirty *yuan*.
Betty: Oh, the strawberries look fresh. How much are they?
Market assistant: Ten *yuan* a kilo.
Betty: One kilo, please. Here's fifty-nine *yuan*.

二、案例分析
【想一想】
（1）案例17-1中，教学重难点是什么？
（2）根据教学目标和教学重难点，案例是如何考虑教材处理的？
（一）宏观层面案例分析
1. 教学重难点
案例17-1的教学重点：帮助学生掌握本单元的重点单词，如"Mother's Day, size, take, may, try, try on, certainly, wait a minute, sale, price, look, fresh"，以及重点句型，如"What can I do for you?/I'd like to buy .../How many ...?/How much ...?/What size ...?"；学会在购物情境中精

准描述自己的购物需求或给他人提供帮助。

案例17-1的教学难点：帮助学生模拟购物场景，进行角色扮演对话，邀请其中几组进行课堂呈现；根据学生在角色扮演中所暴露出的消费观上的问题，引导其通过几个购物案例进行分析、讨论、思考，树立正确的消费观：即buy what we really need, buy what really suits, buy what we can afford, buy things at the best price。

2. 教材处理

（1）文本分析：本课是外研版初中英语教材（2012年版）七年级下册第五模块的第一课时，本模块的核心话题围绕购物展开，此单元侧重购物时的一些交际用语的表达。单元情境为即将到来的母亲节，与学生的实际生活相关性较高，能够激发学生在实际操练中的参与度与积极性。本课题的教学中心话题：shop for clothes and food；相关语言："What can I do for you?" "Can I help you?" "I'd like to buy ..." "I'd like a(n)/some ..., please" "What size ...?" "How many/much ...?"；相关词汇：Mother's Day, size, take, may, try, try on, certainly, wait a minute, sale, price, look, fresh 等。

（2）课型结构：课堂主要分为学习理解、应用实践、迁移创新三部分。先以猜测游戏调动学生参与度，引出话题，再通过自由交流激活学生对于此话题的原有知识储备，交流后以小结的形式巩固学习本单元的重点词组及语言知识，帮助学生学习理解，扫除听力障碍。应用迁移体现在两个活动中，其一是，教师引导学生进行各种形式的有关购物的听力训练，包括捕捉对所购买商品的数量的表达。其二是，学生通过模拟情境角色扮演的形式进行购物用语操练，以反馈和检测前期输入及听力训练的成效。迁移创新则体现在最后的几个活动中，首先，通过分析、思考和讨论，帮助学生树立正确的消费观，总结出购物原则。接着，学生根据购物原则进行汇报，说说自己为妈妈准备礼物的购物计划安排，并自评是否符合要求，然后同学间互评，从而将正确的消费观内化到学生的观念中。

【想一想】

（1）案例是如何处理本单元语言内容的学习和操练的？

（2）案例是如何体现学生的思维品质培养的？

（二）微观层面案例分析

（1）本单元的语言内容处理上，首先，教师在听前的自由讨论环节激活学生脑中已有知识，然后在下一环节中从购物商品和购物地点两方面总结学生自己说出的词汇，带领学生学习更多的相关新词汇，学生跟读巩固。第一个听力活动要求学生着重捕捉说话者所要购买的产品和要去的购物地点，检测和反馈学生对上一环节知识点的掌握程度。第二个听力活动要求学生着重捕捉数量和价格等新表达方式以及购物的相关用语，听后跟读模仿学习。在角色扮演部分，学生们在自己拟定的购物情境中进行对话操练，以反馈和检测前期输入及听力训练的成效。最后的报告产出是对本堂课所学所有内容的一个输出练习，用以强化本堂课所学的知识，而且学生们自评加互评，可以反馈和检测本堂课的总体价值导向的学习成效。

（2）本课要培养的思维品质主要有两点：一是培养学生向亲人表达感恩、表达爱的意识，比如本课中的主人公在母亲节到来之际为母亲准备礼物以表达感恩之情；同时还要让学生意识到为他人挑选礼物时一定要考虑对方的喜好，比如听力材料中Lingling在为妈妈挑选衣服时对衣服颜色和尺码的选择就体现了这一点。第二点则是对学生正确消费观的培养。通过角色扮演进行对话操练之际，教师会发现学生往往会购买"天价零食""天价鞋"，这个时候教师一定要帮助其树立正确的消费观，通过几个购物案例的对比分析，告诉学生送礼首先重在心意,其次挑选的礼物一定得在自己能力范围内,若能挑到物美价廉又合适的礼物则为最佳。

三、理论依据

布鲁姆根据认知能力由低到高将认知领域分为六个层次,具化为识记、理解、运用、分析、综合、评价,其目的在于提供评价学生学习结果的标准,以指导教学。本案例根据布鲁姆的教育目标分类层层推进。前期的复习和学习环节,是为了帮助学生认识并记住相应新词汇而设计的,这一步实现了识记目标。听力训练的两个活动是为了检验学生对所学知识的掌握程度而设计的,在完成教学活动的过程中学生实现了理解这一目标。听后的角色扮演需要学生根据本堂课所学的知识展开对话,进行应用,此环节体现了运用这一教学目标。而针对对话操练和展示中出现的问题,学生学会了分析购物时需要注意的要点,总结归纳出购物原则,这就是分析这一教学目标的体现。最后输出的报告环节,学生综合本堂课所学的所有知识点安排自己的购物计划,并进行课堂汇报,此为综合。评价目标则体现在学生们根据指定的购物原则对彼此报告内容中的购物计划进行评价,总结其购物内容和安排是否合理。

四、教学反思

课堂整体流程较为顺畅,各个教学环节层层推进,教学过程循序渐进。课堂最大的亮点就是最后和学生一起进行的购物原则总结归纳。此教学环节一方面培养了学生及时进行自我反思评价的品质,另一方面引导、帮助学生树立正确的消费观、价值观。总结后的报告输出环节不再是小组活动,而是个人汇报,如此则方便根据总结出的购物规则进行学生自评、生生互评,检测且强化本堂课的价值导向。

课后进行反思时,发现部分重要的知识点缺少了一定的操练。例如对食物重量的表达,应该在复习环节就结合购物情境进行一定的意义性操练,巩固该知识点;还有则是学习购物场景中的部分重要句型时,也需在情境模拟的交际操练前安排一定的意义性操练,这样学生对句型的掌握情况会更好一些,后续角色扮演部分的对话交流也会更顺畅一些。

实践活动

上述案例设计主要根据模块主题"购物"训练学生的听力策略及内容和价值输出。请根据下面文本的特点尝试设计一个听说课的教学案例。

Tapescript:

(In a shop)

Shop assistant: Can I help you?

Betty: Yes. I'd like to buy a scarf.

Shop assistant: Oh, we have many. What color would you like?

Betty: The green one looks nice. May I try it on?

Shop assistant: Certainly. Mm, it looks so beautiful on you.

Betty: Thank you. How much is it?

Shop assistant: It's 20 *yuan*.

Betty: OK. And I'd like a dress for my mother as her birthday present.
Shop assistant: What colour does she like?
Betty: Red.
Shop assistant: How about this one?
Betty: It looks suitable. May I try it on?
Shop assistant: Sure.
Betty: How much is it?
Shop assistant: It's 299 *yuan*. And there is a sale. The products in our shop will be half price if you buy more than one.
Betty: That's great! I'll take them.

课堂学案

七年级英语课堂学案Module 5 Shopping Unit 1 What can I do for you?

Task 1: Listen and choose. (Some have more than one answer)

1. What is Lingling going to buy for her mother?
   A. A shirt.   B. A T-shirt.   C. A dress.
2. What does Betty want to buy?
   A. A cake.   B. Some biscuits.   C. Some lemons.
3. Where are Lingling and Betty going shopping?
   A. In the shop.   B. In the bakery.   C. In the market.

Task 2: Listen and complete the sentences.

1. What's Lingling's mother's favourite colour?
   She likes _____.
2. What size does her mother take?
   She takes _____ size.
3. How much does she spend on the T-shirt?
   She spends _____ on the T-shirt because there is a sale on.

Task 3: Listen and check whether the sentences are True (T) or False (F).

(   ) 1. The sausages are 38 *yuan* a kilo.
(   ) 2. Lingling wants to buy a kilo of sausages.
(   ) 3. Lingling takes a kilo of lemons.
(   ) 4. Betty spends 59 *yuan* on the strawberries.

Task 4: Make a report.

Hi, everyone. Mother's Day is around the corner and I am planning to buy 1. _____ for her because 2. _____. Moreover, her favourite 3. _____ is _____ so I will choose 4. _____ for her. In order to get 5. _____ at the best price, I will go to 6. _____ for shopping this weekend, because 7. _____.

I hope my mother will like my present.

Checklist:

Assessment checklist (互评表)	Good ... poor
The products are useful and needed.	5 4 3 2 1
The products are suitable.	5 4 3 2 1
The products are affordable.	5 4 3 2 1
The products are worth the price.	5 4 3 2 1

Suggested answers:

Task 1: Listen and choose. (Some have more than one answer)

1. B   2. BC   3. AC

Task 2: Listen and complete the sentences.

1. purple   2. small   3. 99 *yuan*

Task 3: Listen and check whether the sentences are True (T) or False (F).

1. T   2. F   3. F   4. F

Task 4: Make a report.

1. 为妈妈挑选的物品，如"a pair of shoes"。
2. 挑选此礼物的原因，如"she loves running and her old shoes are worn-out"。
3. 妈妈喜爱的颜色或品牌等，如"colour; red"。
4. 选择的相关类型，如"a red pair"。
5. 代词，单复数看情况而定，如"them"。
6. 购物地点，如"the shopping mall near my home"。
7. 去此购物地点的原因，如"there is going to be a big sale"。

第二节　阅读课

一、案例呈现

Unit 2　You can buy everything on the Internet.

本课教学材料选自外研版初中英语教材（2012年版）七年级下册Module 5 Shopping Unit 2 You can buy everything on the Internet.，以"网购"为话题介绍了网上购物的方法、优缺点以及网购的未来发展趋势。

【语篇研读】

What: 本课是以"网购"为话题的一篇议论文，主要讲述了什么是网上购物、网购的利与弊以及网购的未来发展趋势。作者在文中指出网上购物很容易，介绍了网购的步骤和网购的几个显著优点，如没有地点限制、节约时间、便于比价等。

案例 17-2

在缺点方面，作者提到了看不到实物、无法试穿试用、无法享受和朋友一起的时光、支付不安全等。最后作者表明了自己对网购的乐观态度，认为其充满前景。

Why：通过网购优缺点的学习，学生学会更辩证地看待事物。对于网购的缺点，本文并未提及如何解决，作者主观地认为网购的前景会非常好，并没有提供理由作为支撑，这为学生进一步对比分析不同购物方式的优缺点留下了空间，为文本主题意义的探究提供了线索。文章贴近学生生活，具有现实和教育意义。

How：语篇按照典型的议论文风格展开，讲述了网购的方式、优缺点以及发展前景。全文分为三个部分，第一部分主要介绍了网购的方式，第二部分介绍了网购的优缺点，第三部分表述了作者对网购发展前景的看法。第二、三段是语篇的主体部分，作者主要描述了网购的优缺点，使用了表示列举的词语实现语篇衔接，如first、second、also；通过对比的方式，便于学生理解网上购物的利与弊。作者使用多种时态准确传达信息，例如，使用将来时表达对网购前景的看法。

【教学过程】

教学目标	学 习 活 动	效果评价
1. 获取与网购相关的信息，梳理、概括网购的利与弊，对作者的观点、态度作出判断（学习理解）	1. 采用自由交流的形式，讨论教师提出的三个问题："Do you like shopping? Why or why not? What kind of ways of shopping do you know?"，学生自由发言后，教师进行概括总结，呈现常见的购物方式：online shopping、in-store shopping、television shopping、teleshopping、shopping via vending machine，领读生词，加深学生记忆（3 minutes）； 2. 教师提出问题："What do you know about online shopping?"引导学生在思考、回答问题的过程中学习与网购相关的词汇，如choose、compare the prices、pay for、pay online、receive it by post、deliveryman等（6 minutes）； 3. 学生快速阅读文本，梳理、概括段落大意，匹配段落与大意，教师对生词disadvantage进行板书和领读，便于学生理解掌握（3 minutes）； 4. 学生细读文本，判断句子正误，进一步理解文章内容，再次细读文章的第二、三段，获取、梳理有关网购的优缺点的信息，利用思维导图呈现和构建语篇信息。（5 minutes）	1. 观察学生的发言，了解其对不同购物方式的知识储备； 2. 观察学生能否快速、准确地完成段落和大意的匹配，评价学生阅读的速度和有效性； 3. 根据学生判断句子正误的正确率，评价其对文本细节的理解程度； 4. 根据学生对网购优缺点的梳理，评价其提取重要信息的能力

【设计意图】自由交流的问题激活了学生与语篇相关的知识和经验；以问题为指引，学习网购的相关词汇，便于学生归纳记忆并在真实的情境中使用目标语言；速读文本，概括段落大意，给了学生阅读、提取和归纳的机会；细读文本，判断正误，梳理网购的优缺点，帮助学生把握语篇的意义主线，有逻辑地梳理作者表述的信息，提升学生的语言理解能力和思维品质

（续表）

教学目标	学习活动	效果评价
2. 基于文本内容和补充资料（网购的消费群体、消费趋势等），描述网购的现状、预测其发展前景，分析、推断网购是否会取代实体店购物成为人们购物的唯一方式（应用实践）	5. 教师呈现关于网购消费群体与消费趋势的图片和数据，提出两个问题："Who likes online shopping most, children, young people or the old? What do people usually buy on the Internet?"，引导学生思考，然后进行同伴交流，得出并不是所有的东西都适合在网上购买以及网上购物并不是对每个人来说都方便的结论（6 minutes）； 6. 结合文本最后一段，教师带领学生对网购发展前景进行预测，教师提出问题："Do you agree with the writer? Will online shopping replace in-store shopping and become the only way of shopping? Why or why not?"，请学生进行小组讨论，后各小组派代表进行全班分享（4 minutes）	5. 观察学生能否得出网购的主要群体是年轻人以及人们经常喜欢在网上购买的是衣服、家电、数码产品等的结论； 6. 观察各小组讨论时是否有不同的观点，是否有学生负责记录讨论结果，在说明原因时有没有做到总结概括、分条阐述

【设计意图】文本结尾，作者认为未来网购将会成为人们唯一的购物方式，这个观点值得分析和探究。虽然网购正在改变着人们的生活方式，但是生活中并不是所有的东西都适合网购。这里教师补充了网购群体和网购趋势的课外拓展资料，引导学生在内化新知的基础上进一步理解网购的局限性，为接下来的活动做铺垫

教学目标	学习活动	效果评价
3. 分析、评价不同的购物方式及购物场所的利与弊，调查了解学生的购物习惯，总结得出人们选择购物方式的基本原则（迁移创新）	7. 学生分析另一主要的购物方式——实体店购物的利弊，并对常见的购物场所，如超市、便利店和服装店等的优缺点进行分析和讨论（3 minutes）； 8. 小组合作，调查研究，以衣服、书籍、文具、零食、水果五类商品为例，了解各位组员通常会去哪里购买这些商品以及为什么，随后各组统计、汇报针对每一类商品，大家更偏向选择的购物场所，并阐明原因（5 minutes）	7. 观察小组讨论的进度和成效，根据需要给予必要的指导； 8. 观察学生小组讨论的参与度，适时地给予表扬、鼓励和提醒

【设计意图】引导学生超越语篇，回归真实的生活情境，在内化结构化新知和关键语言的基础上，探究语篇的内涵价值和意义目的，促进学生逻辑思维和辩证思维的发展；同时引领主流价值，学会 "buy things in the most convenient way" 的购物原则，提升生活技能

教学目标	学习活动	效果评价
4. 模拟购物场景，选择最便捷的购物方式（迁移创新）	9. 教师创设新情境、新活动；学生基于情境，根据 "buy things in the most convenient way" 的原则，小组讨论选择最佳购物方式并阐述原因（5 minutes）	9. 关注学生在小组讨论和班级展示时是否运用了本节课所学的语言知识和选择购物方式的原则，教师根据实际情况给予必要的指导和反馈

（续表）

教学目标	学习活动	效果评价

【设计意图】引导学生运用所学知识进行思考、探究与实践

【作业布置】A 层：用英语写一篇小短文介绍 in-store shopping；
　　　　　　B 层：熟读课文，掌握如何表达网上购物的两面性

【板书设计】

```
                    ┌ advantages ┌ 1. shop at any time
                    │            │ 2. take less time
                    │            │ 3. save money by comparing...
online shopping ────┤            └ ...
                    │            ┌ 1. can't see the product
                    │            │ 2. can't try the clothes on
                    └ disadvantages 3. Paying over the Internet
                                 │    isn't always safe.
                                 └ ...

                          supermarket
                          clothes shop
in-store shopping         bookstore
                          ...
          People usually buy things in the most convenient way.
```

附教材内容

Online Shopping

There are many new ways of shopping, and online shopping is one of them. You can buy almost everything on the Internet, and it's very easy. First, you choose something — clothes, tickets, a mobile phone, even a new computer — and pay for it. Then you receive it a few days later by post.

Online shopping has several advantages. First, you can shop at any time. The shops are always open. Second, shopping usually takes a lot of time. But to shop on the Internet you only need a computer and a mouse! You can also compare the prices of the same product and spend a lot ... or save money.

But many people like going out and shopping with friends. They don't like shopping on the Internet because they can't see the products or try the clothes on. Also paying over the Internet isn't always safe.

Online shopping is changing our way of life. One day no one will go to the shops any more because you'll be able to buy anything on the Internet, and you will be able to receive it anywhere in the world at any time!

二、案例分析

【想一想】

（1）案例17-2中，对语篇主题意义的解读为什么不是"事物都有两面性"？

（2）案例17-2中，教学重难点是什么？案例是如何处理的？

（一）宏观层面案例分析

1. 主题意义解读

关于该语篇主题意义的解读，很多教师会停留在"事物都有两面性"这一结论上，还会进一步地引导学生在网购时应理性消费、杜绝浪费。但是，以上解读都是局限于"Online Shopping"这篇文章而得出的，忽略了主题意义引领下的单元整合教学在进行文本解读时要注意语篇之间的关联，综合听力与阅读语篇的价值和意义，把握单元主题意义，让学生在探究和问题解决的过程中建构起连贯的、整合性的知识结构。这个模块的话题是"购物"，各语篇涉及不同的购物场所和购物方式，包括clothes shop、market、online shopping和catalogue shopping等，Unit 2介绍的是网上购物，只是整个单元教学中的一部分，所以在进行文本解读时，需要从网购延伸出去，分析其他购物方式的优缺点，探究得出"buy things in the most convenient way"的购物原则。

2. 教学重难点

案例17-2的教学重点：学习用英语谈论"网购"的话题，包括网购的方式、网购的利弊以及对网购发展前景的预测；通过对比不同的购物方式，进行小组讨论，探究并得出结论——人们在选择购物方式时应当遵循"buy things in the most convenient way"的原则。

案例17-2的教学难点：引导学生辩证地分析作者对于网购前景的预测，通过对比网上购物和实体店购物，分析不同群体、不同情境下，在购物时会选择的不同购物方式，探究人们行为背后的原因是什么。

这节课的教学重点，首先是网购相关词汇的学习。教师提出问题，创设情境，在语境中带领学生模拟网购的步骤，进行生词的教学；在学习网购的利弊时，先请学生细读、提取作者的观点，然后小组讨论，发散思维，尽可能多地罗列出网购的优缺点，最后全班分享，这样学生就比较全面地获得了相关信息，在进行小组汇报时，教师要关注学生是否有意识地使用了first、second、also等逻辑词。处理另一个教学重点时，教师基于文末作者对于网购前景的预测，请学生思考是否赞同作者的观点以及原因，然后自然地过渡到对其他购物方式的分析讨论，评价其存在的意义，探究得出"buy things in the most convenient way"的原则。

对于这节课的教学难点，教师先补充了一些相关材料，包括网购群体的分布、网购的趋势等，使学生直观地看到，并不是所有的人都上网，也并不是所有的网民都喜欢网购，对于一些老年人来说，网购并不可行，且网购并不是购买所有商品的最佳方式，比如新鲜的食物、宠物等，引导学生辩证地分析作者的观点，然后回归真实情境，要求学生调查小组成员的购物习惯，在讨论中学生会发现，考虑到时间、地点、人物、所需物品、情境等方面的不同，人们选择的购物方式也会不同，其背后的原因就是人们选择购物方式时所遵循的"便利性"原则。

【想一想】

（1）案例是如何设计阅读教学中学习理解、应用实践、迁移创新三类教学活动的？

（2）案例是否体现了对文本主题意义的探究和应用？

(二)微观层面案例分析

(1)案例中基于文本的学习理解类活动有三个,第一个是速读,完成段落和大意的匹配;第二个是细读,判断正误;第三个是细读,提取关于网购优缺点的信息。基于对文本内容的理解,进一步设计了两个应用实践类活动,第一个是根据教师呈现的补充材料,了解网购的消费群体和消费趋势,并讨论探究现象背后的原因;第二个是基于文本内容,小组讨论是否同意作者的观点以及为什么,逐渐引导学生对主题意义进行挖掘。最后设计迁移创新类活动,创设新情境,模拟购物场景,引导学生运用语言新知和对主题意义的理解,帮助情境中的人物选择最便利的购物方式。

(2)案例体现了对文本主题意义的探究和应用。教师在分析文本时确定了主题意义探究的内容和落脚点,在设计教学活动时,先通过一系列的问题引导学生对文本内容形成一定的理解,并在此基础上设计更深层次的问题,促进学生对主题意义的深度理解。最后,教师创设模拟情境,使学生在完成输出活动的过程中,实现对文本主题意义理解的内化、吸收以及迁移转化。

三、理论依据

英语学习活动观是指学生在主题意义引领下,通过学习理解、应用实践、迁移创新等一系列体现综合性、关联性和实践性等特点的英语学习活动,基于已有的知识,依托不同类型的语篇,在分析问题和解决问题的过程中,促进自身语言知识学习、语言技能发展、文化内涵理解、多元思维发展、价值取向判断和学习策略运用。在英语学习活动观的活动架构中,三类活动并不呈线性的串联,而是在互动中循环上升的三个层次。

英语学习活动观是一种以学习者为中心的学习理念,注重引导学生参与自主学习和合作学习,加强对话交流。在学习理解类活动中,学生基于语篇理解意义,感知语言,形成结构化知识,获取新知。在应用实践类活动中,学生深入语篇剖析文本,内化与巩固结构化新知,促进知识转化为能力。在迁移创新类活动中,学生超越语篇联系现实,应用结构化新知在新情境中解决问题,促进能力转化为素养。英语学习活动观倡导把学生主动参与学习活动融入教学全过程,促进学生的知识获得、能力转化和素养生成,有利于教师将培养学生的核心素养落到实处。

四、教学反思

这是基于英语学习活动观设计的一节阅读课,对主题意义的探究和应用贯穿了整个课堂,有以下亮点:课前导入的问题贴近学生生活,难度较低,能够唤醒学生已有的背景知识;创设情境学习生词,使单词教学不再枯燥无味,有利于学生对生词的掌握及在日后生活中的正确使用;以对主题意义的探究为主线,设计了一系列学习理解类、应用实践类、迁移创新类活动,这些活动由易到难,循序渐进,促进了学生知识的获得,提升了学生的思维水平,逐步引导学生探究得出文章的主题意义,教学活动环环相扣,对主题意义的理解水到渠成;在对主题意义理解的基础上,创设情境,实现对所学新知的迁移和运用,提升了学生的生活技能,促进了素养的培养;教学设计基于文本,但又不限于文本,在应用实践类活动中,教师整合了相关的课外材料,通过直观的图表和数据,降低了理解难度,提升了学生回答问题的有效性,有利于对文章主题意义的探究。

同时，这节课也存在以下不足：课前导入中规中矩，没能有效地激发学生的学习热情，没能很好地达到warming-up的效果；基于前面活动的铺垫，在回答是否同意作者的观点时，学生的答案都是不同意，失去了辩证讨论的意义。

实践活动

上述案例设计主要基于单元主题意义，充分解读文本内涵，有效整合课内和课外相关资源，在帮助学生学习语言知识的基础上促进学生思维能力的发展。请根据下面文本的主题意义尝试设计一个阅读课的教学案例。

Healthy Living

I was not feeling very well so the doctor checked my heart and said I needed more exercise. I have never been very active, and I do not like sports. I have always wanted a pet, so my parents gave me a dog for my birthday. Now I get exercise by taking him for a walk every day. I have had him for three months now and I feel really healthy. —— Anna

Our teacher decided to start a girls' football team and I thought, "What a great idea!" I was the first member of the team. We have played football for a year now and we all feel very fit. Our teacher is the coach, and she also takes part in the training with us. She is in excellent condition, too. —— Wang Wei

For the last few years, I went to work by underground. When I got to work, I always felt very sleepy and I was not happy. I bought a bike in January. Since then, it has become part of my life. Now I ride to work every day. It is my daily exercise. I arrive at work with a smile on my face. ——Thomas

I was weak after a long illness, so I wanted to exercise more. Then a friend suggested, "Why don't we go for a run before school?" So we started running a week ago. But I do not enjoy running, and when I get to school, I feel awful. My legs hurt and I am hot all over. Perhaps I am too weak to do any exercise. What do you think? —— Richard

课堂学案

七年级英语课堂学案 Module 5 shopping Unit 2 You can buy everything on the Internet.

Task 1: Let's read and match.

Para. 1	the disadvantages of online shopping
Para. 2	the future of online shopping
Para. 3	the advantages of online shopping
Para. 4	the introduction to online shopping

Task 2: Let's read and check whether the sentences are True (T) or False (F).

(   ) 1. Online shopping is a new way of shopping.

(   ) 2. You pay for online shopping before you receive it.

(   ) 3. Online shopping is very difficult.

(   ) 4. It's very safe to shop over the Internet.

(   ) 5. Our way of life is changing because of online shopping.

Task 3: Let's read and finish.

Online Shopping

Advantages
1. _____
2. _____
3. _____
...

Disadvantages
1. _____
2. _____
3. _____
...

Opinion: _____

Task 4: Let's read and think.

1. Who likes online shopping most, children, young people or the old?

2. What do people usually buy on the Internet?

3. Do you agree with the writer? Why or why not?

Task 5: Let's do a survey.

Where do you usually buy these things? (online, shops, supermarkets ...)					
Members	Clothes	Stationery	Books	Snacks	Fruit & vegetables
Student 1					
Student 2					
Student 3					
Student 4					
Student 5					
Student 6					

Task 6: Let's choose.

Choose the most convenient way for the people.		
Situation 1	An old man who doesn't know how to use the smartphone wants to buy a pair of shoes.	
Situation 2	You sister wants to buy a pet dog.	

（续表）

	Choose the most convenient way for the people.	
Situation 3	You need a book to use tomorrow.	
Situation 4	A young man wants to buy a TV for his new home.	

Checklist:

Self-assessment checklist（自评表）	Good ... poor
Can you match the paragraphs with the main ideas correctly?	5　4　3　2　1
Can you check the true sentences and correct the false?	5　4　3　2　1
Can you find out the advantages/disadvantages of online shopping?	5　4　3　2　1
Can you take part in the discussion actively (积极参与讨论)?	5　4　3　2　1
Can you understand the theme and apply (运用) it in your daily life?	5　4　3　2　1

Suggested answers:

Task 1: Let's read and match.

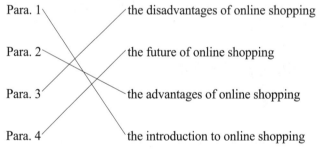

Task 2: Let's read and check whether the sentences are True (T) or False (F).

1. T　　2. T　　3. F　　4. F　　5. T

Task 3: Let's read and finish.

Advantages: shop at any time; take less time; save money ...

Disadvantages: can't see the products; can't try the clothes on; paying over the Internet isn't always safe ...

Opinion: Every coin has two sides.

Task 4: Let's read and think.

1. Young people.

2. People usually buy clothes, shoes, home appliances (家电) and cosmetics (化妆品) on the Internet.

3. No, I don't. First, it's better to buy fresh food in the supermarket, and we can't buy everything on the Internet. Second, when we need to use something soon, we must go to the real stores.

Task 5: Let's do a survey.

Where do you usually buy these things? (online, shops, supermarkets ...)					
Members	Clothes	Stationery	Books	Snacks	Fruit & vegetables
Student 1	clothes shop	stationery store	online	supermarket	supermarket
Student 2	clothes shop	stationery store	online	snack shop	supermarket
Student 3	shopping mall	stationery store	bookstore	supermarket	fruit store
Student 4	shopping mall	online	bookstore	snack shop	fruit store
Student 5	shopping mall	stationery store	bookstore	snack shop	fruit store
Student 6	shopping mall	online	online	supermarket	supermarket

Task 6: Let's choose.

Situation 1: shoe shops (Because the old man doesn't know how to shop online.)

Situation 2: pet shops (Because buying pets on the Internet isn't safe for the pets. Sometimes the pets will die on the way.)

Situation 3: bookstores (Because if you buy it on the Internet, you need to wait for a few days to receive it. But you need to use it tomorrow, so you'd better buy it in a bookstore immediately.)

Situation 4: online (Because buying home appliances on some online shopping platforms is always cheaper and you don't need to worry about the quality.)

第三节　项目课

一、案例呈现

案例 17-3

Unit 3　Language in use

本课教学材料选自外研版初中英语教材（2012年版）七年级下册Module 5 Shopping Unit 3 Language in use。本单元是综合语言运用课，教师设定了主题为"评选文明消费先进个人"的项目化学习，通过一系列连贯的项目化活动，学生巩固所学语言知识，树立正确的消费观。

【项目介绍】

What：文明消费是每个人的责任，树立正确的消费观，即不浪费、不攀比和不盲从是对新时代公民的要求。而非理性消费有时会造成社会资源的浪费，不符合我们中华民族勤俭节约的传统美德。教师在先前的课堂中发现学生群体中存在非理性消费的现象，故本项目的主题定为"评选文明消费先进个人"，旨在帮助学生树立正确的消费观，做文明消费者。项目主题进一步细化为三个活动：为同学挑选合适的生日礼物、规划使用自己一周的校内生活费和讨论对"巨额打赏主播"这一社会热点现象的看法。

Why：基于学生群体中存在非理性消费的现象，教师通过设置一系列主题为"评选文明消费先进个人"的活动，以期学生在运用本单元所学语言知识的同时，培养合理的消费能力，树立正确的消费观。

　　How：在项目实施阶段，学生在教师的指导下开展了三项以"评选文明消费先进个人"为主题的活动。活动一是为同学选择合适的生日礼物，学生需要通过自己理智的思考并结合自己对同学的日常了解，挑选自己认为最适合该同学的生日礼物并选择相应的购物方式；活动二为绘制并分享自己在校一周生活费使用情况的饼图；活动三为谈谈自己对"巨额打赏主播"的看法。在网络时代，消费陷阱随处可见，学生们对这一现象的看法和态度值得探讨与深思。最后，教师引导学生通过多元评价机制，选出班里的文明消费先进个人作为榜样，引导学生合理消费，树立正确的消费观。

【教学过程】

教学目标	学习活动	效果评价
1. 通过师生对话等形式复习正确的购物原则；通过学习目录购物语篇了解更多购物方式（学习理解）	1. 学生在教师的指导下复习购物消费时的四大原则（2 minutes）； 2. 通过阅读Unit 3 Language in use中Around the world的语篇，了解目录购物，并头脑风暴更多的购物方式（3 minutes）； 3. 在此基础上，教师提出本节课项目化学习的主题为"评选文明消费先进个人"，并组织学生按照自愿的原则进行分组（2 minutes）	1. 观察学生能否熟练地说出购物消费时的四大原则，评价其对之前所学知识的掌握程度； 2. 观察班级学生能否理解该项目的各个流程并进行快速分组

【设计意图】该环节是项目前的准备阶段。购物原则与购物方式的复习为项目的实施奠定基础。基于此，教师介绍该项目的基本流程，导入主题并指导分组，以驱动项目的行进，激发学生的学习动机并确立合作机制

教学目标	学习活动	效果评价
2. 通过头脑风暴、读图、两两对话、绘制饼图等形式开展项目化活动（应用实践）	4. 通过头脑风暴、呈现相关图片等形式引出第一个活动是为同学挑选合适的生日礼物（2 minutes）； 5. 通过自由交流，教师了解学生可能会为同学购买的生日礼物及其购买途径（3 minutes）； 6. 学生获取、梳理、概括、整合相关信息，利用两两对话的方式呈现和建构自己想要为同学购买的生日礼物及购买的方式方法（5 minutes）	3. 观察学生能否用英语自如地表达自己想要为同学购置的生日礼物及通过何种方式购置； 4. 根据学生对话时的流畅度与准确度，评价其该模块的知识体系是否完整

【设计意图】通过头脑风暴、呈现相关图片等形式让学生自由猜测第一个活动的内容，锻炼学生的预测能力；通过学生自由发言与两两对话的教学形式，明确该模块的语言点，提高学生的表达能力；在第一个活动中设置了为同学挑选生日礼物的环节，以期复习之前听说课和阅读课中学习的购物原则与购物方式，提高学生概括、整合与复现的能力

（续表）

教学目标	学习活动	效果评价
3. 基于评价量表分析、评价自身及他人的消费行为，树立正确的消费观（应用实践）	7. 通过自由交流的形式，了解学生一周的生活费数额(3 minutes)； 8. 学生通过绘制饼图的形式记录自己一周生活费的去向及各项花销所占比例，小组内交流自己所绘制的饼图，选出小组代表采用汇报的形式在班级介绍自己一周生活费的分配情况(5 minutes)； 9. 在同学和老师的指导下，分析、推断自己的生活费分配是否合理。小组讨论探讨如何更好地分配自己的生活费，让自己成为金钱的主人(4 minutes)	5. 观察学生是否能够借助饼图的形式清晰表达自己生活费的去向； 6. 观察学生能否互评，发现他人的消费陋习并学习他人的长处，养成良好的记账习惯
【设计意图】旨在引导学生内化结构化新知和关键语言点。根据饼图流利地向他人用英语描述自己一周生活费的分配情况，以启发学生对此问题的深度思考，让学生分析与判断自己与他人的消费观是否合理，从而讨论出解决办法，做到内化知识并加以运用		
4. 分析、评价网红主播收到巨额打赏的社会现象是否合理，模拟辩论，深入探讨，以帮助学生树立正确的消费观（应用实践）	10. 网红主播越来越流行，许多人斥巨资为其打赏，学生进一步以小组的形式讨论针对这一现象的看法是什么(3 minutes)； 11. 小组讨论后，采用辩论的形式，深入探讨此社会现象(5 minutes)	7. 观察小组讨论情况，根据需要给出必要的指导； 8. 关注学生在小组讨论和班级展示中是否应用了本模块所学的内容
【设计意图】引导学生跳出文本，关注现实世界，深入讨论与探究社会现象，启发深度思考，探究深层意义，尝试用所学语言做事情，推动迁移创新		
5. 基于评价量表分析、评价自己及他人的消费行为，以期帮助学生认识到各自的优缺点，并根据标准不断改善自己的消费行为（迁移创新）	12. 根据自评与他评，选出班里的文明消费先进个人并予以嘉奖(3 minutes)	9. 观察学生能否依据评选标准进行公允投票
【设计意图】采取自评和互评相结合的方式，评选出班里较具代表性的文明消费先进个人，以期为学生树立良好的榜样		
【作业布置】A层：用英语写一篇小短文论述自己的消费观； 　　　　　　B层：制作一张宣传正确消费观的海报		

【板书设计】

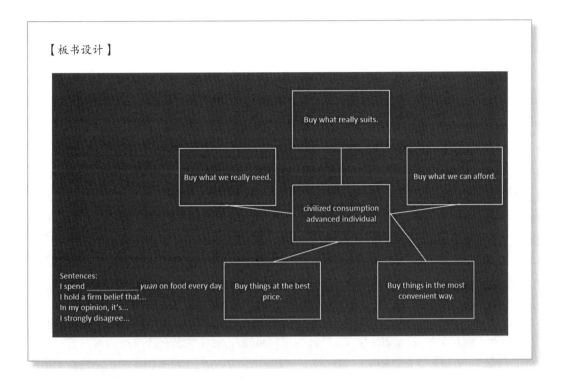

二、案例分析
【想一想】
（1）案例17-3中,项目式学习是如何开展的?
（2）案例17-3所倡导的消费观是什么?

（一）宏观层面案例分析
1. 开展项目式学习的方式

本课是外研版初中英语教材（2012年版）七年级下册第五模块的第三课时即项目课,教师设置连贯性的教学活动,帮助学生在模拟实际生活情境中使用本模块的重点知识点、语法点与所蕴含的价值观,以完成此单元的教学目标。

本节课基于项目式学习展开,项目主题为"评选文明消费先进个人"。项目前准备阶段,教师引导学生复习之前所学的购物原则,并借此引出本次项目式学习的流程,帮助学生完成分组。项目中实施阶段,教师协助学生完成三个活动：为同学挑选合适的生日礼物、规划使用自己一周的校内生活费和谈谈对巨额打赏主播这一社会热点事件的看法。项目后反思阶段,学生利用根据之前讨论得出的购物原则设计的量表开展自评与互评,评选出班级文明消费先进个人,完成项目目标。

2. 倡导的消费观

文明消费是每个人的责任,树立正确的消费观,即不浪费、不攀比和不盲从是对新时代公民的要求。

该课例通过设计三个活动凸显了此消费观。第一个活动让学生给同学挑选合适的生日礼物,引导学生认识到消费时要量力而行、切勿攀比;第二个活动要求学生描述自己一周零花钱的使用去向,以此来号召学生切勿浪费;第三个活动让学生谈谈对网红主播收到巨额打赏的看法,借以教导学生消费时切勿冲动,应三思而后行,做一个理智的消费者。这三个活动均从不同角度较好地诠释了案例所倡导的消费观。

【想一想】

(1) 案例是如何设计和处理课堂评价这个教学环节的?

(2) 案例是否提高了学生的学习能力?

(二) 微观层面案例分析

(1) 课堂评价是教学的关键环节,是激励学生主动学习的有效手段,也是评价课堂效果的重要标准之一。实施评价时,应注意将教师的评价、学生的自评与学生间互评相结合,因为只有运用多元评价方式才能更合理地做出科学决策。教师评价贯穿于该项目化学习的方方面面,教师需善用言语或肢体动作对学生进行有效评价;教师引导学生依据评价量表对自身表现进行评价,以加深对自我的剖析与反思,促进其自身成长;教师引导学生用生生互评的方式选拔文明消费先进个人。在该项目式学习中的课堂评价环节,教师较好地将自评、互评和师评这三种评价有机地结合起来。

(2) 本案例的多项活动有利于提高学生的综合学习能力。一是合作能力,活动形式有学生两两对话,小组交流,模拟辩论。二是思辨能力,让学生提出自己对于社会热点事件的看法,有利于提高学生的思辨能力。三是分析与判断能力,让学生从多个维度选出班里的文明消费先进个人就极大程度锻炼了学生分析与判断的能力。综上,本案例多角度地提高了学生的学习能力。

三、理论依据

本案例的教学活动是遵循着项目式学习理论而设计的。项目式学习(即 project-based learning)是一种以学生为主体、以项目为中心、以实践为主线的教育模式,学生围绕某个具体的学习项目组成小组,在教师的协助和指导下,利用广泛的学习资源,在实践中体验,在探索中创新,解决现实问题,从而获得必要的知识和技能。项目式学习不仅能有效增强语言学习动机,巩固和拓展学科内容,提高综合语言运用能力,还能明显促进自主学习、合作学习和社会实践能力的发展。项目式学习的设计思路一般有三个阶段:项目前准备阶段、项目中实施阶段和项目后反思阶段。

在项目前准备阶段中,教师介绍该项目内容与基本流程,导入主题并指导学生自愿分组,这一阶段的教学活动旨在规划与设计本项目,激发学生学习与探索的兴趣,提高其积极性。项目中实施阶段,教师主要设计了三个活动,学生依托自主学习与合作探究,完成各项实践活动,教师仅提供相应支架,起着指导与监控的作用,这一阶段的教学活动旨在提高学生的综合语用能力与实践能力。项目后反思阶段,教师组织学生进行自评与互评,提高学生的分析与反思能力,达成预定的结果,完成项目。

四、教学反思

此案例基于项目式学习而设计,其主题为"评选文明消费先进个人",通过设计多个教学活动,以期评选出班级的文明消费先进个人。为同学购买生日礼物、阐述自己一周生活费的使用情况和谈谈自己对主播接受巨额打赏的看法,这些活动与学生的学习生活有较多的联系,故学生的积极性较高,整节课趣味性较强。各个教学活动均蕴含正确的价值观,对于学生接下来的学习生活而言,有较强的正向引导作用。同时,对于学生的评价较为多元与自主,有利于提高学生的分析判断能力与自主评价能力,有利于学生认识自我、提高自我。

但从环节设计上来看,此课程设计存在关联性不足的问题,具有一定的碎片感与跳跃性。故在课程设计时,教师可以参照项目式学习的三个阶段,进行更有层次感的设计,更加重视对学生思维品质、文化意识和学习能力的综合培养。从输出来看,这些教学活动对学生的综合学习能力要求较高,而七年级学生词汇量不足,无法准确地用英语表达自己的观点。

实践活动

上述案例主要根据本单元的特点训练学生的语言运用能力。请根据下面这个单元(PEP 7 Unit 7 How much are these socks?)的特点,尝试设计一个新的项目式活动的教学案例。

Tapescript

Shop assistant: Can I help you?

Mary: Yes, please. I need a sweater for school.

Shop assistant: OK. What colour do you want?

Mary: Blue.

Shop assistant: How about this one?

Mary: It looks nice. How much is it?

Shop assistant: Nine dollars.

Mary: I'll take it. How much are those yellow socks?

Shop assistant: Two dollars for one pair and three dollars for two pairs.

Mary: Great! I'll take two pairs.

Shop assistant: Here you are.

Mary: Thank you.

Shop assistant: You're welcome.

Mr. Cool's Clothes Store

Come and buy your clothes at our great sale! We sell all our clothes at very good prices. Do you like sweaters? We have green sweaters for only $15! Yellow sweaters are only $12! Do you need trousers? For boys, we have black trousers for only $22. And shorts are only $16! For girls, we have skirts in purple for only $20. How much are our jackets? Only $30! And we have black shoes for only $28. Socks are only $2 for three pairs! Come to Mr. Cool's Clothes Store now!

课堂学案

七年级英语课堂学案 Module 5 Shopping Unit 3 Language in Use

Task 1: Talk in pairs.

A: _____ birthday is coming. I don't know what to buy.

B: How about _____?

A: He/She doesn't like _____.

B: Well, what about _____?

A: That's a good idea. How much is it?

B: _____.

A: Where can I buy it?

B: Maybe you can buy it _____.

A: Thanks a lot.

Task 2: Draw a pie chart (饼图) of the cost of living in a week.

Task 3: Share your pie chart with your group members.

Hello, everyone. I'm _____. I'm very glad to share the pie chart of the cost of living in a week. My mother gives me _____ yuan every week. I spend _____ yuan on food every day. For snack, it cost me _____ yuan. Also, I spend _____ yuan on hot water. As for telephone fee, it is about _____ yuan. That's all. What do you think of it?

Task 4: Let's debate.

For (赞成)	Against (反对)

Checklist 1:

Self-assessment checklist（自评表）	Good ... poor
I always buy what I really need.	5 4 3 2 1
I always buy what really suits.	5 4 3 2 1
I always buy what I can afford.	5 4 3 2 1
I always buy things at the best price.	5 4 3 2 1
I always buy things in the most convenient way.	5 4 3 2 1
I think I can be the civilized consumption advanced individual（文明消费先进个人）.	5 4 3 2 1

Checklist 2:

Assessment checklist（互评表）	S1	S2	S3	Good ... poor
He/she always buys what he/she really needs.				5 4 3 2 1
He/she always buys what really suits.				5 4 3 2 1
He/she always buys what he/she can afford.				5 4 3 2 1
He/she always buys things at the best price.				5 4 3 2 1
He/she always buys things in the most convenient way.				5 4 3 2 1
I think _____ can be the civilized consumption advanced individual.				

Suggested answers:

Task 1: Talk in pairs.

A: Mary's birthday is coming. I don't know what to buy.

B: How about a dress?

A: She doesn't like wearing dresses.

B: Well, what about a dictionary?

A: That's a good idea. How much is it?

B: About 39 *yuan*.

A: Where can I buy it?

B: Maybe you can buy it on the Internet. It is more convenient.

A: Thanks a lot.

Task 2: Draw a pie chart (饼图) of the cost of living in a week.

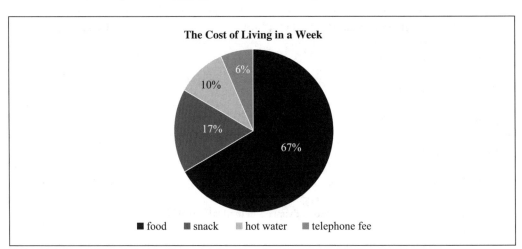

Task 3: Share your pie chart with your group members.

Hello, everyone. I'm Cindy. I'm very glad to share the pie chart of the cost of living in a week. My mother gives me 300 *yuan* every week. I spend 200 *yuan* on food every day. For snack, it costs me 50 *yuan*. Also, I spend 30 *yuan* on hot water. As for telephone fee, it is about 20 *yuan*. That's all. What do you think of it?

Task 4: Let's debate.

For (赞成)

1. release my pressure
2. a way to relax myself
3. ...

Against (反对)

1. waste money
2. establish the correct consumption view
3. ...

参考文献

[1] 艾伦·雷普克.如何进行跨学科研究[M].傅存良,译.北京:北京大学出版社,2016.

[2] 韦伯.有效的学生评价[M].国家基础教育课程改革"促进教师发展与学生成长的评价研究"项目组,译.北京:中国轻工业出版社,2003.

[3] 道格拉斯·布朗.根据原理教学:交互式语言教学[M].北京:外语教学与研究出版社,2001.

[4] 曹翔羽.基于英语学习活动观的高中英语单元整体教学设计——以译林版高中英语必修第二册Unit 2为例[J].校园英语,2022(36):64-66.

[5] 陈磊.综合实践活动教师校本培训:问题、特征及建设路径——以江苏省徐州市为例[J].江苏教育,2022(46):36-39.

[6] 陈琳,等.普通高中英语课程标准(实验)解读[M].南京:江苏教育出版社,2004.

[7] 陈向明.实践性知识:教师专业发展的知识基础[J].北京大学教育评论,2003(1):104-112.

[8] 陈永芳,龚晓灵,陈小燕,等.英语阅读教学中的策略培养:体验与提升[M].杭州:浙江大学出版社,2013.

[9] 杨九诠,李铁安,陈玉卿.义务教育课程标准(2011年版)案例式解读·初中英语[M].北京:教育科学出版社,2012.

[10] 崔允漷.如何开展指向学科核心素养的大单元设计[J].北京教育(普教版),2019(2):11-15.

[11] 大卫·纽南.英语语言教学理论与实践[M].张晶晶,任晴,王春梅,译.南京:译林出版社,2008.

[12] 高翔,王蔷.反思性教学:促进外语教师自身发展的有效途径[J].外语教学,2003(2):87-90.

[13] 葛炳芳.英语阅读教学的综合视野:内容、思维和语言[M].杭州:浙江大学出版社,2013.

[14] 葛炳芳.浙江省普通高中学科教学指导意见-英语[M].杭州:浙江教育出版社,2021.

[15] 格兰特·威金斯,杰伊·麦克泰格.追求理解的教学设计(第二版)[M].闫寒冰,宋雪莲,赖平,译.上海:华东师范大学出版社,2017.

[16] 龚亚夫,罗少茜.任务型语言教学[M].北京:人民教育出版社,2003.

[17] 郭成.课堂教学设计[M].北京:人民教育出版社,2006.

[18] 何安平.高中英语课程改革理论与实践:《普通高中英语课程标准(试验稿)》解析[M].长春:东北师范大学出版社,2004.

[19] 何克抗等.教学系统设计[M].北京:北京师范大学出版社,2002.

[20] 何仁毅.中学英语口语纠错策略[J].中学外语教与学,2008(4):46-50.

[21] 黄志美.试析英语课本剧的编演流程及原则[J].中国教师,2007(5):38-39.

[22] J.B.贝斯特.认知心理学[M].黄希庭等,译.北京:中国轻工业出版

社,2000.

[23] 杰克·C.理查兹.超越专业技术训练[M].北京:外语教学与研究出版社,2001.

[24] 杰里米·哈默.怎样教英语[M].北京:外语教学与教研出版社,2000.

[25] 孔京京.开展交际策略教学的一项研究[J].外语界,2004(5):33-39.

[26] 赖朝晖,刘晓燕,赖轶璇,等.英语阅读教学中的语言处理:感知与运用[M].杭州:浙江大学出版社,2013.

[27] 李亮,王蔷.核心素养背景下高中英语"教—学—评"一体化:理据与例析[J].天津师范大学学报(基础教育版),2023,24(4):12-18.

[28] 李新民.构建大学英语多媒体网络教学模式的探索[J].外语电化教学,2006(2):13-17.

[29] 梁美珍,黄海丽,陈一车,等.英语阅读教学中的问题设计:评判性阅读视角[M].杭州:浙江大学出版社,2013.

[30] 林存华.听课的变革[M].北京:教育科学出版社,2007.

[31] 刘家访.上课的变革[M].北京:教育科学出版社,2007.

[32] 刘力.阅读教学中批判性思维能力的培养:问题链的视角[J].中小学英语教学与研究,2022(9):40-44.

[33] 刘学惠.建立以反思性教学为核心的英语教师发展机制[J]课程·教材·教法,2004(12):72-77.

[34] 刘志军.课堂评价论[M].桂林:广西师范大学出版社,2002.

[35] 鲁子问,王笃勤.新编英语教学论[M].上海:华东师范大学出版社,2006.

[36] 罗晓杰,牟金江.英语课堂提问策略研究[J].中学外语教与学,2002(10).

[37] 梅德明等.普通高中英语课程标准(2017年版)解读[M].北京:高等教育出版社,2018.

[38] 庞继贤,吴薇薇.英语课堂小组活动实证研究[J].外语教学与研究(外国语文双月刊),2000(6):424-430,478.

[39] 皮连生.教学设计——心理学的理论与技术[M].北京:高等教育出版社,2000.

[40] 皮亚杰.发生认识论原理[M].王宪钿等,译.北京:商务印书馆,1981.

[41] 全迅.基于项目化学习的校本教师培训[J].上海教师,2021(4):47-52.

[42] 唐晓杰.课堂教学与学习成效评价[M].南宁:广西教育出版社,2000.

[43] 特丽西娅·赫奇.语言课堂中的教与学[M].上海:上海外语教育出版社,2002.

[44] 瓦特·詹姆斯·波帕姆.促进教学的课堂评价[M].国家基础教育课程改革"促进教师发展与学生成长的评价研究"项目组,译.北京:中国轻工业出版社,2003.

[45] 王才仁.英语教学交际论[M].南宁:广西教育出版社,1996.

[46] 王春晖,甘露,石晓为.中外教师课堂提问策略差异的调查与分析[J].中小学外语教学,2002(7):1-6.

[47] 王笃勤.英语教学策略论[M].北京:外语教学与研究出版社,2002.

[48] 王后雄."问题链"的类型及教学功能——以化学教学为例[J].教育科学研究,2010(5):50-54.

[49] 王蔷,周密,蔡铭珂.基于大观念的高中英语单元整体教学设计[J].中小学外语教学

(中学篇),2021,44(1):1-7.

[50] 王蔷,周密,蒋京丽,等.基于大观念的英语学科教学设计探析[J].课程·教材·教法,2020,40(11):99-108.

[51] 魏永红.任务型外语教学研究:认知心理学视角[M].上海:华东师范大学出版社,2004.

[52] 吴一安.优秀外语教师专业素质探究[J].外语教学与研究(外国语文双月刊),2005(3):199-205,241.

[53] 夏正江.论课程观的转型及其对新课改的影响[J].课程·教材·教法,2005(3):8-14.

[54] 谢京秀.全国英语等级考试听力高分突破-第二级[M].北京:外文出版社,2007.

[55] 熊川武.论反思性教学[J].教育研究,2002(7):12-17,27.

[56] 熊川武.论反思性教育实践[J].教师教育研究,2007(3):46-50.

[57] 杨明全.反思性教学:步骤与策略[J].当代教育科学,2003(24):16-17.

[58] 叶澜.教师角色与教师发展新探[M].北京:教育科学出版社,2001.

[59] 余胜泉,杨晓娟,何克杭.基于建构主义的教学设计模式[J].电化教育研究,2000(12):7-13.

[60] 张大均.教育心理学[M].北京:人民教育出版社,1999.

[61] 张华.未来教育视域下的四种学习样态[J].江苏教育,2021(10):7-12.

[62] 张立昌.试论教师的反思及其策略[J].教育研究,2001(12):17-21.

[63] 张旭,许林.现代教育技术[M].北京:科学出版社,1995.

[64] 张永胜,张永玲.交际策略与小组讨论[J].外语界,2003(2):61-65,80.

[65] 郑玉琪.英语阅读网络课程的设计、实践与评估——东南大学英语专业阅读课程改革实践个案研究[J].外语与外语教学,2005(2):14-17.

[66] 中华人民共和国教育部.普通高中英语课程标准实验[M].北京:人民教育出版社,2003.

[67] 中华人民共和国教育部.普通高中英语课程标准(2017年版2020年修订)[M].北京:人民教育出版社,2020.

[68] 仲伟合,王巍巍."国家标准"背景下我国英语类专业教师能力构成与发展体系建设[J].外语界,2016(6):2-8.

[69] 祝刚,史可媛,吴天一.教师教育者的角色、专业素质与专业发展——对话荷兰教师教育学者鲁能伯格教授[J].教师发展研究,2023,7(2):35-45.

[70] Grabe, W. P. & Stoller, F. L. *Teaching and Researching Reading*[M]. London: Pearson Education Longman, 2002.

[71] Husen T. & Postlethwaite T. N., *The International Encyclopedia of Education* (2nd ed.)[M]. Oxford: New York: Pergamon, 1994.

[72] Harmer, J. *The Practice of English Language Teaching*[M]. London: Pearson Education, 2001.

[73] Nuttall, C. *Teaching Reading Skills in Foreign Language*[M]. Oxford: Macmillan Education. 2005.

[74] Richards, J. C. & Farrell, T. S. C. *Professional Development for Language Teachers:*

Strategies for Teacher Learning[M]. New York: Cambridge University Press, 2005.

［75］ Rudduck, J. & Hopkins, D. *Research as a Basis for Teaching: Readings from the Work of Lawrence Stenhouse*[M]. Oxford: Heineman Educational Books, 1985.

［76］ Shulman, L. S. Those Who Understand: Knowledge Growth in Teaching[J]. *Educational Researcher*, 1986, 15 (2): 4-14.

［77］ Swain, M. *Communication Competence: Some Roles of Comprehensible Input and Comprehensible Output in its Development*[M].//Gass, S. & Madden, C. *Input in Second Language Acquisition*. London: Newbury House, 1985: 235-253.

［78］ Williams, J. *Teaching Writing in Second and Foreign Language Classrooms*[M]. New York: McGraw-Hill, 2005.

［79］ Wong, W. *Input Enhancement: From Theory and Research to the Classroom*[M]. New York: McGraw-Hill, 2005.